LE VOYAGE D'ITALIE ET DU LEVANT,

De Meſsieurs FERMANEL, Conſeiller au Parlement de Normandie. FAUVEL, Maiſtre des Comptes en ladite Province, Sieur d'Oudeauville. BAUDOVIN DE LAUNAY: Et DE STOCHOVE, Sieur de Sainte Catherine, Gentilhomme Flamen.

Contenant la deſcription des Royaumes, Provinces, Gouvernemens, Villes, Bourgs, Villages, Egliſes, Palais, Moſquées, Edifices, anciens & modernes; Vies, mœurs, actions tant des Italiens, que des Turcs, Juifs, Grecs, Arabes, Armeniens, Mores, Negres, & autres Nations qui habitent dans l'Italie, Turquie, Terre Sainte, Egypte, & autres lieux de tout le païs du Levant.

Avec pluſieurs remarques, m...
deſdits païs, recueillis des E...
Sieurs pendant ledit voyage

A ROUEN
Chez JACQUES HERAULT, dans la
Cour du Palais. 1670.

AVEC PRIVILEGE

AU LECTEUR.

MONSIEUR Stochove, Sieur de Sainte Catherine, Gentilhomme Flamen, une des illustres Personnes qui entreprirent en 1630. le voyage d'Italie & du Levant, quelque temps apres l'accomplissement dudit voyage, estant de retour en Flandres, voulut donner au Public la description qu'il en avoit faite en son particulier, & pour cét effet la fit Imprimer à Bruxelles, laquelle Impression s'estant facilement debitée, le Libraire en fit une seconde, qui ne fut pas plus mal receuë que la premiere, de sorte qu'il passa jusques à une troisiéme, dans toutes lesquelles Impressions il s'est glissé quantité de fautes, à cause que nostre langue Françoise ne peut pas avoir sa pureté dans un païs Estranger. Ayant fait reflexion sur la distribution de quatre mil exemplaires, que ces trois Editions ont pû produire en l'estat qu'elles estoient, & que le Royaume de France, ou au moins la Province de Normandie, & particulierement la Ville de Roüen, n'y ont eu aucune part, quoy que de ces quatre illustres Voyageurs, trois, sçavoir, Monsieur Fermanel, Conseiller en cét Auguste Parlement, feu Monsieur Fauvel Maistre des Comptes, & Monsieur Baudoüin de Launay, y ayent pris naissance, y ayent vescu & y vivent encor en partie, il m'a semblé qu'il n'estoit pas raisonnable de priver plus long-temps nostre nation d'une Relation fidelle de ce voyage, afin de donner quelque satisfaction à tous les amis de ces illustres voyageurs, & à tous les curieux du Royaume de France, qui ne respirent qu'apres les relations veritables des voyages, comme est celle-cy, qui n'est pas veritablement le voyage du Levant qui a paru sous le nom de Monsieur de Sainte Catherine, mais un Livre tout different, car outre ce voyage imprimé à Bruxelles, que j'ay exactement fait revoir & corriger, j'ay encor recouvré un manuscrit tiré de l'Original de feu Monsieur Fauvel, lesquels deux Exemplaires j'ay fait concilier, & dans la conciliation on a trouvé que chacun d'eux en son particulier, a eu quelque affection de décrire plusieurs curiositez fort remarquables, ce qui a donné sujet d'extraire desdits deux exemplaires, un Livre fort ample, qui donnera sans doute aux esprits curieux quelque consolation de leur longue attente, & une recompense advantageuse de leur patience. Au reste, la crainte que j'ay qu'en corrigeant les fautes, & incongruitez de l'Impression estrangere, je ne sois tombé dans de plus grandes, m'oblige à vous prier, Lecteur, que vostre bonté supplée charitablement aux manquemens que j'y aurois pû commettre.

PASSEPORT
DU GRAND TURC,

Donné à Messieurs Fermanel, Fauvel, Baudoüin, & de Stochove, traduit de la langue Turquesque.

M*a*rque de la famille Ottomane, dans laquelle par lettres Arabiques entrelassées, est le nom de Sultan regnant.

Sultan Amurāt fils de Sultan Achmet, toûjours victorieux.

ILLUSTRES & excellens Commandeurs refuge des triomphans, eminens, glorieux &

honorables Seigneurs, doüez des graces particulieres de Dieu, Bachas, Beys ou Gouverneurs de mes Empires & Royaumes, Dieu perpetuë vôtre gloire. Justes Juges des Mosolmans, mineraux de vertu & de science, oracle de la Justice & de la verité, heritiers de la doctrine des Prophetes, Dieu augmente vos vertus. Honorables & fideles Capitaines & Gouverneurs des Villes & Châteaux, Capitaines & Patrons des Galeres & vaisseaux, Dieu accroisse vos honneurs & vostre gloire. Lors que ce tres-auguste commandement vous sera monstré; Sçachez que nous avons donné libre passage par nostre vaste Empire, tant par mer que par terre, aux Sieurs Fermanel, Fauvel, Baudoüin, & de Sainte Catherine, tous quatre Gentilshommes François, & domestiques de l'Ambassadeur du *Patisha* de France, resident d'ordinaire à nostre auguste Porte, lesquels arrivant aux lieux & Provinces de vos commandemens dans nos Ports, dans nos Villes & dans nos Chasteaux ; Je vous commande de prendre bien garde qu'il ne leur soit fait aucun déplaisir, ny en leurs personnes, leurs valets, conducteurs & hardes : mais au contraire nostre souveraine volonté est, que vous les receviez avec respect & bon accüeil. Prenez donc garde de ne contrevenir à ce mien tres-auguste commandement. Honorez la marque de la haute famille & des Monarques Ottomans, avec la grandeur & splendeur de laquelle tant de pays ont esté conquis & sont gouvernez. Donné à Constantinople, ce 4. du mois de Mars 1040. *Qui est de Jesus-Christ* 1631.

Extrait du Privilege.

PAr Arreſt de la Cour du Parlement de Roüen, donné du conſentement de Mr. le Procureur General du Roy, en datte du 15 jour de Juin 1668. il eſt permis à Jean Viret Imprimeur du Roy & de ladite Cour, & Jacques Herault Marchand Libraire Imprimeur en cette ville de Roüen, d'imprimer, faire imprimer, vendre & diſtribuer les livres intitulez *Obſervations Curieuſes, & le Voyage du Levant*, pendant le temps de dix ans ; Et eſt fait défences à tous autres Imprimeurs & Libraires de cette Ville, & autres, d'imprimer ny faire imprimer leſdits livres, en vendre ny diſtribuer ſans leur conſentement, pendant ledit temps, d'autres que ceux qui ſeront imprimez ou faits imprimer par leſdits Viret & Herault, à peine de cinq cens livres d'amende, & autres peines y portées.

Leſdits Viret & Herault ont aſſocié audit Privilege Antoine Maurry, pour en joüir enſemblément.

LE VOYAGE D'ITALIE ET DU LEVANT,

Fait par Meſſieurs FERMANEL *Conſeiller au Parlement de Normandie;* FAVVEL, *Maiſtre des Comptes en ladite Province;* BAVDOVIN DE LAVNAY; *& de* STOCHOVE, *Sieur de* SAINTE CATHERINE, *Gentilhomme Flamand.*

OUS arrivâmes à Paris le 9. du mois de Mars de l'année 1630. d'où nous partiſmes le 15. pour aller à Lyon, où nous arrivaſmes le 22. aprés avoir paſſé les Villes de Montargis, la Charité, Nevers, Moulins, & Roüane.

A

Ce qu'il y a de plus remarquable dans Lyon est l'Eglise Cathedrale qui est fort ancienne, & dont les Chanoines doivent estre Nobles de quatre Races. L'Hospital de la Charité y est aussi fort admirable pour son bel ordre, parce qu'il y a toûjours au moins mille pauvres de toutes sortes d'âges tres-bien entretenus.

Nous partismes de Lyon en poste le 25. pour aller à Grenoble, qui en est esloigné de dix-huit lieües, où nous arrivasmes le mesme jour, au mesme temps que le Roy de France declaroit la guerre au Duc de Savoye : ce qui nous osta l'espoir que nous avions d'entrer dans l'Italie par le Pas de Suse, & nous obligea de changer de chemin, & de chercher la marine.

Nous fusmes le lendemain voir cette Chartreuse si grande & si renommée, qui n'en est qu'à trois lieües, située dans la plus belle solitude qu'on se puisse imaginer. Le 27. nous partismes de Grenoble par batteau sur la riviere d'Isaire, qui prend sa source au pied des montagnes de Savoye : elle est fort rapide, ce qui cause qu'il y a danger d'y naviguer.

Le 28. dudit mois nous passasmes par la ville de Romans, située sur ladite riviere. Le lendemain quittans cette riviere qui se vient perdre dans le Rosne à une lieüe de Valence, nous passasmes par la Ville du S. Esprit, où il y a un fort beau Pont à vingt-deux arches.

Le premier d'Avril nous arrivasmes devant Avignon, où nous n'entrasmes pas à cause de la contagion qui y estoit fort grande, & nous retirasmes à Sorgues, petite ville qui n'en est qu'à demi lieüe, où nous passasmes les Festes de Pasques, pendant lesquelles nous fusmes voir la Principauté d'Orenge.

Nous partismes de là le 5. dudit mois, pour aller à Cavaillon, petite ville du Comté, à deux lieuës de laquelle nous fusmes voir cette source si admirable de Vaucluse, qui sort d'une tres-haute montagne. On n'a jamais pû trouver le fond de ladite source, laquelle jette de l'eau en si grande abondance, qu'il est presqu'impossible de s'entendre parler. Nous vismes à deux cens pas de ladite source, la maison de Petrarque en un lieu fort solitaire, estant entierement abandonnée, & presque ruinée.

Le 7. dudit mois nous partismes de Cavaillon, & fusmes coucher à Pertais, où il nous fallut tarder deux jours pour le débordement de la Riviere de Durance, qui rendoit le passage perilleux.

Le 9. nous passasmes par Rians, Ville de Provence, & le soir nous fusmes coucher à S. Maximin, où nous vismes le Chef de Sainte Marie Magdeleine, & une Ampoulle de ses Cheveux, avec lesquels elle essuya les Pieds de N. Seigneur. On voit tous les ans, au jour du Vendredy Saint, le pretieux Sang meslé avec lesdits Cheveux, s'assembler & garder sa rougeur depuis douze heures jusques à une. Nous vismes aussi son Sepulchre & ceux de S. Maximin, S. Lazare, & Sainte Marthe, & plusieurs autres Reliques, le tout en l'Eglise des Jacobins de ladite Ville.

Nous fusmes voir le lendemain, à trois lieuës de là, la Sainte Baume, où ladite Sainte Magdeleine fit sa penitence de trente-trois ans, située au milieu d'une des plus hautes montagnes de Provence, & qui est presque droite. Nous mon-

LE VOYAGE D'ITALIE

tasmes jusques au haut, où nous vismes le saint Pilon, qui est une petite Chapelle où les Anges portoient cette Sainte sept fois le jour pour faire ses prieres.

 Nous fusmes le lendemain à Toulon, petite ville assez gentille & recommandable pour son beau port. Nous pensions nous embarquer audit lieu pour aller en Italie, mais nous fusmes advertis qu'il y avoit des Corsaires aux Isles d'Yeres. C'est pourquoy nous fusmes à Canes, ayans passé par Frejus ville fort ancienne, où nous vismes un Amphitheatre & autres antiquitez des Romains.

 Le 12. dudit mois nous nous embarquasmes audit lieu de Canes dans une barque, pour nous porter à Ligorne, & passasmes le lendemain pardevant les Villes de Nice & Ville franche appartenantes au Duc de Savoye, qui pour lors, comme il a esté dit, avoit guerre contre le Roy de France. Là nous fusmes en danger d'estre pris, car arrivans à Monaco, on nous dit que deux brigantins de Savoye estoient nouvellement sortis du port.

 Le 16. dudit mois nous passasmes devant les Villes de Savone & de Genes, & le lendemain proche de Porto-Venere. Nous courusmes grandes risque d'un vent contraire, & il s'esleva une tempeste si furieuse, que nous pensions à chaque moment voir nostre petite barque engloutie des vagues. Apres que la tempeste fut appaisée, nous fusmes poursuivis par une Tartane de Corsaires pendant trois ou quatre heures; mais nos mariniers ayant ramé avec une force incroyable, nous gagnasmes bien-tost terre, & fusmes delivrez de ce peril.

ET DU LEVANT. 5

Enfin le lendemain 18. Avril nous arrivasmes au port de Ligorne, d'où nous expediasmes aussi-tost un homme à Florence, pour tascher d'avoir la quarantaine, laquelle on nous octroya apres avoir attendu huit jours audit port, où nous receusmes de grandes incommoditez, à cause que nous estions vingt-cinq hommes dans ladite barque.

Nous allasmes donc à l'Isle de Giglio appartenante au Grand Duc, esloignée de Ligorne de 130 mille, où nous arrivasmes le 26. dudit mois. On nous logea aussi-tost dans le lieu de Santé, où nous fusmes jusques au 2. de Juin sans pouvoir sortir. Ce lieu est separé de l'Isle par un petit bras de mer & une muraille. Le 3. dudit mois ayans eu nos bultins de santé, nous montasmes au Chasteau de ladite Isle, qui est sur une haute montagne, d'où l'on découvre les Isles de Sardaigne, Corse, & Monte Christo.

Le lendemain nous partismes de ladite Isle, & passasmes par l'Isle d'Elbe, qui est aussi dud. Grand Duc, où il y a un fort bon port qu'on appelle Porto-Ferrao. Le grand Duc Ferdinand y fit bâtir une Forteresse appelée Cosmopoli. Cette Isle a environ cent mille de circuit, & est fort fertile en mines de fer, & en belles pierres de marbre & d'aymant. Il y a au milieu de ladite Isle une fontaine qui jette de l'eau selon le cours des jours.

Le 6. de Juin nous arrivasmes à Ligorne, où on nous laissa entrer apres avoir esté visitez des Medecins. Nous y demeurasmes trois jours, tant pour voir la Ville, que pour nous refaire du mauvais traitement que nous avions receu dans nostre quarantaine.

A iij

Cette Ville a esté bastie depuis trente ans par le grand Duc Ferdinand : la statuë duquel se voit sur le port soustenuë par quatre esclaves de bronze de forme gigantale, admirablement bien representez : Aussi l'on estime ladite piece pour une des meilleures d'Italie. La Ville est extrémement bien bastie ; les maisons y sont presque d'une mesme hauteur ; elle est fort marchande, & toutes sortes de Nations y viennent trafiquer, qui vont tous vestus à leurs usages ; Il y a entr'autres quantité de Juifs qui ne sont point divisez d'avec les Chrestiens, & y ont toute liberté. Nous fusmes voir leur Sabat. Les Ducs de Toscane y ont d'ordinaire huit galeres, qui sont estimées des meilleures de la mer ; elles ont toûjours deux fois plus d'esclaves qu'il n'en faut. La Ville est assez bien fortifiée, y ayant deux bons Chasteaux, l'un du costé de la terre, & l'autre du costé de la mer.

Nous partismes le 12. dudit mois par un petit canal pour aller à Pise, qui n'en est esloignée que de quinze mille. Cette Ville qui a autrefois esté gouvernée en Republique, est fort ancienne, & est située dans le plus beau païs de la Toscane, ayant la Riviere d'Arno qui passe par le milieu. Il y a un grand Aqueduc qui conduit l'eau dans la Ville de plus de trois lieües : L'Eglise Cathedrale est assez belle, estant le premier Archevesché de la Toscane. Il y a des portes de bronze extrémement bien travaillées, qui y ont esté apportées de Jerusalem. L'Eglise de S. Jean qui est tout proche, est admirable pour la Musique ; nous y entendions un Musicien seul que si nous n'eussions pas veu, nous aurions creu qu'il y en eust eu plus de dix. La tour qui est proche de l'Eglise Cathedrale, est un des admirables edifices de l'Italie pour son architecture, dautant qu'elle panche plus de huit pieds d'un costé que d'autre. l'Eglise des Chevaliers de l'Ordre S. Estienne est assez belle, & est toute remplie d'Enseignes & Fanaux qu'ils ont pris sur les Turcs. Nous y vismes recevoir un Chevalier. Proche de ladite Eglise est le Palais des Chevaliers, devant lequel est la statuë de Ferdinand, & au bas une tres-belle fontaine.

Le 15. dudit mois nous partismes en carrosse pour aller à Luques, esloignée de dix mille de Pise. C'est une petite Republique qui a presque toûjours conservé sa liberté depuis qu'elle leur a esté venduë par les Empereurs, laquelle est aussi belle & gentile, que les citoyens sont courtois & amis des estrangers. Elle est gouvernée par douze Senateurs & un Prince qui se change tous les deux mois. Ladite Ville est assez bien fortifiée : ils entretiennent toûjours quatre mille hommes tous vieux soldats, ausquels ils donnent dix escus le mois : leur Arsenal est assez bien muny d'armes, y en ayant pour vingt-cinq ou trente mil hommes. La Ville est assez bien peuplée, & s'y fait un grand nombre d'estoffes de soye, qui est leur principal trafic.

Le 19. dudit mois nous partismes de Luques, & allasmes coucher à Pistoye, qui en est esloignée de vingt mille. C'est une Ville assez grande, mais peu peuplée : nous n'y vismes rien de remarquable.

Le 20. dudit mois nous passasmes par le Poggio Real, lieu de plaisance du Grand Duc, & le

A iiij

soir nous arrivasmes à Florence. Cette Ville merite ce nom pour ses beaux bastiments, qui y sont en grand nombre: Elle est situé au milieu de plusieurs collines extrémement fertiles. La Riviere d'Arno passe tout au milieu, sur laquelle il y a quatre beaux ponts de pierre, & sur l'un desquels il y a une belle gallerie qui va du Palais de la Republique à celuy du Grand Duc, qui est estimé le plus beau d'Italie. Il y a une gallerie remplie de quantité de richesses, & plusieurs raretez du monde. Sa gallerie d'armes est fort belle, & l'on y void de tres-belles armes tant ordinaires qu'extraordinaires. Sa garderobbe est grandement superbe pour la grande quantité de belle vaisselle d'argent: Il y a aussi de tres-beaux joyaux, principalement son Diamant, qu'on estime à quinze cens mille escus. Nous fusmes saluër le Grand Duc, qui nous entretint quelque temps fort familierement, & nous fit donner une petite caisse de ses Huiles, estimée à cinquante escus. Il nous permit de porter toutes sortes d'armes dans son païs. Il n'est âgé que de vingt & un an, & il y a deux ans qu'il a épousé l'heritiere d'Vrbin, avec laquelle il n'avoit pas encore couché pour n'avoir que dix ans. L'Eglise Cathedrale de Florence, appellée Santa Maria del fore, est une des plus belles d'Italie, tant pour sa belle architecture, que pour estre toute bastie de marbe de diverses couleurs. La Chapelle que Ferdinand a fait commencer, où doivent estre les Sepulchres des Grands Ducs, sera une merveille du monde quand elle sera achevée: Elle est entierement de jaspe, de porphire, & autres pierres rares si bien rapportées, que les personnages qui y sont representez, semblent estre d'excellentes peintures : il n'y a pas la quatriéme partie de cette Chapelle faite, & a déja cousté huit millions d'or.

Nous partismes de Florence le dernier de Juin, & arrivasmes à Genes le 8. Juillet, avec une chaloupe que nous avions prise à Ligorne. Genes porte le nom de superbe, à cause des beaux Edifices tant d'Eglises que de Palais qui y sont en tres-grand nombre, particulierement l'Eglise Cathedrale de S. Laurens, celle des Jesuites, & celle des Recolez, qui sont toutes de marbre : les plus beaux Palais sont ceux de Doria, Spinola, Lomelini, Fiasqui, Grimaldi, & Imperiali, tous lesquels nous eusmes la curiosité de voir. La Reine de Hongrie y estoit alors, & logée au Palais du Prince Doria, où nous vismes de tres-riches tapisseries. Cette Ville est bastie sur une roche au bord de la mer, ayant un assez beau port, mais dangereux quand le vent de Lebecce est fort. Elle est une des mieux peuplées d'Italie ; les ruës y sont grandement estroites, ce qui cause qu'il n'y a point de carrosses, mais on a la commodité de se faire porter en chaise à bon marché. Les particuliers sont extrémement riches, & la Republique pauvre: elle est gouvernée par un Duc qui se change tous les deux ans, & de deux cens Nobles. Le Palais de la Republique est assez beau, & leur magazin de bleds, où ils en ont toûjours pour un an ou deux. On tient par toute l'Italie les Genois tres-mauvaises gens & de peu de foy, d'où est venu le proverbe qui se dit de ladite Ville, *Homo senza fede, mare senza pesce, monte senza ligna, & dona senza vergogna*, qui si-

A v

gnifie, *Homme sans foy, mer sans poisson, montagnes sans bois, femme sans honte.* Nous fusmes voir à deux mille de Genes le bourg de S. Pierre d'Arenes, remply de tres-beaux Palais, & entr'autres celuy d'Imperial.

Nous demeurasmes à Genes jusques au 14. de Juillet, qui fut le jour du depart de la Reine; & moyennant une lettre de faveur que nous avions pour le General des galeres du grand Duc, nous nous embarquasmes sur une de ses galeres. Sa Majesté s'embarqua le mesme soir. Il faisoit beau voir toutes ces galeres qui estoient en nombre de trente, accommodées de toutes leurs bannieres, flames & banderolles que les galeres ont accoustumé de porter en parade.

La Reyne estant embarquée, sa galere passa au travers de toutes les autres, prenant son poste vers le Molle pour partir à l'aube du jour. Toutes les galeres la saluërent en deschargeant leur artillerie, rendant le port si plein de feu & de fumée, qu'on ne pouvoit voir les galeres, mais bien les enseignes & banderolles, lesquelles poussées par le vent de tant de canonades, voltigeoient en l'air d'une façon fort agreable & plaisante.

Nous partismes une heure devant le jour, & avec le vent favorable nous arrivasmes vers le midy à Porto-Venere, qui est esloigné de Genes de vingt lieuës : où nous demeurasmes le reste de la journée, avec un grand plaisir d'oüir les trompettes & tambours, qui ne cesserent de joüer tant que nous y demeurasmes.

Nous en partismes le lendemain à trois heures de matin, & à deux heures de jour nous rencontrasmes deux galeres, dans lesquelles venoient le

Grand Duc de Toscane, & la Sereniſſime ſa Mere. Auſſi-toſt qu'on les apperceut, les Mariniers arborerent leurs Enſeignes, & les Comites redoublerent leurs coups pour faire voguer plus viſtement leurs forçats. C'eſtoit un grand plaiſir à voir de quelle façon avançoient toutes ces galeres, chacun faiſant à l'envy l'un de l'autre. A l'abord il y eut quelques coups de canon tirez, & le Grand Duc quitta auſſi-toſt ſa galere, & entra dans celle de la Reine; puis tous enſemble prirent le chemin de Ligorne, où nous arrivaſmes ſur les cinq heures du ſoir.

Le Grand Duc avoit fait ranger dans la rade tous les Navires qui eſtoient au port, qui déchargerent leurs canons d'un bel ordre; à quoy répondit l'artillerie de la Ville, y en ayant un ſi grand nombre, qu'il eſt incroyable. Sa Majeſté débarqua au Moſle, où elle entra dans un Chaſteau de bois fait ſur deux galeres, & ſi artificiellement baſty, qu'on ne pouvoit voir les vogueurs. De cette façon la Reine fut menée dans la Ville accompagnée d'une muſique de hautbois: Devant ſon Palais eſtoit un eſcadron de quatre mille mouſquetaires, qui auſſi-toſt qu'elle y fut entrée firent une belle ſalve. L'on fit le lendemain de grands preparatifs de joye, les feux d'artifice furent dreſſez, les ruës depavées pour les courſes de bague & tournois, & on avoit deſigné des ſalles pour dreſſer des ballets & autres galanteries, à quoy eſtoit accouſtré toute la Nobleſſe de Toſcane: mais à ce que l'on nous dit, quelque mécontentement qu'avoit receu le Duc d'Alve Surintendant de la Maiſon de la Reine, obligea Sa Majeſté à partir le lendemain au matin: ce qui fut cause que tous ces beaux preparatifs s'en allerent en fumée.

Nous demeurasmes encore quelque temps à Ligorne, pour nous informer d'un bruit qui couroit qu'il y avoit quelque soupçon de peste dans la Ville de Sienne, & que par là le passage de Rome nous seroit interdit: dont au bout de deux jours nous ne fusmes pas seulement eclaircis, mais asseurez que Sa Sainteté avoit banny tout le païs de Toscane, & que par là personne ne pouvoit entrer dans la Romagne: ce qui nous mit hors d'espoir de voir toute l'Italie, l'Etat de Venise, & le territoire de Boulongne, qui estoit aussi suspect de cette maladie.

Or voyans qu'il n'y avoit aucune apparence de voyager par l'Italie, à cause de la peste, & qu'il y avoit un bon Vaisseau Anglois pour aller à Constantinople, nous prismes resolution de nous y embarquer, & pour cet effet fusmes à Florence nous disposer audit voyage, où nous tardasmes jusques au 25. d'Aoust, que nous retournasmes à Ligorne.

Le 8. Septembre nous nous embarquasmes sur ledit Vaisseau Anglois, nommé La Resolution, le Capitaine Edoüard Jensen, avec vingt-deux pieces de canon. Le lendemain nous fismes voile, quoy que le vent nous fust presque contraire, ce qui nous fit toûjours aller sur les bords. L'onziéme nous passasmes l'Isle d'Elbe, où nous eusmes le vent si mauvais & si contraire, que nous pensasmes retourner d'où nous estions venus: mais le matin il tourna un peu à nostre avantage, ce qui nous fit passer assez prés & devant l'Isle nommée Monte Christo, qui n'est qu'un haut & affreux rocher tout desert.

Le 13. nous costoyasmes l'Isle de Corse, qui n'a rien de beau que le titre de Royaume qu'elle porte. Elle appartient aux Genois, & peut avoir environ quatre-vingt lieuës de tour : le terroir en est fort sterile, & remply de si hautes montagnes, qu'elles demeurent toute l'année couvertes de neige. Sa principale ville se nomme Caluy, où fait sa residence le Viceroy que les Genois y envoyent de trois en trois ans.

Le 14. nous commençasmes à costoyer la Sardaigne, n'estant separée de Corse que d'un détroit de demy mille de large. Cette Isle porte aussi le titre de Royaume ; elle a environ cent cinquante lieuës de tour, & appartient au Roy d'Espagne, qui y tient un Viceroy dans la Ville de Calari, principale de l'Isle.

Le 17. nous découvrismes la Sicile par la pointe de Trapano. Nous eusmes toûjours vent contraire jusques au 24, que nous l'eusmes favorable ; ce qui nous fit passer la Sicile en un jour & une nuict, en laquelle nous découvrismes les flames du Mont-Gibel, ou Mont-Etna. Le 26. le vent changea, avec un fascheux temps de tonnerres & pluyes furieuses.

Le 27. nous eusmes un petit vent favorable, qui nous fit découvrir le soir l'Isle de Zanthe, qui appartient aux Venitiens, elle a soixante milles de tour, & est fort fertile en vins & raisins de Corinthe ; ce qui fait que la petite Ville qui y est, est assez bien habitée. Il y a un Port capable de recevoir toutes sortes de grands Vaisseaux. Au dessus de ladite ville il y a un assez bon Chasteau, où les Venitiens entretiennent toûjours garnison.

La pluspart des habitans vivent à la Grecque, reconnoissans le Patriarche de Constantinople pour leur Superieur. Les Venitiens y envoyent tous les trois ans un Proveditcur pour y commander. Cette isle fut assiegee en l'année 1571. par les Turcs, mais ils ne purent gagner le Château.

A douze mille de ladite Isle nous vismes la Cephalonie, qui appartient aussi aux Venitiens. Elle a cent soixante mille de tour, & est fort fertile en raisin, cire, manne, miel, & autres fruits. Les habitans vivent à la Grecque comme ceux de Zanthe.

Le 29. nous découvrismes la Morée & l'Isle de Sapience, près de laquelle sur le soir nous vismes deux grands Navires que nous croyons estre Corsaires, ce qui fit mettre à nostre Capitaine le Vaisseau en ordre de combattre. Mais sur le matin ils nous quitterent près de Cerigo, premiere Isle de l'Archipelague. Cette Isle prend le nom de Cerigo, à cause de Cetherea qui y a fait long-temps sa demeure. On y voit encore les ruines d'un grand Temple où elle fut autrefois adorée.

Le 30 dudit mois nous costoyasmes la Morée, païs des Maignotes, qui est un Peuple à demy sauvage, vivant parmy les montagnes, ne reconnoissant aucun Prince Souverain: & encore que le Grand Turc ait fait des efforts pour les soûmettre à sa domination, il luy a esté neantmoins impossible; car aussi-tost qu'ils sçavent qu'il y a des Turcs en campagne, ils se retirent dans des cavernes & grottes, où ils se deffendent; & en cette façon ils se preservent de la tyrannie Turquesque, estans les seuls Grecs à qui il reste encore quelqu'ombre de liberté: Aussi sont-ils les plus courageux, & semble encore retenir quelque generosité des anciens Sparthes, desquels ils possedent les terres, car pour les Villes elles sont tellement ruinées, qu'à peine peut-on reconnoistre les lieux où elles ont esté.

Le lendemain nous doublasmes le Cap S. Angelo, & découvrismes l'Isle de Candie, si renommée tant pour le tiltre de Royaume qu'elle porte, que pour les bons vins qu'elle produit. Elle a sept cens milles de tour, & appartient aux Venitiens, lesquels neantmoins en payent au Grand Seigneur quatorze mille ducats de rente, pour en joüir librement. Les habitans y vivent aussi à la Grecque.

Sur le soir nous eusmes le vent fort contraire, & le matin premier d'Octobre on fit force pour gagner l'Isle de Milo, mais il fut impossible: ce qui fit resoudre le Capitaine de retourner au Cap S. Angelo, à cause que le vent estoit bien grand, & directement contraire.

Ce Cap n'est esloigné que de quatre lieües de Malvesia, d'où viennent ces excellens vins. Sur le soir nous jettasmes l'anchre audit lieu, où il y a un assez beau & grand Port, & le lendemain nous envoyasmes nostre esquif à terre pour avoir des provisions, dont nous avions grande necessité. Nous eusmes trois moutons pour deux reales de huit, & dix-huit poules pour une reale, & le vin à aussi bon marché. Nous fusmes trois jours audit Port à cause du vent contraire, pendant lesquels nous mismes pied à terre pour nous promener dans ce païs d'Arcadie.

Le 5. d'Octobre nous fismes voile avec un

petit vent favorable, & le lendemain vous découvrismes plusieurs petites Isles ; sçavoir, Femine, Scarpe, & Palimene, dont la derniere est seulement considerable, parce que l'antiquité l'avoit dédiée à Pallas, laquelle, à ce que disent les Poëtes, y avoit esté eslevée : On y voit encore les ruines d'un beau Temple, où l'on tient que cette Déesse a esté adorée. Ces Isles appartiennent aux Venitiens, comme aussi celles de Pharos, Tine, & Cera : les habitans, quoy que Grecs, suivent l'Eglise Latine. Ayant passé ces petites Isles, le vent de Tramontane nous jetta vers celle de Naxie, où nous prismes port.

Cette Isle est autant plaisante que fertile : Les François y tiennent un Consul pour assister leurs Vaisseaux qui y arrivent, parce qu'elle est sous la domination du Turc, lequel en faveur du commerce, & pour la commodité des Catholiques, permet qu'il y ait des Capucins, lesquels y ont un petit Convent, où ils sont assez bien accommodez. Les habitans, quoy que Grecs, sont civils & courtois. L'antiquité a dedié cette Isle à Bacchus ; mesmes les Poëtes feignent qu'il y épousa Ariadne, laquelle y avoit esté delaissée par Thesée. Il y avoit un tres-beau Temple dedié à ce Dieu, sur la pointe d'un rocher qui s'avance dans la mer, faisant la forme d'une peninsule, lequel jusques à nostre temps est demeuré en son entier : Mais depuis quelques années les Jesuites qui demeurent dans l'Isle de Chio, avec la permission du Turc, ont rompu cette belle antiquité, & emporté la pluspart des pilliers, & autres pierres de marbre, pour bastir leur Eglise à Chio. J'estime que ce lieu a esté dedié à Bacchus, parce

ET DU LEVANT.

que c'est un païs de vignobles, lequel produit le vin le meilleur & le plus delicat de tout l'Orient ; & ce qui est admirable, c'est que les vignes qui portent ces bons raisins, croissent sur des rochers qui ne sont pas couverts de quatre doigts de terre.

Nous en partismes aprés minuict, & le lendemain vers le midy nous nous trouvasmes prés de l'Isle de Delos, où il sembla que le vent voulust favoriser nostre curiosité, car nous y demeurasmes en calme, ayant tout moyen de nous faire mettre à terre, & voir ce lieu dont nous avions tant oüy parler, & dont nous avions aussi ardemment desiré la veuë.

L'Isle de Delos si estimée entre les Grecs à cause du Temple de Diane & d'Apollon, n'est à present qu'un grand rocher remply de ronces, de fenoüil & d'épines, tout desert & deshabité. Sur le bord de la marine nous vismes le débris de quantité de statuës de marbre ; puis montant la montagne nous trouvasmes toûjours quelque chose de curieux ; & venant en haut, quoy qu'avec grande difficulté, nous y vismes tant de ruines, que nous demeurasmes tous estonnez. Nous trouvasmes par tout plusieurs colomnes, vases, & statuës de marbre, & nous reconnusmes au milieu les mesmes Colosses qui avoient autrefois rendu les Oracles : Mais le temps qui devore tout, n'a point pardonné à ces pieces estimées jadis les plus rares & les mieux travaillées de la Grece ; elles gisent contre terre toutes rompuës ; la statuë de Diane, depuis le sein en haut, reste encore dans son entier, & est du moins de huit pieds de haut : de là on peut juger de la grandeur demesurée de ces Statuës. Je ne doute point que plusieurs trouveront estrange, comment ces pieces demeurent là ainsi abandonnées, pouvant servir d'ornement aux cabinets les plus curieux de la Chrestienté, comme estant les plus belles & les plus rares antiquitez de l'Europe : Mais il faut considerer que cette Isle est écartée, peu frequentée, sans port, & de difficile accez, & que ces Colosses estant au haut de la montagne, malaisément pourroient-ils estre enlevez, à cause de leur prodigieuse grandeur ; quoy que c'en soit, chacun est libre d'en croire ce qu'il luy plaira ; mais plusieurs personnes dignes de foy, & entr'autres le Pere Recteur des Jesuites de l'Isle de Chio, qui par curiosité avoit esté au mesme lieu, nous asseura que ces statuës ne pouvoient estre autres que les mesmes Colosses de Diane & d'Apollon, si renommez parmy les Grecs.

Nous demeurasmes bien deux heures à nous promener dans ces ruines, y trouvans quantité de cisternes & lieux souterreins, où pour n'avoir lumiere ny personne qui nous pûst servir de guide, nous n'y osasmes entrer. Enfin aprés y avoir avec grand contentement satisfait nostre curiosité, nous reprismes le chemin du Vaisseau. Nous estant embarquez avec la nuict, le vent nous vint si favorable, que le lendemain nous découvrismes l'Isle de Chio. Le soir le temps estant serain, nous vismes l'Isle de Negrepont, une des plus grandes de l'Archipel, ayant bien six-vingts lieuës de tour. Elle est separée de la Terre-ferme d'un petit détroit dont la largeur peut estre couverte d'un pont de vingt pas de large. Cette Isle est fort abondante en fruicts.

Sa principale Ville s'appelle Calude, où le Grand Seigneur entretient son Gouverneur, qui porte le titre de Bacha : la pluspart des habitans sont Grecs, comme par tout dans les Isles de l'Archipel, & connoissent le Patriarche de Constantinople pour Chef de l'Eglise.

Le 10. nous passasmes le long de l'Isle de Metelin, & le 12. nous arrivasmes à Smirne, qui est au bout d'un Golfe qui a environ quatre-vingt mille de long en l'Asie Mineure ou Natolie. Cette Ville est fort antique, ayant esté une des primitives Eglises. Elle est fort sujette aux tremblemens de terre, & a esté abysmée sept fois en plusieurs endroits. Aux environs nous vismes des lieux soûterrains où estoient de beaux pilliers de marbre & sepulchres, & autres antiquitez; & à ce qu'on nous asseura, il n'y avoit que huit ans qu'on avoit trouvé sous terre une Eglise entiere, dans laquelle on trouva un Tombeau, par l'inscription duquel on reconnut qu'il y avoit six cens ans qu'il estoit fait.

Il y demeure quantité de François, Anglois, & Venitiens, chaque nation y ayant son Consul. Il s'y fait un grand trafic de soyes, laines, cuirs, cottons, toiles, & toutes sortes de drogues qui y sont apportées de tout le Levant. Il n'y a point de lieu en Turquie où les marchands fassent mieux leur profit qu'en celuy-là. Ils ont tous presque leurs maisons le long de la marine, ayant une porte derriere qui répond sur la mer, qui leur sert de beaucoup, tant pour frustrer les droits, que pour embarquer & débarquer la nuit les marchandises de contre-bande. Il y a un Port assez grand, & capable pour recevoir toutes sortes de

Navires ; mais les Vaisseaux qui viennent de la Chrestienté n'y entrent jamais ; car pour estre plus libres ils se tiennent à la plage, qui est assez asseurée, ayant le fond bon pour tenir les anchres, & couverts des tempestes par quantité de basons qui sont au devant.

Le Consul François, pour lequel nous avions des lettres qu'un amy nous avoit données, nous receut fort courtoisement, & nous bailla un Janissaire avec un Truchement pour nous faire voir ce qu'il y avoit de remarquable aux environs de la Ville. Nous fusmes voir le Chasteau situé sur une haute montagne, au pied de laquelle est la Ville. Environ sur le milieu de cette montagne, est un amphitheatre en forme ronde, extrémement grand, & de beaux degrez de marbre autour, dans lequel on pouvoit placer quarante mille hommes. On void encore assez proche les cavernes dans lesquelles ils nourrissoient les bestes sauvages, qui leur donnoient du passetemps par le moyen de quelques criminels ou Chrétiens qu'ils faisoient déchirer par ces bestes; à quoy les Tyrans prenoient leurs plaisirs. S. Jean Polycarpe eut la teste trenchée en ce lieu.

Au haut de ladite montagne est une petite Chapelle, où il y a un tombeau, des habits, mitre, & armes, que nostre Janissaire nous dit estre de ce Saint. A l'entrée de ce lieu nous vismes un Dervis ou Religieux Turc, lequel nous voyant nous salüa honnestement, & nous ayant dit qu'il faloit quitter les souliers, nous mena au lieu où ils disent estre enterré ce Saint. Nous y vismes une tombe couverte de deux robbes, l'une de camelot minime, & l'autre de velours verd : aux pieds il y avoit un baston ferré avec deux pointes, portant au milieu un croissant de Lune, semblable à ceux dont usent les pelerins Mahometans, qui vont visiter le sepulchre de leur prophete à la Mecque: au chevet il y avoit une espece de mitre, ayant un rebord avec trois pointes, où estoit piqué à l'éguille en caracteres Arabesques, *la Hilla heilla, halla Mahemet resui halla,* qui signifie, *il n'y a point d'autre Dieu que le seul Dieu, & Mahomet envoyé de Dieu*: ce qui nous fit assez connoistre l'erreur des Turcs, & que ces habits, baston & mitre, n'estoient point de ce Saint, mais de quelque malheureux Mahometan. Les Turcs portent un grand respect & une devotion particuliere à ce lieu; ils y tiennent toûjours quelques lampes allumées,& à chaqueVendredy plusieurs y viennent faire leurs prieres.

Au sortir de là nous entrasmes dans le Château, lequel pour estre d'une situation incommode, comme estant au haut d'une montagne, est abandonné, & n'y demeure personne. Il est d'un grand circuit, entouré de grandes murailles, flanquées de plusieurs tours, le tout de grosses pierres bien solides. Il commande entierement à la Ville. Au dedans nous n'y vismes autre chose de remarque, qu'une tres-grande cisterne toute voûtée & revestuë d'un plastre qui paroissoit du marbre,& si dur, que nous ne le pouvions rompre à coups de marteau.

Hors de la porte qui regarde la Ville, est representé dans une table de marbre le pourtrait d'une belle femme: Ceux du païs disent avoir par tradition que c'est celuy de la belle Helene: le visage en est un peu rompu, ce qu'on nous dit avoir esté fait par un Janissaire, lequel afin d'en divertir son camarade qui en estoit devenu amoureux, luy donna quelques coups d'épée dans le visage.

En descendant la montagne, on nous montra un grand arbre de Terebinthe, admirablement enraciné entre deux rochers: les Chrestiens du païs disent qu'il y est creu par miracle, & que c'est le baston de S. Jean Polycarpe, lequel allant pour estre martyrisé, le planta en ce lieu.

Estant au bas de la montagne, nous passâsmes devant une petite Chapelle dediée à Sainte Venerande: les Grecs y ont une devotion particuliere, & disent estre là la place où cette Sainte a souffert le martyre. Prés de ce lieu les Chrestiens avoient coustume de visiter devotement une grotte, dans laquelle S. Jean l'Evangeliste avoit demeuré estant retiré d'Ephese: mais depuis quelques années un Cadis, ou Juge Turc, s'est approprié ce lieu, & luy sert de cisterne.

A costé de la Ville il y a de tres-belles plaines, remplies de toutes sortes de fruicts, & principalement de grenadiers, & d'oranges de plusieurs sortes. A demie lieuë de là, & au commencement d'un petit bois, nous fusmes voir un ancien Temple basty de grosses pierres de marbre brun, mises les unes sur les autres sans ciment: ceux du païs l'appellent le Temple de Diane, & disent que cette Deesse y a esté autrefois adorée. A demie lieuë de là nous fusmes voir les Salines & Cottonnieres, qui y sont fort abondantes.

Ce qui est de plus remarquable aux environs de ladite Ville, sont les bains naturels d'eau chaude qui sont à deux lieuës loin d'icelle, laquelle eau est tellement chaude, qu'on n'oseroit y mettre la main, & pour temperer cette chaleur (ce qui est admirable) il y a tout proche une fontaine d'eau froide, l'eau de laquelle ils font tomber dans le bain par un petit bassin de marbre. Nous nous y baignasmes avec grand contentement : on le tient fort salutaire : tous les Turcs y vont ordinairement, sçavoir les femmes le matin, & les hommes aprés midy. Les Chrestiens ont une fort grande liberté à Smirne ; les Capucins y ont un assez beau Convent ; il y a aussi quelques Jesuites qui y ont une Chapelle.

A deux journées de Smirne est la Ville de Magnesie, où le Grand Turc envoye ordinairement pour gouverner son fils qui luy doit succeder à l'Empire. C'est au travers de cette Ville que passe la Riviere de Pactolle, laquelle les anciens Poëtes ont feint de porter de l'or. On void encore en cette Ville le tombeau de Themistocles Athenien, & un des hommes illustres de la Grece, lequel estant banny à tort & retiré auprés du Roy de Perse, tout fugitif qu'il estoit, il aima encore mieux la mort, que de nuire à sa patrie : car ayant receu ordre de faire la guerre aux Grecs, il se priva luy-mesme de la vie.

Au reste le païs d'autour de la Ville produit largement toutes sortes de biens necessaires à la vie ; les moutons y sont les meilleurs du monde, les volailles, & toute sorte de chasse y est en abondance, & principalement les perdrix y sont en telle quantité, qu'elles ne se vendent que deux liards la piece. Enfin pour les vivres, je l'estime un des meilleurs païs de Turquie, & où, comme nous avons déja dit, les Chrestiens vivent avec plus de liberté ; parce que comme il y a peu de Renegats, ils s'accommodent facilement avec les Turcs naturels, qui sont d'ordinaire bonnes gens.

Il s'y trouve quantité de Cameleons : cet animal est environ de la longueur d'un pied, & de la forme d'un Lesart, ayant seulement le corps plus gros & le dos plus eslevé : plusieurs tiennent que ces bestes ne mangent point, mais nous avons veu le contraire, car avec la langue qu'ils ont longue & déliée, ils prennent des petites mouches qui leur servent de nourriture. Cet animal est fort admirable, estant susceptible de toutes sortes de couleurs ; car les prenant dessus des arbres ils estoient verds, & sur la terre grisastres; mesme nous en avons pris plusieurs dans nos habits, qui en moins de demie heure en prenoient la couleur : nous avons fait cette experience plusieurs fois, avec grand estonnement de l'admirable naturel de cet animal.

Nous tardasmes à Smirne jusques au 18. d'Octobre, à cause que nostre Capitaine y avoit quelques affaires. Nous fismes voile sur le soir avec assez bon vent. Le lendemain nous passasmes entre les Isles de Scio & de Metelin. Le 20. nous passasmes le long des campagnes de Troye, & sur le soir estans à la veuë des Chasteaux, le pilote faisant aller le Vaisseau trop proche de terre, il s'échoüa : ce qui nous retarda plus de quatre heures, qu'on employa pour le retirer avec les anchres qu'on jetta en mer.

Sur le soir, nous passasmes pardevant les Châteaux, qui sont éloignez l'un de l'autre d'environ demie lieuë, que contient ce détroit qui sepâre
l'Europe

ET DU LEVANT.

l'Europe d'avec l'Asie. Celuy du costé de l'Europe, qui s'appelloit anciennement Cestos, a trente belles pieces de canon qui battent à fleur d'eau. Il est basty en forme de cœur, n'estant pas situé si avantageusement que celuy du costé de l'Asie, à cause que celuy-cy est situé au pied d'une montagne, & est de forme carrée, estant à l'extremité d'une grande plaine, ce qui le rend plus fort que celuy d'Europe : Il a vingt-huit belles pieces de canon. Tous les Vaisseaux qui viennent de Constantinople s'arrestent ausdits Chasteaux pour y estre visitez, mais ceux qui y vont passent sans retarder : ce dernier se nomme Abidos.

Le 21. nous arrivasmes à Galipoli au matin, où nous prismes port à cause du vent contraire qui nous dura trois jours, pendant lesquels nous fusmes nous promener dans ladite Ville qui est assez grande, mais où il y a peu de chose à remarquer. Le Grand Seigneur fait bastir d'ordinaire au port d'icelle quantité de Galeres ; nous y en vismes quatre vieilles de la bataille de Lepante.

Le 24. nous partismes avec un fort bon vent, qui nous ayant fait passer la mer de Marmora, nous découvrismes la Ville de Constantinople, veüe si agreable, qu'elle nous fit aussi-tost oublier, ou pour mieux dire tenir pour bien employé, les peines & les fatigues que nous avions souffertes pendant ce voyage.

Cette Ville commence à se découvrir par le Chasteau des Sept Tours, puis peu à peu par les bastiments qui sont le long de la marine, & en suite le Serrail du Grand Seigneur : La quantité de dômes & piramides ayant le haut doré avec la reverberation du Soleil, donnoient tant d'-

B

eclat & de rayons, qu'il sembla que le tout fust d'or, tant il paroissoit luisant, & il faut avoüer qu'il n'y a point de Ville au monde qui paroisse à l'abord plus belle & plus magnifique que Constantinople.

Estans arrivez au Port, nous mismes pied à terre du costé de Gallata, où nous trouvasmes des Marchands lesquels avoient fait avertir par terre. Ils nous y receurent fort courtoisement, & nous conduisirent premierement chez Monsieur de Cesy Ambassadeur de France, pour le saluër, & de là à Pera, où ils nous avoient preparé logis : Nous y demeurasmes quatre jours sans sortir, recevant les visites des Religieux & Marchands, lesquels avec grand témoignage d'amitié nous vinrent donner la bien-venuë.

Or comme pendant nostre sejour à Constantinople il y est arrivé plusieurs François & Italiens par divers chemins, nous avons eu la curiosité de nous informer particulierement de leur voyage, & en avons pris des memoires, desquels nous avons tiré la relation qui suit.

Pour aller de la Chrestienté à Constantinople, il y a quatre chemins differens ; par mer, par l'Esclavonie, par la Hongrie, & par la Grece: le premier est le plus court, le plus aisé, & de moindre dépence, car moyennant quatorze ou quinze escus, l'on est porté & deffrayé jusques à Constantinople ; mais il est dangereux, à cause des Corsaires, parce qu'il faut necessairement passer entre l'Isle de Candie & la Morée, où ils se tiennent ordinairement pour y attendre les Vaisseaux ; de sorte que difficilement & avec grande peine les peut-on éviter.

Il y a quelques années que ceux qui desiroient aller au Levant s'embarquoient à Venise ; mais depuis que les François ont eu alliance avec les Turcs, il est toûjours party de Marseille & de la coste de Provence, plus grand nombre de Vaisseaux pour aller en Turquie, que de Venise ; de façon qu'on y trouve maintenant beaucoup plus de commodité pour faire ce voyage, que non pas à Venise : outre cela les Navires Venitiens sont si grands, si pesans, & si mal faits, qu'ils ne sçauroient naviger avec un petit vent ; ce qui fait qu'ils demeurent souvent des trois & quatre mois avant que d'arriver à Constantinople : Au contraire les Vaisseaux de Provence sont petits & legers, de sorte qu'avec le moindre vent ils ne perdent d'occasion de faire chemin : il est vray qu'ils ne sont point armez pour se deffendre des Corsaires, mais souvent ils les évitent par leur vistesse : outre cela les mariniers de Marseille sont si adroits, & ont une telle partique de la mer Mediterranée, qu'ils y sont en pareille consideration que les Hollandois sur l'Ocean.

Il y a de Marseille à Constantinople environ sept cens trente liües, que l'on fait ordinairement en vingt ou trente jours, peu plus ou moins, suivant qu'on a le vent favorable : la route qu'on prend est vers la Sardaigne, entre Malthe & la Barbarie, par l'Archipel, par le détroit des Chasteaux, & de là droit à Constantinople, estant à peu prés le chemin que nous venons de décrire.

Le second chemin pour aller à Constantinople, est celuy d'Esclavonie, lequel est moins

B ij

dangereux que le premier, & aussi de peu de dépens, d'autant que les voitures & les vivres sont à si bon marché, qu'on auroit de la peine à dépenser vingt escus pendant tout le voyage : c'est pourquoy ceux qui desirent aller par terre, prennent ordinairement cette voye : il y a tous les mois des Caravannes qui partent de Raguse, avec lesquelles en s'habillant à la mode du païs, on passe en toute seureté.

Ceux qui font ce voyage, s'embarquent à Ancone, pour traverser le Golfe de Venise, & arriver à la Republique de Raguse située dans la Dalmatie. Cette Republique jusques à present a conservé sa liberté contre la puissance des Turcs, & des Venitiens ; & comme elle est frontiere de l'un & de l'autre, pour asseurer son repos & sa tranquillité, elle s'est mise sous la protection du plus fort, se servant de l'authorité du Turc pour se mettre à couvert des entreprises dont les Venitiens la menaçoient. Elle paye tous les ans au Grand Turc douze mille sequins de tribut, & presqu'autant pour entretenir l'amitié des Ministres & Officiers de la Porte ; moyennant quoy elle demeure en paix.

Cette Republique tient quelques quarante lieuës de païs, tirant le long de la coste de Dalmatie ; mais tout au plus leur Souveraineté ne s'estend qu'environ deux lieuës dans la Terreferme, où ils sont bornez par les Turcs : ils possedent encore quelques Isles qui sont de peu de consideration : Il n'y a que les Gentilshommes de Raguse qui ont part au Gouvernement, & sitost qu'ils ont attaint l'âge de vingt ans, ils ont le reste de leur vie entrée & voix deliberative au

Grand Conseil : ils prennent soigneusement garde à ne se point mes-allier, car si un Gentilhomme n'épouse une Dame de Raguse, ses enfans ne sont pas reconnus pour Nobles, & n'ont aucune part dans le Gouvernement.

En sortant de Raguse, l'on chemine deux heures pour passer une fascheuse montagne, laquelle passée on sort de la Dalmatie, pour entrer dans le païs d'Hersegovine qui appartient au Turc : les terres de ce Prince ne sont divisées de celles de Raguse que par une méchante maison, où se retirent ceux qui prennent garde à la santé; car comme la peste est ordinairement en Turquie, toutes les Villes de la Chrestienté qui sont le long de la coste de Dalmatie, ne donnent aucune entrée à ceux qui viennent de Turquie, qu'ils n'ayent fait la quarantaine, ou tout au moins la coustume de dix ou douze jours.

Depuis la frontiere l'on marche trois journées par un païs fort pierreux & desert, devant que d'arriver à la plaine de Coriti, laquelle ayant traversée, l'on monte une montagne, où au haut est un Chasteau nommé Kilous, qui en Esclavon veut dire Clef; aussi garde-t'il tous les passages de ces montagnes : c'est la premiere place de remarque qu'on rencontre depuis Raguse : En quittant ce Château on trouve un bourg nommé Cernissa, où il y a environ vingt-cinq à trente maisons, habitées par des Turcs & par des Chrétiens. A une journée de là on trouve les montagnes de Cemerno qui sont fort hautes, mais bien agreables, pour estre toutes couvertes de grands bois de haute fustaye; ce passage est dangereux à cause des voleurs qui s'y tiennent ordinairement;

B iij

c'est pourquoy on ne le passe point si ce n'est avec les caravanes, ou bien en grande compagnie. A une journée de là l'on arrive à Focia, qui est une petite ville située à l'endroit où la petite riviere de Thiotine se décharge dans celle de Drine.

En partant de Focia, on entre dans un païs remply de costaux & de valées, où aprés avoir marché deux journées, on arrive à un grād bourg nommé Pleufglie : il est situé dans une plaine, laquelle est aussi fertile en grains, comme les montagnes qui l'environnent sont desagreables, pour estre des rochers tous nuds : ce lieu est tout habité de Turcs, parce que c'est le lieu où reside ordinairement le Sangac-Bey d'Hersegovinet.

Aprés estre sorty du terroir de Pleufglie, on rencontre un païs fort montueux & tout remply de bois, que ceux du païs appellent Zuiesdi : Le grand nombre des voleurs qui sont d'ordinaire dans ce bois, en rend le passage dangereux, c'est pourquoy on ne le traverse point sans escorte : En sortant de ces montagnes on trouve un beau Monastere de Caloyers, nommé Santo saba de Milosefdo, où il y a d'ordinaire bien quatre-vingt Religieux qui reçoivent & logent les passans.

A demie journée de ce Monastere on traverse la valée de Milosefdo, où finit le païs d'Hersegovinet, & commence l'Esclavonie, appellée à present Bossenie. Ayant passé cette valée on traverse la plaine de Cenisse, qui en Esclavon signifie terre de foing, pour estre tres-abondante en herbages. A une journée de là on rencontre la ville de Geni-Basar, qui en Turc veut dire nouveau marché ; elle est située sur la petite riviere de Rasca, en un lieu haut & bas, ce qui en rend la veüe fort agreable : son circuit est de demie lieüe, sans estre enfermée de murailles : c'est la Ville la plus considerable que l'on trouve depuis la frontiere.

A demie journée de Geni-Basar, on traverse la riviere de Hibar, qui se va rendre dans celle de Morava. Cette riviere est fort rapide, & divise par son cours le Royaume de Boseva d'avec la Servie. De là on traverse les montagnes de Caponi & Toplissa Tisna, qui sont fort hautes, lesquelles ayant passé on entre dans un païs beaucoup plus temperé & plus ouvert, nommé Toplissa Ravena : c'est en cet endroit qu'on commence à se servir de chariots & carrosses, on en trouve ordinairement à Precopia, qui vont jusques à Constantinople.

Precopia, que les Turcs appellent Urciup, est un grand bourg assis dans une plaine fort spacieuse, & fort fertile en bled : De Precopia à la riviere de Morava il y a demie journée, laquelle on traverse en trois heures : De là on arrive à la Ville de Nice, esloignée de Raguse environ de quinze journées, & autant de Constantinople pour les gens de cheval, mais les caravanes en mettent bien vingt.

Nice est une petite ville toute habitée par des Espais de Timar & des Janissaires qui y sont en garnison, tant pour la seureté des chemins, que pour prendre garde à quantité de Chrestiens qui demeurent deux ou trois lieües à la ronde, à cause de la fertilité du païs.

Au sortir de Nice on traverse une plaine marescageuse, & quelques montagnes assez difficiB iiij les pour les carrosses : Ayant cheminé environ neuf heures, on arrive à un village nommé la Palanque de Mahemet Bacha, qui veut dire lieu enfermé, pour estre entouré de palissades : ce qu'ils font pour se retirer lors qu'ils ont avis qu'il y a des voleurs en campagne.

De la Palanque on passe par les villages de Pirot & de Dragoman, qui sont habitez par des Chrestiens. Au bout de deux jours on arrive à Sophie, Ville capitale de la Bulgarie, assise dans une plaine de huit lieües de long, & de quatorze de large ; le Beglerbey de la Grece y reside ordinairement, ce qui fait qu'elle est presque toute habitée par des Turcs.

Au sortir de Sophie on passe par un village nommé Orvitro, où on void quantité de ruines, qu'on dit estre d'un Monastere de Caloyers, & où fut tenu le Concile de Sardique : prés de là est un autre village nommé Lozyna, assis sur la pente de la montagne. A trois heures de Sophie on passe la petite riviere d'Iscar, qui prend sa source au pied du mont Rodope. A quatre heures de là on arrive à un bourg nommé Jetiman, tout habité de Turcs, encore que tous les villages d'alentour soint habitez de Chrestiens.

En quitant la plaine de Sophie, on découvre le mont Rodope : c'est en ce lieu que l'antiquité veut qu'Orphée ait fait entendre la douceur de sa harpe. Au haut de cette montagne il y a sept fontaines, que ceux du païs appellent encore aujourd'huy les sept fontaines d'Orphée, estimans que les larmes qu'il répandit aprés avoir perdu pour la seconde fois sa femme Eurydice, donnerent commencement à ces sources.

ET DU LEVANT.

Cette montagne, comme aussi le mont Hemus, qui se joignent ensemble, separent la Bulgarie d'avec la Romanie, anciennement Thrace. On est une journée à passer cette montagne, où l'on trouve un village appelé des Turcs Laucoli, & des habitans Novo celo, qui est le premier de la Romanie : A demie journée de là on trouve un beau Caravansara basty par Hebraim Bacha, & appellé de son nom.

A huit lieuës de là on arrive à la ville de Philippopoli, appellée des Turcs Philiba : De Philippopoli on costoye pendant trois jours ladite riviere, & passant par les villages de Caiali & Hermanli, on arrive à Andrinople.

La ville d'Andrinople, appellée anciennement Oreste, est assise sur le haut & sur la pente d'une colline, à l'endroit où la riviere de Tunze & celle de Harde perdent leur nom dans celle de Marissa : c'est la meilleure & la plus considerable Ville qu'on trouve depuis Raguse jusques à Constantinople : les bastimens y sont assez beaux pour ce qui est de la Turquie : il n'y a aucun lieu dans toute la Romanie où l'air y soit plus doux & plus temperé.

Au sortir d'Andrinople on traverse en deux journées les villages d'Abla, Babasque, & de Pergase. A une journée de là, on arrive à un bourg nommé Chiourli, où Selim perdit la bataille contre Bajazet son pere. A quatre lieuës de là on trouve les vestiges du canal que les Empereurs Grecs avoient dessein de faire, pour isoler le territoire de Constantinople, en faisant tomber le Danube dans la mer de Marmora, afin de mettre le païs à couvert des courses des Barbares.

B v

A trois lieües de là on arrive à Selvirée, qui est sur le rivage de la mer de Marmora : cette ville est presque ruinée & habitée par des Grecs.

De Selvirée on costoye la mer de Marmora environ trois heures, avant que d'arriver à un grand bourg nommé Biové Chek mege, qui veut dire en Turquesque grand pont, qui est sur un détroit par où la mer s'engouffre & fait un grand estang salé. On costoye encore la mer jusques au petit pont, appellée en Turquesque, Conchione Chek mege : de là à Constantinople il n'y a que cinq heures de chemin, & tout une plaine.

Le troisiéme chemin qu'on peut tenir pour aller à Constantinople, est celuy de la Grece, lequel pour estre plus long & plus difficile que les deux precedens, est moins frequenté : mais ceux qui se plaisent à voir des antiquitez, & à considerer les revolutions du monde, y trouvent dequoy contenter leur curiosité.

Pour faire ce chemin il faut traverser le Royaume de Naples, & s'embarquer à Otrente, ville située prés du rivage de la mer Ariatique, d'où on passe ordinairement à Corfou, qui en est esloigné de trente-trois lieuës. Cette Isle est assise proche de l'Epire, elle appartient aux Venitiens, qui y entretiennent bonne garnison, cette Place leur estant de grande consideration, parce qu'elle est à l'entrée de leur Golfe.

De Corfou il y a deux chemins, l'un par la Bastide, & l'autre par la Morée : le premier est le plus court, car en sortant de Corfou on ne fait que six lieües par mer jusques à la Bastide, qui est un grand bourg, habité de Turcs & de Grecs, d'où l'on peut aller en dix jours jusques à la ville de Salonique ; mais il faut passer tant de montagnes, & le païs est si remply de larrons, qu'on n'y peut aller sans beaucoup de danger. De Salonique, qui est une grande ville toute habitée de Juifs, il n'y a que quatorze journées jusques à Constantinople, tout plat païs, & par où les carosses peuvent rouler.

L'autre chemin est plus commun & plus asseuré : En sortant de Corfou, on costoye le rivage de la mer environ trois heures avant que d'arriver à un bourg nommé Parga, lequel est le seul que la Republique de Venise possede dans l'Epire. A deux journées de là on trouve la ville de Previsa, qui appartient au Grand Seigneur ; & à demie lieüe de là est Sainte Maure, qui est une petite Isle separée de la Terre-ferme par un canal de vingt pas. A Sainte Maure on s'embarque pour l'Isle de Cephalonie ; & de celle-cy à l'Isle de Zanthe, esloignée de Corfou de soixante & dix lieües.

De Zanthe on fait encore deux lieües par mer jusques à une plage deserte, où l'on prend terre, d'où il faut faire une heure de chemin avant que d'arriver à Castel Tournese, où l'on trouve des chevaux. Ce Chasteau est appellé Cimus par les Turcs, & n'a point d'autre fortification que quelques tours qui flanquent la muraille : il y a au dessus un bourg qui est habité par des Grecs, où l'on loge ordinairement.

En partant du Castel Tournese on entre dans de grandes plaines, qui sont les plus agreables & les plus diversifiées de toute la Morée, encore qu'elles soient comme abandonnées & peu cultivées. Elles s'estendent depuis la Marine viron

B vj

quatre lieües en terre, & parce qu'elles touchent l'Arcadie, on les appelle plaines d'Arcadie : en les traversant l'on costoye toûjours les montagnes d'Arcadie qu'on laisse à main droite : ce ne sont que hautes collines qui sont fort fertiles en bois & en pasturages ; de sorte que ce n'est point sans raison que l'antiquité nous les a décrites comme le lieu le plus charmant & le plus delicieux qui fut en la Grece.

Aprés avoir marché environ une journée & demie dans ces plaines, sans trouver qu'un seul village, on arrive à Petras, qui est une petite ville située à un quart de lieüe de la mer, & la plus grande & principale de la Morée ; elle n'est point fermée de murailles, non plus que la pluspart des villes de Turquie : les environs de cette ville sont tres-delicieux, & tout remplis de citronniers & d'orangers.

En sortant de Petras on costoye le Golfe de Lepanthe, dont les rivages sont aussi fort agreables : on ne les quitte point qu'on ne soit arrivé à Corinthe, qui est à trois journées de Petras ; & encore que ce païs soit ainsi delicieux & fertile, on n'y trouve neantmoins nulle habitation ; la raison est que les Grecs ne demeurent pas volontiers sur les grands chemins, dautant qu'ils y sont trop maltraitez par les Turcs qui y passent.

La ville de Corinthe, qui estoit autrefois si considerable, est maintenant reduite à une vingtaine de maisons mal basties : cette ville est la derniere de la Morée, qui s'appelloit anciennement le Peloponese. A demie lieüe de là on entre dans l'Isthme, qui n'a que deux petites lieües de large, ayant d'un costé le Golfe de Lepanthe, & de l'autre l'Archipel : ce païs est tout uny, ce qui a fait naistre l'envie à plusieurs Princes de le couper pour isoler la Morée ; mais parce que c'est roche vive, on a trouvé l'entreprise impossible.

A une journée de Corinthe on arrive à la ville de Megare, laquelle est assise dans un aussi beau païs que Corinthe, mais aussi toute ruinée. De Megare jusques à Athenes il y a une autre petite journée.

La ville d'Athenes, si renommée de l'antiquité, est assise dans une plaine, ayant la mer du Midy, & les montagnes qui l'enferment du Septentrion : Elle n'est pas la quatriéme partie si grande qu'elle estoit autrefois, ainsi qu'on peut voir par les ruines, à qui le temps a fait moins de mal, que la barbarie des Nations, qui ont tant de fois pillé & saccagé cette ville ; car par tout on trouve quantité de colomnes, de pilastres, & autres pierres de marbre. Entre les anciens bastimens il n'est rien demeuré d'entier, horsmis un grand Temple qui est d'une structure admirable ; sa forme est en ovale ; & par dehors, aussi-bien que par dedans, il est soustenu par trois rangs de colomnes de marbre : les Chrestiens du païs disent que ce Temple est celuy-là mesme qui estoit dedié au Dieu inconnu ; à present il sert de Mosquée aux Turcs.

En sortant d'Athenes, on traverse une grande plaine toute remplie d'oliviers, & arrousée de plusieurs ruisseaux qui en augmentent la fertilité. Aprés y avoir marché une heure, on arrive sur la marine, où l'on void le port d'Athenes, appellé anciennement de Perée, & maintenant le port de Lion.

En costoyant le rivage du païs d'Attique, on connoist par tout les ruines de plusieurs Villes qui estoient autrefois bien florissantes : la mer qui baigne ce rivage, est remplie d'Isles qui sont aussi tres-fertiles. On s'embarque ordinairement au Cap Calomne, qui est à une journée du port de Perée, pour aller à l'Isle d'Andro qui en est esloignée de 24. lieues, & 33. de celle de Chio, où l'on trouve à toute heure des commoditez pour aller à Constantiople.

Le quatrieme chemin, qui est par la Hongrie, est sans difficulté le plus beau & le plus commode ; car on se sert du Danube une grande partie du chemin, & le reste on le peut faie en carosse ; mais un particulier ne le sçauroit faire, si ce n'est avec un Ambassadur, ou avec quelqu'un qui soit envoyé de la part d'un Prince, car encore qu'il y ait paix, les subjets de l'Empereur n'ont nulle sorte de commerce avec les Turcs, au contraire ils font tous les jours des courses, & commettent mille actes d'hostilité ; car encore qu'ils ravagent le païs l'un de l'autre, ils n'appellent point cela faire la guerre, si ce n'est que le canon y roule.

Pour faire ce chemin on se peut embarquer sur le Danube, en tel endroit de l'Allemagne qu'on desire. Or ayant passé la ville de Vienne, la premiere place qu'on rencontre est Hambourg, qui en est à huit lieues : de Hambourg à Presbourg il y a deux lieuës ; environ le milieu du chemin est un Chasteau nommé Ten, qui separe l'Austriche d'avec la Hongrie.

Le Danube se divise au dessous de Presbourg en quatre bras, qui font plusieurs belles & delicieuses Isles, remplies de bois de haute fustaye. A huit lieuës de Presbourg on trouve Altembourg place bien fortifiée, & de là à Javarin il y a une journée.

La ville de Javarin, que ceux du païs appellent Rad, est situëe en la basse Hongrie, dans une plaine à perte de veuë : Elle est environnée d'un bras du Danube, & de la riviere de Rad, qui luy donne son nom : elle peut avoir environ trois mille pas de circuit, & comme elle est frontiere contre le Turc, elle est entourée d'une bonne fortification reguliere.

De Javarin on descend à Comore, qui est une Isle à cinq lieuës de Javarin : c'est le lieu le plus esloigné que l'Empereur possede aujourd'huy dans la Hongrie. Elle a douze lieuës Hongroises de long, & cinq de large ; elle porte le tiltre de Comté ; elle est defenduë par une belle forteresse sur la pointe qui regarde la Turquie.

A cinq lieuës de Comore on arrive à Strigone, appellée par ceux du païs Grand ; c'est la premiere ville que les Turcs tiennent dans la Hongrie : De Strigone à Bude il y a dix lieuës.

La ville de Bude, vulgairement appellée Offem, estoit autrefois la capitale du Royaume de Hongrie, & où les Rois ont fait leur residence : elle fut prise par Sultan Soliman en l'an 1526. Les Turcs n'y ont rien adjousté aux fortifications, au contraire ils les laissent ruiner, & toute la force consiste dans la garnison, qui y est ordinairement de dix mille tant Espais que Janissaires. Aussi n'est-elle habitée que par des soldats servant de place d'armes contre la Chrestienté : vis à vis de Bude est la ville de Pest toute ruinée,

En descendant le Danube pendant trois journées, on ne passe devant aucune place de consideration, & jusques à Varadin qu'on voit de loin : De là à demie journée on arrive à Belgrade, appellée des Hongrois Albegrecque : elle est assise sur la pointe d'une colline, où la riviere de Save se décharge dans le Danube : elle n'est point fermée de murailles, bien qu'elle soit des plus grandes & des plus considerables de Turquie : il y a un Chasteau qui vient le long de la Save, entouré d'une simple muraille, sans aucun rempart ; là où les Turcs se retirent, & ne permettent pas que les Chrestiens y entrent.

 A Belgrade on quitte ordinairement le Danube, & à quatre journées de là on arrive à la ville de Nice, où l'on rencontre le grand chemin de Constantinople, lequel a esté décrit cy-devant.

DESCRIPTION DE LA VILLE de Constantinople.

COnstantin le Grand, premier Empereur Chrestien, Prince tout bon & tout grand, desirant éterniser son nom, tant par sa pieté que par sa magnificence, abandonna la Ville de Rome au Chef de l'Eglise, & se retira au Levant pour y chercher le lieu propre pour bastir une superbe Ville. On tient qu'il s'arresta premierement dans l'Asie Mineure, en la Province de Frigie, prés des ruines de l'ancienne Troye, où ayant déja jetté les fondemens d'une Ville, on croit qu'il en fut diverty par la peste, laquelle luy enleva la meilleure partie de ses ouvriers : les autres tiennent qu'il quitta cette entreprise par une revelation, laquelle luy designa le lieu où estoit bastie une petite & ancienne ville de la Grece nommée Bisance, laquelle il agrandit & embellit de plusieurs beaux Edifices, la faisant enclorre de murailles comme elle reste maintenant, & y establit son Siege environ l'année trois cens vingt-cinq, la faisant nommer la Nouvelle Rome; mais aprés sa mort, son Successeur voulant honorer sa memoire, la fit nommer de son nom Constantinople.

Depuis elle a demeuré jusques à present le Siege des Empereurs d'Orient, mais non pas sans grandement éprouver le changement inique de la fortune; car des Empereurs Chrestiens elle est venuë sous la domination des Princes Mahometans: Mehemet second Empereur des Turcs la prit d'assaut, la faisant servir de matiere sanglante à la fureur de ses soldats, y exerçans tant de cruautez, que jamais on n'en a ouy de semblables.

Ce grand desastre par toute la Chrestienté arriva l'an 1452. le vingt-septiéme du mois de May, & le deuziéme jour de la Pentecoste, Feste dediée au Saint Esprit, contre lequel les Grecs ont tant de fois offencé sa divine Majesté, qu'il semble que Dieu les a voulu chastier ce jour-là pour leur montrer leur faute & l'énormité de leur crime, par la perte de leur Ville capitale, les rendant esclaves d'un peuple extremement barbare & cruel, qui pour ne leur laisser aucune marque ny souvenance de leur gloire passée, y a tout changé, & n'a pas mesme voulu laisser à la Ville le nom de Constantinople, estant appelée par

42 LE VOYAGE D'ITALIE

les Turcs maintenant Stanpolde, qui en leur langage signifie Abondance de foy.

Il semble que cette Ville a esté bastie pour commander à tout le monde, tant son assiette est belle & avantageuse : elle est à l'extremité de l'Europe, & seulement separée de l'Asie par un canal de mer de demie lieuë de large. Sa demeure est fort saine & temperée ; sa situation est au quarante-quatriéme degré de latitude, & au cinquante-sixiéme de longitude : Au commencement du cinquiéme climat, & à l'imitation de la Ville de Rome, elle est bastie sur sept petites collines, comprenant environ cinq lieuës de tour : Sa forme est triangulaire, dont les deux parties sont baignées de la mer : Du costé de la marine elle est seulement entourée d'une grande muraille flanquée de plusieurs Tours ; mais du costé de terre, outre la muraille, elle a encore deux fausses brayes revestuës de pierre ; mais les murailles sont en plusieurs endroits tombées, de sorte qu'elles ont presque remply les fossez, parce que les Turcs sont peu soigneux d'entretenir leurs fortifications.

Cette Ville est presque entourée de la mer, neantmoins elle est en seureté contre les Corsaires & armées navales qui y voudroient faire des surprises ; car du costé de la mer Mediterranée elle a deux Chasteaux appellez les Dardanelles, qui gardent le détroit de l'Elesport ; & du costé de la mer Noire, elle a le Bosfore de Thrace, qui est un canal de six lieuës de long, & environ demie lieuë de large, où il y a encore deux bons Chasteaux qui gardent ce passage.

Le Port de Constantinople est le plus grand,

ET DU LEVANT. 43

le plus beau, & le plus asseuré de la mer Mediterranée ; car tout ce qui est le long du Serrail, & le canal de la mer Noire, est fort asseuré ; mais le principal Port, & où les Vaisseaux se tiennent d'ordinaire, est entre la Ville & Galata, où il y a environ quatre milles de long, & demie de large, & est tellement asseuré, que rarement on y void arriver quelque disgrace : il est si profond, que les plus grands Vaisseaux ne viennent toucher qu'à ses bords, sans qu'ils ayent besoin de jetter l'anchre, s'attachans avec des chables à des pôteaux qui sont le long du rivage, encore que les Turcs y jettent toutes leurs ordures & immondices, sans qu'il se remplisse pour cela, à cause de la quantité des courans d'eaües qu'il y a par dessous qui emportent tout ce que l'on y jette. Pour la beauté, j'estime que ce Port n'a point de pareil, car il est comme un Amphitheatre entouré de Galata & de Constantinople, qui ont leurs bastimens sur des collines, & dont les maisons sont si bien basties, qu'elles n'ostent point la veuë les unes des autres ; ce qui y fait une tresbelle perspective.

Les Barques qui servent pour passer le Port, sont appellées par les Turcs Perrama : elles sont presques de la forme des Gondoles de Venise, mais beaucoup plus jalouses ; le nombre en est estimé à quinze mille : il y en a qui sont conduites par un, deux, & trois rameurs, qui sont assis au plat fonds du basteau les uns aprés les autres : il fait fort plaisant se promener par le Port sur ces Barques, tant à cause de leur vistesse, que pour la belle veuë qu'il y a, car la Ville y paroit plus belle & plus agreable que d'aucun autre endroit.

La Ville est incommode par le dedans, parce qu'elle est haute & basse, & les ruës fort estroites, de sorte que les chariots ny les carosses n'y peuvent passer, ce qui fait qu'ils n'en ont point l'usage, & marchent ordinairement à cheval ; il n'y a qu'une ruë moyennement large, laquelle traverse la Ville depuis le Serrail jusques à la porte d'Andrinople.

Ceux qui arrivent à Constantinople sont contraints de loger dans des Caravensaras, parce qu'il n'y a aucunes hostelleries : ce sont des lieux bastis comme des grandes halles, où l'on ne trouve que le couvert, & encore fort mal accommodé, car on est souvent contraint de coucher paymy les chevaux & les chameaux.

Les Bachas qui sont ceux qui tiennent le premier rang entre les Turcs, ont de grands corps de logis, bastis pour la pluspart de bois, paroissant fort peu par dehors, mais par dedans ils sont fort commodes, ayans plusieurs appartemens, & quantité de salles revestuës de marbre, & remplies de fontaines : Ils ne tapissent point leurs chambres comme on fait en la Chrestienté, mais ils mettent les tapis sur le pavé ; ils en ont quantité, les plus beaux sont de Perse, dont il y en a qui ont les couleurs si vives, qu'on a de la peine à les regarder : Enfin le dedans de leurs maisons est aussi beau & delicieux, que le dehors est déplaisant & desagreable.

Ils ont deux raisons pour lesquelles ils ne font point paroistre leurs bastiments par l'exterieur; la premiere est superstitieuse, & disent qu'il faut qu'il y aye difference entre la maison de Dieu & celle des hommes ; mais la seconde, & qui me

ET DU LEVANT. 45

semble la plus forte, est qu'ils desirent paroistre toûjours pauvres aux yeux du public, afin que l'estat de leur magnificence ne leur donne pas la renommée d'estre riches ; ce qui donne souvent sujet au Prince de leur oster la vie pour prendre leur bien.

Les maisons des particuliers sont mal basties, & peu commodes, la pluspart ne sont que d'un estage, & ils font cela à cause que le Grand Seigneur est souvent leur heritier, de sorte qu'ils ne bastissent que pour leur vie, & gardent leur argent, qu'ils peuvent plus facilement laisser à leurs enfans & parens, que des heritages.

Il ne se peut rien voir de mieux basty que leurs Mosquées, ils en ont sept principales basties par divers Empereurs, & toutes à l'imitation du Temple de Sainte Sophie, jusqu'où ils n'ont jamais pû arriver : cette Eglise est le seul bastiment preservé de sa totale ruine à la prise de Constantinople ; le Turc s'estant contenté, à cause de la beauté de son edifice, de la profaner en la faisant servir de Mosquée principale.

Ce Temple fut basty par l'Empereur Justinian: les Histoires rapportent qu'il y employa tout le revenu qu'il tiroit du Royaume d'Egypte, lequel montoit à deux millions d'or par an, & qu'il y fit travailler l'espace de dix-sept ans ; & qu'aprés l'avoir achevé, considerant la beauté de ce bastiment, il se vanta d'avoir surpassé le Roy Salomon en la construction de son Temple.

Cet Empereur fit encore bastir tout proche ce Temple, un tres-beau Monastere, au lieu où est à present le Serrail du Grand Seigneur, lequel il dota de huit cens mille escus de revenu, y faisant entretenir neuf cens Prestres pour le Service Divin de son Temple, qu'il dedia à Sainte Sophie, qui veut dire en Grec Sapience Divine; ce qu'on void encore écrit en grosses lettres Grecques à la Mosaïque, sur une bordure en haut qui regne autour de l'Eglise.

 Ce qui reste aujourd'huy de cet admirable & superbe Edifice, est un grand dôme basty de marbre brun, entouré par dedans de deux rangs de colomnes de porphyre & de serpentin, la pluspart d'une piece, & si grosse, que deux hommes auroient de la peine à en embrasser une; ses pilliers soustiennent de grandes galeries, dont la montée est entre les murailles du Temple tournant tout autour, & elle est si large & si aisée, qu'on y pourroit aisément monter à cheval: lors que les Chrestiens en estoient les maistres, c'étoit le lieu où se mettoient les femmes, afin d'estre separées des hommes, ainsi qu'il se pratique encore par tout le Levant. On nous montra dans cette galerie une pierre de marbre rougeastre à laquelle les Turcs ont une grande devotion; ils disent qu'elle y a esté apportée de la Palestine, & que la Vierge Marie avoit coustume d'y laver les linges de Nostre Seigneur: Là proche il y a une fenestre de marbre transparent; la pierre est espaisse du moins de quatre doigts, neantmoins on void le jour au travers.

 En haut contre la voute du dôme on voit encore le portrait d'un Dieu le Pere, n'ayant rien d'effacé que le visage. Les Turcs n'y tiennent autres embellissemens que quantité de lampes & globes de verre, & quelques chaires faites en forme de balcon, où se mettent leurs Dervis pour prescher : le bas de l'Eglise est tout travaillé de marqueterie d'agathe & de cornaline, qui est encore couvert en plusieurs endroits de grands & beaux tapis de Perse ; de sorte qu'il ne se peut rien voir de plus beau ny de plus riche que ce pavé.

De toutes les Mosquées que les Turcs ont fait bastir, il n'y en a point de plus belle que celle que Sultan Achmet pere du Grand Seigneur qui regne maintenant : les Chrestiens l'appellent la Mosquée neufve, à cause qu'elle est la plus nouvelle, & les Turcs la nomment Mosquée de l'incredule, parce qu'elle a esté bastie contre l'ordre de leur Religion, laquelle défend qu'aucun grand Seigneur puisse bastir Mosquée ny fonder Hospitaux, si ce n'est qu'il aye auparavant conquis quelque païs sus les infidelles de sa Religion, qui soit capable de supporter les frais du bastiment ou de la fondation, & mesmes il faut qu'ils y ayent assisté en personne ; ce que Sultan Achmet n'avoit point fait, n'estant jamais sorty de son Serrail pour aller à la guerre ; ce qui luy fut plusieurs fois representé par les Docteurs de sa Religion ; neantmoins il ne voulut se desister de son entreprise, ce qui a fait que le nom d'incredule luy est demeuré. Cette Mosquée est bastie en forme quarrée, ayant au devant une spacieuse cour pavée de marbre blanc, & au milieu une tres-grande fontaine, dont le bassin est aussi de marbre blanc : il y a autour de la cour de belles galeries, & bien eslevées, soustenues par de belles colomnes toutes d'une piece ; l'on y entre par huit degrez qui occupent tout le long de la face de la Mosquée : le dedans est tout blanchy, n'y ayant autre chose, sinon le nom de Dieu écrit en grosses lettres Arabesques dans une corniche. A la hauteur d'une pique pendent quantité de lampes & globes de verre, où sont enfermées plusieurs raretez qui leur ont esté envoyées de divers endroits du monde. Au haut de la Mosquée il y a six hautes tourelles qui ont chacune trois petits coridors ou galeries découvertes; là où les Turcs se mettent à crier cinq fois le jour; ce qui leur sert d'horloge, parce qu'il n'y en a point dans le païs du Turc, non plus que de cloches: le haut de ces tourelles est tout couvert de plomb doré portant des croissans.

Aprés cette Mosquée, celle qu'a fait bastir Sultan Soliman est la plus belle, & presque de la mesme structure: il y a un tres-bel Hospital auprés d'icelle, que cet Empereur a doté de soixante mille escus par an, où les pauvres ne sont pas seulement nourris, mais où il y a des personnes gagées pour porter par les ruës des morceaux de chair qu'ils jettent aux chiens en aumosne, leur charité estant si grande, que les bestes mesmes s'en sentent, comme il sera dit plus amplement par le discours de leur Religion, que nous ferons cy-aprés.

Les Empereurs qui ont fait bastir des Mosquées, ont fait aussi bastir auprés une espece de Chapelle, qui est le lieu de leur sepulture: le tombeau est couvert ordinairement d'un drap de velours verd, fait de la mesme maniere de nos Poësles ou draps mortuaires, portant au chevet un grand Turban orné de trois aigrettes de heron, remply de pierreries. A costé sont les sepultures de leurs femmes les plus aimées, & en suite

celles

celles de leurs enfans, les masles ayans le Turban au chevet, & les filles leur ornement de teste, le tout remply de quantité de pierreries; il y en a quelquefois en si grand nombre, qu'il s'y en voit jusques à quatre-vingts, & plus: il y a alentour plusieurs lampes & chandelles qui bruslent jour & nuit, & toûjours quelque Talisman ou Prestre Turc qui recite l'Alcoran pour l'ame de l'Empereur qui y est enterré.

Plusieurs croyent qu'on ne peut entrer dans les Mosquées, & cela par le rapport de quelques Pelerins qui visitent la Terre Sainte, qui s'imaginent que les Chrestiens sont traitez avec autant de rigueur par tout le païs du Turc, qu'ils l'ont esté eux-mesmes dans la Palestine. Nous avons bien éprouvé le contraire, car en plusieurs endroits de la Turquie nous avons trouvé d'aussi honnestes gens, & autant de liberté qu'en la Chrestienté, & à Constantinople on va voir librement les Mosquées, ce que nous avons experimenté les ayant toutes visitées, mais il faut prendre garde à n'y pas entrer avec des souliers, & n'y cracher point.

Toutes les Mosquées, tant à Constantinople qu'au reste de la Turquie, sont extrémement dorées, le Grand Seigneur en est comme Sur-Intendant, & y ordonne des Prestres tant qu'il suffit pour faire le Service; & pour ce qui reste du revenu, il y a des Commissaires par toutes les Provinces qui ont un grand soin de recevoir cet argent, lequel ils envoyent à Constantinople, où il est gardé dans le Chasteau des Sept Tours. Le Grand Seigneur ne peut disposer de cet argent, si ce n'est pour faire la guerre contre les infideles

C

de sa Religion, autrement il violeroit les loix de l'Alcoran, & blesseroit sa conscience.

Devant la Mosquée neufve il y a une grande place que les anciens Grecs appelloient l'Ypodrome : ce lieu fut jadis fait par les Empereurs pour la course des chevaux ; l'on y void encore deux pyramides fort anciennes, l'une de grandes pierres de marbre bastie sans ciment, & l'autre d'une pierre seule, semblable aux obelisques qui se voyent à Rome : il y a aussi trois serpens de bronze entortillez ensemble, n'ayant rien de libre que la teste : les habitans tiennent par tradition qu'ils y ont esté mis par superstition, & ce pour delivrer la ville d'une quantité de serpens qui travailloient tellement les habitans, qu'ils eussent esté contraints de l'abandonner s'ils n'eussent esté delivrez par cette statuë, & fut placée au milieu de l'Ypodrome.

C'est en cette place que les Turcs viennent tous les Vendredis exercer leurs chevaux, faisans des bandes & courses semblables à celles qu'on appelle en Espagne jeu de Cannes ; l'on y void les plus beaux chevaux du monde, vistes au possible, mais ils ont generalement un grand defaut, c'est qu'ils n'ont la bouche aucunement bonne, ce qui fait que bien souvent ils emportent leur maistre au milieu du peuple, & qu'il leur faut une grande espace pour les faire tourner : peut-estre que ce defaut vient de la bride qui n'est qu'un filet.

Il y a toûjours quelque Arabe qui dans ces jeux sert comme d'entremets, car il y en a qui courent à bride abbatuë se tenant tout debout dans la selle, d'autres qui mettent le pied droit en l'air, & d'autres qui courent avec deux chevaux, & au plus fort de la carriere, voltigent tantost sur l'un & tantost sur l'autre. Il y en a qui pendant la course du cheval luy passent par dessous le ventre, & se tenant à l'estrier se remettent en selle : il y en a aussi qui montrent leur dexterité à tirer de l'arc, car en courant ils se renversent sur la croupe de leurs chevaux, & tirent sur le fer du pied de derriere, dont l'on en void rebondir la flèche en l'air; bref ils font mille galanteries semblables, qui donnent grand plaisir & divertissement aux spectateurs. Le Palais du Caimacan aboutit sur cette place, où le Grand Seigneur vient ordinairement, & se met dans un grand balcon fermé de jalousies, d'où il void tout & n'est veu de personne.

Il y a par la Ville plusieurs aqueducs, lesquels ont leur bassin ou reservoir à trois lieües de Constantinople, à un village nommé Pirgau, où pour joindre deux montagnes ensemble ils ont basty trois arcades les unes sur les autres, assez semblables au pont du Gar qui est si estimé en France. Ces aqueducs portent tant d'eaües à la Ville, qu'ils suffisent pour faire couler bien huit cens fontaines, qui sont dans les Mosquées, dans les logis des Bachas, & par les ruës.

A l'extremité de la Ville, vers le Septentrion, restent les ruines de l'ancien Palais de Constantin, là où tant d'Empereurs Chrestiens ont fait leur demeure, desquels les Turcs ont la memoire en telle horreur, qu'ils ne veulent pas permettre qu'on y fasse aucune reparation, quoy que ce soit une belle assiette, d'où l'on joüit d'une tres-belle veuë tant de la ville que de la campagne.

C ij

Proche des ruines de cet ancien Palais, est l'Eglise & la demeure du Patriarche de Constantinople : Le bastiment en est petit, & l'Eglise pauvrement accommodée, car encore que le Patriarche ait un grand revenu, il n'oseroit neantmoins la faire bastir, craignant que le Turc ne la prist pour en faire une Mosquée ; aussi est-il necessaire qu'il paroisse toûjours pauvre. Dans cette Eglise reposent quantité de Reliques, & entr'autres trois Corps Saints tous entiers : Il y a aussi une partie de la Colomne à laquelle ils disent que Nostre Seigneur a esté flagellé, mais elle ne ressemble aucunement à celles que l'on void à Rome & à Hierusalem.

Proche de cette Eglise est une haute colomne que l'on appelle Historiale, pour estre toute couverte d'histoires ; l'on y entre par dedans, & est toute semblable à celle de Trajan & d'Antonin qu'on void à Rome.

Les Catholiques ont prés de ce lieu une petite Eglise, où demeurent ordinairement trois Religieux de l'Ordre de S. François pour la servir. Cette Chapelle est dediée à la Vierge, dont le portrait paroist sur l'Autel, que ces bons Peres nous dirent avoir esté fait de la main de S. Luc. Il y a viron trois ans que les Catholiques avoient là tout proche une autre Chapelle dediée à Saint Nicolas, mais les Turcs l'ont changée en une Mosquée.

Il y a à Constantinople de grandes Halles qu'ils nomment Besestins, où se vendent toutes sortes de marchandises de prix, & principalement de pierreries, broderies, senteurs, & autres : il fait beau & agreable s'y promener, tant pour la bonne odeur qu'il y a, que pour la diversité des choses qu'on y void. Assez prés de là sont d'autres Besestins, où se vendent aussi des marchandises, mais de moindre prix que les precedentes. En suite est celuy des esclaves; les hommes sont rangez d'un costé, & sont presque nuds, & les femmes de l'autre costé, qui sont toutes couvertes; quand on les desire acheter, il y a une maison tout proche qui sert seulement à cela, où on les void à découvert, & souvent on les fait dépouiller pour connoistre s'ils ont les corps bien formez; mesmes il y a des matrones qui visitent si les femmes sont pucelles ou non; le prix d'une mediocrement belle est de cent patacons; mais quand elles sçavent travailler à l'éguille, chanter ou joüer des instrumens, elles valent cinq à six cens escus, voire mille & deux mille escus: les Juifs en font un grand trafic, car aussi-tost qu'elles arrivent ils les achetent à bon marché, & aprés les avoir gardées deux ou trois ans, & qu'elles sont bien instruites, ils les vendent avec bien du profit: la pluspart de ces esclaves sont du païs de Russie, Moscovie, & Georgie: elles sont fort blanches, mais les traits du visage ne sont pas tant agreables, l'ayant ordinairement large, le front petit, le nez plat, & les yeux enfoncez dans la teste. Ces esclaves sont menez de la Tartarie à Constantinople, car les Tartares faisant des courses dans la Chrestienté, en prennent une grande quantité.

Proche de ces Besestins, il y a une ruë où il ne se vend autre chose que des selles & harnois de chevaux: il fait beau s'y promener, & considerer ces belles harnacheures dont les boutiques sont remplies; comme aussi la ruë où se vend la porcelaine, de laquelle les Turcs sont grandement curieux; ils en ont quantité, & si bien enjolivées de dorures & autres couleurs, que c'est un plaisir de les voir.

Au milieu de la Ville il y a un grand Serrail enfermé de hautes murailles, que Sultan Mehemet (celuy qui prit la ville) avoit fait bastir pour la demeure des Empereurs Ottomans : mais ses successeurs ayans trouvé l'endroit où ils demeurent à present plus sain & plus agreable, l'ont abandonné, le faisant servir pour enfermer les femmes lors que quelque Grand Seigneur vient à mourir, où ces pauvres femmes demeurent languissantes le reste de leur vie, ayant tout loisir de pleurer la mort de leur maistre.

Les Armeniens ont un grand enclos dans la Ville, où est la demeure de leur Patriache; l'Eglise en est pauvre & petite, l'on y void encor une grande salle où il s'est tenu un Concile du temps des Empereurs Chrestiens : tous les Peres qui y assisterent, y sont peints au naturel; il y en a de fort estrangement vestus. Au haut de la porte il y a le portrait d'un Empereur, d'une Imperatrice, & de deux Dames peintes à la Mosaïque, ils semblent encore aussi nouveaux comme s'ils venoient d'estre faits : les Armeniens nous dirent, que Sultan Soliman en estoit si curieux, qu'il les venoit voir souvent, & les auroit enlevez pour mettre dans son Serrail, n'eust esté que sa Religion deffend expressément d'avoir le portrait d'aucunes creatures.

Il y a un lieu sous terre proche de Sainte Sophie, où les Turcs gardent plusieurs bestes : nous

ET DU LEVANT. 55

y entrasmes avec des pieces de bois de sapin brûlantes, où nous vismes dans divers cachots plusieurs Lions, Tigres, Leopards, & beaucoup d'autres bestes feroces, dont on ne peut pas dire le nom, pour n'en avoir jamais veu de semblables, ny seulement en avoir ouy parler : Nous vismes aussi la peau d'une Girafle remplie de paille, morte deux mois auparavant ; cet animal est un des plus beaux & plus doux qui soit au monde, il est de la grandeur d'un petit chameau, il a la peau grisastre & fort reluisante, les jambes de derriere courtes, & celles de devant haut eslevées, le col long, & la teste assez semblable au chameau : l'on tient que la corne de ses pieds est un souverain remede contre le mal caduc : Cet animal se trouve dans l'Ethiopie, d'où l'on en avoit fait present au Grand Seigneur.

Au dessus de ce lieu nous allasmes dans un vieil bastiment, lequel nous reconnusmes aussitost pour avoir servy d'Eglise aux Chrestiens, y voyant encore en peinture le long des murailles Nostre Seigneur avec les douze Apostres. Un bon vieillard Turc nous y vint entretenir, lequel nous dit qu'il n'y avoit que dix ans qu'il y avoit un corps de logis basty le long de ces murailles, où un Turc qui y demeuroit allant la nuict pour y faire ses immondices, tomba de haut en bas & se tua : pour cela le Mufty qui est le chef de leur Religion le fit abbatre, & deffendit que personne n'y demeurast plus doresnavant, disant que ce lieu estoit sainct, & que Dieu ne vouloit point qu'il fust profané de la sorte.

Prés de ce lieu il y a une Colomne appellée la Bruslée, laquelle a servy autrefois à porter la statuë de l'Empereur Constantin : elle estoit toute couverte d'or, & les Turcs, pour l'enlever plus aisément, y mirent quantité de feu autour, depuis elle a porté le nom de Colomne brûlée : elle est entourée de plusieurs cercles de fer, lesquels soustiennent les pierres dont elle est bastie, autrement elle ne pourroit subsister.

Il y a deux grands enclos dans la Ville qu'ils appellent Oda de Janissaires, c'est en ces lieux où sont logez les Janissaires lors que l'armée n'est point en campagne : le Grand Seigneur, outre leurs gages, leur y fournit du pain & de la chair : ils sont ordinairement au nombre de trente mille, qui sont les meilleurs soldats de l'Empire, & le nerf de leurs armées. Ils gardent dans ces lieux tres-bon ordre & bonne intelligence les uns avec les autres ; ils sont divisez de dix à douze dans une chambre, dont il y en a un qui y commande qu'ils appellent Oda Bachi : ils ne peuvent mener aucunes femmes dans ces Odas, mesme ceux qui y demeurent ne peuvent estre mariez, & lors que cette envie leur prend, faut qu'ils demeurent par la Ville, ne joüissant d'autre chose que de leurs payes. Il y a une grande place dans ces enclos où les Janissaires sont continüellement exercez à tirer de l'arc, de l'arquebuze, & autres occupations de guerre.

A une pointe de la Ville qui regarde entre le Midy & le Couchant, est une forteresse bastie à l'antique, qu'on appelle le Chasteau des Sept Tours, parce qu'elle consiste en sept grandes Tours, qui ont chacune environ cinquante coudées de haut. L'on n'y entre que par une porte qui est du costé de la Ville ; il y en avoit autrefois une du costé des champs, laquelle faisoit la principale entrée, mais elle a esté maçonnée, ce que l'on connoist par le portail qui est couvert par des grandes tables de marbre, où sont gravez plusieurs personnages tres bien travaillez. C'est dans ce lieu que le Grand Seigneur garde les prisonniers de remarque, & les Bachas qu'il ne veut pas faire mourir : ce fut dans ce Chasteau que Sultan Osman Empereur des Turcs fut estranglé par ses propres subjets en l'an 1622. pour les raisons suivantes.

Ce jeune Prince aagé seulement de vingt-quatre ans donnant à l'Empire Turc de grandes esperances de son courage, mene dans la Pologne en ladite année 1622. une armée de trois cens mille combatans, pensant avec ces forces engloutir toute la Chrestienté ; mais ayant trouvé plus de resistance qu'il ne croyoit chez ses ennemis, & moins de vaillance qu'il n'avoit pensé dans ses soldats, il fut containt de faire une honteuse retraite.

Se voyant de retour à Constantinople, plein de rage de n'avoir pû rien faire avec une si puissante armée, là où ses predecesseurs avoient avec de bien moindres forces conquis des Royaumes entiers, il voulut décharger sa colere sur les principaux Ministres, en les faisant mourir ; mais ils sçeurent prevenir la colere de leur maistre, & remontrer qu'il n'y avoit point de leur faute, mais que le tout venoit des Janissaires, lesquels estans trop riches & trop effeminez, ne vouloient plus aller aux coups comme par le passé, & qu'il ne pourroit jamais rien conquerir qu'en changeant la milice. Sur quoy estant tenu Conseil, il fut

C v

arresté que le Grand Seigneur devoit transporter son Siege en la Ville de Damas, & là créer une nouvelle milice d'Arabes & de Mores, gens vaillans, hardis, durs à la fatigue, & à qui rien ne manque que l'exercice, pour estre bons soldats.

Pour dissimuler cette resolution, le Grand Seigneur fit courir le bruit qu'il vouloit faire un voyage à la Mecque, faisant à cet effet tenir son armée de mer preste pour y faire embarquer tout son thresor, & ce qu'il y avoit de plus precieux dans ses Serrails, jusque-là mesme qu'il faisoit prendre tous ses joyaux & pierreries qui estoient sur les Tombeaux de ses Ancestres.

Cependant il ne pouvoit dissimuler la haine & l'animosité qu'il avoit conceuë contre les Janissaires, & allant la nuict en personne par les ruës & les cabarets, autant qu'il en trouvoit il les faisoit massacrer, ou bien jetter dans la mer. Cette forme de cruauté ne pouvant legitimement estre colorée du nom de justice, causa un grand tumulte par la Ville, jointe avec le depart du Grand Seigneur, qui donna de l'ombrage à plusieurs, jugeant bien que pour un pelerinage il ne faloit pas emporter tant de richesses. Ils courent au logis du Mufty, où sur quelque passage de l'Alcoran ils le font signer qu'aucun Empereur Turc ne peut quitter la Ville Imperiale pour faire pelerinage. Ils presenterent ce brevet au Grand Seigneur, mais celuy qui le donna éprouva à l'heure mesme qu'il fait mauvais se mesler de commission qui fomente la sedition, car à l'instant il fut jetté dans la mer, & le Prince foula aux pieds le billet, disant qu'il feroit le mesme au Mufty s'il se mesloit encore de faire semblables écrits.

Cecy fut pris pour un mespris de la Religion, & plusieurs Dervis ne manquerent pas d'exclamer sur cette action ; ce qui causa un grand tumulte, estant certain qu'il n'y a rien qui anime tant un peuple à la sedition, que de mesler la Religion dans les interests de l'Estat, encore qu'il aye peu de connoissance de l'un & de l'autre.

Cette revolte arriva à tel point, que ce peuple tout transporté de furie courut en troupes au Serrail, où ils enfoncerent les portes ; mais ne trouvant pas le Grand Seigneur dans son quartier ordinaire, ils coururent jusques à l'Appartement des femmes, & comme des enragez tuerent les domestiques qu'ils rencontrerent, & briserent tout ce qui leur faisoit resistance. Ils rompirent coffres, armoires, & tout ce qu'ils trouverent fermé, & penetrerent jusques aux lieux les plus secrets du Serrail, & n'y trouvans point leur Prince, ils commencerent à décharger leur colére sur les meubles. Cependant quelqu'un eut avis que le Grand Seigneur estoit sorty du Serrail par une porte secrette, & qu'il s'estoit retiré au logis du Caimacan qui avoit épousé sa sœur : ils y coururent, & l'ayant trouvé à demy dépoüillé, perdant entierement le respect qu'on doit à une Souveraine Majesté, le tirerent hors de là, & sans luy permettre de vestir une robbe, le monterent sur un asne en proferant plusieurs paroles injurieuses, & luy faisant faire en cet estat un tour par la Ville, le menerent au Chasteau des Sept Tours, le faisant servir d'exemple aux plus grands, pour leur faire voir qu'il n'y a ny Empire ny félicité presente qui les puisse mettre à couvert des miseres humaines.

Ils proclamerent pour Empereur son oncle Moustapha, lequel avoit esté long-temps enfermé dans une chambre du Serrail, où il vivoit en innocent, sa simplicité luy ayant auparavant sauvé la vie, & pour lors donné le plus grand Empire du monde. Il establit son Siege par la mort de son neveu, qu'il fit incontinent estrangler, afin de se mieux asseurer, & contenter ces mutins. Depuis, ce Moustapha faisant continuellement des actes de folie, ils furent contraints de le remettre dans sa solitude, & ayans déja regret de ce qu'ils avoient fait, ils prirent pour Empereur Sultan Mourat aagé de douze ans, & frere du feu Sultan Osman, lequel n'a pas pardonné à aucun de ceux qu'il a sceu avoir trempé à la mort de son frere. On nous a assuré qu'il en avoit fait mourir plus de quinze mille, exemple qui montre que Dieu chastie en la personne des Grands la tyrannie & la cruauté, & en celle des petits la desobeïssance & l'insolence.

DESCRIPTION DV SERRAIL du Grand Seigneur.

LE Palais du Grand Seigneur est appellé Serrail par les Turcs; il est basty à l'une des extremitez de la Ville, regardant l'Orient, & tient tout le haut & le penchant d'une terre, que les Grecs apellent Tertre de S. Dimitre, qui est l'espace qu'il y a depuis l'Eglise de Sainte Sophie jusques à la mer, qui en environne plus de la moitié: le reste dudit Serrail est separé par une muraille flanquée de plusieurs tours quarrées, où l'on met toutes les nuicts des Azamoglans en sentinelle. La situation dudit Serrail est fort belle, les bastiments estans sur le haut de la coline, & les jardinages sur le penchant jusques à la marine, de sorte que la veuë en est agreable, & la demeure fort saine, parce qu'elle est exposée au Septentrion : Tout son circuit est de viron une lieuë. Outre la grande porte ordinaire qui est derriere Sainte Sophie, il y en a encore plusieurs tant du costé de la Ville, que de celuy de la mer, par où le Grand Seigneur sort quelquefois déguisé pour aller par la Ville, voir & sçavoir ce qui s'y fait & passe ; ce qu'il fait fort souvent. Entre la muraille & la mer il y a un petit quay de dix ou douze pas de large, où il y a grand nombre de canons qui battent toute la mer, lesquels on tire aux jours de réjoüissance, ou quand on jette quelqu'un de la milice en mer.

Pour ce qui est des bastiments du Serrail, il y en a quantité, mais inégaux & separez, dautant qu'ils ont esté bastis en divers temps & par plusieurs Princes. Ils ne sont pas beaucoup eslevez, à cause que les vents sont impetueux en cette Ville, principalement au Serrail, y en ayant pour toutes les saisons : ils sont si bien enrichis au dedans, tant à cause des dorûres, que pour la beauté des marbres, qu'il ne se peut rien voir de plus magnifique. Les Turcs disent que par humilité leurs Princes ne bastissent pas leurs Serrails si somptueux par le dehors que par le dedans, afin de faire difference entre la maison de Dieu & la leur, & c'est la raison pourquoy leurs Mosquées sont mieux basties & ont plus d'exterieur, ainsi que nous avons déja dit.

Le long de la marine il y a des salles basses que les Turcs appellent Quiosques, c'est à dire lieu de belle veuë, lesquelles sont fort agreables en Esté, à cause de leur fraischeur: elles sont toutes revestuës de marbre, & le haut enrichy de dorures diversifiées par toutes sortes de couleurs: le Grand Seigneur durant les grandes chaleurs y va ordinairement prendre le frais, pour avoir aussi le plaisir de voir tout ce qui se passe sur la mer.

La principale porte donc est prés de Sainte Sophie, où il y a toûjours vingt-cinq Capigis de garde, lesquels se relevent de douze en douze heures, & ont six chefs appellez Capigi Bachi, qui couchent chacun à leur tour au corps de garde. Quand on a passé cette porte, on entre dans une cour qui a quatre cens pas de long, & cent pas de large; à main gauche on void un grand bastiment rond, lequel, à ce qu'on dit, servoit anciennement de Sacristie au Temple de Sainte Sophie: Les Turcs y gardent plusieurs armes prises sur les Chrestiens, tant à la prise de la ville, que dans d'autres rencontres. A main droite il y a un grand corps de logis qui sert d'infirmerie à ceux du Serrail lors qu'ils tombent malades.

L'on peut entrer à cheval dans cette cour, mais venant à la seconde il faut mettre pied à terre, n'y ayant que le Grand Seigneur seul qui y peut entrer à cheval. Cette seconde porte est gardée par autant de Capigis que la premiere, qui ne laissent pas entrer toutes sortes de personnes dans la seconde cour, qui est fort belle & bien proportionnée; elle a environ trois cens cinquante pas en quarré, & est toute entourée de galeries, les chemins y sont pavez, le reste en est preau avec des barrieres à costé, où reposent plusieurs oiseaux d'Inde, Cerfs, Biches, Gaselles, & autres animaux, & est appellée la cour du Divan.

Dans ladite cour du Divan à main droite sont neuf grandes Cuisines, avec les autres Offices, où nous entrasmes par la faveur d'un Boustagi. Elles sont separées de la cour par une petite muraille, & sont toutes voutées, ayans au milieu un petit dôme à jour par où sort la fumée, le feu estant à ce milieu. La premiere est celle du Prince; la seconde, celle de la premiere Sultane; la troisiéme, celle des autres Sultanes; la quatriéme, celle du Capiaga, qui est comme le Grand-Maistre, qui est Eunuque, & qui commande à tous les Eunuques blancs; la cinquiéme, celle des Ministres qui assistent au Divan; la sixiéme est pour les Ichoglans, enfans d'honneur du Prince; la septiéme est celle des Officiers du Serrail; la huitiéme, celle des filles & des femmes; & la neufiéme sert pour tous les autres Officiers dudit Serrail, & ceux qui assistent au Divan.

Les Viandes que l'on appreste ausdites Cuisines sont en grand nombre, dautant qu'ils sont d'ordinaire au Serrail cinq mille personnes. Pour la provision on tuë tous les ans mille bœufs, que l'on fait saler & secher, & outre cela le Pourvoyeur qui est un Juif, & qui tient cecy à ferme, doit fournir chaque jour deux cens moutons, cent aigneaux ou chevreaux, selon la saison dix veaux, cinquante oisons, deux cens volailles, deux cens paires de poulets, cent paires de pigeons, & du poisson si quelqu'un en veut manger : toutes lesquelles viandes, ou la pluspart, ils appreſtent avec du ris ou des miettes de pain, & mettent preſque par tout du miel ou du ſucre.

Du meſme coſté de la Salle du Divan eſt une petite Eſcurie où il n'y a que trente Chevaux du Grand Seigneur, laquelle eſt auſſi ſeparée de ladite cour par une muraille; il y a des greniers au deſſus de ladite Eſcurie, qui ſervent à mettre les ſelles & harnois, leſquels, comme il a eſté déja dit, ſont tellement enrichis de pierreries, qu'il n'eſt rien de ſi ſuperbe.

De l'autre coſté de la cour il y a une grande Salle baſſe baſtie en dôme, couverte de plomb : c'eſt en ce lieu que les Viſirs s'aſſemblent les Dimanche, Lundy, Mercredy, & Samedy, pour rendre juſtice : ce qu'ils appellent Divan.

Aſſez proche de là eſt un petit corps de logis appellé Aſna, où eſt le threſor du Grand Seigneur, & où l'on porte tous les revenus de l'Eſtat; car les Treſoriers ne gardent point l'argent, & outre les ſerrures & cadenats qui ſont à la porte de ce threſor, elle eſt encore ſcellée du cachet du Grand Seigneur, qui eſt entre les mains du Grand Viſir; de ſorte que la premiere choſe qu'ils font eſtans au Divan, c'eſt de faire ouvrir le threſor pour y mettre de l'argent, ou d'en oſter pour payer les charges de l'Eſtat. Le Chauxbachy va le premier à la porte du threſor pour oſter le ſceau & l'apporter au Grand Viſir, pour voir s'il eſt en ſon entier : & quand le Divan eſt finy, ils le referment, & le Grand Viſir donne le cachet pour le reſceller.

Tous ceux qui aſſiſtent au Divan s'y rendent

ET DU LEVANT.

à la pointe du jour : ils demeurent tous à la porte jusques à ce que le Grand Visir, qu'ils appellent Visir Asem, soit entré. Il y arrive ordinairement le dernier, accompagné du moins de deux cens chevaux & d'un grand nombre de pictons, qui marchent devant luy deux à deux : quand il passe, tout le monde se prosterne presque contre terre, luy donnant plusieurs acclamations de benediction.

Ceux qui ont seance dans le Divan aprés ce Visir, sont le Caimacan ou Lieutenant du Grand Visir, le Dinsbeglerbey qui est le General de la mer ; aprés les deux Casiasquiers, celuy de l'Europe le premier, & celuy de l'Asie le second, qui sont comme deux Presidens, ayans la surintendance de la Justice ; en suite les Testardars, qui sont les Tresoriers generaux, & qui tiennent le controlle de tous les deniers qu'on met & oste du Thresor ; & quelques autres que le Grand Seigneur veut honorer de cette dignité, sans que le nombre soit limité. Ils sont tous assis sur des petits sieges d'environ un pied de hauteur, le Grand Visir estant au costé gauche, comme le lieu le plus honorable entre les Turcs.

Ils resolvent dans ce Conseil non pas seulement les affaires concernant l'Estat, mais encore les contentieuses, & écoutent les plaintes de ceux qui ont esté oppressez, rendant prompte justice à un chacun. Le Grand Seigneur y vient ordinairement, & se met à une fenestre fermée d'une jalousie, qui est au-dessus de la teste du Grand Visir, d'où il peut entendre & voir facilement tout ce qui se passe sans estre veu de personne ; ce qui fait que le Grand Visir regarde bien à ne commettre aucune injustice. Tous les Arrests qui se donnent, tant pour le civil que pour le crime, sont aussi tost executez.

Dans l'autre Salle sont les personnes qui écrivent les Ordonnances ; ils sont seize, sçavoir huit pour les affaires de l'Asie & de l'Afrique, & huit pour celles de l'Europe. S'il arrive quelque affaire aux jours qu'il n'y a point de Divan, les Ministres le font sçavoir au Grand Seigneur par escrit, & en apprennent sa volonté par la mesme voye.

Tous les Officiers, comme aussi la milice, demeurent dans cette grande cour pendant qu'on tient le Divan, & bien qu'il y ait d'ordinaire sept à huit mille personnes, on n'entend pas un seul mot, chacun estant dans un profond silence. Les Janissaires sont au bas de la cour, le long des cuisines, & sous les galeries, n'ayans pour armes qu'une grande cane d'Inde garnie d'argent doré aux extremitez & au milieu.

Pendant les quatre heures que dure le Divan, leur Aga general, qui est comme le Colonel de l'Infanterie, leur rend la Justice ; & afin qu'il n'y aye point de confusion, (car ils sont d'ordinaire quatre ou cinq mille) ils ne peuvent sortir de leur place pour aller où est l'Aga, qu'il ne les fasse appeller ; & s'ils ont quelques requestes à luy presenter, deux de leurs compagnons destinez à cela, vont & viennent les prendre pour les luy porter.

Proche du Divan il y a un Appartement lequel vient dans le Palais du Grand Seigneur, où il se met pour donner audience aux Ambassadeurs ; ce qui se fait avec cette ceremonie.

Tous les Ambassadeurs qui arrivent à Constantinople, de quelque part qu'ils soient, n'ont audience du Grand Seigneur qu'à leur arrivée, & à leur depart; & quand ils ont quelque chose à solliciter, c'est avec le Grand Visir ou autres Officiers qu'ils doivent negocier : Ce qui nous obligea de chercher la suite de l'Ambassadeur de Transsilvanie, qui y estoit arrivé nouvellement; ce que nous obtismes, moyennant quelque present.

Le Chiaoux Paschi le vint prendre à son logis environ sur les dix heures du matin, pour le conduire au Serrail, là où estant il fut mené dans le Divan, où on le fit asseoir prés des Visirs. Or comme c'est la coustume de faire disner les Ambassadeurs avant que de les mener en la presence du Grand Seigneur, le disner y fut apporté dans de grands bassins d'argent doré, où les plats estoient rangez les uns sur les autres en forme de piramide. Il y a ordinairement cinq bassins remplis de diverses sortes de viandes assez mal assaisonnées, n'y ayant rien de delicat : Nous autres avec la suite de l'Ambassadeur, fusmes menez dans une galerie où l'on nous avoit appresté le disner à terre sur de grandes peaux de cuir rouge. Nous fusmes contraints de nous asseoir à cette table sur les genoux, à la Turquesque; les plats estoient si prés l'un de l'autre, qu'un Boustangi qui nous versoit à boire, passoit au travers. Tout ce banquet consistoit en mouton, poules boüillies, & quantité de ris déguisé en plusieurs façons : nous demeurasmes environ deux heures à table, ayant aussi bon appetit à la fin qu'au commencement, le tout estant si sale &

si mal accommodé, qu'on n'en pouvoit manger.

Pendant le disner de l'Ambassadeur, il y avoit douze Capigis qui portoient par la Cour le present que l'Ambassadeur devoit faire au Grand Seigneur ; c'estoient douze grandes coupes d'argent doré, & douze faulcons : On fait ainsi montrer le present au peuple, afin qu'on connoisse la liberalité du Prince qu'envoye.

Le Grand Seigneur estant venu à la Salle de l'Audience, le Capigi Bachi vient advertir les Visirs, lesquels aussi-tost luy vont faire la reverence, & se mettent debout auprés de sa personne. Le Capiaga vient prendre l'Ambassadeur, & le mene en une chambre prés du Divan, où l'on donne à chacun une robbe à la Turquesque, qu'on est contraint de vestir, le Grand Turc ayant cette coustume de n'admettre personne en sa presence qu'habillé à la mode du païs. Estant ainsi vestus, le Capigi Bachi & le Capiaga nous menerent au lieu où estoit le Grand Seigneur.

Cette Salle estoit toute revestuë de marbre blanc, le haut en dômes, & tellement doré, qu'on l'auroit pris pour de l'or massif : le bas estoit couvert de tres-beaux tapis de Perse. A un des coins de cette Salle il y avoit un lieu relevé d'environ un pied & demy, & six en quarré, couvert d'un tres-beau tapis de velours, avec plusieurs coussins de la mesme estoffe, où estoit assis le Grand Seigneur, ayant le visage tourné de costé, de sorte que ceux qui entrent ne le peuvent voir en pleine face.

L'Ambassadeur fut mené prés de sa personne par deux Capigis qui luy serrerent les bras, & l'Asnadar Bachi prenant la manche de la robbe du Grand Seigneur, la luy donne à baiser : ceux de sa suite sont menez de la mesme sorte, mais ils ne baisent que le bord de la robbe.

L'Ambassadeur ayant fait sa harangue par son Interprete, se retire sans que le Prince luy donne aucune réponce, demeurant comme une statuë, & ne remüant pas seulement le sourcil, tant il a peur de perdre un poinct de sa gravité.

Pendant tout le temps qu'ils restent à Constantinople, s'ils ont quelques affaires à la Porte, ils les communiquent au Grand Visir, auquel le Grand Seigneur remet toutes les affaires de son Empire. Nous avons esté plusieurs fois avec Monsieur le Comte de Cesy Ambassadeur du Roy, quand il alloit voir le Grand Visir, ou autres Bachas. Quand c'est quelque Bacha nouveau, on luy porte un present de drap & de satin pour luy faire des vestes ; ce que les Ambassadeurs font presque toûjours quand ils vont visiter les Turcs, lesquels ne reçoivent pas un Chrestien de bonne part, s'il ne leur porte quelque present.

Quand l'Ambassadeur entre dans leur Salle, le Bacha fait apporter deux petits scabeaux, contre leur coustume, car les Turcs ne s'asseyent jamais que le cul à terre, & les jambes croisées. Aprés que l'Ambassadeur s'a entretenu des affaires qui l'aménent, par le moyen de son Drogman ou Truchement, il prend congé, & se levent en mesme temps, s'entresalüent, & le Bacha se remet le cul à terre, sans faire un pas pour conduire l'Ambassadeur; lequel à la sortie fait donner de l'argent aux serviteurs du Bacha.

Les Ambassadeurs ne visitent jamais les Grands de la Porte, s'ils n'ont quelques affaires à leur communiquer, à cause des dépences qu'ils sont obligez de faire en presens.

Voila toute la ceremonie des Turcs à l'endroit des Ambassadeurs, lesquels sont toûjours obligez de porter de grands presens, cette coûtume estant tellement en usage qu'ils ne les prennent pas en don, mais pour obligation, & les écrivent dans leurs registres pour tribut. De plus il faut que ces Ambassadeurs qui sont ordinairement à la Cour du Grand Seigneur, donnent continuellement des presens aux Bachas pour se maintenir.

Les Ambassadeurs qui resident ordinairement à la Cour du Grand Turc, sont du Roy de France, du Roy d'Angleterre, de la Republique de Venise, & des Hollandois.

Le Serrail du Grand Seigneur est comme une Republique separée de la Ville, qui a ses loix & façons de vivre toutes particulieres : cet ordre se conserve facilement, car ceux qui y demeurent y sont élevez dés leur jeunesse, & n'ont point d'autre connoissance que celle qu'ils y ont apprise, ignorant entierement ce que c'est que la liberté : ils sortent rarement, & ne font aucune connoissance avec ceux de la Ville, ce qui fait que les choses qui se passent au Serrail ne sont point connuës du reste du peuple.

Le Serrail est divisé en trois Appartements ; le premier est celuy où demeure le Grand Seigneur, dont le Capiaga, qui est un Eunuque blanc, a la surintendance : le second est celuy des femmes, duquel a le soin Keslaragay Bacha, qui est un Eunuque noir : les jardinages, qui sont de grande estenduë, font la troisiéme partie, dont le

ET DU LEVANT. 71

Bouſtangi Bacha a la charge.

Ce ſont les trois principaux Officiers du Serrail : aprés eux c'eſt l'Aſnadar Bachi, qui eſt un Eunuque blanc qui a plus de credit que les autres ; il a le ſoin du Threſor ſecret du Serrail, duquel il garde une clef, & le Grand Seigneur une autre ; ils ne touchent jamais à ce Threſor, ſi ce n'eſt en grande neceſſité. Le Chilir Baſchi eſt auſſi en grand credit, ayant la charge de toute la dépence qui ſe fait au Serrail. L'Aſtalar Aga a le ſoin de ceux qui tombent malades, & commande aux Officiers qui ſervent dans l'infirmerie. Il n'y a dans le Serrail que le Bouſtangi Bacha, & ces cinq Eunuques, qui ayent la permiſſion de porter le Turban, & ont tous les autres ſous leur charge & commandement.

Tous ceux qui ſervent au Serrail, horſmis les Eunuques, ſont des enfans du tribut enlevez ſur les Chreſtiens ; car les Provinces du coſté de l'Europe, que le Grand Seigneur a conquiſes par force, & qui ne ſe ſont pas renduës volontairement à ſon obeïſſance, ſont obligées de luy donner quand il veut un certain nombre d'enfans dont il a beſoin.

Ceux qui ont charge de faire cette levée, prennent des mains des peres & meres les plus beaux enfans qu'ils ayent, de l'âge de dix à douze ans, ſans s'informer à qui ils appartiennent, & ne s'arreſtent pas, comme l'on croit, à la troiſiéme partie, mais enlevent par force tout ce qui leur ſemble agreable, arrachant avec violence ces enfans d'entre les bras de leurs meres, leſquelles n'ont aucun moyen de les cacher, car ils font apporter les Baptiſtaires, que les Preſtres n'oſeroient aucunement falsifier, sur peine de la vie : mais les Provinces qui se sont renduës volontairement au Grand Seigneur, ne sont pas traittées avec tant de rigueur.

Tous ces enfans du tribut sont menez à Constantinople, & mis dans de grands logis qui sont aux environs de la Ville. La premiere chose que les Turcs font c'est de leur faire renier leur Religion, par le moyen des grandes esperances qu'ils leur donnent ; mais si ces persuasions ne peuvent avoir lieu, ils usent tyranniquement de la force, & avec plusieurs gesnes les contraignent à se laisser circoncire, leur faisant aussi prononcer ces paroles, *la Hilla heilla, halla Mahemet resul halla*, c'est à dire, *il n'y a point d'autre Dieu que le seul Dieu, & Mahomet envoyé de Dieu.*

Quand le Grand Seigneur en a besoin, & en un jour, on les assemble dans la cour du Serrail où se tient le Divan. Le Queslarachy chef des Eunuques qui gardent les femmes, & le Capiaga avec les principaux Eunuques, sont destinez pour faire le choix : ce qui leur reüssit assez bien, dautant qu'ils s'entendent à la physionomie ; ceux qui ont le corps mieux fait on les prend pour le service du Prince, & sont employez à ce qui regarde sa personne, & on les appelle Ichoglans, c'est à dire Enfans du dedans. Ils en prennent encore une autre partie pour faire des Eunuques, dont il en meurt plus des deux tiers, car ils leur coupent tout. Ils en retiennent une autre partie pour le service commun du Serrail ; & le reste, ils les envoyent aux Serrails que le Grand Seigneur a en Europe & en Asie, où on les instruit en la Religion Turquesque, & aux exercices

ces des armes, & selon qu'ils reüssissent ils peuvent esperer d'entrer au Serrail.

Ceux qui ont le corps plus mal fait, & qui promettent le moins, sont appellez Azamoglans, qui veut dire enfans rustiques, & ceux-cy sont instruits & nourris tous ensemble dans un grand enclos qui est à Constantinople, & d'ordinaire on les fait servir aux jardins du Grand Seigneur, & alors on les appelle Bostangi, qui veut dire Jardinier. Le Grand Seigneur en donne à ses parens quand il les marie pour garder leurs maisons, & alors on les appelle Buitagis, quoy que leur nom propre soit Azamoglan.

Le Grand Seigneur a encore un autre moyen pour remplir ses Serrails, car outre ces enfans de tribut, il prend encore les jeunes de ceux qui ont esté pris esclaves, & dont on fait election comme des autres.

Ce sont les Azamoglans qui avec le temps gouvernēt toute la Turquie, car par la patience qu'ils ont de quelques années de servitude, ils parviennent aux plus grandes Charges de l'Estat. Premierement on leur donne des Eunuques qui leur montrent la civilité & les ceremonies dont on use dans le Serrail; ils leur apprennent à lire & à écrire, & les instruisent dans leur Religion. Ayans passé cinq ou six ans en cette servitude, on leur enseigne la langue Persienne & Arabesque, & l'on commence à leur apprendre les exercices du corps, comme à monter à cheval, tirer de l'arc, & manier la lance, où ayant continué environ quatre ans, ils approchent de la personne du Prince, & sont employés à ployer proprement les habits, faire le Turban, raser les cheveux, &

D

rogner les ongles du Grand Seigneur.

Quand on demande aux Turcs pourquoy le Grand Seigneur se sert pluftoft d'enfans de Chreftiens, que de Turcs naturels; ils disent que les hommes reconnoissent plûtost les bien-faits de leurs ennemis, que de leurs amis, & que par consequent ces pauvres enfans estans retirez de la servitude & misere où ils estoient, & eslevez dans ces grandes Charges, ont bien une plus grande obligation au Prince, que s'ils estoient enfans de Turcs, parce qu'ils croiroient que leurs parens auroient aidé à leur fortune: & ont encore de plus fortes raisons, qui est pour ne perpetuer les Charges dans les familles, pour augmenter le nombre des Turcs, & diminüer celuy des Chreftiens, & les obliger par ses grandes recompenses à se faire Turcs.

Tous ces Ichoglans sont comme les Enfans d'honneur du Prince, & peuvent estre cinq ou six cens. Ils sont logez dans trois appartemens que les Turcs appellent Oda, dôt ils ne sortent point, il ne leur est pas mesme permis de hanter avec les autres Officiers du Serrail : ils ont toûjours les Eunuques auprés d'eux, qui ne sortent aussi que rarement, qui pour les moindres fautes leur font donner des bastonnades, & les traitent si rudement, qu'il y en a plusieurs qui ne pouvans endurer le mauvais traitement qu'on leur fait, demandent à sortir du Serrail; ce qu'on leur accorde facilement: mais aussi ils ne sont pourveus à autre charge que d'Espais, qui sont soldats qui servent à cheval.

Ceux qui ont le courage de persister jusques à la fin, & ausquels les Eunuques ne trouvent rien

ET DU LEVANT.

à redire, deviennent aprés quelques années Gentilshommes de la Chambre du Prince, & alors ils ont pleine liberté dans le Serrail, & se tiennent ordinairement prés de la personne du Prince, richement vestus de toile d'or & d'argent, les autres ne le sont que de drap. Ils sont ordinairement cinquante, qui viennent chacun à leur tour aux plus grandes Charges du Serrail, qui sont, Selictar, qui porte le Cimeterre du Prince; Chiodar, qui luy porte son Manteau de pluye; Ischioptar, qui luy porte du serbet pour boire, & de l'eau pour se laver: Ces trois sont les plus favorisez du Prince, ils sortent toûjours avec luy, & ne l'abandonnent point, si ce n'est lors qu'il entre dans l'appartement des femmes. Aprés avoir exercé ces charges quatre ou cinq ans, ils sortent entierement du Serrail pour estre employez dans les affaires d'Estat, & on les envoye ordinairement pour gouverner quelque Province.

Ces jeunes gens sortant ainsi du Serrail n'ont que bien peu de moyens, mais ils trouvent des Juifs qui leur fournissent maison, meubles, esclaves, & generalement tout ce qu'ils ont besoin, & se mettent par là tellement aux bonnes graces de ces nouveaux venus au monde, qu'ils leur servent ordinairement de premiers Secretaires, & estans dans quelque gouvernement, leur font commettre tant d'avarices, & tant de supercheries, qu'ils se remboursent bien-tost de tout ce qu'ils ont presté avec double interest, se maintenans toûjours aux bonnes graces de leur maistre, qu'ils sçavent si bien gouverner, qu'il ne fait jamais rien sans leur conseil; ce qui cause bien du

D ij

desordre dans le païs du Turc ; car les sujets sont si maltraitez par ces Gouverneurs, que la plufpart s'enfuyent, ne pouvans supporter les grandes tyrannies & extorsions d'argent qu'on leur fait. Cela est admirable que les Juifs sçavent si bien gagner les bonnes graces des Turcs, qu'il n'y a aucun Bacha ny grand entre eux, qui n'ait un Juif pour son confident & premier Secretaire ; de sorte qu'on peut dire que la Turquie est gouvernée par les Juifs.

Les Azamoglans qui sont en grand nombre, aprés avoir long-temps servy aux jardinages, & estant d'aage competent, sont exercez à tirer de l'arquebuze, & aprés sont faits Janissaires, qui est la principale milice des Turcs. Ces Renegats n'ont aucune connoissance de leur naissance ny de la Religion de leurs peres, & sont mesme plus ennemis des Chrestiens, que les Turcs naturels.

Des Femmes du Grand Seigneur.

L'Appartement de ces Femmes contient bien la troisiéme partie du Serrail, à cause du grand nombre qu'il y en a, lequel se monte quelquefois jusques à quatre cens, & davantage. Lors que le Grand Turc vient à mourir, toutes les femmes sont envoyées au vieil Serrail, & lors que le nouveau Prince prend possession de l'Empi, tous les Bachas & grands de la Cour sont obligez de luy faire des presens, entre lesquels ils ne luy en peuvent donner de plus agreables que de belles filles : de sorte que tout ce qui se trouve de beau & de rare dans une si grande estenduë de païs, est presenté au Grand Seigneur.

Toutes ces filles sont logées dans un grand corps de logis, où elles sont divisées par vingt ou vingt-cinq dans une chambre; y ayans à chacune deux ou trois vieilles femmes qui veillent sur leurs deportemens : Il y a de grandes salles où elles s'assemblent pour disner, souper, & faire leurs ouvrages. Le Grand Seigneur ne jouit gueres de ces filles, ayant d'ordinaire sept ou huit favorites avec lesquelles il passe son temps. Celles-cy sont separées, & ont chacune un appartement, des Eunuques, & des esclaves pour les servir. Il y a une vieille matrone qu'ils appellent Ladun, laquelle commande à toutes les autres, c'est elle qui interroge toutes les filles quand elles entrent au Serrail, & leur ordonne ce qu'elles ont à faire : de plus elle reconnoist leur corps & leur esprit, pour en rendre compte au Grand Seigneur.

Quand ce Prince desire faire quelque nouvelle amour, il advertit cette vieille, laquelle fait ranger toutes ces filles dans de grandes galeries par où le Grand Seigneur passe & repasse, jusques à ce qu'il ait remarqué celle qui luy agrée le plus, à laquelle il jette son mouchoir, que cette fille releve avec grande joye, le baise & le met sur sa teste. La vieille la prend aussi-tost, la mene au bain, la lave, la parfume, & lors que le Grand Seigneur est couché, la conduit dans sa chambre, & la fait entrer dans son lict par les pieds, pour témoignage d'humilité & de respect. Pendant la nuict il y a toûjours deux grands flambeaux allumez pour luy donner moyen de considerer cette beauté, & cinq ou six de ces vieilles femmes demeurent toute la nuict à la porte de la chambre avec des eaües de senteurs pour laver cette fille : car la coustume des Turcs est de ne point connoistre deux fois une femme sans la faire laver.

Quand le Grand Seigneur a ainsi joüy d'une fille, il luy laisse le matin tous ses habillemens, avec l'argent qui est dans ses poches. On la garde soigneusement jusques à ce que l'on puisse connoistre si elle est grosse ou non : Si elle se trouve enceinte, & que son enfant vienne à terme, elle est reconnuë pour Sultane, c'est à dire Princesse, & alors on luy donne un logis separé des autres, avec des Eunuques & des matrones pour la servir, & on luy assigne un entretenement pour le reste de sa vie. Si elle n'est pas enceinte, & que le Grand Seigneur aye pris du plaisir avec elle, il la fait venir quand bon luy semble pour passer son temps.

Celle qui accouche du premier enfant masle, est reconnuë pour la premiere Sultane, à laquelle tous les autres deferent, & au lieu de la paye qu'elle avoit, on luy assigne un appanage sur quelque Province. Non seulement celles qui ont des enfans du Grand Seigneur sont appellées Sultanes, mais aussi toutes ses parentes.

Celles qui se trouvent grosses aprés, aiment bien mieux avoir des filles, parce qu'elles demeurent auprés de leurs meres jusques à ce qu'on les marie, & quand ce sont des masles on les leur oste dés l'âge de dix ans, pour les mettre dans quelque gouvernement, ou bien dans une prison, où ils sont asseurez de demeurer jusques que leur frere aiſné les faſſe mourir pour aſſeurer ſon Empire.

Il eſt impoſſible que le Grand Turc puiſſe connoiſtre toutes les filles qui ſont dans ſon Serrail, dautant qu'elles y ſont d'ordinaire au nombre de quatre ou cinq cens, comme il a eſté dit cy devant; & ainſi celles qui ne ſont point regardées de luy, paſſent leur temps à faire des ouvrages de broderie, ayans de paye par jour depuis dix aſpres juſques à trente, qui plus qui moins, chaque aſpre valant ſix deniers. Leur nourriture ordinaire eſt de ris déguiſé en diverſes ſortes, avec des poules & du mouton, & pour leur breuvage de l'eau ſucrée. Elles ſont veſtuës aux dépens du Grand Seigneur, & lors qu'elles ne ſont plus en âge de luy donner du contentement, on les écrit au roolle des matrones, leſquelles on deſtine pour rendre ſervice aux jeunes. C'eſt ainſi qu'il vit avec ſes femmes, qu'ils appellent Odaliques.

Mais quelquefois les Grands Seigneurs choiſiſſent quelques filles d'un de leurs Bachas, qu'ils épouſent, comme fit feu Sultan Oſman frere de celuy-cy, qui prit la fille du Mufty, & luy accorda un doüaire en l'épouſant, & la tint en plus grande conſideration. Et quand bien meſme il auroit épouſé une femme, & qu'une Odalique euſt un enfant maſle auparavant elle, c'eſt celuy-là qui ſuccede à l'Empire, & en ſuite l'Odalique eſt la premiere Sultane.

Les Turcs font autant d'eſtat des enfans qui naiſſent de ces Odaliques, que de celles qu'ils ont épouſées, leur loy permettant l'uſage des eſclaves, & leur mariage n'eſtant qu'une ſimple union de volontez; de sorte qu'y ayant entre le mary & la femme quelque discorde, le mariage cesse. Toutefois les maris sont obligez par la loy de coucher avec leurs femmes, la nuict d'entre le Jeudy & le Vendredy.

Il arrive peu que les Princes Ottomans se marient, à cause de la grande dépense qui se fait aux ceremonies, & du grand doüaire qu'ils sont obligez de donner. Enfin cela dépend de l'inclination des Princes d'en épouser, où de se passer de ses Esclaves ou Odaliques.

Toutes les femmes du Grand Seigneur ne sortent jamais du Serrail, si ce n'est qu'il n'en méne quelque-unes avec luy quand il sort : mais elles ne laissent pas d'avoir autant de contentement que si elles avoient la liberté de sortir, car elles ont un grand enclos où elles se peuvent desennuyer par la beauté des jardinages remplis de fontaines, & pour les logemens richement meublez, & toutes sortes d'autres embellissemens du Serrail.

Tous ceux qui servent à ces femmes sont des Eunuques noirs, qui ont le tout coupé, les plus laids sont les plus estimez, faisant cela afin que ces femmes ne voyant que ces monstres de deformité trouvent le Grand Seigneur plus beau, & l'aiment davantage.

Cela est admirable, & quasi incroyable, comment tant de femmes differentes en aage & en esprit, peuvent vivre avec une si bonne intelligence, & quoy que secrettement il ne laisse pas de regner entre elles beaucoup de jalousie, elles la sçavent tellement dissimuler, qu'on ne s'en peut appercevoir, tout leur soin est d'estre agreables au Prince, & de luy donner du contentement : de sorte que c'est à l'envy à qui luy fera le mieux passer son temps, & qui luy donnera le plus de divertissement pour occuper son corps & son esprit ; ce qui est cause que les Princes Ottomans s'abandonnent aisément à cette sorte de volupté, & meinent une vie lascive & delicieuse.

 Les jardinages qui font la troisiéme partie du Serrail, sont tres-spacieux, & s'étendent depuis le haut de la colline sur laquelle est le Serrail, jusques à la marine, d'où ils sont separez par une muraille. Il n'y a que leur bon naturel qui les rend beaux, & n'ont pour tout ornement que des fontaines, & quantité d'allées de Ciprés, sans aucuns parterres ; le reste est remply de toutes sortes d'herbes potageres. Ces jardins sont entretenus par huit ou neuf cens Azamoglans, comme il a esté dit ailleurs, lesquels ont pour chef le Bostangi Bacha, ou grand Jardinier, qui ne commande pas seulement aux Jardins du Serrail, mais à tous les autres qui sont hors la ville, au nombre de plus de cinq ou six mille. Il est un des principaux Officiers de la Porte, c'est à dire un des premiers Ministres de l'Estat, car outre que cette Charge est de grand revenu, il accompagne tousjours la personne du Grand Seigneur ; lors mesmes qu'il se proméne sur la mer il n'a pas d'autres vogueurs que des Bostangis, & le Bostangi Bacha qui tient le timon de son Caïque.

 Ce Caïque est fait en forme de Galere, mais il est de beaucoup plus petit : il ne contient que seize bancs, & à chacun trois Bostangis qui rament au son du sifflet du Bostangi Bacha. Ces

Boſtangis qui rament ſont veſtus de blanc, ayans des bonnets rouges en façon de pains de ſucre.

Tous ces Boſtangis ſont logez en un grand corps de logis qui eſt à l'extremité des jardins, où le Boſtangi Bacha a un appartement pour ſa perſonne. Toutes les herbes & tous les fruicts qui y croiſſent, quand le Serrail en a ſa proviſion, ſont vendus au public au profit du Grand Seigneur. Il y a quelques maiſtres Jardiniers qu'ils appellent Honſtalar, qui tiennent le controlle des herbes & fruicts qui ſe vendent tant du jardin du Serrail, que de ceux qui ſont aux environs de la Ville, & toutes les ſemaines en rendent compte au Boſtangi Bacha. L'on tient que tout ce revenu monte par an à cent & dix mille florins, ce qui ſuffit pour la dépence de la bouche du Prince. Et ce Boſtangi Bachi ne quitte jamais cette Charge que pour eſtre Janiſſaire Aga, General des Galeres, premier Viſir, ou Viceroy de l'Egypte.

Le Grand Seigneur ſe promene ſouvent dans ces jardins, prenant plaiſir à voir travailler ces Boſtangis, & quand quelqu'un fait bien à ſon gré, il luy fait donner une robbe afin de l'obliger à faire encore mieux : il y fait auſſi quelquefois des chaſſes fort pleſantes, faiſant mettre des ſangliers dans des lieux enfermez de tuille, donnant à chacun le nom de quelque Prince qui luy eſt ennemy, puis le tuë à coups de fléche : que s'il viſe bien du premier coup ils le tiennent pour bon augure, & croyent qu'il doit terraſſer ſon ennemy ainſi qu'il a fait cette beſte.

A coſté des Jardins ſont les Eſcuries du Prince, où sont d'ordinaire mille chevaux qui servent à tous les Officiers du Serrail ; chaque palfrenier panse trois chevaux, en quoy ils sont fort adroits: ils ne se servent point de paille pour leur litiere, mais de la fiente des chevaux sechée & criblée. Il y a un maistre des Provisions qui donne tous les jours tant de paille, foin & orge pour chaque cheval, qui est peu de chose, car un de nos chevaux mange plus que trois des leurs, aussi demeurent-ils plus de six heures au filet : ils sont neantmoins de grand travail, principalement pour faire une grande traite sans debrider.

Il n'y a pas un des chevaux du Grand Seigneur qui soit dressé à bien partir de la main : ils ne leur apprennent ny voltes ny passages, & il n'y en a aucun qui ait la teste asseurée, portans d'ordinaire le nez au vent ; la pluspart ont la croupe fort mal faite, c'est pourquoy ils les couvrent d'une housse en broderie.

Les meilleurs chevaux du Levant sont ceux d'Arabie, Babylone & Egypte, quoy que ceux d'Egypte ne reüssissent que dans leur païs, qui estant par tout sablonneux, fait qu'ils se foulent & gastent les pieds lors qu'ils viennent en païs pierreux. Ils ne font point d'estat des Barbes à cause de leur foiblesse. Au reste ils ont une façon fort particuliere pour ferrer leurs chevaux, car ils battent les fers à froid, & travaillent si bien, que les quatre fers ne pesent pas un des nostres.

Le Grand Escuyer s'appelle Imroher Bachi, qui a sous luy le Cokous Imroher Bachi, qui est comme le premier Escuyer. Le Grand Seigneur ne fait point de difference entre ses grands chevaux & ses coureurs, se servant indifferemment de tous en quelque exercice que ce soit. La charge de Grand Escuyer n'est pas si honorable qu'en France.

Il y a quantité de muets au service du Grand Seigneur, ce qui fait que le langage ordinaire du Serrail est par signes, avec lesquels ils s'expliquent avec autant de promptitude & de facilité, que nous autres avec la langue : Nous en avons veu l'experience par un de ces muets, lequel avec son interprete vint chez un Orloger François pour faire raccommoder une Orloge; nous fusmes tous estonnez de voir avec quelle dexterité il se faisoit entendre à son homme, lequel l'expliquoit après à l'Orloger.

DESCRIPTION DE PLVSIEVRS Serrails qui sont aux environs de Constantinople.

Outre le Serrail qui est à Constantinople, & dont nous avons amplement parlé, il y en a encore quelques autres aux environs de la Ville, dont le principal & le plus beau est celuy qui est prés de l'arsenal des Galeres, qu'ils appellent Esqui Serrail. Le bastiment en est petit, ne consistant qu'en quatre chambres; il ne paroist aucunement par le dehors, mais il ne se peut rien voir de plus riche ny de plus plaisant par le dedans. Il y a une salle toute remplie de fenestres de verre de cristal; le haut est fait en dôme, tout doré & peint de mille sorte de couleurs; le bas est tout couvert de tapis à la Persienne, faits de soye, où sont representées plusieurs fleurs, dont les couleurs estoient si vives, qu'à peine les pouvions-nous regarder. Nous vismes dans cette chambre un lict assez grand pour coucher vingt personnes ; le Bostangi qui nous y mena, nous dit que le Grand Seigneur y couchoit ordinairement avec ses femmes en esté. Il ne se peut rien voir de plus beau, de plus delicieux, & qui peut mieux contenter les sens de l'homme que cette maison, les degrez par où l'on montoit estoient revestus d'un tapis fait du poil folet des Chamaux, lequel est aussi doux que du Castor.

Aprés ce Serrail, celuy qu'a fait bastir le Bacha Cigale est le plus beau : il est le long du canal de la mer Noire, le bastiment en est petit, & toute sa beauté consiste en une belle salle faite en dôme, soûtenuë par quatre gros pilliers de porphire : au milieu il y a un tres-beau bassin de marbre blanc, lequel est entouré de balustres, où l'on compte vingt-deux jets d'eau : à chaque fenestre il y a aussi deux fontaines, ce qui rend ce lieu en esté grandement frais & delicieux. Il y a une autre chambre où les fontaines croisant les unes sur les autres, tombent dans un marbre tout escorniché, faisant un bruit agreable : le Grand Seigneur prend le plaisir d'y dormir quelquefois pendant les grandes chaleurs, se reposant au doux murmure de l'eau.

Il y a encore trois autres Serrails le long de ce canal, qui sont presque tous de la mesme structure de celuy de Cigale, & tous remplis de fontaines.

Proche des Chasteaux qui gardent le passage de la mer Noire du costé de l'Asie, on void encore un beau Serrail, où dans le jardin il y a des estangs peu profonds. Le Grand Seigneur prend plaisir en esté de s'y baigner avec ses femmes, & pour passe-temps il les fait souvent luiter sur de grandes pieces de bois, mettant quelque prix pour celle qui se montre la plus adroite & la plus vaillante. Il y a dans ces Serrails beaucoup d'autres passe-temps qui ne servent qu'à le recreer; & à la verité il faut confesser qu'il n'y a Prince au monde qui vive plus delicieusement & avec moins d'inquietude que le Grand Seigneur, car en apparence il joüit d'un grand repos & d'esprit & de corps: Il ne se travaille point l'esprit des affaires d'Estat que tant qu'il luy plaist pour passer son temps, se reposant entierement sur ses Ministres, s'imaginant que tous les Princes de la terre luy sont inferieurs. Il ne peut rien penser pour le plaisir de son corps, qu'il ne l'aye en mesme temps, sans aucun scrupule de conscience, parce que sa Religion est si libre, qu'elle luy permet tous ces plaisirs.

L'ORDRE QUI S'OBSERVE EN la Marche du Grand Seigneur lors qu'il va à la Mosquée.

LOrs que le Grand Seigneur sort en ceremonie pour aller à la Mosquée, ce qu'il fait ordinairement le premier Vendredy de la Lune, il est suivy d'un train digne de sa grandeur. Les Janissaires vont les premiers sans ordre, il y en a un si grand nombre, qu'il est impossible de les compter, portans tous des plumes sur leurs testes. Aprés viennent à cheval les Survagis, qui sont leurs Capitaines, accompagnez du Janissaire Aga qui est leur Colonel ; ils portent le bonnet semblable aux Janissaires, avec de grandes aigrettes de heron blanc, faisant environ cent chevaux. En suite de ceux-cy suivent les Chiaoux du Divan qui sont environ cent en nombre, aussi à cheval ; puis les Chiaoux de Monta-feraka, qu'ils appellent Altemis pour en avoir soixante, portans des petites massuës de fer aussi à cheval ; ce sont ceux que le Grand Seigneur envoye ordinairement en Ambassade. Aprés suivent les Sequeniers qui servent à la table du Prince, qui sont environ trente. Aprés ceux-là viennent les Beys ou Capitaines des Galeres avec le General de la mer, faisant environ cent chevaux. Aprés suivent les Bachas, Visirs, & grands de la Cour, qui sont environ vingt personnes ; puis viennent les Xedinis, qui menent neuf chevaux de parade à la main, dont les selles & harnois sont tellement riches de pierreries, qu'on les estime valoir chacun cent cinquante mille escus. En suite de ceux-cy, suivent les Peicques, qui sont Pages : au lieu de turban ils portent sur la teste un bonnet d'argent doré en forme de pain de sucre, avec des plumes au nombre de cent cinquante. Aprés viennent dix ou douze Santons Turcs, qui prient Dieu à haute voix pour la prosperité de la personne du Prince. Aprés tout cela viennent environ deux cens Soulacs à pied, portans de grandes aigrettes blanches : ils ont l'arc & la fléche à la main, & sur la teste des trousses de plumes de la hauteur de trois pieds, au milieu desquels paroist le Grand Seigneur comme au milieu d'un petit bois, monté ordinairement sur un petit cheval qui n'a point d'action, prenant cela pour plus de gravité. Il porte un turban beaucoup plus grand que les autres, orné de trois aigrettes de heron avec des pendans de perles d'une grandeur extraordinaire, & d'un prix inestimable : à la main de laquelle il tient la bride de son cheval, il y a une bague passée à ses deux doigts, avec un diamant gros comme un œuf de pigeon, & infiniment plus beau que celuy du Grand Duc de Toscane. Sa veste qui est comme une Robbe de chambre, est de drap, doublée d'une peau de martre Zebeline ; le Doliman qui est comme une Sotane, est de satin ou brocard. Lors qu'il passe le peuple se prosterne presque contre terre, luy donnant avec un ton assez bas & plein de respect plusieurs acclamations de benediction. Il saluë aussi son peuple s'inclinant continuellement de la teste tantost d'un costé, tantost de l'autre. Aprés luy vont les muets Bostangis & Capigis, chacun en tres-grand nombre.

Cette ceremonie est aussi superbe, qu'elle est belle à voir : il est incroyable la quantité de perles & de pierreries que l'on y void, & combien il y a de petites parures aux harnois de leurs chevaux ; leurs personnes sont fort bien couvertes, la pluspart ayans des robbes de brocatel, & les moindres de satin, toutes doublées de tres-belles fourrures de martre Zebeline, ou de Renards noirs. Ce train tarde bien deux heures à passer, encore qu'il n'y aye que sept ou huit cens chevaux, tant ils vont lentement & avec gravité, tenans un ordre & une modestie admirable.

ET DU LEVANT. 89

Voila ce que nous avons pû voir aux sorties publiques du Grand Seigneur, & ce que nous avons pû apprendre de ce qui se passe dans le Serrail, par le recit que nous en a fait un Oda Bachi, qui a esté un de nos conducteurs dans la Turquie, & qui avoit auparavant demeuré quinze ans au Serrail.

Mais parce qu'outre cette marche solemnelle, il y en a encore une particuliere, que l'on appelle inconnuë, qui est lors que le Grand Seigneur veut aller par la Ville sans pompe ny sans éclat, nous avons jugé à propos de vous dire que quand il veut aller chez le Caimacan pour voir les courses qui se font tous les Vendredis, il n'est ordinairement accompagné que de deux Bostangis, & quand il va de cette sorte inconnu, personne n'ose le regarder, ny mesmes le saluër; nous qui ne sçavions pas la coustume le saluasmes, mais il jugea bien que nous estions estrangers.

―――――――――――

FAÇON DE VIVRE
du Grand Seigneur.

LA Vie ou deportement du Grand Seigneur dans son Serrail, est premierement de se lever au point du jour, pour faire sa priere avant que le Soleil soit levé, à quoy sa loy l'oblige. Il entre quelquefois dans le bain pour se nettoyer, principalement quand il a couché avec quelqu'une de ses femmes. Aprés qu'il a achevé sa priere, laquelle dure viron un quart-d'heure, il déjeune, puis il s'exerce à tirer de l'arc, & quelquefois à travailler ses chevaux, travail qui n'est autre que de les faire courir dans les allées de ses jardins. Il prend aussi plaisir à voir faire l'exercice à ses Ichoglans, estant dans une galerie d'où il ne peut estre veu. Il passe le reste de la journée avec des enfans Eunuques, des muets, des nains, & des bouffons, qui taschent tous de luy donner du contentement, qui le reverent comme un Dieu, & tremblent quand ils voyent son ombre.

Quand il est jour de Conseil, il s'en va, comme il a esté dit cy-devant, par une galerie couverte, à la fenestre qui répond au Divan, pour entendre ce qui s'y traite, & y demeure d'ordinaire jusques à l'heure de disner.

Ce que nous avons pû apprendre de l'ordre qui s'observe en son repas, est qu'il mange par terre, estant assis les jambes croisées, sur de riches tapis, & appuyé sur des carreaux ou coussins : L'on apporte une petite table qui n'a qu'un pied de haut, sur laquelle on estend une nappe de marroquin rouge. Aprés cela les Ichoglans qui servent au gobelet, apportent le pain, les serbets, & les serviettes; & puis le Chechenigir Bachy va à la viande avec les Chechenigirles qui l'apportent depuis la cuisine jusques à l'appartement du Grand Seigneur, où les Ichoglans la reçoivent & la portent sur la table du Prince; car lesdits Chechenigirles n'ont pas la liberté d'entrer audit appartement, à cause qu'ils demeurent dans la Ville, & fréquentent avec le peuple.

Les plats qui servent aux viandes sont de deux sortes, les uns d'or, les autres de porcelaine, avec des couvercles d'or.

Les Ichoglans & les Eunuques qui le servent

sont assis sur leurs talons, & mangent aprés ce qui se dessert de devant luy. Il ne mange rien de delicat, sa nourriture est d'ordinaire de ris, de poules, de mouton, & de pigeons. Il boit des serbets tres-excellens, qui sont composez de pommes avec du sucre & de l'ambre, ou bien d'autres fruicts, comme limons, oranges, violettes ; ce qui fait une excellente boisson, principalement en Esté. Pendant qu'il mange les nains & les bouffons le divertissent, en luy faisant des contes pour le faire rire.

Il va ordinairement le Dimanche & le Mardy en la Salle d'Audiance, pour entendre de ses Ministres l'estat de ses affaires, & aprés il fait son oraison de midy. Les autres jours il s'entretient avec ses Nains, ses Eunuques, ses Muets, & ses Femmes, qui font tout leur possible pour luy faire passer le temps joyeusement. Il s'entretient aussi quelquefois avec le Bostangi Bachi & les Jardiniers, lors qu'il les va voir travailler.

Quelques occupations qu'ayent les Grands Seigneurs, ils ne manquent jamais de faire cinq oraisons chaque jour ; car outre les deux susdites, il y a celle du Quindi, qui est à trois heures ; celle du Soleil couchant, & celle des trois heures de nuict, aprés laquelle il a de coustume de se retirer.

Quant aux Enfans des Grands Seigneurs, ils sont aussi nourris dans le Serrail. Celuy qui doit succeder, & qui est le premier né, est appellé Chazada, lequel demeure avec sa mere dans l'appartement des Femmes, jusques à viron l'âge de dix ans ; puis on luy donne un quartier dans l'enclos du Prince, où il est instruit en la Religion & aux armes jusques à l'âge de dix-huit ou vingt ans, que le Grand Seigneur le met hors du Serrail, & le fait Sanzacbey de Magnesie, qui est dans la Natolie, & nonobstant sa qualité, il ne laisse pas d'estre sujet au Beclerbey ou Viceroy de la Natolie, qui reside à Burse.

Les Princes Ottomans ont toûjours eu de grands ombrages de leurs Enfans, & il s'en est veu plusieurs qui en ont fait estrangler la plus grande partie, craignans que la milice se lassant de leur gouvernement, ne fist leurs Enfans Empereurs en leur place. Quand ils sortent du Serrail pour aller à la Magnesie, ils commencent à avoir des femmes pour y prendre leur plaisir.

Les autres Enfans sont aussi nourris & eslevez au Serrail avec leurs meres, jusques à l'âge de dix ans, avec un tres-grand soin, car chacune souhaite que son fils vive, afin qu'il puisse parvenir à l'Empire. Il n'y a d'ordinaire que l'aisné qui sorte du Serrail, les autres y estans soigneusement gardez, ne conversans qu'avec leurs preecpteurs, qu'ils appellent Hodia. Les filles sont exemptes d'estre estranglées, comme plusieurs des fils; elles sont aussi nourries par leurs meres, & ne sortent point que pour estre mariées.

Le Grand Seigneur ne donne jamais ses sœurs ou ses filles en mariage à aucuns Princes, parce qu'il les tient tous pour infideles; c'est pourquoy il les marie aux Bachas, lesquels font ce qu'ils peuvent pour avoir ce bon-heur, dautant qu'estans mariez avec une Sultane, on ne les fait pas si-tost mourir que les autres Bachas, que le Grand Seigneur envoye estrangler lors qu'ils

ET DU LEVANT. 93

sont fort riches. Il est vray que lesdites Sultanes maistrisent grandement leurs maris, portans toûjours un poignard au costé, pour marque qu'elles sont maistresses, & quand les Bachas couchent avec elles, ils entrent par les pieds, comme font les femmes du Grand Seigneur lors qu'on les mène coucher avec luy.

Le Grand Seigneur à present regnant est aagé de vingt-six ans, il est de belle taille & d'assez bonne façon. Il est frere de Sultan Osman qui fut estranglé par les Janissaires au retour de la guerre de Pologne. Il a encore deux freres qui sont gardez dans le Serrail avec grand soin, comme aussi Mustapha leur oncle frere de leur pere, qui a esté deux fois Empereur, mais il en a esté démis par la foiblesse de son esprit. Il a aussi plusieurs sœurs, dont il en a marié trois, l'une avec le Capitaine Bacha qui est General de la mer; une autre avec le Caimacan, qui est le second Bacha; & la troisiéme avec le Bostangi Bachi, qui se maria du temps que nous estions à Constantinople, où nous prismes occasion d'en voir les ceremonies, dont le recit se verra cy-aprés.

DESCRIPTION DES LIEVX qui sont aux environs de la Ville de Constantinople.

Quoy que la Ville de Constantinople soit une des plus grandes & des mieux peuplees de tout le Levant, comme estant le centre de la Turquie, il y a neantmoins plus de demeure à ses environs que dans la Ville : Le principal bourg est Gallate, lequel en est seulement separé par le port : il est basty sur la pente d'une colline qui s'estend jusques à la marine, & entouré de murailles flanquées de plusieurs tours rondes & quarrées : les maisons y sont mieux basties qu'à Constantinople, ce lieu n'ayant point esté ruiné par les Turcs, à cause que durant le Siege il estoit aux Genois, lesquels le rendirent par composition, ce qui fait que leurs Eglises y sont demeurées en leur entier, & au service des Catholiques.

La pluspart des Chrestiens demeurant dans ce lieu, & principalement les Marchands Catholiques du Ponant, qui y ont plusieurs Eglises, où on fait journellement le Service Divin, & où ils peuvent assister avec autant de liberté qu'en la Chrestienté.

Les Peres Mineurs Conventuels de S. François y ont une Eglise dediée à ce Saint, laquelle est la plus grande de toutes celles qui y sont, & sert de Paroisse à tous les Catholiques dudit lieu. Le Gardien est ordinairement Vicaire Patriarchal de Constantinople : ce Convent est grand & spacieux, l'Eglise belle, mais obscure, & par dedans toute revestuë de peintures à la Mosaïque. L'on y connoist plusieurs tombes des anciennes familles de Genes, comme de Doria, Spinola, Grimaldi, Adorni, & plusieurs autres. Tous les Dimanches & Festes on y chante la Messe en musique avec les orgues, & on fait la Procession par le Cloistre : on y dit plusieurs basses Messes aux jours ouvrables, & pendant le Caresme on y presche journellement en Italien, qui est le langage ordinaire de ceux du Ponant en Turquie.

L'Eglise de Sainte Marie est servie par les Peres Observantins, qui y font toutes les fonctions de la Religion Catholique avec toute sorte de liberté.

Les Peres Jesuites ont l'Eglise de S. Benoist, où ils sont bien accommodez : ils y ont un tres-beau jardin ; l'Eglise, quoy que petite, est fort belle, estant toute revestuë d'une belle Mosaïque. Ces Peres y font un merveilleux fruit parmy les Heretiques & Schismatiques, les instruisans dans la Foy Catholique, Apostolique & Romaine ; mesme ont converty plusieurs Evesques Grecs, & en ont disposé d'autres, au cas de quelque révolution, de suivre la vraye Eglise. Les Grecs ne font point difficulté d'y envoyer leurs enfans à l'école, où avec la science ils leur apprennent la vraye Religion Catholique. Ces bons Religieux ont esté grandement traversez en leur commencement par les Ambassadeurs d'Angleterre, de Venise, & de Hollande, qui leur ont rendu tous les mauvais offices du monde, jusques-là mesme que par de fausses accusations ils leur ont fait souvent éprouver la rigueur des prisons Turquesques, mais ils ont toûjours esté remis en liberté par l'intercession de l'Ambassadeur de France, sous la protection duquel ils semblent y estre maintenant en quelque liberté. Chose admirable que les Heretiques & mauvais Catholiques ont une telle animosité contre ces Religieux, qu'ils les poursuivent jusques au milieu de la Turquie, où les ennemis du nom Chrestien les laissent vivre en repos, & les voyent volontiers.

Les Peres Capucins, comme les derniers venus, sont les plus mal accommodez, ils ont l'Eglise de S. George ; leur demeure est fort pauvre, convenant en cela avec leur Religion : leur bon exemple & austerité de vie sert grandement pour authoriser la Religion Chrestienne parmy les Turcs, qui les voyent aussi quelquefois, & leur portent autant de respect qu'à leurs Religieux Mahometans ; nous en avons veu qui sont venus baiser leurs habits en pleine ruë, les plus zelez les plaignent, & disent que c'est grand dommage que de si gens de bien, & qui menent une vie si austere, soient si fort abusez.

Les Peres Dominicains y ont aussi un assez beau Convent, & possedent l'Eglise de S. Pierre : ces Religieux sont tous Venitiens, ce qui fait que le Baile ou Ambassadeur de Venise y tient sa Chapelle.

Outre ces Eglises il y a encore celle de Saint Antoine, laquelle est servie par les Religieux de S. François. Il s'y fait journellement des miracles, & mesme envers les Turcs, lesquels estans malades s'y font mener avec leur lict, y demeurans jusques à ce qu'ils soient gueris : & ce qui est admirable, c'est que les Turcs qui y viennent se font lire l'Evangile de S. Jean & autres prieres Catholiques sur la teste, par un Religieux de S. François.

Au reste tous ces Religieux y demeurent en grande liberté, ils se tiennent sous la protection des Ambassadeurs, ce qui fait qu'ils ne payent aucun tribut : ils vont par la Ville avec leurs habits sans qu'on leur face aucun déplaisir, au contraire les Turcs les respectent & honorent, & en tout les estiment comme Religieux & personnes sacrées, en quoy ils se montrent plus Chrestiens que nos Heretiques.

Les Armeniens y ont aussi une belle Eglise, où quelquefois nous avons entendu leur service : ce sont les Chrestiens de tout le Levant qui approchent le plus de l'Eglise Romaine ; ils ne commencent jamais leur service, qu'en priant Dieu pour l'union des Princes Chrestiens ; ils croyent que les deux Natures n'estoient point distinctes ny separées en Jesus-Christ, & ils consacrent avec du vin pur & du pain levé. Leurs Prestres sont mariez, mais il faut qu'ils le soient avant que d'estre Prestres : au reste ils ne tiennent pas le Pape pour seul Superieur de l'Eglise, mais obeïssent à leur Patriarche qui est en Armenie.

Les Grecs y ont aussi quelques Eglises, ils different bien plus des Catholiques que les Armeniens : car outre les erreurs des Armeniens, ils croyent la detestable heresie d'Arrius, & disent que le S. Esprit procede du Pere seulement : ils n'admettent point de Purgatoire, neantmoins ils prient Dieu pour les morts, & ont plusieurs autres erreurs que l'ignorance & le Lutheranisme ont fait glisser parmy eux ; mais ils ne les soustiennent pas avec tant d'opiniastreté que les precedens, donnans assez à connoistre que si les Chrestiens estoient les maistres du païs, ils se mettroient facilement de la vraye Eglise.

Au haut de Gallata il y a un grand bourg nommé Pera, qui luy sert de fauxbourg, qui est habité aussi par plusieurs Chrestiens, & où les Ambassadeurs ordinaires de France, de Venise, d'Angleterre & de Hollande, avec les Interpretes, font aussi leur demeure, mais quand il y en a de l'Empire & de Pologne, ils ne sortent pas de Constantinople, car le Grand Seigneur ne permet pas qu'ils se communiquent. Comme ce lieu est haut la demeure en est saine, & la veüe tres-belle, découvrant la mer & tout le Serrail du Grand Seigneur.

En descendant de Pera vers la marine, l'on entre dans un autre bourg nommé Asequit, lequel est tout habité par des Grecs qui sont tous pescheurs. A costé & tirant vers la Ville, est le bourg nommé Toppana, où est l'Arsenal de leur Artillerie, l'on y void dans une grande place les plus belles pieces du monde, qui y demeurent inutiles à cause de la grande quantité qu'ils en ont.

De l'autre costé de Gallata, & tirant vers le port, proche de l'Arsenal des Galeres, est un autre bourg nommé Cassembacha, où demeurent tous les Mariniers & Officiers qui servent aux Galeres. C'est dans ce lieu où est le bain, ou la prison des Esclaves, & c'est aussi le lieu où languissent ordinairement cinq ou six mille Chrétiens quand les Galeres ne sont pas en mer. Durant que nous estions à Constantinople, ces miserables aimans autant mourir que de vivre sous le faix d'un si dur esclavage, avoient resolu de mettre le feu dans la prison, & tascher à se sauver dans la confusion : mais leur dessein estant découvert, la pluspart receurent quantité de bastonnades, & quatre qui en furent estimez les auteurs furent condamnez à mourir sous le baston, en recevant mille coups par jour : L'on nous assura qu'il y en eut qui vescurent trois jours, recevans trois mille coups sur leur miserable corps avant que de rendre l'ame.

 Devant l'Arsenal des Galeres, & de l'autre costé du port, il y a un assez grand bourg nommé Dyop Sultan, où il y a une belle Mosquée dans laquelle le Grand Turc va en grande ceremonie prendre l'Espée lors qu'il vient à l'Empire : le Mufty qui est leur Pape la luy mettant au costé luy souhaite la bonté d'Ottoman, par lequel a commencé leur Monarchie, & qui est en telle estime auprés d'eux, qu'ils en reverent encore la memoire comme d'un saint Personnage. Il est presque incroyable la réjouïssance que ce peuple témoigne, & quelles ceremonies ils observent lors que leur Prince prend la possession de l'Empire. Ils disent que la dignité Imperiale comprenant en soy l'authorité & la puissance souveraine de la Justice & du Gouvernement du monde, doit estre consacrée avec tres-grand honneur & respect, comme approchante en quelque chose de la Divinité.

 A l'opposite du Serrail, & du costé de l'Asie, il y a un grand bourg nommé Schutary : c'est le lieu où s'assemblent les Caravannes qui vont en Perse, Alep, Damas, & autres lieux du Levant. Il y a un grand Caravensaral, & un bel Hospital tout proche, basty par la mere de Sultan Mehemet troisiéme, où tous les passans, de quelque Religion qu'ils soient, sont nourris l'espace de trois jours.

A costé de Schutary estoit jadis l'ancienne Ville de Calcedonie, si renommée par le Concile General qui s'y est tenu l'an 455. du temps de l'Empereur Martian, où l'heresie d'Eutiches & Dioscore fut condamnée : il n'y reste point de ruines pour pouvoir témoigner y avoir eu une Ville. Le Grand Seigneur y fait sa place d'armes lors qu'il assemble ses armées pour aller en Levant. Prés de là il y a une haute tour laquelle sert de fanal, on y allume du feu pendant la nuict pour montrer aux Vaisseaux l'entrée du port de Constantinople.

Le rivage du canal de la mer Noire ou Bosfore de Thrace, est plein de bourgades & maisons de plaisance ; il a environ six lieües de long : ce canal sepere la mer de Marmora d'avec le pont Euxin, lequel les Turcs appellent mer Noire, luy donnans ce nom là, non pas que l'eau y soit d'autre couleur que l'ordinaire, mais c'est à cause qu'ils ont accoustumé d'appeller noir tout ce qui est mauvais, de sorte qu'ayans experimenté combien cette mer est orageuse & dangereuse, ils l'ont appellée Noire. Cette mer décharge toutes ses eaües par le Bosfore de Thrace dans la mer Mediterranée, ce qui y cause un tel courant, qu'à peine les Galeres y peuvent monter avec les rames, si elles ne sont aidées du vent.

A l'embouchure de la mer Noire, & sur la pointe du rocher qui s'avance en forme de peninsule dans la mer, est une Colomne de marbre blanc, que ceux du païs appellent la Colomne de Pompée, pour y avoir esté dressée par ledit Pompée lors qu'il défit Mithridates. C'est une merveille que cette Colomne aye pû demeurer si long-temps debout, & resister contre tant d'orages, bourrasques, & vents furieux que cette mer a accoustumé de jetter : outre qu'elle est fort haute, & que son pié destal est petit selon sa proportion.

A environ trois lieuës de Constantinople, & où le canal est le plus estroit, il y a deux Chasteaux bien munis d'artillerie, qui empeschent le passage aux vaisseaux, qui de cette mer voudroient entrer contre leur volonté. Ces Chasteaux servent aussi de prison quand les Turcs prennent prisonnier quelque Chevalier de Malte, ou autre Chrestien de remarque.

Aux environs de la Ville, quoy que le païs soit tres-fertile, ce ne sont neantmoins que des cimetieres : l'on y void des collines entieres, & tant que la veuë peut s'estendre rien que des sepultures, parce qu'ils ont pour coustume de n'enterrer jamais aucune personne dans la Ville, si ce n'est quelque grand qui aye fait bastir une Mosquée : ils ne mettent aussi jamais deux corps dans une mesme sepulture, ce qui fait qu'il y en a une si grande quantité, & qu'ils occupent tant d'espace de païs. Ils ne mettent point de pierres sur les corps, ainsi qu'on fait en la Chrestienté, mais les couvrent seulement de terre, & leur mettent deux pierres droites, l'une à la teste, & l'autre aux pieds ; si c'est un masle ils luy representent la forme d'un turban, si c'est une femelle, la forme de leur ornement de teste, avec quelques caracteres Arabesques en forme d'epitaphe. Passé ces cimetieres le païs est autant fertile qu'agreable, ce ne sont que des collines & des vallées diversifiées par des bois & des prairies fort plaisantes; il y a quantité de jardinages, & principalement le long du canal de la mer Noire, remplis de fruits & de fleurs les meilleurs & les plus rares du Levant.

Il ne manque chose quelconque à Constantinople pour ce qui est des vivres : le bled y croist en abondance ; le vin y est bon & delicat, & on y trouve du clairet semblable au vin François : le mouton y est d'un bon & ravissant goust, à cause qu'il y a plusieurs campagnes remplies de rosmarin & de thim ; la chasse & le gibier s'y trouvent en quantité & en excellence ; bref, tous les vivres y sont generalement à bon marché, de sorte que l'on y fait plus avec un escu qu'avec six en nostre païs.

Il n'y a mer au monde plus poissonneuse que celle de Constantinople, le passage du poisson y est toûjours, car en esté il va prendre la fraischeur dans la mer Noire, & en hyver il revient dans la mer Blanche, laquelle est beaucoup plus chaude que l'autre : il s'y en trouve de plusieurs sortes, comme Tonins, Solles, Turbos, Pisse, Espade, & plusieurs autres : les Huitres y sont en abondance & de diverses formes, aussi-bien que de divers gousts, les meilleures se prennent à la pointe du Serrail.

Pendant nostre sejour à Constantinople nous

fismes souvent le tour de la Ville, & trouvasmes son circuit presque égal à celuy de Paris, mais il y a trois fois plus de peuple à Paris. Nous reconnusmes par tout dans les murailles de cette Ville plusieurs marques des anciens Chrestiens, comme des Croix, des Images, & des inscriptions Grecques; entr'autres à une porte que les Grecs appellent Geni Capsy, qui veut dire Porte neufve, nous trouvasmes écrit dans une pierre de marbre,

Theodosi jussu gemino nec mense peracto,
Constantinus ovans hæc mænia firma locavit,
Tam cito, tam stabilem vix Pallas conderet arcem.

Nous jugeasmes que cette pierre y devoit avoir esté apportée de quelqu'autre ruine, dautant qu'en cet endroit les murailles n'ont aucune force ny parade extraordinaire. Comme nous estions sur la lecture de ces vers, plusieurs Turcs accoururent pour sçavoir ce que cela vouloit dire, croyans avec leur superstition ordinaire, que c'estoit quelque prophetie; le Mufty mesme envoya le soir un Interprete à nostre logis, pour avoir l'explication de ces vers par écrit.

Tous les fondemens des murailles de la Ville, sont de colomnes de marbre, qui y ont esté portées des autres villes d'alentour: ce qui authorise l'opinion de ceux qui croyent que la ville de Constantinople a esté bastie des ruines de Troye, laquelle a esté saccagée par les Grecs, qui depuis, par vengeance & punition divine, ont esté ruinez & pillez par des peuples Barbares, peut-estre descendus des Troyens: telle & si merveilleuse est la vicissitude des choses humaines.

DE L'EMPIRE ET ORIGINE des Turcs.

LEs Turcs qui possedent aujourd'huy la plus belle partie du monde, n'estoient en leur commencement qu'une troupe de Pasteurs vagabonds, qui descendirent de la Tartarie dans l'Asie Mineure environ l'an 1200. & habiterent le territoire qui est entre le Pont Euxin, & la mer Caspiane, où ils se cantonnerent, & ayans reconnu l'équité d'un d'entr'eux, nommé Duzalpes, le créerent pour leur Gouverneur: celuy-cy eut un fils nommé Oguzalpes, lequel succeda à la dignité de son pere, & commença à relever sa charge, dont son fils & successeur Ortogules usa bien plus absolument, & commença avec ses courses à travailler le rivage de la mer Noire. Il épousa la fille d'Edebales, qui estoit le premier devin & le plus grand Magicien de son temps, lequel luy predit la grandeur de sa posterité. Il eut pour fils & successeur Ottoman, lequel se montra si vaillant, qu'Aladin Roy de l'Asie Mineure le fit General de ses Armées. Cet Aladin venant à mourir sans enfans, son Empire fut partagé entre ces principaux Capitaines, comme jadis celuy d'Alexandre: Ottoman se saisit de la Bithynie & de la Cappadoce, & establit son Siege dans la ville de Bourse, située au pied du mont Olympe, où il donna commencement à ce grand Empire, & son nom à la famille qui le gouverne encore à present: Ce fut luy le premier qui ayant reconnu que l'obeïssance est entirerement necessaire pour le maintien & agrandissement d'une Monarchie, ne voulut qu'il y eut aucun de ses sujets qui ne se dist & ne se tint pour son esclave.

Depuis cet Empereur jusques à present, il y en a eu vingt-deux qui ont tous succedé de pere à fils, ou de frere à frere, chose bien remarquable, & laquelle je croy qu'on ne trouvera jamais estre arrivée en aucune famille. Ces Princes ont tellement estendu les limites de leurs Empires depuis ce temps-là, qu'ils possedent aujourd'huy la plus belle partie de l'Europe, de l'Asie, & de l'Afrique, ayans gagné plus de païs en quatre cens ans que jadis les Romains en huit cens cinquante; car l'estenduë de cet Empire, prenant du Ponant au Levant, qui est borné par les Venitiens & les Perses, contient neuf cens soixante lieues, & du Midy au Septentrion, prenant de l'extremité des Arabies jusques à la Georgie, contient mille cinquante lieues. Dans tout ce grand espace de païs il n'y a que l'Empereur des Turcs qui en est absolu Seigneur.

Dans l'Europe il possede toute la Grece, la Dalmatie, & la plus grande partie de la Hongrie, la Transsilvanie, la Valachie, la Moldavie, la Bulgarie, & le païs de Bossena, luy payent tribut. Ces peuples élisoient autrefois leurs Princes, lesquels estoient en suite confirmez par le Grand Seigneur, mais à present il les choisit tels qu'il luy plaist. Il tient tout le Peloponese & les Isles de l'Archipel, excepté Candie, Tine, Cera, & les Serigues, qui sont aux Venitiens, & luy en payent tribut.

Dans l'Asie il tient toute la Natolie & la Caraminie. Les Princes de Mingerlingue & de Georgie qui possedent le païs qui est entre la mer Noire & la mer Caspique, le reconnoissent & luy sont tributaires. Il tient toute la Caldée & la Mesopotamie, où il confine avec le Roy de Perse. Arseron, Alep, Damas, toute la Syrie, la Palestine, & les Arabies ne reconnoissent autre Souverain que ce Prince.

Dans l'Afrique il tient le Royaume d'Egypte, où il confine avec l'Empereur des Abissins : il possede Tripoli de Barbarie, & les Royaumes de Tunis & d'Alger ; ceux de Fez & de Maroque luy font hommage.

Toute l'estenduë de ce païs est generalement appellée Turquie, parce que les Turcs l'occupent, lesquels pour n'avoir aucune connoissance de la Geographie, le divisent en trente-cinq Provinces, qu'ils appellent Beglerbelix : les Gouverneurs que le Grand Seigneur y envoye sont appellez Beglerbey, dont il y a tel qui a vingt Provinces sous sa charge, à chacune desquelles il y a un Gouverneur particulier qu'ils appellent Sangacq Bey, lequel releve du Beglerbey. Dans l'Europe il y a huit Beglerbelix ou Gouvernemens, dans l'Asie il y en a vingt-deux, & dans l'Afrique il y en a cinq.

A mesure que les Turcs ont subjugué toutes ces Provinces, ils ont observé cet ordre : ils se sont saisis de tout le domaine du Prince vaincu ; de tout ce qui appartenoit à l'Eglise ; des biens de ceux qui estoient morts à la guerre, ou bien qui s'estoient retirez ; & de tous les villages, fiefs & terres seigneuriales, laissans le reste à ceux qui se sont contentez de vivre sous leur domination; de sorte qu'il y en a encore beaucoup entr'eux, qui ont des maisons & des heritages qui leur appatiennent.

Ils ont divisé tous les villages en Timars, qui sont comme des Commanderies qui se donnent ordinairement aux Espaïs, qui sont soldats de la cavalerie, lors qu'ils ont long-temps servy. Ces Commandeurs sont obligez de venir à la guerre dés que le Grand Seigneur les mande, accompagnez suivant le revenu de leurs Timars, parce que s'ils en tirent cinq cens escus, il sont obligez de venir avec cinq chevaux, & ainsi de chaque cent escus un soldat; de sorte qu'il y en a qui sont obligez de venir avec vingt-cinq ou trente soldats, sans tirer aucune paye du Grand Seigneur.

Cet ordre estoit tres-bien observé au commencement de leur Monarchie, & lors que la corruption n'estoit pas encore glissée dans l'Empire Ottoman; mais à present les Bachas & les Grands de la Porte s'approprient ces Timars, y en ayant plusieurs qui en possedent jusques à vingt, vingt-cinq, & trente, où ils envoyent leurs Commissaires, qui travaillent si fort leurs sujets, & leur font tant d'extortions d'argent, que la plufpart n'y pouvans subsister, sont contraints de s'enfuir; ce qui fait que de quatre-vingt mille Timars qu'il y a eu autrefois dans la Grece, l'on n'y en trouve à present que vingt mille.

Les villages qui rencontrent un Espay pour leur commandeur, s'estiment bien-heureux, dautant que pour les conserver & attirer de nouveaux habitans, & augmenter son revenu, il les

E vj

traite le plus doucement qu'il luy est possible: au contraire ceux qui sont aux Bachas sont extrémement maltraitez des Commissaires qui y resident, car outre que cela diminuë grandement les forces de l'Estat & le nombre des gens de guerre, il rend encore le païs tout dépeuplé; & si le Grand Seigneur avoit des sujets à l'égal de l'estenduë & bonté du païs qu'il possede, ce seroit le plus puissant & le plus redoutable Prince du monde.

Ce qu'il possede en Europe est le plus habité, & où ordinairement l'on trouve de journée en journée quelque bourg ou village; ce qui est en Asie est moins peuplé, l'on y chemine deux & trois journées sans rien trouver: Les Arabies sont presque entièrement desertes, si ce n'est l'Heureuse, laquelle ne porte ce nom que pour estre quelque peu plus fertile que les autres, elle est seulement peuplée le long de la mer Rouge. L'Afrique est encore la plus deserte, parce qu'il n'y a rien d'habité que ce qui est le long de la marine, & quelques montagnes voisines.

Plusieurs s'estonnent & non pas sans raison, comment cet estat est ainsi deshabité, veu que chaque Turc pouvant avoir plusieurs femmes, il peut aussi avoir grand nombre d'enfans qui devroient rendre ce païs beaucoup plus peuplé que la Chrestienté, mais en voicy la raison. Tout ce que le Turc possede en Europe est presque habité des Chrestiens, qui n'ont qu'une femme, de laquelle ils ont peu d'enfans, dont une bonne partie est prise pour le tribut, qui deviennent en aprés Janissaires & Espaïs, qui se marient rarement à cause qu'ils sont moins estimez. L'Asie

& l'Afrique sont habitées par des Mahometans, dont la pluspart sont si pauvres, qu'encore que leur Religion permette la pluralité des femmes, ils n'en ont neantmoins qu'une ou deux, parce qu'ils n'ont pas les moyens d'en entretenir davantage. D'ailleurs la peste qui y regne ordinairement, en fait mourir une grande quantité : & ce qui aide beaucoup à ce desordre, c'est que ce peuple croyant entierement la predestination, ne se conserve point, de sorte qu'une personne estant morte de cette maladie, une autre ne fera pas difficulté de coucher dans son lict, ny de vestir ses habits. La guerre aussi leur extermine des milliers d'hommes, car ils ne les épargnent aucunement, & quand ils veulent forcer une place, ils remplissent les fossez de soldats, & où les Chrétiens en perdent cent, ils en perdent mille.

De la Milice des Turcs.

IL y a deux sortes de Milice dans la Turquie, l'une qui est entretenuë par les Provinces, & l'autre qui tire la paye du Grand Seigneur : ces derniers sont appellez les soldats de la Porte, ils sont ordinairement vingt-quatre ou vingt-cinq mille chevaux, qu'ils appellent Espaïs, outre huit mille Espaïs de Timar, qui sont soldats ausquels on baille des Baronnies ou Gouvernemens de villages, & qui sont obligez, comme nous avons déja dit cy-devant, d'amener, lors que le Grand Seigneur veut lever une grande armée, autant de personnes comme ils ont de mille aspres de revenu ; de sorte que s'ils ont dix mille aspres de revenu, ils amènent dix soldats à leurs dépens : il y a aussi trente mille Janissaires, qui sont ceux qui peuvent loger dans l'Hoda, & ce sont toûjours les premiers pour aller à la guerre ; deux mille Gebigi, qui sont ceux qui ont le soin des armes ; & quatre mille Canonniers qu'ils appellent Topigi ; tous ceux-cy sont entretenus & payez aussi-bien pendant la paix que durant la guerre.

La paye ordinaire de ceux qui servent à cheval, est depuis douze jusques à trente aspres par jour, un aspi vaut environ deux liards de nostre monnoye, & paye leur est accreuë à mesure des services qu'ils rendent. Ils sont divisez par compagnies de deux cens, dont le Chef est appellé Spahiagacy ; leurs armes sont l'arc & la flèche, & deux cimeterres, dont l'un est attaché à l'arçon de la selle : ils portent aussi des piques, qu'ils sçavent manier & darder avec grande dexterité : pour armes défensives ils en sont mal pourveus, quelques-uns portent des rondaches & quelques jacques de maille, dautant qu'ils n'ont pas encore jusques à present l'usage des cuirasses.

Les Janissaires ne sont pas tant estimez que les Espaïs, tant à cause qu'ils servent à pied, que parce que leur paye est plus petite : ils sont neantmoins en grande réputation à cause que le nombre en est plus grand, qu'ils sont plus vaillans, & qu'ils s'accordent tres-bien ensemble : leurs gages sont de six jusques à douze aspres par jour, & à mesure qu'ils rendent du service la paye leur est augmentée, & pour la moindre action de courage on leur augmente de deux ou trois aspres par

ET DU LEVANT.

jour; ce qui les anime grandement à bien faire, estant d'ailleurs asseurez que s'ils demeurent estropiez, & qu'ils ne puissent suivre les armées, ils seront entretenus, & que la paye leur sera continuée. Ils sont divisez par compagnies de trois cens, leurs Capitaines sont appelez Sourvagis, qui ont chacun trois Lieutenans sous eux, qu'ils appellent Boulouck-bachi, & à douze un Caporal qui est appellé Oda Bachi.

Lors qu'ils vont à la guerre ils n'ont pas davantage de paye qu'en temps de paix, mais en recompense le Grand Seigneur leur fait donner des vivres dans l'armée tant pour eux que pour leurs chevaux, à aussi bon marché qu'à Constantinople, outre un chameau qu'il leur donne à vingt pour porter leur bagage, ce qui les soulage grandement : & ce qui leur augmente le courage, c'est qu'ils sont asseurez qu'en faisant bien on leur augmentera les gages.

Cette Milice est la principale force de l'Empire Turc, & le nerf de leurs armées; ils se marient rarement, parce qu'ils en sont moins estimez, & qu'on leur reproche ordinairement que ceux qui ont femme & enfans songent plustost à leur ménage qu'à bien combattre, neantmoins ceux qui en ont la volonté le peuvent faire avec le consentement de leur Superieur, mais ils ne peuvent demeurer dans leurs appartemens qu'ils ont à Constantinople, & doivent demeurer dans la Ville. Lors qu'il leur naist des enfans, le Grand Seigneur leur augmente la paye d'un aspre par jour pour aider à les eslever : tous ces Janissaires sont logez dans les appartemens que nous avons décrits quand il n'y a point de guerre; les Espaïs

LE VOYAGE D'ITALIE

sont la pluspart en garnison dans les Villes voisines, se tenans toûjours prests pour recevoir les ordres du Prince.

La Milice qui est entretenuë par les Provinces est en grande quantité : Alger, Tunis, Damas, Alep, Arseron, & l'Egypte, en entretiennent un bon nombre : quand le Grand Seigneur veut faire assembler les Espays de Timar, ils se montent à cent cinquante mille chevaux, & estans joints avec les forces des Provinces, ils montent à plus de huit cens mille combatans.

Pour la valeur de cette Milice, elle n'est à present que l'ombre de ce qu'elle a esté autrefois, ayant perdu toute sa generosité depuis que la convoitise d'amasser de l'or & de l'argent s'est coulée parmy eux, & qu'avec la possession des richesses sont suivies les voluptez & les delices, qui leur ont corrompu la force, la vigueur, & le courage, & abastardy leur naturel : car à leur commencement ils estoient accoustumez de dormir à l'air, d'endurer avec patience le froid, la faim, la chaleur, la soif, & beaucoup d'autres necessitez, sans en estre incommodez : mais maintenant qu'ils abondent en beaux meubles & maisons de plaisance, de vaillans ils sont devenus lasches, de forts, craintifs & debiles, & d'industrieux, mols & effeminez.

La Milice de la Porte est aussi grandement corrompuë : c'estoient autrefois tous enfans du tribut enlevez sur les Chrestiens, & nourris dans les Serrails du Prince : mais à present plusieurs Turcs esperans voir quelque jour leurs enfans avancez aux premieres Charges de l'Estat, les y font entrer moyennant quelque present qu'ils font aux Eunuques qui en ont la garde. Ces enfans Turcs qui passent ainsi pour enfans de Chrétiens dans le Serrail, quand ils en sont sortis & avancez à quelque charge, ou bien mis au rang de la Milice, se souviennent de leurs peres & meres, & le sang de leur naissance les convie d'y retourner, là où ils apprennent de leurs parens le desordre qui s'est glissé dans l'Estat, & l'oppression tyrannique qu'ils endurent ; ce qu'ayant appris d'eux, ils font dessein de les venger, & comme ils sont en corps, à la premiere occasion qui se presente ils murmurent, se plaignent, & demandent que l'Estat soit reformé, & viennent jusques à forcer le Grand Seigneur de leur donner audience en public ; & aprés avoir fait des plaintes sur le defaut du gouvernement, ils contraignent le Prince de mettre entre leurs mains ses Favoris & Conseillers, lesquels ils mettent en pieces en sa presence : ils passent bien plus outre, car les années dernieres ils se sont pris à la personne de leurs Empereurs, comme nous avons dit cy-devant au regard de Sultan Osman.

Si les enfans des Turcs naturels n'eussent point esté receus dans le Serrail, ces desordres n'eussent jamais arrivé, & en voicy la raison ; c'est parce que les enfans des Chrestiens qu'ils prennent pour tribut, sont eslevez & nourris dés leur plus tendre jeunesse dans la Religion Mahometane, ayant extrémement en horreur tout ce qui porte le nom de Chrestien ; ils haïssent mesme leurs parens, & ne les veulent jamais reconnoistre, & ne tiennent pour pere & protecteur autre que le Grand Seigneur, & n'ont point d'autre volonté que la sienne : ils aimeroient mieux mourir que de contrevenir à ses commandemens.

Outre la Milice que le Grand Seigneur entretient dans son Estat, il a amitié fort estroite avec le Prince des petits Tartares, duquel il se dit parent, l'assurant que quand la race des Ottomans viendroit à manquer, tout l'Empire luy appartiendroit. Cette esperance fait que ce Prince luy permet de lever dans ses terres tant de soldats qu'il desire, dont il se sert comme des Suisses en la Chrestienté.

Lors que l'armée du feu Sultan Osman alla en Pologne, elle estoit de trois cens mille combatans, à ce que l'on nous assura, dont il y en eut une grande partie de tuez, & le reste retourna en tres-mauvais équipage, ce qui fut cause de la mort de ce pauvre Prince, parce qu'estant grandement genereux, il se fascha de voir qu'une si grande armée avoit esté défaite, & voulant transporter son Siege à Damas, pour faire une nouvelle Milice, fut découvert par les Janissaires, qui l'estranglerent, comme il a esté dit cy-devant.

Nous n'avons point veu leur armée, y ayant trois ans qu'elle est en Perse devant Babylone, sous la conduite d'Asan Bacha Grand Visir, à ce que nous apprismes de ceux qui la virent partir. Elle n'estoit composée en partant de Constantinople que de quarante mille hommes, mais ils en prirent encore cinquante mille à Damas, à Alep, & autres lieux circonvoisins: la cause pour laquelle ils n'en menerent pas davantage, est qu'il ne se trouve point de vivres en ces quartiers-là, estans presque tous contraints d'en porter.

L'armée du Roy de Perse estoit de cinquante mille hommes, à ce que nous pusmes apprendre, qui valent bien cent mille Turcs, pour la generosité & adresse que l'on a reconnuë en eux. Les Turcs sont devenus fort poltrons depuis quelque temps, la plufpart faisans ce qu'ils peuvent pour s'exempter d'aller à la guerre.

Il y a encore à Constantinople un Colonel François, qui estoit du Regiment de ceux qui en l'année 1602. rendirent paye entre les mains du Grand Seigneur, au nombre de quatre cens, qui vinrent à son service, & recevoient de paye, sçavoir, les soldats dix sequins le mois, les Capitaines cent, & ledit Colonel cinq cens : mais depuis trois ou quatre ans ils n'avoient receu aucune chose : il est vray qu'il en est resté fort peu, Dieu ayant permis que la plufpart ayent pery miserablement par leur lascheté, d'avoir servy les Turcs au préjudice des Chrestiens.

Pour les forces que le Turc peut mettre en mer, elles ne sont pas si redoutables qu'elles en ont le bruit, encore qu'il n'y aye Prince au monde qui puisse faire plus de Galeres & Vaisseaux, & à moins de frais, que luy : car toute la coste de la mer Noire est pleine de forests, & principalement aux environs de Trebisonde : les villages de ces contrées sont exempts de toutes sortes d'imposts, mesmes du tribut des enfans, estant seulement obligez les uns à abbatre les bois, les autres à les scier & preparer pour en construire les Galeres : de sorte que le corps d'une Galere qui couste parmy nous quatre mille escus, ne revient au Grand Seigneur qu'à mille : mais pour la Chiorme ou Galliot, & Mariniers, ce Prince en est mal servy.

Les Galeres qu'il entretient à Constantinople,

qui sont au nombre de quarante ou de quarantecinq, sont armées d'esclaves Chrestiens, qui sont la plufpart de Ruffie; ceux-cy sont fort habiles & accoustumez à voguer: mais quand le Grand Seigneur veut équiper toutes ces Galeres, & qu'il desire mettre en mer une puissante armée Navale, il est contraint de se servir pour forçats de Turcs naturels, qu'il envoye lever par tout son Empire, tous les villages estans contraints d'y contribuer, & selon le nombre des feux qu'ils contiennent, ils sont obligez de fournir deux ou trois vogueurs. Ces Galiots sont si mal experimentez à voguer, que quatre n'en valent pas un de ceux qui ont accoustumé de faire ce mestierlà, & reçoivent si mauvais traitement sur les Galeres, qu'ils n'y retournent jamais. C'est pourquoy ils ont des nouveaux vogueurs à chaque armement, qui pour n'estre pas accoustumez à la mer, sont presque de nul service, & y meurent la plufpart.

Pour ce qui est des Pilotes, & gens entendus à conduire les Galeres, ce Prince en est aussi mal pourveu: la raison est que l'Empire des Turcs a pris son accroissement comme un torrent tresviolent, par un amas de personnes vagabondes, sans aucun art ny science; de sorte qu'ayant eu besoin d'armer sur mer pour asseurer ses conquestes, il a esté contraint de se servir de Pilotes & Mariniers Chrestiens qui estoient entre leurs mains: d'où vient qu'ils n'ont point de termes propres en leur langage pour les choses maritimes, & qu'ils sont contraints d'user des nostres. Ils ont continué depuis à se servir des Chrestiens & des Renegats, mais ils n'en ont point en si grande abondance, qu'ils ne soient quelquefois contraints de faire oster les fers à quelques esclaves Chrestiens qui sont dans leurs Galeres, pour leur aider à les gouverner & à manier les voiles. Lors qu'ils ont quelque perte sur mer, ils ont bien de la peine à se remettre, mesme depuis qu'ils ont perdu la bataille de Lepante, ils n'ont jamais pû équiper une flotte approchante de celle qu'ils avoient en ce temps-là.

Pour des Vaisseaux ronds ils n'en ont point à Constantinople, si ce n'est cinq ou six Galions qu'ils appellent de la Sultane: ils sont fort grands, mal bastis, & nullement propres pour combattre: ils ne servent que pour aller de Constantinople en Egypte, où ils portent du bois pour bastir, & en rapportent des marchandises de toutes sortes; mais en un besoin le Grand Seigneur se pourroit servir des Vaisseaux d'Alger, qui luy en pourroient fournir plus de cent bien équipez.

Outre les Galeres que le Grand Seigneur entretient à Constantinople, il y en a une esquadre dans l'Archipel, laquelle tant en Esté qu'en Hyver demeure toûjours armée pour la garde des Isles. Les Capitaines qui sont dans ces Galeres sont presque tous des Renegats: le Grand Seigneur ne leur fournit que le corps de la Galere, l'artillerie, munition de poudre, voiles, cordages, & la tente: ils sont obligez de les armer d'esclaves & les nourrir, fournir de suif pour les espalmer, payer les mariniers, & entretenir cent soldats, dont ils trouvent l'argent sur leurs Commanderies, suivant le revenu desquelles ils sont obligez d'entretenir des Galeres.

Ces Capitaines apprehendent merveilleusement de combatre, de peur de perdre leurs esclaves, lesquels estant leur principale richesse, ils sont entierement ruinez lors qu'ils les perdent, car s'ils n'ont point moyen d'en acheter d'autres, le Grand Seigneur leur oste les Timars ou Commanderies qu'ils possedent. Toutes ces Galeres des Bayes de la mer Mediterranée sont au nombre de quarante & une.

Le Bacha de Rhodes en a sept sous sa charge, lequel commande à la place du Dyns Beglerbey General de la mer, lors qu'il est à Constantinople: tous les autres Capitaines sont obligez d'obeyr à ce Bacha.

A l'Isle de Chio il y a ordinairement neuf Galeres entretenuës.

Il y en a quatre à l'Isle de Cypre.

Dans la Morée il y en a neuf.

Il y en a cinq en Egypte, & sept en divers endroits de l'Archipel, sçavoir une à l'Isle de Metelin, deux aux Dardanelles, une à Limino, une à Sallonique, une à Negrepont, & une à Naxie.

Toutes ces Galeres, horsmis celles de Rhodes, sont mal entretenuës, & peu propres pour rendre grand combat.

Voila ce que nous avons pû apprendre des forces du Grand Seigneur, tant par mer que par terre. Il ne sera pas hors de propos maintenant de marquer les principaux defauts qui se rencontrent dans cet Estat : que si avec le temps on y trouve à redire, il faudra considerer qu'il n'y a point de Souveraineté au monde plus sujette au changement que celle des Turcs.

PRINCIPAVX DEFAVTS de l'Estat du Grand Seigneur.

IL est croyable qu'il n'y a personne qui ayant veu & consideré l'Estat du Turc, ne connoisse les manquemens & defauts qu'il y a en ce grand Empire, & que cette Monarchie ne subsiste qu'à cause qu'elle n'est point vivement attaquée. Le Roy de Perse du Levant, & les Chrestiens du Ponant n'on esté jusqu'à present que sur la defensive, & s'il plaisoit à Dieu d'en disposer autrement, & d'appaiser les Princes Chrestiens, de sorte que leurs armes qui ont esté tant de temps employées à verser du sang Chrestien, se tournassent contre cet ennemy commun, l'on verroit en peu de temps cet Empire Ottoman renversé, & leur Croissant qui semble estre dans son plein, paroistroit en son declin.

C'est chose tres-assurée que les forces du Turc n'égalent aucunement la grande estenduë du païs qu'il possede : car outre qu'il est presque dépeuplé, ce qu'ils confessent eux-mesmes quand ils disent en leur proverbe commun, *qu'il n'y croist plus d'herbe au pré, où le cheval Ottoman met le pied*, il est remply de personnes de contraire Religion qui haïssent les Turcs à mort, & ne souffrent leur domination que parce qu'ils ne voyent point l'occasion de s'en pouvoir affranchir.

Tout ce qu'il y a dans l'Europe & dans les Isles de l'Archipel, est habité de Chrestiens, lesquels encore qu'ils ayent des differents entr'eux, & que dans la Religion Chrestienne ils soient de contraire opinion, neantmoins sur le moindre sujet & à la moindre assistance qu'on leur donneroit, ils ne laisseroient pas de s'accorder & d'employer leurs vies pour tascher à secoüer le joug insupportable de la tyrannie Turquesque.

L'Asie & l'Afrique sont pleines de Mores & d'Arabes, qui different de Religion d'avec les Turcs, & se croyent l'un l'autre Heretiques, ce qui leur fait avoir une grande animosité les uns contre les autres, & ils y sont mesmes portez par leur Religion, laquelle leur asseure qu'il y a plus de merite de tuer un Heretique, que vingt infideles de leur Religion. D'ailleurs les Arabes ne supportent qu'avec difficulté la domination Turquesque, pour s'estimer plus nobles & de plus ancienne famille qu'eux. Ils disent qu'ils ont esté les premiers en la Religion Mahometane; que Mahomet estant né parmy eux, ils ont depuis suivy sa loy, & que par consequent il leur est insupportable de se voir aujourd'huy méprisez & tenus pour infideles par les Turcs: que tant s'en faut que le Grand Seigneur en doive attendre quelque assistance, qu'au contraire il les doit tenir pour ses principaux ennemis.

Tout ce qui est frontiere de la Perse, n'aspire qu'à se mettre sous la domination du Persan, laquelle est bien plus douce & plus supportable que celle des Turcs, outre qu'ils sont de mesme Religion, & qu'ils sont aussi tenus des Turcs pour infideles & heretiques.

La petite Armenie est habitée de Chrestiens, qui de tous les Schismatiques approchent le plus de la Religion Catholique. Il y a aussi quantité
de

de Grecs le long de la mer Mediterranée, & dans les villes de negoce de la Syrie & de la Natolie. Les Princes de Mingerlingue & de Georgie sont fort puissans, & pareillement de Religion Chrétienne: il ne faut point douter que tout ce peuple ne se soûmist plûtost à toute autre domination qu'à celle des Ottomans, & qu'il ne se jettast volontiers entre les bras de ceux qui leur donneroient assistance.

En la Syrie, Asie, & païs de Curs, qui est de difficile accez à cause des montagnes qui l'environnent, il y a des Princes Arabes qui tiennent des Provinces en payant seulement tribut au Grand Seigneur. Ces Princes succedent de pere en fils: ils sont toûjours dans la crainte & l'apprehension qu'il ne prenne envie au Turc de les chasser, & c'est pourquoy ils ne respirent qu'à la division de l'Empire, pour s'asseurer davantage.

L'Egypte est habitée de Mores & d'un grand nombre de Chrestiens, qu'ils appellent Cofites; les Mores sont ennemis mortels des Turcs, lesquels aussi tost qu'ils les verroient engagez, seroient les premiers à se revolter & à leur faire la guerre.

Le Mont Liban est remply de Chrestiens Maronites, & sont les seuls Catholiques du Levant qui reconnoissent le Pape pour Superieur de l'Eglise: il se trouvera parmy eux vingt mille combatans. Dans la mesme montagne & dans l'Atiliban il y demeure quantité de Drufes, lesquels encore qu'ils témoignent estre de la secte Mahometane, ils n'ont neantmoins aucune Religion: ils se disent estre issus des Chrestiens qui sous la

F

conduite de Godefroy de Boüillon gagnerent la Ville de Jerusalem, & qu'aprés sa perte ils se sont retirez dans les montagnes, où ils se sont toûjours maintenus contre les Turcs qu'ils haïssent à mort.

Il n'y a aucune forteresse de consideration dans toute la Turquie, & mesme ils sont si negligens, qu'ils laissent ruiner celles qu'ils ont prises sur les Chrestiens, comme nous avons veu en plusieurs endroits de la Turquie, & principalement aux Isles de Rhodes & de Cypre, où autrefois il y a eu de tres-belles fortifications.

Toutes leurs forces consistent en soldats, que les Provinces entretiennent, lesquels ne sont pas en si grand nombre, que la dixiéme partie des peuples dont l'on vient de parler ne soit capable de les tailler en pieces, s'ils avoient des Chefs & des armes.

Il est vray que ce Prince a un grand avantage pour attaquer, à cause des puissantes armées qu'il met en campagne, qui sont composées de deux & trois cens mille combatans; mais il luy faut beaucoup de temps pour assembler de telles forces, dautant qu'il fait venir la Milice de Mesopotamie & des autres extremitez de son Empire, laquelle ne se sçauroit rendre au lieu où s'assemble l'armée en moins de trois mois de temps, & lors qu'ils y arrivent ils ont plus besoin de repos que de suivre les armées.

Si ce Prince donc estoit attaqué vivement & avec diligence, sans qu'on luy donnast le temps d'assembler toutes ses forces, il ne faudroit pas apprehender que l'on eust affaire avec ces grandes armées de deux ou trois cens mille combatans, mais seulement avec les forces qui sont aux frontieres, & aprés avoir défait ces troupes, ce qui seroit fort aisé à faire, l'on iroit facilement jusques dans Constantinople, veu qu'il n'y a point de forteresses capables de garder les passages. De plus, l'on auroit pour soy tout le païs qui est habité, comme il a esté dit, par des Chrétiens & autres mal affectionnez, qui ne sont pas moins leurs ennemis, qu'envieux de leur domination tyrannique.

Outre cela ces armées ne sont pas tant qu'on les estime, les Janissaires peuvent valoir quelque chose, & sont assez habiles pour manier l'arquebuse; mais les autres sont pour la pluspart armez de fléches, qui assaillent leurs ennemis de loin; & ils ont si peu de courage, que s'il faut que d'abord ils ne les mettent pas en fuite, ils s'enfuyent eux-mesmes: & parce qu'ils sont nuds, n'ayans aucunes armes deffensives, ils n'osent attendre leur ennemy pour s'attaquer au combat de main à main, & ne font pas grand mal à ceux qui leur resistent.

Par toutes ces raisons il est facile de conclurre que si les Princes Chrestiens estoient fortement unis contre cet ennemy de Dieu & de la Religion Catholique, ils l'auroient bien-tost détruit & renversé par terre: mais c'est ce qu'il nous faut demander à Dieu par nos prieres, nos mortifications, & autres bonnes œuvres.

Du Revenu du Grand Seigneur.

LE principal revenu du Grand Turc consiste dans le tribut qu'il tire des Chrestiens & des Juifs qui demeurent sous sa domination, lequel est de beaucoup diminué, & diminuë encore tous les ans. La Grece qui avoit coustume de contribuer deux millions d'escus, n'en paye pas maintenant huit cens mille. Le Royaume de Cypre luy fournissoit cy-devant bien cinq cens mille escus, à peine en tire-t'il à present cinquante mille : cela arrive à cause que les Chrestiens sont si maltraitez, que quantité s'enfuyent, quantité se font Turcs, & quantité meurent en bas âge, accablez sous le faix insupportable de la tyrannie Turquesque. Ce tribut est appellé par les Turcs Carache, & peut apporter aux coffres du Grand Seigneur environ deux millions d'escus ; les femmes ne le payent point, mais les hommes y sont contraints dés qu'ils ont atteint l'âge de quinze ans : il est ordinairement à trois reales de huit par teste, les uns plus, les autres moins, selon le païs & la bonté du terroir où ils demeurent.

Le domaine du Grand Seigneur qui consiste en terres, dont il joüit, & lesquelles il fait cultiver par les Azamoglans, luy rend environ huit cens mille escus par an.

Il y a imposition sur toutes sortes de vivres & marchandises, & principalement sur le vin, qui luy rend bien annuellement un million & quatre cens mille escus.

Le tribut qu'il tire de la Republique de Raguse & des autres Princes ses voisins, est estimé à huit cens mille escus, y compris les presens des Ambassadeurs qui resident ordinairement à la Porte, qui sont enregistrez au mesme livre.

L'Egypte, toutes les charges payées, luy rapporte par an six cens mille sequins en or, que le Bacha ou Viceroy luy doit envoyer, sur peine de la vie.

Les parties casuelles sont estimées à deux millions d'escus, elles consistent en plusieurs choses, premierement le Grand Seigneur herite de tous les gens de guerre qui meurent sans enfans; il prend la dixime partie de ses sujets qui laissent des enfans, & s'il n'y a que des filles, il en herite les deux tiers : l'on comprend aussi aux parties casuelles la dépoüille des Bachas qu'il fait mourir.

Il a plusieurs Tresoriers par toutes les Provinces, qui de trois en trois mois envoyent l'argent qu'ils reçoivent, avec leurs comptes, au Testardar ou Tresorier General de Constantinople, lequel ne garde point cet argent entre ses mains, mais le met dans l'Asna ou Tresor qui est dans le Serrail prés du Divan.

L'on ne fait aucun payement si ce n'est le jour du Divan, lors que l'Asna est ouvert : alors le Testardar tient le controlle de tout ce qui se reçoit & de tout ce qui s'employe : la pluspart de la recepte se fait en aspres, qui est une petite monnoye d'argent qui ne porte autre caractere que le nom du Prince, & comme cette monnoye seroit trop longue à compter, ils se servent de balances, les pesant mille à mille : il y a aussi quantité de Sequins d'or, qu'ils appellent Cherif Sũl-tanins & Damasquins, qui sont tous de differentes sortes de prix. Il n'y a point de Chambre des Comptes en toute la Turquie ; les Testardars des Provinces rendent compte au Testardar general de Constantinople, & le Testardar general, au Divan.

DV GOVVERNEMENT & de la Iustice Turquesque.

LE Grand Seigneur, pour estre entierement Souverain & absolu, veut que tous ses subjets se disent ses esclaves ; il ne leur permet point de faire aucunes genealogies, de porter ny surnom ny armes, afin que ne montrant point d'extraction, ils ne se puissent dire Nobles ; il ne leur est pas mesme permis de faire des discours des services que leurs ancestres ont rendu à l'Estat, ny pour cela avoir aucune esperance d'estre avancez en aucune charge.

Il n'y a que deux Estats qui ont part au Gouvernement de Turquie, les gens de lettres, & de la milice : il y a eu autrefois de grandes contentions entr'eux pour la préseance ; parce que les gens de lettres, où sont compris les Ecclesiastiques qui rendent la justice au peuple, pretendoient devoir preceder les autres : mais le Grand Seigneur appaisa leur different les rendans tous deux contens, car il ordonna que ceux de la milice tiendroient la main gauche pour la plus honorable, & les gens de lettres la main droite.

Ceux qui rendent la Justice sont Turcs naturels, & ont pour chef le Mufty, qui tient le mesme rang parmy les Mahometans, que le Pape parmy les Catholiques, n'y ayant point d'autre difference que celle de la Souveraineté, & que le Grand Seigneur le peut établir & déposer toutes & quantes fois qu'il luy plaist. Il n'y a personne dans l'Estat à qui ce Prince défére davantage, & porte plus de respect qu'à ce Mufty, & pour montrer l'estime qu'il en fait, il luy donne ces titres, grand Interpreteur, Sage & juste Juge, Fontaine de la vraye Prudence, Oracle de la Justice & de la Verité, & heritier de la doctrine des Prophetes.

La Charge de la Guerre & des Armes est entre les mains des Renegats & enfans nais des Chrétiens. Ils ont pour Chef le Grand Visir, qu'ils appellent Visir Asem, ou bien Bacha, sans y adioûter aucun autre nom : il commande à tout l'Empire ; il dispose de tous les honneurs, & donne toutes les Charges, horsmis celle de Judicature ; il écoute luy seul tous les Ambassadeurs & tous les Ministres de l'Estat ; enfin toutes les affaires tant criminelles que civiles sont entre ses mains, & se termine par sa volonté.

Il donne audience dans son logis toutes les apresdisnées, où l'entrée de sa maison est libre à tout le monde ; c'est où ont recours ceux qui ne peuvent avoir justice, & qui sont oppressez par quelque Grand : Il écoute souvent des differents où il ne s'agit pas de deux escus, & condamne souvent les coupables à recevoir des bastonnades, qu'il leur fait donner en sa presence sur la plante des pieds. Il va souvent dans les prisons

F iiij

pendant la nuict, menant toûjours quelque bourreau avec luy, où il fait mourir ceux qu'il trouve coupables, & delivre les innocens, n'y apportant autre forme de procez que sa seule volonté ; enfin son authorité est si grande & si absoluë, qu'elle égale presque celle de son Maistre : c'est à son Serrail que tout le monde va faire la Cour, parce que de luy dépendent toutes choses ; de sorte que s'il n'estoit en danger d'estre estranglé, il seroit plus heureux que son Prince.

Il va deux fois la semaine au Serrail du Grand Seigneur pour luy rendre compte de l'administration de sa Charge : si pendant la semaine il arrive quelque chose d'extraordinaire, il le luy fait sçavoir par écrit, & en apprend sa volonté par la mesme voye : c'est par ce moyen qu'il luy est facile de se défaire de ses ennemis, car en exposant au Grand Seigneur qu'un de ses Officiers le dessert, & qu'il merite la mort, il est rarement refusé.

Lors que le Grand Seigneur reçoit quelque ombrage de son Visir, il ne fait pas grande ceremonie pour le déposer de sa Charge, ce que les Turcs appellent faire Mansoul ; il luy envoye seulement demander les Seaux de l'Empire, qu'il envoye aussi-tost, & sans davantage de ceremonie, à celuy qu'il veut honorer de cette Charge. Ceux qui tombent dans cette disgrace, s'estiment heureux quand ils ne perdent pas la vie avec l'Office.

Aprés cela, ces Visirs Mansouls taschent d'avoir quelque Gouvernement, afin de se remettre peu à peu au chemin de parvenir de nouveau à leur premiere Charge : Il y en a eu quelques-uns qui y ont esté remis trois ou quatre fois. Ils n'ont point cette pointe d'honneur que nous avons en la Chrestienté, car après avoir esté une année General d'une armée, ils ne feront point de difficulté d'estre simples Capitaines l'année suivante.

Quand le Grand Seigneur connoist que son Visir le dessert, & qu'il commet quelque injustice, il luy envoye le matin un present, & l'apresmidy il l'envoye estrangler, ne commettant à cette execution qu'un Capigi & quatre ou cinq muets, lesquels ont souvent estranglé des Bachas qui avoient deux & trois cens serviteurs dans leur maison, sans que personne osast contredire. Ceux qui vont pour cette execution, ne font autre ceremonie que de presenter un brevet par lequel le Grand Siegneur demande la teste de celuy qu'ils doivent estrangler, lequel pour temoignage d'obeïssance le prend, le baise, & le met sur sa teste, disant, *la teste du Prince soit saine, & sa volonté soit faite*, & ne demande que ce qu'il luy faut de temps pour faire sa priere. Il arrive aussi quelquefois que le Grand Seigneur envoye querir son Grand Visir en témoignage d'une faveur particuliere, mais c'est quelquefois pour luy faire perdre la vie.

Le Grand Seigneur n'a que faire de craindre aucune ligue ny desordre dans l'Estat pour les Bachas qu'il disgracie, ou qu'il fait mourir, d'autant que ce sont tous enfans de Chrestiens, qui n'ont ny parens ny amis d'où ils peuvent tirer assistance, au contraire si-tost qu'il leur arrive quelque disgrace, chacun leur tourne le dos, & ceux qui leur témoignoient quelque amitié, sont les premiers à les abandonner, parce qu'ils tirent de l'avantage de leur ruine. De façon que ce Prince fait estrangler, sans aucune crainte de l'avenir, non pas seulement ceux qui l'ont desservy, mais aussi ceux qu'il estime estre riches, pour avoir leur dépoüille, car le tout est confisqué pour le Grand Seigneur.

Toute la forme que le Grand Seigneur observe en faisant mourir les Grands de la Porte, est qu'il fait une demande au Mufty, laquelle il luy envoye par écrit, disant, *quelle punition merite un esclave ou subjet qui dessert son Prince*, exposant le sujet de son mécontentement & du soupçon qu'il a contre celuy qu'il veut faire mourir. Or comme la demande présuppose la verité de la chose, le Mufty conclud toûjours à la mort, & ainsi le Prince les envoye estrangler. Monsieur l'Ambassadeur nous dit que depuis treize ans qu'il estoit à Constantinople, il avoit veu estrangler plus de vingt Bachas, dont la pluspart estoient Grands Visirs.

Lors que le Prince ne va point à la guerre, le Visir Asem y va ordinairement avec pouvoir absolu, pour recompenser ceux qui font bien, & chastier ceux qui font mal; à cet effet le Grand Seigneur luy laisse la libre disposition des Gouvernemens des Provinces qui sont aux environs de l'armée; ce qui oblige plusieurs à bien faire, sous l'esperance d'estre avancez à l'instant, & de parvenir à quelque Gouvernement.

La seconde personne de l'Estat, est le General de la mer, qu'ils appellent Dyns Beglerbey: il commande generalement aux costes maritimes, & à tous les Vaisseaux & Galeres des Turcs, lors qu'il est hors des Dardanelles, qui sont les Châteaux qui gardent le passage de l'Elespont. Il est entierement absolu, & a le pouvoir de disposer des Gouvernemens maritimes, & de faire estrangler ceux qu'il desire, sans y apporter autre forme de procez que sa seule volonté.

Il va tous les ans en Esté avec une armée de trente ou quarante Galeres dans la mer Mediterranée : il part ordinairement de Constantinople environ la fin de May, avec vingt-cinq Galeres : Il va premierement à l'Isle de Chio, où tous les Bais qui sont à la garde des Isles le doivent venir trouver, & se sert de leurs galeres suivant les entreprises qu'il desire faire : il y embarque aussi les Espaïs de Timar dont il a besoin, & prend de l'argent des autres pour les exempter, car tous ceux qui sont le long de la marine sont sous sa charge, & ne vont point à l'armée de terre.

Il se proméne avec son armée le long des Isles prenant des presens par tout. Les Grecs qui y demeurent apprehendent beaucoup cette venuë, à cause qu'il leur fait de tres-grandes exactions d'argent, & que s'ils ne satisfont à ce qu'il demande, il en fait pendre une partie, & donner des bastonnades aux autres ; de sorte que ces miserables Grecs s'enfuyent d'une Isle à l'autre quand ils sçavent sa venuë, pour éviter sa rencontre : Ce que nous avons veu en traversant l'Archipel, où nous avons trouvé des Isles d'où la pluspart des habitans s'estoient enfuis, sur le seul bruit de la venuë de cette armée.

Il s'arreste ordinairement neuf ou dix jours avec son armée à Negrepont, pour apprendre des nouvelles de la Chreſtienté, & de là il va terre à terre juſques à Corfou, où il va prendre un preſent de mille eſcus que la Republique de Veniſe luy donne tous les ans : s'il a envie de mettre pied à terre dans la Chreſtienté, il paſſe en la Poüille ou en la Calabre, où il met tout à feu & à ſang, & pille ce qu'il peut : s'il rencontre quelque vaiſſeau marchand, ſoit amy ou ennemy, il luy fait toûjours quelques ſupercheries, faiſant accroire que ce ſont des Corſaires, pour en tirer de l'argent, ou bien pour confiſquer le tout : il eſt fort mal-aiſé aprés d'en avoir raiſon, car il y a des Cadis ou Juges Turcs dans ces galeres qui ſont faits à ſa main, & inſtruiſent les procez ſelon ſa volonté. Il fait ainſi mille voleries pour amaſſer de l'argent, afin de pouvoir faire des preſens lors qu'il eſt de retour à Conſtantinople ; car encore qu'il y aye des plaintes contre luy, moyennant qu'il aye dequoy donner il n'a que faire de craindre.

La troiſiéme perſonne de l'Eſtat eſt les Raiſquetap, qui eſt comme en la Chreſtienté le Secretaire d'Eſtat, dont il n'y en a qu'un, lequel reçoit & expedie tous les commandemens du Grand Seigneur : il a deux Commis qui s'appellent Teſqueregi, qui liſent au Divan les requeſtes des particuliers, & écrivent au bas ce qui en eſt reſolu. En l'expedition de leurs affaires, ils obſervent à peu prés cet ordre : Ceux qui veulent obtenir quelque choſe, preſentent au Raiſquetap une requeſte qu'ils appellent Ars ; ſi ce qu'on demande eſt de peu de conſequence, il a le pouvoir de l'accorder ou de le refuſer, faiſant écrire ſa volonté au bas d'icelle par les Teſqueregis qui font toûjours prés de fa perfonne ; fi la chofe eft de confequence, & qu'elle regarde la Religion, il fait un memorial en forme de *quæritur*, qu'il envoye au Mufty, lequel y écrit fon opinion, laquelle il eft obligé de fuivre. Si la chofe regarde purement l'Eftat, il fait faire un abbregé de la requefte, lequel il envoye au Grand Seigneur, avec un brevet à part de fon aduis, lequel le Prince fuit ordinairement : de forte qu'il peut rendre de bons ou de mauvais offices fans qu'on s'en puiffe appercevoir.

Pour ce qui eft des Gouvernemens des Provinces, ils font tous triennaux, le Grand Seigneur y envoye ordinairement des perfonnes qui n'ont veu autre lumiere que celle de fon Serrail : mais ils difent qu'auffi-toft que le Prince leur donne quelque charge, que Dieu leur donne en mefme temps l'efprit & la prudence neceffaire pour l'exercer.

Ils ne commettent jamais toute l'authorité & la charge d'une Province à une feule perfonne, mais ils y eftabliffent un Confeil où fe refolvent les affaires les plus importantes, qui concernent le fervice du Prince & le bien du païs. Ce Confeil eft ordinairement compofé du Teftarder & de cinq ou fix principaux Efpaïs, de Timars, & de quelques Chefs de guerre s'il y en a en garnifon : le Beglerbey ou Gouverneur y prefide, lequel avec fon authorité & credit fait facilement refoudre les affaires felon fa volonté, fi ce n'eft qu'elles foient directement contraires au fervice de l'Eftat & de la Province.

Lors que le Grand Seigneur a deffein de faire mourir quelques Beglerbeys ou Gouverneurs qui sont éloignez de la Cour, il leur envoye un Capigi, avec un pacquet fermé qu'il adresse au Viceroy seant au Divan. Le porteur à son arrivée fait assembler le Conseil sans qu'on puisse sçavoir sa commission, où il presente les lettres à celuy qu'il doit faire mourir, lequel est contraint de lire tout haut sa sentence : Aussi-tost ce Capigi se jette sur luy & l'estrangle, sans qu'il y aye personne qui s'y ose opposer, au contraire ils l'assisteroient plûtost, parce qu'ils participent à sa dépoüille.

Encore que ces miserables doutent de leur ruine, ils ne trouvent que bien rarement le moyen d'échaper, à cause que ces païs sont fort grands, & que de nul endroit il n'y a point de postes pour se retirer : & de plus, comme ils ont esté nourris dans les Serrails du Prince, où on ne leur apprend autre chose que sa grandeur & sa puissance, & qu'on leur fait accroire que tous les autres Princes de la terre sont ses tributaires, ils craindroient que s'y retirans le Grand Seigneur ne les y fist prendre.

Il y en a quelques-uns qui sont plus rusez, & qui entretiennent des personnes en pension dans le Serrail, qui leur donnent advis de l'estat de leurs affaires ; & quand ils apprennent que le Grand Seigneur a envie de se défaire d'eux, ils se retirent à la campagne, où moyennant de l'argent & sous quelque pretexte ils assemblent des forces, avec lesquelles ils font des courses & incommodent leurs voisins. Tout l'ordre que le Prince met à ces rebelles, est qu'il envoye contr'eux les forces de la Province où ils sont : & s'il arrive qu'il n'ayt pû les défaire du premier coup, il leur fait presenter la carte blanche, afin de ne pas entretenir la guerre : puis aprés, toft ou tard, en quelqu'endroit qu'il les puisse attraper il les fait estrangler, encore que ce soit contre son serment, disant que le Souverain ne peut estre obligé à son esclave.

Le Grand Seigneur ne permet point à ses subjets de sortir de ses Estats, craignant que plusieurs Renegats qui n'ont changé de Religion que par contrainte, se retirassent en la Chrestienté : il le fait aussi de peur que ses subjets ne donnent à cognoistre son Estat aux Estrangers, & afin qu'ils ne pratiquent rien avec eux contre son service, car s'ils voyoient avec quelle douceur les Princes Chrestiens traitent leurs peuples, il leur prendroit envie de secoüer le joug de sa grande tyrannie.

Cette maxime d'Estat luy est avantageuse d'un costé, mais prejudiciable de l'autre ; car il n'y a pas un de ses Ministres qui sçache les affaires de ses voisins, ny qui aye connoissance de leurs forces : ce qui fait qu'ils estiment les Princes Chrestiens selon les apparences & les incommoditez qu'ils en reçoivent, & comme ils les tiennent tous pour ennemis, ils croyent que s'ils ne les attaquent, que c'est par impuissance.

Tous les Ecclesiastiques de Turquie, qu'ils appellent gens de Loy, sont Turcs naturels : ils sont instruits dés leur jeunesse aux affaires de Judicature, & parviennent aux Charges comme il s'ensuit.

Ceux qui bastissent des Mosquées, outre le revenu qui est necessaire pour les faire servir, fondent encore dequoy faire entretenir un nombre d'enfans qui estudient & sont nourris aux dépens de la Mosquée : ils estudient six ou sept ans, & jusques à ce qu'ils ayent entierement leu l'Alcoran, & alors s'il y a quelque Office vacant à ladite Mosquée, ils font leur possible pour l'avoir, & par degrez viennent à estre Moudaris, qui est comme Lecteur de la Mosquée, pour y lire l'Alcoran : s'ils n'ont pas assez de bonne fortune pour parvenir à cette charge, ils se mettent avec un Cadis pour apprendre la pratique de la Justice, & avec le temps, selon qu'ils sont capables, ils sont faits Naipts, qui est le premier degré de pratique : aprés cela, selon la faveur qu'ils ont, ils sont employez au commencement à quelque bourg ou village, où ils rendent la Justice, & au bout de cinq ou six ans d'exercice ils sont faits Cadis.

Cadis est un homme de loy estimé capable pour rendre la justice par tout : il y en a quantité dans chaque Province ; mais lors que la fortune leur est favorable, ils exercent la Justice dans les grandes Villes, & sont appellez Mulla Cadis. De là, selon la faveur, ils parviennent à estre Cadiasquers, qui tiennent les premiers rangs entre les gens de Loy, & de leur nombre l'on fait ordinairement le Mufty, qui est la plus grande & la plus éminente dignité où ces gens-là peuvent aspirer.

Le Grand Seigneur honore extrémement ce Mufty, & n'entreprend aucune chose, soit de paix ou de guerre, sans la luy consulter & avoir son advis, pour sçavoir si elle se peut faire selon la Loy & en conscience, mesme il ne fait jamais mourir aucun de ses subjets sans luy en demander son advis par écrit. Mais comme le Grand Seigneur suppose toûjours qu'ils ont failly, comme il a esté dit ailleurs, il seconde ordinairement les intentions du Prince, & adhere à ceux qu'il luy plaist.

Au commencement de la Monarchie des Turcs, toutes les Charges de Judicature estoient distribuées à des personnes de merite, ce qui apportoit dans l'Estat un ordre admirable; mais à present la corruption s'y est tellement glissée, qu'aucun Cadis n'y est employé s'il ne donne de grands presens: ce qui fait qu'il vend la justice, & vole tout le monde, tant pour se rembourser de ce que sa Charge luy a cousté, que pour avoir de l'argent afin d'en acheter une nouvelle lors que la sienne sera finie.

Il n'y a point de Procureurs ny d'Advocats dans toute la Turquie, & chacun est obligé de deffendre sa cause de vive voix, sans rien mettre par écrit: c'est pourquoy les plus grands procez ne durent que huit jours, & le plus souvent sont jugez à l'heure-mesme. Ils jugent selon que les témoins déposent, & s'il ne s'en rencontre pas, ils se rapportent au serment de l'accusé, & pour cet effet ils ont toûjours auprés d'eux le Vieil & le Nouveau Testament, & aussi l'Alcoran, afin de faire jurer chacun selon sa Religion. Les peines sont ordonnées aux coupables à l'égal du mal qu'ils ont fait: le faux témoin est puny de la mesme peine qu'eut souffert celuy contre lequel il déposoit, si on l'eut trouvé coupable de ce qu'il luy imputoit.

Celuy qui injurie ou frape quelqu'un, est condamné à des bastonnades, que l'on luy donne à l'heure-mesme sur la plante des pieds, & le gras des jambes.

Ceux qui vendent à fausse mesure, sont condamnez à faire plusieurs tours de ruës, & porter un grand ais sur leurs épaules, où à chaque bout il y pend du plomb de la pesanteur de cent livres.

Les Chrestiens qui sont trouvez avec une femme Turque sont bruslez, si ce n'est qu'ils se veulent faire Turcs : s'ils sont trouvez avec une femme Grecque, on les monte sur un asne à reculons, & les ayant tout remplis de boyaux de vaches, on leur fait faire en cet estat le tour de la ville.

Ceux qui volent ou tuent, sont engancez ou empalez : ce sont supplices fort cruels, dautant qu'il y en a qui vivent encór vingt-quatre heures aprés l'execution.

Ils ne pardonnent point aux larrons, car pour le moindre larcin ils les pendent : ce qui fait qu'à Constantinople ils ne ferment leurs boutiques que de simples aix, encore qu'elles soient remplies de riches marchandises, & neantmoins l'on y entend rarement dire qu'aucun aye esté volé.

Lors qu'il faut faire justice de quelque soldat, de peur que les autres ne commettent quelque desordre, l'on ne le fait pas mourir en public, mais d'ordinaire on l'estrangle la nuit, ou bien on le jette en la mer : aprés qu'on l'a jetté l'on tire un coup de mousquet, mais si c'est quelque Officier ou quelque Bacha, l'on tire un coup de canon.

S'il se trouve quelqu'un tué par la ruë, & que

celuy qui a fait le meurtre ne soit pas pris, tous ceux des maisons d'alentour d'où l'on peut avoir entendu la voix du mort, sont obligez à payer le sang, qui est ordinairement apprecié à deux cens escus ; ils font cela afin que les voisins soient obligez d'assister ceux qui sont attaquez. Le mesme se pratique à la campagne, où les villages les plus proches sont pareillement obligez à payer le sang.

Au reste il ne se peut pas trouver dans le monde aucun lieu où la Justice, tant criminelle que civile, soit exercée avec tant de promptitude & de diligence, qu'à Constantinople, car les plus grands procez, comme nous avons déja dit, n'y durent que trois ou quatre jours : & pour le crime ils y vont si à la haste, & avec tant de precipitation, qu'ils envelopent souvent les innocens avec les coupables.

Cette Justice ainsi briéve, est aussi bien souvent inique, ce qu'ils confessent assez eux-mesmes quand ils disent pour proverbe, *garder estroitement la justice, est le manteau dont se couvrent ceux qui ne desirent pas faire plaisir à leurs amis.*

De la Religion des Turcs.

Mahomet nasquit à la Mecque, ville de l'Arabie Heureuse, environ l'an de nostre Salut cinq cens cinquante: Sa mere se nommoit Emina, & estoit Juifve; son pere s'appelloit Abdala, & estoit idolatre: il mourut peu aprés l'avoir engendré, & sa mere peu aprés qu'elle l'eut mis au monde, de sorte que dés sa jeunesse il demeura destitué de pere & de mere: il estoit doüé d'une merveilleuse vivacité d'esprit, ce qui estoit cause qu'il comprenoit aisément tout ce qu'on luy monstroit, & fit tant par sa diligence, qu'il apprit en peu de temps le Vieil & le Nouveau Testament.

Estant âgé de quinze ans il se mit au service d'un marchand Athenien, lequel l'ayant reconnu homme d'esprit, luy fit faire plusieurs voyages en Perse, en Egypte, & en Syrie. A l'âge de vint ans estant devenu amoureux de la femme de son maistre, l'on tient qu'il l'empoisonna, & épousa sa vefve.

Il commença aussi-tost ses resveries, & à travailler à son Alcoran, aidé à cela d'un Moine nommé Sergius, qui estoit fugitif & banny de Constantinople pour son heresie.

Cet impie Mahomet eut un tel pouvoir sur l'esprit de plusieurs, qu'il leur persuada que Dieu l'avoit choisi pour son Prophete, & que l'Ange Gabriel luy venoit reveler de sa part ce qu'il devoit annoncer aux hommes. Il alloit souvent dans une caverne, où l'on croit qu'il communiqoit avec les diables : il estoit travaillé d'un mal caduc, mais lors que ce mal le prenoit, il faisoit accroire qu'il voyoit l'Ange, & que sa veuë ne pouvant supporter tant de clarté, il estoit contraint de tomber.

Sa doctrine commençant à s'éclater, il luy fut necessaire, pour éviter la mort dont on le menaçoit, de s'enfuir à Medina. C'est de cette fuite que les Mahometans commencent à compter leurs années, l'appellant en leur langage Hegyre; ce fut un jour de Vendredy ; c'est pourquoy ils tiennent cette journée comme les Chrestiens font le Dimanche.

Il acheva son Alcoran à Medina, aidé de ce moine apostat Sergius, & de quelques Juifs ; aussi n'est-ce qu'un meslange du Nouveau & du Vieil Testament. Au commencement il communiqua sa doctrine à ceux de sa famille, à ses voisins, & à ceux qui estoient les plus grossiers & charnels, car par sa Religion il permet tous les vices de la chair avec grande liberté.

Se sentant riche & favorisé de la fortune, il assaillit ses voisins par armes, faisant recevoir sa secte par force à ceux qui ne la vouloient pas recevoir de bon gré. Les Arabes, gens grossiers, charnels & brutaux, furent les premiers qui se mirent de son party, avec lesquels en peu de temps il se fit maistre d'une grande estenduë de païs. Sa mort mit fin à ses conquestes & à sa vie, environ l'an de nostre salut six cens trois. Son corps fut enterré dans une Mosquée que l'on void encore dans la ville de Medina, laquelle a esté depuis appellée Medina Alnaby, qui veut dire Cité de Prophete. Son corps y fut enterré, &

non pas suspendu en l'air dans un coffre de fer par la vertu de deux pierres d'Aymant, comme aucuns se l'ont imaginé.

Aprés sa mort sa principale femme nommée Aza, recueillit tous les memoires qu'il avoit écrits de sa Religion, & les donna à Odoman, qui les compila ensemble, & en fit un livre qu'ils appellerent Alcoran, à cause qu'il est composé en rithmes, & divisé par Chapitres, ne contenant pas seulement ce qui touche la Religion, mais mesme tout ce qui regarde le Gouvernement & la Justice : de sorte qu'en toutes leurs affaires ils ne se servent point d'autre instruction que de celle qu'ils ont de l'Alcoran.

Odoman venant à mourir peu de temps aprés Mahomet, plusieurs se mirent à travailler pour expliquer cette nouvelle doctrine : de maniere que bien-tost aprés il se trouva plus de trois cens Alcorans, & un nombre infiny de Commentaires tous differens ; ce qui commença à mettre une grande confusion dans cette nouvelle secte, & l'auroit fort ébranlée, sans une assemblée generale que fit faire à Damas un Prince Arabe, où tous les Alfaquins ou Docteurs de leur loy choisirent six d'entr'eux pour visiter tous les memoires, & faire un recueil de tout ce qui pouvoit donner quelque lumiere & intelligence de l'Alcoran qu'avoit composé Odoman. Tous les autres livres & commentaires furent bruslez, & fut fait défence sur peine de la vie, à quelque personne que ce fust, de se servir à l'advenir d'autres livres que de ceux que ces six Docteurs auroient composez.

Ces six Docteurs firent chacun un livre qu'ils

intitulerent la Zunna, qui veut dire monstrant la voye. Les Docteurs qui sont venus aprés eux, trouvant beaucoup de contrarietez dans ces livres, & ne se pouvans accorder, donnerent sujet de faire naistre quatre differentes sectes entr'eux, qui ne different qu'en ceremonies ; neantmoins ils se tiennent les uns les autres pour Heretiques, & s'entre-haïssent plus qu'ils ne haïssent les Chrestiens.

La premiere Religion est celle des Mores & Arabes, qui sont les plus zelez & superstitieux; ils suivent les traditions d'Abubeker.

La seconde est celle des Persans, qui sont les plus naturels & raisonnables : ils se tiennent aux traditions d'Haly.

La troisiéme est celle des Turcs, qu'ils ont pris la plus libre : ils se tiennent aux traditions d'Omar.

Et la quatriéme est celle des Tartares, qui sont les plus grossiers & les plus simples : ils adherent aux traditions d'Odoman.

La croyance generale de toutes ces Nations, est que Dieu a envoyé sur la terre depuis le commencement du monde, six-vingts mille Prophetes, qui tous ont annoncé sa parole en divers temps & en divers endroits, dont il y en a eu trois plus cheris & plus aimez de Dieu que les autres. Ils disent que le premier a esté Moyse, lequel fut envoyé lors que la terre estoit remplie d'Idolatrie : Il porta une loy pleine de severité, & trouva l'opiniastreté des Gentils si grande, qu'il y en eut bien peu qui creurent en luy, & que cette loy se perdit entierement par succession de temps. Ce qui obligea Dieu, pour l'amour qu'il porta aux hommes, & pour le desir qu'il avoit de les sauver, d'envoyer Jesus Christ qu'ils appellent Ilia, & disent que Dieu pour l'authoriser davantage, & afin qu'il ne fust pas méprisé comme avoit esté Moyse, le fit venir au monde par une voye extraordinaire, le faisant naistre de son souffle & d'une Vierge : la loy qu'il luy fit porter au monde estoit autant douce & facile, que celle de Moyse avoit esté rude & difficile, Dieu voulant par cette voye douce retirer les hommes de leur erreur; mais qu'il trouva les cœurs tellement endurcis, qu'il y en eut aussi fort peu qui creurent en luy. Et de plus, ils disent que sa parole fut aussi-tost falsifiée par les principaux de ses Ministres, & que ce qui fascha Dieu davantage, c'estoit que ceux de Jerusalem le traiterent indignement, jusques à le vouloir faire mourir : ce qu'ils eussent fait, si Dieu n'eut mis un fantosme en sa place, lequel ils attacherent à une Croix pensant que ce fust Jesus Christ.

Ils disent que pour le dernier Prophete Dieu a envoyé Mahomet, qu'ils appellent Sigille des Prophetes, & le plus aimé de Dieu, qui d'une main a apporté une loy pleine de liberté, & de l'autre main une espée pour exterminer ceux qui ne la voudront pas recevoir. L'entrée de cette Religion est la circoncision, laquelle neantmoins selon leur croyance n'est pas tellement necessaire, qu'ils ne puissent estre sauvez sans cela : c'est pourquoy ils ne circoncisent leurs enfans qu'à l'âge de sept ou huit ans, ce qu'ils appellent Suneth. Ils leur font proferer ces paroles que nous avons déja recitées cy-devant, *La Hilla heilla, Mchemet resul Alla,* lesquelles signifient, *il n'y a point d'autre Dieu que le seul Dieu, & Mahomet envoyé de Dieu.*

Ils ne circoncisent point leurs filles, mais leur faisant hausser le poulce, leur font proferer les paroles susdites. Lors que les Juifs se rendent Turcs, ils ne les font point circoncire de nouveau, mais premierement il faut qu'ils disent, *Issahic*, qui veut dire, *Jesus est veritable*, puis hausser le poulce & dire les paroles susdites ; que s'il arrivoit à quelque Chrestien de les proferer par mégarde, il seroit contraint d'endurer la circoncision, ou bien se laisser brusler.

Lors qu'ils circoncisent leurs enfans, ils font plusieurs réjoüissances, & les menent par les ruës bien parez & montez sur des chevaux de parade, & font des festins pendant deux ou trois jours selon leur qualité & moyens. A la circoncision ils observent presque les mesmes ceremonies que les Juifs, horsmis qu'après avoir coupé le prepuce, ils ne déchirent pas la peau.

Par leur Religion ils sont obligez particulierement à cinq points ; le premier est de ne connoistre qu'un Dieu, & Mahomet son Prophete ; le second, de faire cinq fois par jour leurs prieres ; le troisiéme, de jeusner une lune entiere tous les ans ; le quatriéme, de donner l'aumosne, & d'estre charitables ; & le cinquiéme, d'aller une fois en leur vie visiter la sepulture de leur Prophete à Medina, & le lieu de sa naissance à la Mecque.

Ils sont fort religieux à observer ces cinq commandemens, car pour le premier, ils accoûtument tellement leurs enfans à dire, *la Hilla Heilla, Alla Mehemet resul Halla*, qu'ils ont continuellement ces mots en la bouche, & croyent qu'ils sont tellement agreables à Dieu, qu'en les proferant à l'article de la mort l'on est sauvé, quelque mal que l'on aye fait, encore que ce fust un infidele de leur Religion.

Pour le second commandement, qui les oblige de faire leurs prieres cinq fois par jour, ils n'y manquent gueres : Ils font la premiere au lever du Soleil ; la seconde à midy ; la troisiéme à trois heures ; la quatriéme au Soleil couchant, & la cinquiéme à trois heures de nuict. Et parce que, comme il a esté déja dit, il n'y a aucunes cloches dans l'Estat du Grand Seigneur, & qu'ils ne se gouvernent pas par heures, ils font crier cinq fois le jour au haut de la Mosquée, pour advertir le peuple de venir faire leurs prieres, mais ils crient de telle sorte, qu'on les entend de plus de six cens pas, & ces cinq criées se font aux heures susdites. Les plus zelez, & qui font profession de bien vivre, les font dans la Mosquée tout au moins trois fois par jour, mais la plufpart les font dans leurs maisons, si ce n'est le jour du Vendredy, parce qu'ils sont obligez d'aller ce jour là à celle du midy dans la Mosquée : Ceux qui se trouvent à la campagne, & qui n'ont pas la commodité des Mosquées, mettent leur mouchoir à terre devant eux, & se tournent le visage vers le Midy, à cause de la Mecque où est la sepulture de Mahomet.

La plufpart du temps qu'ils employent en leurs prieres, ils se tiennent debout, sinon que deux ou trois fois ils s'agenoüillent pour baiser trois fois consecutivement la terre. Ils font leursdites prieres en langage my-party de Persan & d'Arabe, qui n'est nullement entendu du vulgaire: pendant ce temps-là ils mettent leurs mains aux oreilles, à la barbe, puis au visage, qu'ils couvrent entierement.

Ils ne permettent point aux femmes d'entrer dans les Mosquées, disans que la femme apportant tentation à l'homme, cela les divertiroit de leurs prieres; ils tiennent mesmes que les prieres des femmes sont inutiles, & qu'il n'y a ny Enfer ny Paradis pour elles. Quand elles vont pas les ruës, elles ont le visage couvert d'un linge blanc, ce que font aussi les Grecques, qui se discernent d'avec les Turques par une queuë aussi de linge blanc, qu'elles portent derriere. Les Juifves portent leurs cheveux pendans par derriere, & pour le reste des femmes, elles sont vestuës de mesme façon que les hommes.

Le troisiéme commandement les oblige à jeusner un Caresme, qui est une Lune entiere chaque année, qu'ils appellent Ramazan. Cette Lune change tous les ans, car si elle vient en une année au mois de May, elle sera au mois d'Avril l'année suivante; la raison de cela est parce qu'ils ne font leurs années que de douze Lunes, ce qui fait qu'elles sont plus courtes de douze jours que les années Solaires.

Durant cette Lune ils demeurent tout le jour sans pouvoir boire ny manger, mais en recompense ils boivent & mangent toute la nuict de la chair & du poisson tant que bon leur semble. Ils peuvent aller pendant la nuict par tout dans les cabarets qui sont ouverts à tout le monde, où l'on void representer plusieurs farces & jeux de marionettes, le tout fort sale & lascif; ils ménent mesme quantité de statuës & machines par les ruës, faisans les mesmes réjoüissances que l'on fait en la Chrestienté durant les jours gras. Lors que leur Caresme vient en Esté ils pâtissent beaucoup, parce qu'il ne leur est pas permis de boire pendant tout le jour, l'usage du vin leur estant alors défendu bien plus estroitement qu'en aucune autre saison, & si quelqu'un estoit trouvé beuvant du vin, il seroit condamné à recevoir du plomb fondu dans la bouche.

Durant ce Caresme toutes les pyramides des Mosquées sont remplies pendant la nuict de lampes allumées ressemblantes à des Chapelles ardantes : ce qui est fort plaisant à voir, & principalement à Constantinople, où il y a plus de dix mille pyramides accommodées de la sorte, ce qui fait une perspective fort agreable.

Leur Caresme estant passé, ils ont trois jours à faire bonne chere, & à se réjoüir ; ce qu'ils appellent Beyran, qui est comme leurs Pasques : se rencontrans par les ruës ils s'embrassent, & s'ils ont eu quelque haine, different, ou dispute pendant l'année, tout est pardonné ce jour là : ils s'entrevisitent, & se font des presens de mesme que l'on fait en la Chrestienté au premier jour de l'an. Il fait alors fort dangereux pour les Chrétiens d'aller par les ruës, parce que l'on rencontre par tout des Turcs yvres, qui ne font aucune difficulté de les maltraiter à coups de hache & de coûteau, ainsi qu'on a veu arriver à plusieurs, sans qu'on s'ose revancher.

Pour le quatriéme commandement, qui les oblige à donner l'aumosne, ils l'observent tres-bien, & il est à croire qu'il n'y a point de nation au monde plus charitables que les Turcs. Leurs Docteurs estiment qu'un homme de bien doit donner la dixiéme partie de son revenu aux pauvres, quoy que cela ne soit point porté dans l'Alcoran ; ce qui fait qu'on ne trouve point de pauvres en Turquie qui demandent l'aumosne publiquement, car si quelqu'un tombe en necessité, il est aussi-tost secouru par ses voisins.

Ils font aussi l'aumosne aux chiens & aux chats, qu'ils baillent à des pauvres hommes qui en ont le soin, & ausquels, quand quelqu'un qui a du bien vient à mourir, il laisse certaine somme pour nourrir tant de chiens & de chats.

Quand nous allions par la Ville de Constantinople, nous rencontrions plusieurs de ces hommes suivis de quarante ou cinquante chiens ou chats. Il-y-a mesme des Rotisseurs qui ne vendent point autre chose que des fressures & autres denrées semblables, que les passans achetent pour jetter aux chiens & aux chats en aumosne.

Ils ont encore une autre sorte de charité, qui est qu'ils achetent au marché quelques oiseaux, puis les laissent envoler, estimans une grande charité de leur donner cette liberté, croyans meriter autant en donnant l'aumosne aux chiens & aux chats, qu'aux pauvres ; & que c'est une aussi grande charité de donner liberté aux oiseaux, que de delivrer une personne de la prison.

Les Turcs qui voyagent n'ont nul besoin d'hostelleries, parce que quand ils arrivent à quelque bourg ou village les habitans viennent au devant d'eux, & disputent entr'eux à qui le recevra dans sa maison, où ils sont traitez sans qu'il leur couste un denier.

G iij

Les Turcs qui sont riches font des fondations quand ils viennent à mourir, les uns bastissant une Mosquée, les autres un Caravansaral, & les autres quelque Hospital, où tous les passans, de quelque Religion qu'ils soient, sont logez & nourris l'espace de trois jours. Ceux qui n'ont pas le moyen de faire tant de dépense, font des fontaines sur les grands chemins, où ils laissent un homme pour verser à boire à tous les passans.

Pour le cinquiéme commandement, qui les oblige d'aller une fois en leur vie visiter le Sepulchre de Mahomet, il n'est pas observé si exactement que les autres; car plusieurs n'y vont point, se contentans d'envoyer quelqu'un en leur place; il y en a quantité parmy eux qui ne font autre chose que faire ce pelerinage pour autruy.

Comme ce voyage est long, penible & dangereux, à cause des Arabes qui font continuellement des courses, ils n'y vont qu'en grandes troupes, ce qu'ils appellent Caravannes, dont il y en a quatre differentes qui y vont tous les ans.

La premiere part de Damas, où les pelerins de l'Asie & de l'Europe se trouvent: la seconde part du Caire, qui sert pour les Mahometans de Barbarie: la troisiéme part de Zibit, qui est situé à l'embocheure de la mer Rouge, où ceux de l'Arabie & des Isles des Indes s'assemblent: la quatriéme part de Babylone de Caldée, où se trouvent les Persans & les Indiens.

Toutes ces Caravannes vont avec grand convoy, y ayant toûjours quelque Sangacbey d'Egypte ou de Damas qui a le soin de les conduire, & disposer des journées, & fournir de conducteurs qui connoissent les chemins par les montagnes; mais lors que le temps est obscur ils se servent de Boussolles. Ils comptent trente journées de Damas à Medina, qui est tout desert, & de Medina à la Mecque huit.

Dans ces Caravannes il se rencontre quelquefois soixante & dix mille pelerins : chacun a ordinairement son chameau, où il est assis d'un costé, & son bagage de l'autre; il y a des chameaux de fondation pour ceux qui sont pauvres, que les personnes riches entretiennent pour la commodité des pelerins. Ils portent toute leur provision avec eux, car pendant quarante jours ils ne trouvent aucune chose; ils sont mesme souvent contraints de porter de l'eau pour trois ou quatre jours.

La premiere station qu'ils font est à une journée de la Mecque, sur une montagne nommée Arafadag, où ils croyent que Mahomet vid l'Ange pour la premiere fois : ils y passent la nuict entiere en prieres, & arrivent le lendemain à la Mecque.

La Mecque, situeé au vingt-deuxiéme degré de latitude, est un Bourg assis dans un païs montagneux, esloigné de huit heures de chemin de la mer Rouge, où il y a un port nommé Guide. Il y a un Prince Arabe qui en est Seigneur, & tributaire du Grand Turc, lequel est obligé de venir avec cinq cens chevaux au devant des Caravannes. Ce bourg est peu peuplé, & ne subsiste que par les pelerins qui y arrivent.

Ce fut donc en ce lieu que Mahomet prit naissance, ainsi qu'il a esté déja dit. L'on a basty une Mosquée en ce mesme endroit, laquelle est toute

G iiij

revestuë par dedans d'une infinité de pierreries & de lingots d'or, qui y ont esté envoyez par les Princes de cette croyance, & principalement par les Roys des Indes qui y ont une particuliere devotion. Les pelerins y demeurent ordinairement vingt & un jour, priant continuellement dans cette Mosquée ; & de là ils reviennent par un autre chemin à Medina, qui en est éloigné de huit journées.

Medina Alnaby, qui veut dire Cité de Prophete, n'est qu'une petite ville habitée par quelques Santons & Dervis Turcs, qui y vivent de ce qu'ils y gagnent avec les Caravannes & pelerins. Au milieu de cette Ville il y a une grande & belle Mosquée, dans laquelle est le tombeau de Mahomet : il est par terre, comme il a esté dit, & non suspendu en l'air, comme aucuns s'imaginent. Il est au milieu de la Mosquée entouré de grands balustres d'argent, remply de quantité de lampes qui y bruslent continuellement. Le Grand Seigneur envoye tout les ans un pavillon de velours verd en broderie, de la valeur de vingt mille escus : lors que les pelerins y arrivent ils coupent le vieil par pieces, & s'estiment bien heureux d'en avoir un petit morceau, lequel ils gardent comme une sainte relique.

Il est quasi incroyable la quantité d'argenterie, d'or, & de pierreries qu'il y a dans cette Mosquée : le tombeau en est tout couvert, & la chapelle qui l'environne toute revestuë : il s'y void les plus beaux diamans du monde, il n'y a Prince de la Religion Mahometane qui n'y aye envoyé quelque beau & riche present. Les Chrestiens ne peuvent aprocher de cette ville de trois journées, sur peine de la vie : ils difent que si un Chrestien y venoit, cette place qu'ils estiment si sainte, seroit profanée à jamais.

L'on estime beaucoup en Turquie ceux qui ont fait ce voyage ; il y a quantité de femmes qui y vont, & lors qu'il arrive qu'elles se trouvent enceintes pendant ce pelerinage, les enfans qui en naissent portent à leur Turban un ruban verd: ils sont beaucoup estimez parmy les Turcs, & ont cet avantage par dessus les autres, que quand ils sont appellez en témoignage leur voix en vaut deux. Lors que ces Caravannes retournent, les habitans des grandes Villes vont au devant d'elles, & les reçoivent avec grandes ceremonies, & signes de réjoüissance.

Nous avons ouy asseurer par des Turcs, qu'il se trouve des Indiens si zelez & superstitieux, qu'ils se crevent les yeux aprés avoir fait ce pelerinage & veu ce tombeau de Mahomet, pour ne les pas soüiller par d'autres regards.

Outre ces cinq commandemens, qui sont les principaux & le fondement de leur Religion, il leur est encore deffendu de boire du vin, de manger de la chair des bestes estouffées dans leur sang, & du pourceau. Pour le premier, ils l'observent tres-mal, car la plufpart boivent du vin, excepté ceux qui sont dans les grandes Charges, non plus que les Dervis qui sont leurs Religieux : mais ils expliquent cette deffence, & disent qu'il est seulement deffendu à ceux qui ont la cervelle foible, & qui ne pouvans supporter le vin, s'enyvrent. Pour ce qui est de manger de la chair de porc, ils l'observent exactement, y en ayant tres-peu qui en mangent.

G v

Il est fort exactement deffendu dans Constantinople de vendre du vin, mais quand les Turcs en veulent boire ils vont à Galata, où ils en prennent jusques au crever, leur estant impossible d'en boire moderément. Le Grand Seigneur a aussi plusieurs fois deffendu d'en vendre à Galata, jusques à envoyer forcer les tavernes, & jetter tout le vin par les ruës.

Lors que nous estions à Constantinople on fit deffences de prendre du petun, & ce à la requeste du Mufty, qui representa au Grand Seigneur que la pluspart des Turcs passoient les jours à cela sans aller à la Mosquée faire leurs prieres. Cette deffence s'observa rigoureusement pendant un mois, qu'on en estrangla quelques-uns avec des pipes penduës au col, & d'autres qu'on menoit par les ruës dans des broüettes; ausquels on chauffoit le visage de si prés, avec du bois de sapin flamboyant, qu'ils en avoient les levres & le nez à demy bruslez : Nous vismes aussi deux femmes, qui pour avoir beu du petun, avoient chacune le nez percé d'une pipe, & en cette façon on les conduisit par toute la Ville.

Cette deffence ne pût durer qu'un mois, dautant qu'on remontra au Grand Seigneur qu'il estoit impossible que les Turcs s'en pûssent passer, principalement la milice, qui vit en partie de cela.

Au reste leur Religion leur permet tous les plaisirs du corps; ils peuvent épouser plusieurs femmes, & les repudier quand il leur plaist : ce qui a esté de tout temps fort agreable aux peuples Meridionaux & Orientaux, car ils sont plus addonnez à ce vice qu'aucune autre Nation.

Outre ce que nous avons rapporté cy-devant de la Religion des Turcs en General, nous avons encore apris en particulier du Reverend Pere Vicaire Patriachal de Constantinople, la réponse d'un Renegat à trente demandes que luy fit ce bon Pere touchant leur foy & leur croyance.

1. *Ce qu'ils croyent de Dieu.*

Ils disent que le vray Dieu, qui a tout créé de rien, ils le définissent ainsi; Dieu Grand, qu'il n'y a point d'autre Dieu que luy seul, qu'il n'est point necessiteux ny méchant, & auquel personne ne se peut comparer.

2. *Ce qu'ils croyent de Jesus Christ.*

Qu'il est écrit dans l'Alcoran, que Jesus Christ est vray Prophete, Serviteur de Dieu, conceu de la parole de Dieu, né de la bien-heureuse Vierge Marie, non Dieu, ny Fils de Dieu, mais homme suprême & sainct, lequel n'a pas esté crucifié des Juifs, comme nous disons, mais qu'il y en eut un autre en sa place, qui fut Judas, ou bien un autre Roy qu'ils feignent; & que Jesus Christ est encore vivant au Ciel, d'où au temps de l'Antechrist, pour ses méchancetez & blasphemes, il viendra au monde pour le tuer, & regnera quarante ans à Damas: pendant ce temps-là il y aura une seule Foy, un Pasteur, une Confession, & grande tranquillité, & après il n'y aura point d'autre regne, mais la fin.

3. *Ce qu'ils croyent du S. Esprit.*

Ils n'en disent rien, n'admettans point trois personnes en Dieu, mais seulement un Dieu. Toutefois en leurs actions, ils disent au nom de Dieu misericordieux, pieux; & en leur Confirmation ils interrogent trois fois, & quand dans l'Evangelier on nomme le S. Esprit ou Paraclet, ils l'interpretent pour Mahomet, qu'ils appellent le Chef des Prophetes, & declarateur de l'Evangile de Jesus Christ.

4. *Ce qu'ils croyent de la tres-sainte Vierge Marie.*

Ils confessent qu'elle est la bien-aimée de Dieu; qu'elle a conceu de la parole de l'Ange Gabriel; qu'elle a enfanté Jesus Christ, & qu'elle est restée Vierge, ce qu'ils tiennent pour article de foy, & pour cela ils la prient & invoquent comme mere de la santé.

5. *Ce qu'ils croyent des bons Anges, de leur creation, office & ministere.*

Ils disent que Dieu pour manifester sa puissance, créa les Anges ses ministres de feu, lesquels loüent & glorifient toûjours son nom, & sont gardiens des hommes: les Turcs les saluent tous les matins, & à chaque heure proferent ces paroles, *Salamalegisy*, c'est à dire, *je te saluë*; & ils font cela parce qu'ils croyent que chaque homme a cent soixante Anges, dont deux sont écrivains, l'un estant au costé droit, qui écrit les bonnes œuvres, l'autre du costé gauche, qui écrit les mauvaises, & qu'ils sont gardiens de l'interieur & de l'exterieur, chaque sens & membre en ayans un, car si l'homme n'avoit point tant d'Anges qui le protegeassent, les Diables seroient comme des mouches autour de luy.

6. *Ce qu'ils croyent des mauvais Anges, ou Diables, de leur commencement, de leur puissance, & de leur conversion & redemption.*

Ils disent qu'au sixiéme jour Dieu créa l'homme, sçavoir Adam, lequel il conduisit au milieu, afin que chacun l'adorast, non d'idolatrie, mais d'obedience, & que le Diable qui fut creé Ange, ne voulut point l'adorer, s'estimant plus noble que luy: ce qui le fit cheoir du Ciel, ayant une grande colere & puissance contre le genre humain. Ils disent aussi que les Diables se multiplient, parce qu'un en engendre un autre avec le pied, & non pas avec la femme, & sont comme Anges en ce qu'ils ne boivent ny mangent: qu'ils sont toûjours ennemis de Dieu & des hommes; qu'ils ne se convertiront jamais, & qu'ils seront toûjours à se debattre dans le feu. Ils feignent encore une autre creation, & disent que quand Dieu créa l'homme, il créa aussi de certains esprits qu'ils appellent Gin, qui mangent & boivent, qui ont femmes & enfans, & sont les uns fidelles, les autres infidelles; c'est assavoir Turcs, Chrestiens, & Juifs, de toutes sortes, & ont des Roys & des Juges, se font quelquefois la guerre, & font tout ce que nous faisons.

7. *De la creation du monde, du Ciel, & des Animaux, combien de temps ils doivent durer, & ce qui sera d'eux.*

Ils disent que Dieu créa le Ciel, la terre, & tous les animaux, ainsi que l'on void dans l'ancien Testament : qu'ils doivent durer cent mille ans, au bout desquels sera la fin du monde, parce qu'il viendra un Seraphin avec une trompette qui criera, & alors tout se consommera, & aprés tout reviendra en son premier estre, & le monde sera renouvellé, comme aussi le Ciel, & toutes sortes d'animaux, comme auparavant.

8. *Du Paradis : du lieu où il est : sa condition : quels seront les hommes qui iront aprés leur mort, & s'ils y seront perpetuellement.*

Ils disent que le Paradis est sept fois au dessus de nous, comme un jardin eternel, avec d'admirables & excellens fruicts, & quatre rivieres qui courent toûjours ; sçavoir une d'eau, une de laict, une de vin, & une autre de miel, & que toutes ces boissons ont des saveurs admirables, & differentes de celles-cy.

Ils disent aussi que tous les Justes qui furent avant Mahomet, & que tous ceux qui sont Mahometans, iront en Paradis, & que tous les autres n'y entreront point.

Ils disent de plus, qu'on y boit & mange, & que tout ce que les hommes desirent ils l'y trouvent preparé ; que la nourriture ne s'y evacuë point, mais qu'elle se conforme dans le corps comme une vapeur. Les plus sçavans & les plus doctes Turcs interpretent toutes les choses du Ciel materiellement, non spirituellement, comme qui diroit en noftre sens anagogique. Ils croyent auſſi qu'il n'y a perſonne à preſent dans le Paradis, mais que tous les Prophetes & les Saints en ſont dehors, en attendant la fin du monde.

9. *Où ils croyent qu'eſt le Purgatoire: qui ils croyent qui ira: & combien on y ſera detenu.*

Ils ne diſent rien du Purgatoire, ſinon qu'aprés le dernier jugement les pecheur Turcs ſeulement iront dans la ſeptiéme partie ſuperieure de l'Enfer, où ils combatront ſept mille ans, puis iront en Paradis.

10. *Pour quelle fin ils prient pour les morts.*

Ils diſent qu'on doit toûjours prier Dieu pour eux, & la raiſon qu'ils en apportent eſt que ſi ç'a eſté un pecheur les prieres luy diminueront la peine, & que ſi c'eſt un juſte, elles luy accroiſtront le merite. Quelques-uns des plus doctes Turcs ont diverſes opinions pour ce qui touche le Purgatoire, mais enfin ils prient tous pour les morts.

11. *Pourquoy ils mettent deux pierres aux pieds de leurs ſepultures.*

Ils diſent que c'eſt un abus des ignorans, de croire que ce ſoit peché de ne pas mettre deux pierres aux pieds de leur ſepulture.

12. *S'ils croyent qu'il y a un Enfer, qui sont ceux qui iront, & combien ils y seront.*

Ils disent premierement que l'Enfer est sept fois dessous nous, où il n'y a personne à present, mais qu'aprés le Jugement dernier tous les Infidelles & Diables iront & y demeureront eternellement.

13. *Pour quelle raison ils croyent que la Doctrine de Mahomet est meilleure que celle de Jesus Christ, & de Moyse, croyans que ceux-là ont esté vrais Prophetes, & que neantmoins leur doctrine ne se rapporte point à celle de Mahomet.*

Il est écrit dans l'Alcoran que Jesus Christ enseignant les Juifs, leur dit, *O fils d'Israel croyez-moy, parce que je suis envoyé de Dieu, & ces paroles sont siennes,* & aprés moy il viendra encore un autre grand Prophete qui s'appellera Mahomet, lequel vous devez entendre & croire sur tout. De mesme que Jesus Christ estant venu la loy de Moyse a finy, ainsi Mahomet estant venu, la loy de Jesus Christ doit finir, & aprés luy il n'y aura aucun Prophete, car celuy-là est le chef de tous les Prophetes : ce qui est écrit dans l'Evangile, mais les méchans Chrestiens l'ont rayé : ce qui semble que la loy de Mahomet ne se peut accorder avec la leur.

14. *Quels sont leurs Mufty, Mula, Cady & autres personnes spirituelles : quels ordres ils ont entr'eux, & lesquels ont plus de puissance.*

ET DU LEVANT. 161

Ils disent que Mufty, Mula, Seih, Cady, Iman, sont Legislateurs & Maistres des Turcs, & qu'ils ne peuvent estre tels s'ils ne sont doctes & bien entendus dans leur Loy, afin de pouvoir expliquer l'Alcoran comme il faut.

15. *Que signifient les chandelles & lampes qu'ils ont tousjours dans leurs Mosquées, & pourquoy ils prient debout (†) non à genoux, comme les autres peuples.*

Ils disent qu'il n'est pas necessaire de chandelles & lampes que ce qu'il en faut pour y faire de la lumiere quand ils font leurs prieres : & que pour ce qui est de ce qu'ils se mettent peu à genoux, plus souvent debout, & quelquefois aussi les jambes croisées, & les mains sur l'estomach, ils disent qu'ils ont cela par tradition, pour estre differents en toutes leurs actions aux autres peuples.

16. *Pourquoy il est deffendu aux femmes d'entrer dans leurs Mosquées pour y prier, (†) entendre les Predications.*

Ils disent que la femme est le scandale de l'homme, & que pour ne pas entrer en tentation quand ils font leurs prieres, ils ne leur en permettent point l'entrée.

17. *Quelle croyance ils ont du mariage : pourquoy ils consentent si facilement le divorce : combien de femmes peut avoir un homme en mesme temps : & si elles ont toutes une mesme puissance.*

Ils disent que le mariage a esté institué de

Dieu afin que le genre humain multipliast. Que Mahomet laissa sa femme & en prit une autre, disant que quand un homme n'est pas bien avec sa femme, & ne s'y peut accommoder, qu'il la laisse & en prenne une autre : c'est pourquoy ils consentent le divorce, & ne peuvent avoir que quatre femmes legitimes en mesme temps.

18. *Combien un Turc peut avoir de concubines : si elles doivent estre Turques ou esclaves : & s'ils les peuvent renvoyer ou vendre quand ils veulent.*

Ils peuvent avoir autant de concubines & d'esclaves qu'il leur plaist, pourveu qu'elles ne soient pas Turques, & s'ils ont des enfans desdites esclaves, ils ne les peuvent renvoyer ny vendre, mais sont obligez de les retenir ou marier ; & s'ils n'en ont point d'enfans, ils les peuvent librement revendre.

19. *S'ils punissent l'adultere & la paillardise, & de quelle sorte.*

Si l'on trouve une femme publique qui n'ait point de mary, elle sera chastiée de quatre-vingts coups de baston, & si elle est trouvée en adultere estant mariée, elle sera mise en une fosse, & lapidée.

20. *Quelle croyance ils ont des miracles qui se font parmy les Chrestiens.*

Ils confessent que tous les Miracles que Jesus Christ a faits sont veritables, mais que ceux des Chrestiens ne se font que par art diabolique & enchantement.

22. *Pourquoy ils ne font pas imprimer leur Loy comme les autres Nations & Religions, & d'où procede qu'ils n'en veulent pas disputer avec les Chrestiens, ou se communiquer par lettres.*

Ils ne veulent pas faire imprimer leur loy, parce qu'ils disent & croyent qu'elle seroit méprisée : ny disputer d'icelle avec les Chrestiens, n'estans pas à propos de donner des choses saintes à des prophanes.

22. *S'ils croyent le dernier Jugement, & quand & comment il se fera.*

Ils croyent le Jugement universel, disans que premierement le Seraphin sonnera avec la trompette, & que ce sera la fin du monde, où toutes les creatures, tant les hommes que les bestes, viendront pour recevoir chacun la recompense ou la peine de ses bonnes ou mauvaises œuvres.

23. *Où ils croyent que sont les Ames des morts en attendant le Jugement.*

Qu'elles seront dehors, sçavoir les Justes proche le Paradis, qu'ils verront par une petite fenestre dont ils se réjoüiront, & les méchans seront proche de l'Enfer, où ils verront une certaine fosse qui leur donnera une grande fascherie & déplaisir.

24. Combien ils croyent qu'il y a de temps que le monde dure, & combien il durera encore.

Ils disent que Mahomet demanda un jour à l'Ange Gabriel combien il y avoit que le monde estoit, & il luy répondit qu'il y a une certaine estoille qui ne se void qu'une fois en trente-six mille ans, & aprés qu'elle aura paru il durera encore cinquante mille ans, au bout desquels il se consommera.

25. Si avant celuy-cy il y en a eu un autre, & ce qui sera aprés celuy-cy.

Avant ce monde il n'y en a point eu d'autre, ny aprés n'y en aura point, sinon que ce mesme sera renouvellé.

26. Si les pechez sont pardonnez en ce monde : si on en peut demander pardon à Dieu, & en quelle façon.

Que Dieu pardonne les pechez en cette vie quand le pecheur en a la contrition, & qu'il promet à Dieu de ne plus pecher, parce qu'il est misericordieux, & pardonne les pechez au penitent : ce qu'ils font se lavant avec de l'eau avant que de faire leurs oraisons.

27. Pour quelle raison ils portent des Chapelets de corail, ou d'autres sortes; ce qu'ils prient, & s'ils croyẽt acquerir du merite envers Dieu par ce moyen.

Ils appellent leurs Chapelets Tespiqui, c'est à

ET DU LEVANT.

dire *loüanges*, disans tous les jours après leur oraison, trente-trois fois *Gloire à Dieu*, *graces à Dieu*, & trente-trois fois *Dieu grand* : ce qui ne signifie autre chose que de loüer Dieu.

28. *Pourquoy ils ne mangent point de la chair de pourceau, & pourquoy leur loy le deffend.*

Ils disent seulement que la chair de pourceau estant sale & vilaine, elle ne peut faire de bien au corps humain, & que pour cela l'usage en est deffendu en la loy Mahometane, & en celle de Moyse.

29. *Pourquoy quand ils ont eu quelques bonnes nouvelles, ou quelques amis delivrez de la guerre ou d'autres perils, ils sacrifient tant d'animaux, dont ils font l'aumosne : ce que cela signifie, & si leur loy le commande.*

Ils disent qu'ils le font seulement pour Dieu, prenant l'exemple du Patriarche Abraham, lequel n'ayant qu'un seul fils le sacrifia à Dieu pour le remercier, l'imitans en cela. Et quand ils ont esté delivrez de quelque peril ou maladie, ils rendent graces à Dieu avec de tels sacrifices : pour des Saints ny autres, ils ne font aucuns sacrifices ny aumosnes.

30. *Pourquoy ils ne boivent point de vin, & pourquoy leur loy le deffend.*

Ils disent qu'il est écrit dans l'Alcoran qu'il ne faut point boire de vin, ny joüer aux jeux de hzard, & ne point faire de sacrifice aux Idoles : & la seule raison pourquoy le vin leur est défendu, c'est afin qu'ils ne s'enyvrent point, parce que cela les empescheroit de faire leur prieres.

Voila generalement tout ce que nous avons pû apprendre de la Religion & de la créance des Turcs, & il est aisé de connoistre par tout ce qui en est rapporté cy-devant, qu'elle subsiste plûtost par l'authorité & la puissance des Princes qui la suivent, que pour aucun fondement qu'il y ait en elle. Nous dirons maintenant quelque chose de leur mariage & de leur habillement.

DV MARIAGE DES TVRCS, & de leur habillement.

LE mariage des Turcs, qu'ils appellent Eulemmeck, se fait avec peu de ceremonie : ils le font ordinairement par deux Procureurs, qui font une forme de contract, puis ceux qui se doivent marier vont devant le Cadis, où joignans les pouces ensemble s'entrepromettent mariage & union de corps, si long-temps que leurs volontez seront unies.

Le divorce leur est permis toutes fois & quantes qu'il leur plaist : Quand le mary ne veut plus de sa femme, il la peut renvoyer en luy donnant sa dot & une provision pour vivre pendant trois mois & dix jours, pour voir si elle est enceinte : Que si elle l'est, il est obligé de l'entretenir avec l'enfant l'espace de sept ans, & lors l'enfant vient à la charge du pere. Les parens ne donnent aucune chose en mariage à leurs filles, si ce n'est quelque peu de meubles.

Pour ce qui est de l'habillement des Turcs, il est fort commode : ils ont une veste de drap semblable à une robbe de chambre, doublée de quelque belle peau, & dessous cette robbe ils portent un doliman de satin, taffetas, ou toile, chacun selon sa condition, qui est fait comme une sotane; & sous ce doliman ils ont un pantalon, au bas duquel sont cousus de petits échapins: leurs souliers sont en façon de mules, & leurs Turbans de diverses sortes, selon leur estat & condition, ou selon les Charges qu'ils possedent.

Ils ont tous la teste razée, laissant croistre leur barbe fort grande, excepté ceux qui servent le Grand Seigneur au Serrail, qui ne peuvent avoir que la simple moustache, n'y ayant que le Grand Turc qui puisse porter la grande barbe dans le Serrail. Toute leur reverence est d'incliner simplement la teste, mettant la main sur l'estomach. Tous les Turcs portent le Turban blanc, excepté ceux qui se disent de la race de Mahomet, qui le portent verd. Il n'y a point de différence aux habillemens des Grecs & des Turcs, sinon que les Grecs ne peuvent porter le Turban blanc sans estre mélangé de quelqu'autre couleur; non plus que les Armeniens, Nestoriens, & autres Chrétiens du Levant. Il y a une grande quantité de Grecs dans tout l'Estat du Grand Seigneur, desquels il tire un grand tribut, quoy que la pluspart soient pauvres.

PLVSIEVRS PARTICVLARITEZ de la Ville de Constantinople.

LA demeure de Constantinople seroit extrémement agreable si ce n'estoit la Religion; & comme nous y avons demeuré une espace de temps capable de nous avoir fait remarquer plusieurs particularitez de ce qui se fait & passe dans cette Ville, nous avons trouvé à propos, outre ce que nous en avons déja rapporté cy-devant, de vous en dire encore maintenant quelque chose avant que d'en sortir.

Durant que nous fusmes à Constantinople le Grand Seigneur maria une de ses sœurs avec le Bostangi Bacha. Dés l'aube du jour tous les canons qui sont le long du Serrail furent tirez, & servirent de réveille-matin & de témoignages d'allegresse: & tout aussi-tost l'on n'entendit par toute la ville que trompettes, tambours, attabales & plusieurs instrumens semblables.

A deux heures de jour la Sultane fut conduite hors du Serrail, suivie d'un train digne de sa grandeur, & menée dans un quiosque ou salle basse, qui vient le long du port & assez prés du Serrail. Le Bostangi Bacha y vint aussi-tost accompagné de deux cens chevaux, & quoy que ce Bacha deust estre l'époux, il n'osa neantmoins entrer dans ce quiosque où estoit son épouse, mais il l'attendit à la porte.

Le Grand Seigneur y arriva environ sur les neuf heures, avec un train extraordinaire, estant
suivy

suivy d'environ mille Turcs à cheval, tous si bien montez & si superbement habillez, qu'il ne se pouvoit rien voir de plus agreable. Aussi-tost que le Bostangi, & ceux qui l'avoient accompagné, l'apperceurent, ils se prosternerent contre terre; mais le Grand Seigneur prenant le Bostangi par la main, il entra dans le quiosque, & le presenta à sa sœur, luy disant qu'il luy donnoit ce personnage pour son esclave, & sans autre ceremonie il s'en alla, & aprés avoir fait un tour de ville en cet équipage, il s'en retourna dans son Serrail.

L'épousée montée sur un cheval, & couverte d'un daix de brocatel, avec des rideaux en façon de lict, porté par quatre des principaux Bachas, & le Bostangi tenant la bride du cheval, fut menée en sa maison, accompagnée de tous les Bachas de la Porte marchans devant elle; puis suivoient aprés cinq ou six carosses, où estoient quelques Sultanes & autres femmes : aprés marchoient quantité d'esclaves, qui portoient des presens pour les mariez, accompagnez de la musique du païs qui n'est pas fort agreable.

Les Bachas ne cherchent gueres ces mariages, car outre que le Grand Seigneur ne donne jamais que des joyaux & des meubles, ils sont obligez d'entretenir un train extraordinaire pour leurs femmes, lesquelles estans dés leur jeunesse nourries & eslevées dans de grandes delicatesses & prodigalitez, dépensent extrémement, à quoy le mary doit fournir, & outre cela elles ne le tiennent que pour leur esclave, & portent en signe de superiorité, comme il a esté déja dit, un ghanghart ou petit poignard à la ceinture. Les maris ne peuvent jamais venir avec elles, ny

H

mesme dans leur appartement, si ce n'est qu'elles les appellent; tout l'avantage qu'ils tirent de ces mariages, est, comme il a esté aussi dit, que le Grand Seigneur en consideration de cette alliance ne les fait pas mourir sans grande occasion; mais en recompense il faut que ces maris soient toûjours armez d'une grande patience, pour supporter les imperfections d'une femme qui sçait que tout luy est permis.

Les festes publiques de ce mariage furent célebrées à la place que les Turcs appellent Haitmedan, là où se firent des tours admirables, qui nous firent avoüer que cette nation est la plus adroite du monde à l'art de bastellerie. Les danseurs de corde avoient tendu leurs cordes à la hauteur de plus de trois piques, où ils dançoient sans baston ny contrepoids, faisans des tours admirables : d'autres danseurs & luiteurs y montroient une souplesse, dexterité, & disposition extraordinaire : d'autres montroient leurs forces en estreignant de grandes pieces de bois, & levant de terre des pierres qui ne pesoient gueres moins de mille livres : un testu fit mettre une grande pierre sur sa teste, la faisant rompre à coups de marteau : il y en eut un qui pour montrer la force des ses dents, prit un fer de cheval à sa bouche & le rompit en deux, dont la moitié luy demeura entre les dents.

Il fut encore representé dans cette place pendant la nuict, plusieurs machines, brandilloires, & roües pleines de lampes, qui avec leur clarté faisoient un jour artificiel. Les cabarets de la Ville demeurerent ouverts toute la nuict, où par tout furent representées dans de grandes salles plusieurs comedies, farces, & autres galanteries semblables.

Durant que nous estions à Constantinople nous fusmes souvent passer le temps dans les Cloistres Turquesques, là où demeurent leurs Religieux qu'ils appellent Dervis: ils vivent en commun, & s'entretiennent de ce qu'ils peuvent gagner, chacun exerçant quelque mestier: ils vivent moralement bien, ne faisant ny mal ny tort à personne: quand ils vivent ainsi dans le commun, ils ne peuvent estre mariez, mais lors que cette envie leur prend il faut qu'ils se retirent & qu'ils vivent à part, toutefois ils ne laissent pas pour cela d'estre Religieux, & de se trouver avec les autres dans leurs Cloistres le Mardy & le Vendredy de chaque semaine, qui sont les jours de leurs ceremonies.

Nous y fusmes souvent les entendre, où nous les vismes toûjours commencer leur service par le Sermon. Ceux qui preschent sont assis dans de grandes chaires en forme de balcon, ayans un homme auprés d'eux qui lit un article de l'Alcoran, lequel est expliqué en suite par le Predicateur. Il est presqu'incroyable avec quelle modestie les auditeurs assistent à ces predications, car ils sont assis sur de grands tapis les bras & les jambes croisées, sans que pas un s'ose remüer, cracher, ou tousser, & cela pendant une heure & demie.

La Predication estant finie, tous les Dervis vont baiser la main de leur Superieur, puis se mettans en rond autour de luy, ils se mettent tous à danser au son d'un tambour de biscaye, quelques flustes, & de deux ou trois voix, qui composent une musique qui paroist fort rude à nos oreilles : ils demeurent piroüettant bien une demie heure avec une vitesse admirable, & jusques à ce que leur Superieur frape entre ses mains : aprés cela chacun se remet à sa place avec autant de froideur comme s'ils n'avoient bougé, & se mettent à chanter des Pseaumes deux ou trois heures de temps. Ils n'ont point de diference en leurs habillemens, sinon qu'en lieu de Turban ils ont un bonnet de feutre en forme de pain de sucre ; tout chacun les peut aller voir, & nous y avons esté plusieurs fois pendant nostre sejour à Constantinople ; ils estoient bien aises de nous voir, nous faisoient faire place, estimans que ceux qui voyent ces façons de faire s'y peuvent convertir.

Il y a d'autres Religieux parmy les Turcs qu'ils appellent Santons, qui font dans leur Convent pendant une nuict de chaque semaine le plus horrible sabat qu'on se puisse imaginer, & qui en un mot sont autant horribles dans leurs ceremonies, que les Dervis sont gentils & plaisans ; ils commencent ordinairement leur service à trois heures de nuict : la curiosité nous y fit aller une fois, mais ce ne fut pas sans une effroyable peur que nous y demeurasmes tout le temps que ces diables firent leur service, tant il est horrible, car le sabat que l'on dit des sorciers ne le peut estre davantage.

Ils commencent à danser en rond assez modestement, & chantent *la hié Alla hilla*, qui veut dire *il n'est qu'un seul Dieu* : cela ayant duré environ une demie heure, il y en a un d'entr'eux qui commence à toucher un petit tambour, & aussi-tost tous commencent à sauter & crier comme des enragez, & continüent jusques à ce que la voix leur manque, qu'ils ne peuvent proferer qu'un croassement : l'écume & le sang leur sort de la bouche par le grand effort qu'ils font, car ceux qui crient le plus haut, & continüent le plus long-temps, sont estimez les plus Saints : il y en a quelquefois qui par une trop grande violence tombent morts sur la place : Cette ceremonie dure environ quatre heures. Leurs habillemens & façon augmente la terreur de ce service diabolique, n'estans couverts que d'une longue robbe noire, les cheveux qu'ils ne coupent jamais, leur pendent sur le visage & sur le dos, entortillez comme des morceaux de cordes.

Tous ces Santons sont gens vagabonds, de pauvre vie, adonnez à toutes sortes de vices abominables, & principalement à la Sodomie, laquelle ils commettent avec toutes sortes d'animaux ; ils sont aussi grands Sorciers, & ont tous quelque pact avec le Diable, neantmoins la pluspart des Turcs sont si aveuglez qu'ils les tiennent pour Saints.

Il y a aussi de ces Santons qui sont Janissaires, & qui allans à la guerre, marchent devant les armées en chantant & hurlant comme des demoniaques.

Outre toutes ces sortes de Dervis ou Religieux, il y en a encore d'autres qui courent le païs, lesquels font profession de ne jamais dormir à couvert, ny de se couvrir la teste, laissans croistre leurs cheveux jusques aux jambes, & sont si hideux qu'ils font peur. Ils assistent aux Enterremens des morts pour chanter & les conduire, & s'offrent d'aider à les porter quand ils se rencontrent en chemin, faisans cela comme par charité. Ils croyent ainsi que nous, un troisiéme lieu, & conviennent en quelque chose aux Chrétiens, qu'ils estiment plus que les Juifs, car ils ne leur permettent pas, comme à nous, d'entrer dans leurs Mosquées, particulierement à Constantinople, car ailleurs cela est deffendu à tout Chrestien sur peine de la vie.

Pendant nostre sejour à Constantinople le feu prit une fois à la Ville, dans un quartier où la pluspart des maisons sont de bois & fort serrées: en deux heures de temps il y en eut plus de quatre mille bruslées, & s'ils n'y eussent apporté une diligence extraordinaire, une partie de la ville couroit risque d'estre reduite en cendres: ils mirent bas plusieurs maisons pour couper le chemin au feu, & le Grand Seigneur s'y trouva en personne.

Quoy que l'air parust assez beau le douziéme de Janvier de l'an 1631. il changea neantmoins en peu temps, & survint une grande tempeste meslée de foudres & d'éclairs, contraires à la saison de l'hyver. Le tonnerre emporta, sans qu'on l'aye jamais veüe depuis, une des pyramides qui sont sur la Mosquée neufve que les Turcs appellent de l'incredule.

Huit jours aprés le G. Seigneur estant dans son Serrail à Scudaret, il y arriva une tempeste semblable meslée de foudres & d'éclairs: le tonnerre tomba dans sa chambre, tua deux de ses femmes qui estoient à son costé, & brusla une manche de sa chemise. Le Prince tout effrayé de ce prodigieux accident, retourna promptement à la Ville, où arriverent deux grands Vaisseaux de Corsaires d'Alger pendant qu'il passoit le port, lesquels le voulant saluer avec leur canon, s'ouvrirent & coulerent à fonds.

Ces prodiges apporterent beaucoup d'estonnement à tous les habitans, & donnerent bien de l'employ aux Devins, (dont il y a grande quantité par tout ce païs) par la recherche de l'explication de ces accidens, laquelle explication n'a esté que sinistre, tous les tinrent pour tres-mauvais augure; aussi ont-ils esté les présages des grands desordres qui arriverent l'année suivante en la Cour du Grand Seigneur, où sa personne courut risque de la vie, & vid en sa presence tous ses plus aimez & favoris taillez en pieces par la rage des Janissaires.

LES TITRES QUE PREND le Grand Seigneur.

MOy, qui suis par les infinies graces du Juste, Grand, & Tout-puissant Createur, & par l'abondance des miracles du Chef de ses Prophetes, Empereur des victorieux Empereurs, Distributeur des Couronnes aux plus grands Princes de la terre, Serviteur des deux tres-augustes & tres-sacrées villes Mecques & Medina, Protecteur & Gouverneur de la Sainte Hierusalem, Seigneur de l'Europe, de l'Asie, & de l'Afrique, conquises avec nostre victorieuse Espée & épouventable Lance, sçavoir des païs & Royaumes de la Natolie, Caramanie, d'Egypte, & de tout le païs des Parthes, Curs & Georgiens; de la

Porte de fer, du païs des Princes des petits Tartares, de Cypre, d'Arbequir, d'Alep, d'Arseron, de Damas, de Babylone, de Baesara, des Arabies, d'Abeck, de Tunis, de Tripoli, & de tant d'autres païs, Isles, détroits, passages, peuples, familles & generations, & de tant de milliers de millions de valeureux guerriers qui reposent sous l'obeïssance & Justice de moy Amurat, par la grace de Dieu recours des plus grands Princes du monde, & le refuge des honorables Empereurs.

Les Turcs l'appellent ordinairement Patissa, qui veut dire en Persan plus que Roy, dans le Serrail il est appellé ordinairement Huncher, qui veut dire qui verse du sang. Il donne aussi le titre de Patissa au Roy de France; tous les autres Princes il les appelle Chef, qui veut dire Gouverneur; l'Empereur, il l'appelle Cesar. Quand le Roy de France luy écrit, il met, A tres-haut, tres-puissant, tres-magnanime & invincible Prince, en qui toutes graces & vertus abondent, Amurat Empereur du Levant, nostre tres-cher & tres-parfait amy.

L'Hyver nous obligea de demeurer à Constantinople l'espace de cinq mois. Le Printemps estant revenu, nous commençasmes de songer à nostre départ, & à mediter le plus beau & le plus curieux voyage qui aye jusques à present esté fait.

Or pour aller plus seurement nous suppliasmes Monsieur l'Ambassadeur de France de nous faire avoir passe-port du Grand Seigneur pour aller par tous ses Estats: ce qu'il nous fit obtenir en telle forme que nous avions desirée, avec permission d'entrer dans toutes les Villes, voir les fortifications, porter toutes sortes d'armes, nous habiller à la mode des Turcs, & mesme de porter le Turban blanc par la campagne, ce qu'il n'accorde à aucune personne, si ce n'est à des Ambassadeurs.

Nous fusmes mesmes voir le Raisquetap ou Chancelier, lequel nous receut avec tant de courtoisie, que nous en demeurasmes tout estonnez. Ils nous entretint plus de deux heures, nous tenant plusieurs discours sur la volonté que nous avions de voyager, laquelle il prisoit extrémement, disant qu'outre que c'estoit le plaisir le plus innocent du monde, que c'estoit aussi le plus utile & le plus avantageux, estant absolument necessaire de voir le monde pour apprendre à vivre, & que par là l'on venoit à la connoissance de plusieurs choses qu'on ne pourroit pas apprendre chez soy ; & qu'il estoit bien raisonnable de gouster si l'air d'un autre païs estoit moins agreable que celuy qui nous avoit donné la vie, pour ne l'aimer pas seulement par un instinct naturel ; mais encore avec raison, & avec plus parfaite connoissance de son merite : ce qui ne se peut mieux connoistre que par la comparaison de tout ce qu'on reconnoist dans les autres Provinces.

Nous demeurasmes tous estonnez & consus d'entendre ce Turc qui donnoit tant de loüanges au voyageur, veu que cela est contre leur maxime, car ils ne voyagent jamais sans interest. Ayant finy son discours, il nous fit apporter du cavé, qui est une certaine liqueur que les Turcs boivent volontiers, mais qui est de mauvais

H v

goust à ceux qui n'y sont pas accoustumez ; il nous fit aussi apporter du serbet, qui est une tresbonne boisson, composée de jus de citron, sucre, musc, & ambre-gris : Il nous donna aussi des lettres de recommandation pour plusieurs Gouverneurs des Villes par où nous devions passer. Enfin nous ne sçeusmes assez admirer sa civilité & sa courtoisie, qui nous firent avoüer qu'il se trouve d'honnestes gens parmy toutes les nations du monde.

Nous fusmes aussi voir le Janissaire Aga, qui est, comme nous avons dit cy-devant, le General des Janissaires, lequel ne nous receut pas avec tant de civilité que le Raisquetap, neantmoins il nous accorda ce que nous luy demandions, qui estoit un Oda Bachi & un Janissaire, pour nous conduire par tout le païs du Turc, les chargeant dans leurs passe-ports d'estre responsables de nos personnes, & de nous ramener à Constantinople ; ce que nous faisions dire par tout où nous passions, afin que les Gouverneurs voyans que nous devions retourner, ne nous fissent aucun mauvais traitement, duquel à nostre retour nous pussions faire plainte.

Depart de Constantinople.

EStant ainsi pourveus de passe-port, lettres de faveur, bons conducteurs, & de tout ce que nous jugeasmes necessaire pour un tel voyage, nous partismes de Constantinople le treiziéme jour d'Avril de l'année mil six cens trente & un, avec Monsieur l'Abbé de Chappes de la famille de Daumont, & Monsieur Vignier Sieur de Saint Liebaut, tous deux personnes de merite & de qualité.

Or comme nous avions pour guide la curiosité, nous prismes resolution de voir tous les lieux les plus remarquables du Levant, & pour cet effet nous nous embarquasmes sur le soir dans une barque que nous loüasmes exprés pour nous mener à Montagnac, afin d'aller voir la belle Ville de Bourse, mais comme la mer estoit calme, & l'air serain, nous n'avançasmes qu'avec les rames, & nous ne pouvions nous ennuyer de contempler la Ville de Constantinople, estant alors le temps du Ramesam ou Caresme Turquesque, que toutes les Mosquées & pyramides estoient couvertes de lampes, ce qui faisoit paroistre toute la Ville une chapelle ardante, & qui faisoit une perspective tres-belle & agreable.

Ayant vogué toute la nuict, nous trouvasmes le matin que nous avions passé le Golfe de Nicomedie, & avec le vent de terre nous entrasmes dans celuy de Chio, où nos Mariniers qui estoient Turcs mirent pied à terre à une plage, où il y a une espece de petite Chapelle faite en dôme, en laquelle ils nous dirent eſtre enterré un de leurs Santons, qui parmy eux a la réputation d'eſtre Saint; ce qui leur donna ſujet d'y faire leurs prieres, & le vent nous ayant manqué, nous traverſaſmes ce Golfe avec les rames, & le ſoir nous arrivaſmes à Montagnac.

Montagnac eſloigné de vingt lieuës de Conſtantinople, eſt un grand bourg dont la pluſpart des habitans ſont Turcs naturels: il ſert d'échelle ou de havre pour la ville de Bourſe, qui en eſt eſloignée d'une bonne journée. Nous y couchaſmes cette nuict dans un Caravanſara, & ayant fait chercher des chevaux par nos Janiſſaires, nous en partiſmes à l'aube du jour, & arrivaſmes l'apreſmidy à Bourſe.

La ville de Bourſe, appellée anciennement Pruſa, & une des plus belles du Levant, eſt aſſiſe dans l'Aſie Mineure, en la Province de Bithynie, dont elle eſt la capitale, au pied d'une montagne laquelle pour ſa hauteur porte le ſurnom d'Olympe, & eſt toûjours couverte de neige. Sa forme eſt difficile à décrire, d'autant qu'elle comprend quelques collines & une partie de la montagne, ce qui la rend d'une ſituation tout à fait irreguliere. Elle n'eſt entourée que d'une muraille, ſans eſtre terraſſée, & n'a point meſme d'autre fortification par quelques endroits que la montagne qui y eſt eſcarpée. Son aſſiette eſt tres-plaiſante & tres-agreable, tant à cauſe de la belle veuë, que pour la quantité de fontaines qui ſe trouvent à chaque pas. Au milieu des ruës il y court continuellement de grands ruiſſeaux d'eaux claires comme du criſtal, leſquelles outre qu'elles emportent toutes les ordures de la ville, y

ET DU LEVANT. 181

causent en Esté une agreable fraischeur.

Cette ville a esté long-temps la demeure des Roys de la petite Asie. Ottoman premier Empereur des Turcs, qui la prit en l'an 1251. sur Aladin qui estoit Roy du païs, & dont la sepulture est à un mil de la ville, y establit son Siege : depuis ses successeurs y ont tenu leur Cour jusques à Mahomet second, lequel ayant conquis la ville de Constantinople en l'an 1652. y transfera son Siege. Il y reste encore la forme d'un chasteau qui servoit de Serrail aux Princes Ottomans, qui avoit esté basty par Aladin, où nous n'avons rien veu de remarquable qu'un tres-beau jardin remply d'herbes potageres & de tres-bons fruits, en quoy ce païs est tres-abondant.

Le Besestin ou Marché est aussi beau & agreable pour la grande quantité de soye, de toille de cotton, & autres marchandises qui s'y vendent & qui y abordent, dont la plus grande partie vient de Perse, où les habitans ont un grand trafic, notamment en soye.

Au milieu de la ville il y a une des plus belles Mosquées de tout le Levant : elle est bastie en dôme, ayant des pilliers de porphyre qui la soûtiennent : elle est ouverte par haut, & par cette ouverture elle reçoit le jour, n'ayant aucunes fenestres ; au milieu il y a une tres-belle fontaine qui jette une grande abondance d'eau, laquelle par des conduits creusez dans le pavé, traverse toute la Mosquée, & la divise comme un parterre. Les Turcs nous dirent que cette Mosquée avoit esté bastie par Orcam second Empereur des Turcs, surnommé Gilderim Huraam, qui veut dire d'éclair & tonnerre, le nommant ainsi à cause de sa grande colere : Son tombeau en est tout proche, & fait de pierres dont l'on se sert pour en tirer du feu. Nous n'y entrasmes point, car comme il a esté dit cy-devant, il n'y a qu'à Constantinople où les Chrestiens peuvent entrer dans les Mosquées.

Dans toute la Turquie il ne se trouve point de plus beaux Caravansaras, ny plus solidement bastis qu'à Bourse : ils sont la pluspart faits en Cloistre, entourez de galeries hautes & basses : au dessous sont de grandes écuries, & en haut de belles chambres, mais à la mode de Turquie, ceux qui y viennent n'y trouvent autre commodité que le couvert. Nous logeasmes dans un desdits Caravansaras, qui est admirable entre les autres, c'est une maison publique où tous les passans sont receus, que fit bastir Bajazet, qui est fort somptueux : il est en forme quarrée; tout de pierre de taille, couvert de plomb, contenant plus de cent chambres, au haut & au bas sont les écuries.

Le terroir des environs de la ville est autant plaisant que fertile, & principalement la montagne, laquelle est toute couverte jusques à la moitié de sa hauteur de laurier sauvage, rosmarin, jasmin, & autres bonnes herbes remplies de tres-belles fleurs, & de celles que nous estimons bien rares dans nos païs ; car par tout l'on void des tulipes & anemones de toutes sortes de couleurs, qui y naissent sans y estre plantées ; la quantité de sources & de ruisseaux qui coulent avec un doux murmure du haut de la montagne, rendent ce lieu tout à fait delicieux & agreable, qui est aussi remply de quantité d'arbres fruitiers, dont ils sont plus curieux qu'en toute autre ville de Turquie.

Environ à un quart de lieuë de la ville il y a un bain d'eau naturellement chaude, où de tous les costez de la Turquie viennent plusieurs malades, & principalement ceux qui sont demeurez perclus de leurs membres, lesquels la pluspart y recouvrent leurs forces & leur santé. Ce bain est tres-bien basty, & couvert d'un grand dôme, au milieu duquel il y a un bassin d'environ vingt-six pieds en quarré, & profond de cinq, remply d'eau chaude, là où l'on se baigne premierement, & avant que d'entrer dans des petites estuves qui sont alentour, ayant à chacune une source d'eau naturellement chaude, & particuliere pour differentes sortes de maladies. Ce bain est estimé pour un des plus beaux & des plus sains de toute la Turquie.

Nous vismes un Grenadin à Constantinople, qui nous dit qu'il y avoit deux ou trois ans qu'il estoit demeuré perclus d'une jambe, & que s'y estant baigné huit jours consecutifs, il y receut guerison.

Ayans demeuré deux jours à Bourse, & veu ce qu'il y avoit de plus rare dans cette ville, nous retournasmes à Montagnac, où nous nous embarquasmes dés le soir mesme ; mais nous ne fusmes pas une lieuë en mer, qu'il s'esleva une tempeste avec un vent contraire, lequel nous obligea à retourner d'où nous estions sortis : Nous eusmes de tres-grandes peines à nous débarquer, tant la mer estoit agitée : la tempeste & le mesme vent durerent deux jours, pendant lequel temps nous ne fismes autre chose que d'aller à la chasse le long de la marine, où il y a quantité de gibier, lequel pour n'estre pas battu se laisse aisément approcher. La nuict nous allions dans les cabarets des Turcs, lesquels à cause qu'il estoit le temps de leur Caresme, estoient toûjours ouverts, & où ils passoient les nuicts à boire du cavé, & à representer plusieurs farces, ainsi que nous avons dit cy-devant qu'ils faisoient à Constantinople. Nous y estions avec autant de liberté que si nous eussions esté en la Chrestienté, mais il seroit trop long de raconter les diverses & plaisantes rencontres que nous y avons euës.

Aprés y avoir demeuré deux jours, le vent commença un peu à moderer sa fureur, & à tourner à nostre avantage, ce qui nous fit embarquer & partir, dont nous eusmes tout loisir de nous repentir, car à peine estions-nous sortis du Golfe, que nous trouvasmes le vent plus violent & la mer plus enflée que devant: nous eussions volontiers encore retourné, mais nous ne le pouvions faire à cause du vent que nous avions en poupe. Nous vismes souvent nostre petit bâteau eslevé & poussé bien haut en l'air par les vagues, puis tout à coup dans un abysme, & moitié couvert d'eau: nous y pensasmes faire la fin de nôtre voyage, mais Dieu nous preserva, car ayans demeuré trois heures dans ce peril, nous escrochasmes à un rocher, où nos Mariniers de bonne fortune rencontrerent une petite plage de sable, couverte de la pointe du rocher: ce qui fit que sans rompre le basteau nous donnasmes sur le sable.

Nous montasmes au haut du rocher, où nous trouvasmes une petite maison & une chapelle, où trois Caloyers Grecs faisoient leur demeure, lesquels nous receurent courtoisement, nous faisans bon feu, dont nous avions le plus de besoin, parce que nous estions entierement moüillez par les vagues, qui souvent durant la tempeste avoient donné par desius la poupe où nous estions assis. Ils nous donnerent pour nous rafraîchir un peu de mauvais vin, du pain, des œufs, du fromage, & du laict de chevre, qui est leur nourriture ordinaire : Nous y couchasmes la nuict. Les Turcs appellent ce lieu Borsacq, & les Grecs l'Isle de S. Pierre, parce que cette Chapelle est dediée à ce Saint.

Le lendemain, quoy que le vent fust encore extrémement fort, voyans que nous n'avions point de vivres, nous partismes de cette Isle, & gagnasmes Permes, qui est un petit bourg à dix milles de là, presque tout habité de Grecs, & est situé dans la peninsule de Capidali. Nous y débarquasmes, & receusmes un fort bon traitement des habitans, qui nous regalerent pendant tout le jour, & y couchasmes la nuict, ayans bien besoin d'un peu de repos, pour nous remettre de la grande agitation que nous avions endurée dans la tempeste du jour precedent.

Nous en partismes le lendemain à cheval pour aller voir les ruines de l'ancienne ville de Cyzique, lesquelles sont à quatre lieuës de là, mais nous les traversasmes sans y avoir égard, les remettant à nostre retour.

Nous fusmes coucher à un village nommé Palorme, qui est environ à une lieuë desdites ruines. Ce lieu est habité par des Grecs & des Armeniens, & est remarquable à cause de la grande quantité de vins qui se recueillent à ses environs, & qui sont les meilleurs de tout le Levant ; ce qui fait que les Ambassadeurs qui sont à Constantinople y entretiennent d'ordinaire un homme exprés pour y faire la provision du vin qui leur est necessaire.

Nous n'y tardasmes pas beaucoup, tant à cause qu'il n'y a rien davantage de remarque, que de crainte que nous avions de rencontrer les troupes d'Elles Bacha rebelle du Grand Seigneur, mécontent de ce qu'on luy avoit osté la Charge de Beglerbey du païs. Son ordinaire demeure est à Alchester esloigné de trois journées de Palorme.

Avec le matin nous pûsmes à loisir contenter nostre curiosité à la consideration des ruines de Cyzique, lesquelles commencent sur l'Istme, ayant environ trois cens pas de largeur, d'où l'on void la mer des deux costez ; elles en comprennent presque la moitié, & le reste est dans la peninsule. Cette ville pouvoir avoir environ deux lieuës de tour, les murailles y restent encore la pluspart entieres, & basties de grandes pierres de marbre brun sans ciment. L'on y connoist encore les portes, par le dedans ce sont toutes ruines, l'on y void plusieurs arcades, pans de murailles, statuës, & autres choses semblables ; les collines en sont toutes blanchissantes : du costé du Midy il paroist y avoir eu un Chasteau lequel est sur une petite colline, d'où il pouvoit commander à tout le reste de la ville : Ce qui y reste d'entier sont plusieurs voutes, dont quelques-unes sont de trois cens pas de long, & de trente de large. Voila ce qui reste de cette renommée ville de

Cyzique, laquelle autrefois fut prise sur les Lacedemoniens par Alcibiades Athenien, lors que Mindarus qui y perdit la vie en estoit Gouverneur.

Nous retournasmes encor ce jour là à Perrama, & vers le soir nous nous embarquasmes, la nuict nous costoyasmes l'Isle de Marmora, qui a environ vingt lieuës de tour : Elle porte ce nom pour la quantité de marbre qui s'y trouve ; elle est fort sterile & peu habitée.

Le lendemain matin nous passasmes devant les ruines de la ville de Lampsac, où nous vismes le fleuve de Granique, lequel s'engoulfe dans la mer. Les anciens disent qu'Alexandre le Grand le passa à la nage avec son cheval, à la premiere bataille qu'il donna contre les troupes de Darius: De là nous découvrismes à Terre-ferme les vestiges d'une grande & haute muraille, que ceux du païs disent avoir servy anciennement pour deffendre le païs & la ville de Troye contre ses ennemis.

De ce mesme lieu nous commençasmes à découvrir la ville de Gallipoli : toute cette mer s'appelloit anciennement Propontis, & s'estend jusques à Constantinople, & contient environ soixante lieuës de long : elle finit à un village nommé Peristasi, éloigné de trois lieuës de Gallipoli, la où la coste de l'Asie & celle de l'Europe commencent à se r'approcher, n'estant éloignées l'une de l'autre qu'environ de six lieuës; & c'est où la mer change de nom, & s'appelle Helespont.

Proche de Lampsac s'embarquerent six mille Turcs sur des Vaisseaux Genevois, moyennant deux sequins pour chaque personne, pour estre portez de l'Asie en l'Europe, qui fut le commencement que les Turcs y mirent le pied, par la maudite avarice desdits Genevois, & aborderent au dessous de Gallipoli, en un lieu qu'on appelle à present *le lieu des veufves*, à cause qu'ils y massacrerent tous les hommes, usans de telles cruautez, qu'ils rendirent les Grecs incapables de pouvoir resister contr'eux, tout leur recours estant de s'enfuir. Ils se saisirent donc par la lâcheté des Grecs dudit Gallipoli, où s'estans augmentez, ils poursuivirent leurs conquestes jusques à Andrinople, qu'ils firent, sans beaucoup de resistance, le Siege de leur Empire.

Demie lieuë avant que d'arriver à Gallipoli, nos mariniers jetterent quantité de pain dans la mer, & firent leurs prieres; leur en ayant demandé la raison, ils nous montrerent un petit dôme à terre du costé de l'Europe, où ils nous dirent estre enterrez deux Saints de leur Religion qui étoient enfans d'un Renegat François, lesquels ont acquis cette reputation pour avoir écrit plusieurs livres touchant la Religion Mahometane, desquels le Mufty & le Cadis se servent souvent, tant pour expliquer l'Alcoran, que pour rendre la Justice.

La ville de Gallipoli est bastie sur la pente d'une colline, qui en rend l'aspect fort agreable: elle n'est point fermée de murailles, les habitans se tenans en seureté par les Chasteaux ou Dardanelles qui les preservent des Corsaires: la pluspart des habitans s'adonnent à faire des flèches: nous n'y vismes autre chose de remarquable que quelques corps de Galeres fort vieux, qu'ils y gardent sous de grandes arcades : l'on dit qu'elles sont restées de la bataille de Lepante.

Le terroir des environs de cette ville est tresfertile, & principalement en vins, lesquels pour la grande quantité qu'il y en a, sont à tres-bonne composition. Les Navires qui retournent en la Chrestienté y viennent ordinairement faire leur provision. Lors que nous y passasmes il y avoit un Religieux de l'Ordre de Saint François, de la famille de Constantinople, lequel y faisoit l'office de Consul, pour expedier & aider aux Vaisseaux qui y viennent. Nour logeasmes à sa maison, où il estoit assez bien accommodé, & avoit une petite Chapelle pour dire la Messe. Nous en partismes vers le soir, & bien qu'il ne fist aucun vent, le courant qu'il y a nous fit tellement avancer, qu'à minuict nous arrivasmes aux Chasteaux, qui en sont éloignez environ de dix lieuës. Il nous y falut jetter l'anchre pour attendre le jour, afin de faire voir nos passe-ports.

Les Chasteaux que ceux du Ponant appellent Dardanelles, & les Turcs Bogas & Azar, sont éloignez de Constantinople d'environ quatre-vingt-cinq lieuës, celuy du costé de l'Asie se nommoit anciennement Abidos, & celuy du costé de l'Europe Cestos : celuy de l'Asie est de plus grande consideration que l'autre, car tous les Vaisseaux qui retournent de Constantinople sont obligez d'y demeurer trois jours, tant pour les voir & les visiter s'ils n'emportent point d'esclaves ou autres marchandises de contrebande, que pour attendre s'il ne vient aucun advis de Constantinople pour les arrester. Son assiette est dans un païs plat & uny ; il est assez bien fortifié à la moderne, ayant de bons ravelins & une petite riviere qui arrouse un costé de la courtine & du fossé ; le reste est environné d'un grand bourg.

Le Chasteau qui est du costé de l'Europe, est assis sur le pied d'une montagne qui luy commande entierement, & entouré d'une muraille remplie de tours rondes & quarrées, le tout à l'antique.

Ces deux Chasteaux gardent le passage de la mer, qui en cet endroit n'a gueres plus de demie lieuë de large : il y a dans celuy de l'Asie soixante pieces de bronze, & cinquante dans celuy de l'Europe, qui battent tous à fleur d'eau : ces canons ne sont point braquez tout droit, de peur que ceux d'un Chasteau n'offensent l'autre. Il est impossible qu'une barque puisse passer contre leur volonté sans estre coulée à fonds. Ces canons portent la pluspart cent quarante & cent cinquante livres de balle : il y a deux doubles Basilisques dans chacun de ces Chasteaux qui sont d'une demesurée grandeur, l'on nous asseura qu'elles portoient neuf cens livres de balle de pierre, & qu'il faloit cent cinquante livres de poudre pour les charger. Ils y font la nuict bonne sentinelle, & il y a des canonniers tous prests au cas que quelque vaisseau voulust passer ; ils ont ordinairement une amorce qui fait tirer quinze pieces à la fois.

Le jour venu, & ayant envoyé au Gouverneur un de nos Janissaires avec nos passe-ports, l'on nous permit de mettre pied à terre, & moyennant un petit present que nous fismes, nous ne fusmes point traitez à la rigueur, qui est d'y demeurer trois jours, comme nous venons de dire,

ET DU LEVANT. 191

mais nous eufmes la liberté de partir à noſtre volonté.

Or comme le temps nous eſtoit favorable, nous n'y demeuraſmes qu'environ deux heures, tant pour voir la place, que pour acheter quelques proviſions. Nous continüaſmes à naviger dans ce détroit appellé anciennement Heleſpont, environ trois heures, où la coſte d'Aſie & d'Europe commencent à s'ouvrir & à former une pleine mer. Au regard de ce détroit, elle y change auſſi de nom, & s'appelle Archipel. Nous y abordaſmes du coſté de l'Aſie au Cap des Janiſſaires, lequel s'appelloit anciennement Promontoire de Sigée, où l'on commence à voir les ruines de l'ancienne ville de Troye.

La riviere de Schamandre ou Xantus, appellée des Turcs Mendres, ſe décharge dans la mer le long de ce Cap : elle eſtoit alors aſſez pleine d'eau, ce qui nous donna moyen d'y entrer avec noſtre bâteau : ils nous dirent qu'en Eſté elle eſt ordinairement à ſec : nous y miſmes pied à terre, & nous promenaſmes environ demie heure le long de ſon rivage, où nous y trouvaſmes le débris de pluſieurs ſtatuës & colomnes de marbre : l'on nous y montra, à trois lieuës avant dans le païs, une montagne toute couverte de bois, laquelle s'appelle encore maintenant le Mont Ida, c'eſt au pied de laquelle la riviere de Schamandre prend ſa ſource, & c'eſt en ce meſme endroit que les Poëtes feignent que fut fait le jugement de Paris avec les trois Deeſſes.

Nous montaſmes le Promontoire de Sigée, où il reſte encore de vieilles murailles & quelques vieux vaſes de marbre, comme des tombes que l'on tient estre des ruines de l'ancienne ville de Troye : il y a tout proche un grand village habité par plus de deux cens familles de Grecs, qui s'appelle encore maintenant Troyas : le jour qui commença à nous y manquer nous fit rembarquer, & prendre le chemin de Tenedos pour y aller passer la nuict.

Cette Isle n'en est esloignée que de six milles, ce fut derriere elle que se cacha l'armée Navale des Grecs pour surprendre la ville de Troye, laquelle leur avoit resisté l'espace de dix ans : elle est petite, & n'a qu'environ dix lieuës de tour, le terroir est fort sterile & nullement propre pour les grains, car les montagnes sont presques toutes de pierre ; neantmoins il ne laisse pas d'y croistre quantité de vin, & principalement du muscat, lequel y est meilleur qu'en aucun autre endroit du Levant : les Anglois y envoyent ordinairement tous les ans un Vaisseau pour le charger de ces vins, qui y sont à fort bon marché : il y a une valée à costé du bourg regardant le Midy, où il croist quantité de melons tres-excellens, & de plusieurs sortes, il y en a de jaunes tant par dehors que par dedans, qu'ils conservent pendant l'Esté entier.

Il y a un grand bourg le long de la marine regardant le Levant, lequel est gardé d'un Chasteau basty le long d'icelle marine en forme triangulaire, entouré d'une muraille de pierres à l'antique, flanquée de quelques tours munies de sept ou huit pieces d'artillerie. Cette place sert seulement pour garantir les habitans des Corsaires, n'estant pas assez forte pour faire une plus grande resistance. Nous y couchasmes la nuict au logis d'un Juif, & le lendemain nous nous rembarquasmes dés la pointe du jour pour aller voir derechef les ruines de l'ancienne ville de Troye; nous nous fismes mettre à terre à environ trois lieües plus bas que là où nous avions esté le jour precedent, où l'on nous avoit dit qu'il y avoit le plus de ruines.

Ce ne fut qu'avec de tres-grandes peines & fatigues que nous fismes approcher nostre basteau prés du rivage, parce que la mer estoit en cet endroit entierement remplie du debris de plusieurs pieces de marbre, & pour bien en approcher, il nous falut cheminer dans la mer la longueur de deux cens pas, ayans de l'eau jusques aux genoux.

Nous arrivasmes justement où il sembloit y avoir eu autrefois un port, car il y avoit un creux dans la terre en forme ovale, d'une grande profondeur, où tout alentour gisoient plusieurs belles colomnes, y en ayant quelques-unes de trente & trente cinq pieds de long, & grosses à proportion: nous y vismes aussi quelques grandes tables de marbre, où il paroissoit y avoir eu quelques chiffres dessus, mais si usez, que nous n'y pouvions connoistre aucune forme. En suite nous montasmes une petite colline, d'où tout ce que nous pouvions découvrir estoit couvert de ruines. Nous fusmes bien deux lieües avant dans la terre, rencontrans plusieurs arcades, portiques, pans de murailles, & entr'autres la moitié d'un Temple ruiné, lequel paroissoit avoir esté grand & beau. Aprés cela nous vismes une source d'eau naturellement chaude, & par les ruines que nous vismes auprés, nous jugeasmes aisément qu'il y

I

avoit eu autrefois en cet endroit un beau bain. Nous y trouvasmes aussi quantité de statuës de marbre, quelques-unes entieres, & d'autres à demy ruinées. Nous nous promenasmes tout le long du jour parmy ces ruines, sans considerer qu'il commençoit à faire tard, tant nous prenions de plaisir à considerer ces belles antiquitez. Ces pensées nous occuperent tellement l'esprit, que pas un de nous ne songea à retourner, de sorte que la nuict nous prit tout à coup, & parce que nous estions esloignez de deux lieuës de la marine, nous fusmes obligez de chercher un arbre pour passer la nuict dessous, laquelle s'écoula plûtost à faire reflexions sur les estranges révolutions du monde, qu'à bien dormir.

Le jour estant revenu nous reprismes le chemin de la marine, rencontrans toûjours quelque antiquité qui contenta nostre curiosité. Assez proche de la mer nous vismes un petit Temple basty en dôme, lequel paroissoit bien plus neuf que les autres ruines; nous y leusmes entre plusieurs inscriptions fort usées, *Antonio Principi*, ce qui nous fit juger qu'il y avoit esté basty par les Romains en l'honneur de quelque victoire, ou chose semblable. Enfin estans bien satisfaits de ces belles antiquitez, nous nous rembarquasmes, demeurans fort estonnez de la grande quantité de ruines que nous y avions veuës, quoy que journellement deux galeres de Constantinople y vont & viennent enlever de ces pierres : Sultan Achmet y a pris tous les marbres & tous les pilliers avec lesquels il a basty sa Mosquée, qui est la plus grande de Constantinople.

Les Turcs qui n'ont aucune connoissance de

l'antiquité, l'appellent Esquy Stambol, qui veut dire vieille Constantinople. L'on nous asseura qu'à cinq ou six lieües avant dans le païs, l'on trouve encore plus de ces ruines qu'auprés de la marine, & que les laboureurs découvrent journellement au soc de leur charruë les plus belles statuës du monde.

Le terroir de cette ancienne ville de Troye estoit autant fertile que plaisant, il est tout diversifié par des collines, lesquelles encore qu'elles soient remplies de pierres, ne laissent pas pourtant de montrer la bonté de la terre en produisant quantité d'arbres, & entr'autres des chesnes verds où croist la noix de galle. Ce qui est le long de la marine est haut & eslevé, où l'on joüit de la veüe de la mer & de plusieurs Isles de l'Archipel.

En quittant le rivage de Troye, & prenant le chemin de Metelin, le Ciel qui estoit serain nous donna moyen de découvrir l'Isle de Stalimence, appellée maintenant Lemnos, & par les anciens Grecs reconnuë pour la patrie de Vulcan, lequel ils ont adoré pour un Dieu, quoy que ce ne fust qu'un pauvre Forgeron, qui fut le premier qui apprit aux Grecs l'usage du fer. Cette Isle a environ trente lieües de tour, & elle est tres-fertile en vins, bleds, & toutes sortes de legumes : il s'y trouve de la terre sigillée, souveraine contre la dissenterie, peste & poison. Les Grecs assistez de tous les Caloyers vont tous les ans en procession le sixiéme jour d'Aoust au pied d'une montagne nommée Ulcan, où il y a une veine de ladite terre, laquelle se remplit tous les ans.

Nous découvrismes aussi le Mont Athos, appellé des Grecs Agion Oros, qui veut dire sainte Montagne. Elle est assise dans la Terre-ferme du costé de l'Europe, & s'avance dans la mer en forme de peninsule. La demeure en est tres-saine, plaisante & agreable : elle est toute habitée par des Caloyers ou Religieux Grecs, qui y vivent plustost en la vie active qu'en la contemplative. Ils sont bien dix mille, lesquels sont divisez en vingt-deux Monasteres, dont il y en a plusieurs qui demeurent parmy la montagne, comme en des metairies, où ils labourent la terre, & ne viennent dans leurs Monasteres que les Dimanches & les jours de Festes, où on leur donne la provision necessaire pour vivre le reste de la semaine : ils ne mangent jamais de chair, & se nourrissent d'herbages, si ce n'est quelquefois qu'ils font une petite regale avec du poisson salé. Les Turcs les laissent vivre en grande liberté, moyennant le tribut qu'ils leur font payer, & leur permettent mesme d'avoir dans leurs Monasteres qui sont le long de la marine, quelques pieces de canon pour se defendre des Corsaires. Tous les passans y sont logez & traitez l'espace de trois jours, & s'il arrivoit que quelque Turc y fust pris par les Chrestiens qui vont en course, ces Religieux sont obligez de le racheter & procurer sa liberté.

Or comme pendant ce jour nous eusmes le calme, nous ne sçeusmes avancer qu'avec les rames, ce qui nous fit arriver bien tard à l'Isle de Metelin : nous donnasmes fonds bien trois lieües plus bas que la ville, & demeurasmes le reste de la nuict couchez sur le sable : dés la pointe du jour nous nous rembarquasmes, & arrivasmes au dessous du Chasteau sur les sept ou huit heures de matin, où derechef nous mismes pied à terre.

L'Isle de Metelin a environ quatre-vingt-sept lieües de tour : elle s'appelloit anciennement Lesbos, mais maintenant elle a pris le nom de la ville de Metelin, qui est assise à l'extremité de l'Isle regardant le Septentrion.

Elle a en face l'Æolie Province de l'Asie, & est accompagnée de deux petits ports, lesquels avec la mer font une petite peninsule d'une colline, sur laquelle est basty un Chasteau qui deffend les deux Ports & la Ville, qui n'est considerable qu'à cause de son assiette, qui la rend enfermée de tous costez.

Toute l'Isle de Metelin, aussi-bien que la ville, est habitée de Grecs & de Turcs, mais il y a, comme dans toutes les Isles de l'Archipel, six fois plus de Grecs que de Turcs. Il n'y a au reste de l'Isle rien de curieux qu'un beau Monastere, où demeurent ordinairement environ six cens Caloyers : Au reste le terroir en est sterile, & est plus propre pour le vin que pour le bled, car il est montueux & fort pierreux. Il s'y trouve quantité de tres beaux chevaux, qui ne sont que bidets, estans extrémement petits, & neantmoins tres-forts, & ont le pied tellement asseuré, qu'ils portent leurs hommes par des rochers, & lieux steriles & si droits, que les chévres ont de la peine à y passer : nous ne pouvions assez admirer ces petits animaux portans leurs maistres, à qui les pieds traisnent presque contre terre, d'un pas si viste & si asseuré. Il s'en enleve quantité pour porter à Constantinople.

Nous y demeurasmes le reste de la journée à nous promener par tout, & en partismes vers le soir pour aller à Smirne, éloignée de cent trente mille de Metelin ; mais à peine en eusmes-nous cheminé six mille, qu'il s'esleva un vent contraire qui nous obligea de donner fonds dans une plage de l'Isle, où nous demeurasmes jusques au soir, que le vent se tourna, qui nous fit doubler le dernier Cap de l'Isle devant lequel il y a un Golfe, au bout duquel estoient les villes de Sephis, & Antander, où Enée s'embarqua après la prise de Troye.

Derriere ledit Cap est un autre petit Golfe couvert d'une petite Isle, où ont accoustumé de se retirer les Corsaires qui rodent les mers.

De ce Cap jusques à la premiere pointe du Golfe de Smirne il y a quarante mille, que nous passasmes la nuict, laissant à main gauche dans l'Æolie le Golfe de Fogia la Neuve, & celuy de Fogia la Vieille.

Le Golfe & la ville de Fogia sont situées dans une des Provinces nommées Æolie : les Galeres prirent une fois cette ville, & depuis les habitans y ont fait une casematte qui flanque la muraille, laquelle vient le long de la marine. Elle est toute habitée par des Turcs, qui sont grands voleurs, & la pluspart Corsaires, ce qui fut cause que nous n'y osasmes mettre pied à terre, & demeurasmes le reste de la nuict dans nostre petite barque, fort travaillez de la mer, laquelle estoit grandement agitée.

A la pointe du jour nous nous trouvasmes à l'entrée du Golfe de Smirne, lequel est large en cet endroit de dix ou douze mille, où le vent nous quittant, nous cheminasmes à rames jusques à quinze mille de Smirne, qu'il s'esleva un petit vent qui nous y mena en deux heures. Nous y demeurasmes cette seconde fois trois jours, pour donner loisir à ceux qui n'y avoient pas esté, de voir ce qu'il y a de curieux.

Nous fusmes voir à demie liëue de là le fleuve Melas, sur lequel Homere nasquit, & où il a enseigné. Nous y apprismes une chose bien particuliere, qui est que les figues blanches ne peuvent meurir, si l'on n'attache aux branches du figuier de certaines figues bastardes où se forment de petits vers, qui picquans ces figues les font meurir; ce qui seroit difficile à croire, si l'experience ne le faisoit voir journellement.

Nous partismes de Smirne le cinquiéme de May, dés la pointe du jour, sur un Vaisseau de dix-huit rames, appellé Sombegoir, qui estant long & estroit chemine fort viste. Nous eusmes le vent fort favorable jusques à dix heures, lequel manquans on se servit de rames jusques à deux heures, que J'Ambat qui est un certain vent qui regne d'ordinaire dans tous les Golfes, s'esleva assez fort, ce qui nous contraignit de donner fond derriere une petite isle, éloignée de Smirne de soixante & dix mille.

Sur le soir le vent estant cessé, nous levasmes l'anchre, & ayans cheminé viron dix ou douze mille avec les rames, nous demeurasmes dans une plage, au dessus d'un Cap que les Turcs appellent Carabournez, c'est à dire Cap noir, à cause qu'il est extremement affreux & dangereux.

A la pointe du jour nous passasmes un détroit

I iiij

qui est entre la Terre-ferme & l'Isle de Chio, dans lequel détroit il y a quatre ou cinq Isles desertes qu'on nomme les Isles des Moutons, ou les Espalmadures ; les ayans passées nous costoyasmes l'Isle de Chio, & arrivasmes au port de la ville du mesme nom sur les dix heures.

L'Isle de Chio, une des plus agreables de l'Archipel, a environ trente lieües de tour : elle est esloignée de la Terre ferme de la Province d'Yonie, environ de six lieües : Son estenduë est du Midy au Septentrion : il n'y a qu'un bon port nommé Porto Dolfin, lequel est en tirant vers le Septentrion trois lieües plus bas que la ville. Son territoire est montueux & sterile, mais les valées, & principalement celles qui viennent le long de la marine, sont tres-fertiles, & toutes remplies de beaux jardinages.

Les anciens rapportent que le nom de Chio est demeuré à cette Isle, d'une Nymphe laquelle à cause de sa grande blancheur fut appellée Cheoice, qui signifie Neige, & il semble que jusques à present les femmes de ce païs-là ont herité de la beauté & de la blancheur de cette Nymphe, car elles ont la pluspart le teint le plus beau & le plus vif qu'on sçauroit voir & desirer, & les traits du visage si delicats, qu'on ne peut rien voir de plus charmant. C'est la demeure la plus agreable de toute la Turquie, tant pour la bonté de l'air, beauté des jardinages, que pour la civilité & la courtoisie des Grecs qui y demeurent. Nous nous y arrestasmes huit jours, afin de joüir à nostre aise d'un lieu si plaisant & d'un air si doux. Le Consul des François qui estoit naturel du païs, de l'ancienne & illustre maison de Justiniani, ayant esté auparavant adverty de nostre venuë, nous y avoit fait preparer une maison.

Les Turcs appellent cette Isle Saquez Ada, qui veut dire l'Isle du Mastic, lequel y croist en abondance, sans qu'on en trouve en aucun autre endroit que là mesme : il n'y a qu'à une partie de l'Isle où ils le peuvent faire croistre, car ils ont essayé souvent à le planter en d'autres endroits, mais toute la peine qu'ils y ont prise leur a toûjours esté inutile. Ce Mastic croist à la partie de l'Isle qui regarde le Midy & le Levant, en l'espace de viron trois ou quatre lieües, où il y a de petits arbres qui ont la fëüille assez semblable au lentisque, ausquels ils font de petites incisions aux mois de Juillet & d'Aoust, qui distillent de petites larmes blanches, qui est le Mastic. Les Turcs en font soigneuse garde, & aucun Grec n'en oseroit avoir pris, ny mesme en avoir dans sa maison, sur peine de la vie, si ce n'est en des caisses entieres. Ils en cueillent ordinairement deux cens cinquante caisses par an, chacune pesant cent cinquante livres ; la caisse de ce Mastic se vend d'ordinaire cinquante écus, & tout le profit qui revient de cette vente est pour le Grand Seigneur, lequel en reserve cinq ou six caisses pour l'usage de son Serrail, le meslant ordinairement dans le pain, qu'ils estiment sain & stomachal. Il y croist aussi quantité de Terebinthe, qui est estimée la meilleure du monde, elle est fort blanche, n'a point de mauvais goust, & ne cause aucune alteration à ceux qui en prennent.

La ville de Chio est divisée en bourg & en

chasteau : le dernier a environ quinze cens pas de circuit, il est situé le long du port, n'ayant autre fortification qu'une muraille flanquée de quatre tours, & entourée d'une fausse braye, & d'un fossé à moitié remply d'eau. Du costé du port il y a un Esperon avec quelques pieces de canon pour la seureté des Vaisseaux. Il est assez beau pour ce qui est de la Turquie, & les maisons y sont basties à l'Italienne, aussi ont-elles esté faites par les Genois, qui en ont esté Seigneurs long-temps, lesquels se voyans trop foibles & trop esloignez de secours pour resister à la puissance des Turcs quand ils prirent Constantinople, envoyerent presenter tribut au Grand Seigneur, lequel les receut sous sa protection moyennant cinq mille sequins par an.

Elle estoit pour lors gouvernée par ceux de la maison de Justiniani, qui la tenoient par engagement des Genois, lesquels ayans manqué trois années de suite d'envoyer le tribut à Constantinople, Sultan Selim Empereur des Turcs y envoya son armée de mer composée de soixante & dix galeres, en l'an 1566. & aprés s'estre fait payer les arrerages du tribut, il osta entierement le Gouvernement à la famille des Justinians, & y establit un Gouverneur Turc, qui vescut avec les habitans en bonne intelligence, leur promettant toute sorte de liberté, comme de trafiquer en la Chrestienté, mesmes avec les ennemis du Grand Seigneur, d'arborer dans le chasteau & dans le port le signe de la Croix, & plusieurs autres privileges.

L'on tient que ce changement de Gouvernement fut solicité par les habitans, lesquels ne pouvans plus endurer le gouvernement tyrannique de ceux de la famille de Justiniani, envoyerent à Constantinople demander un Gouverneur Turc, avec lequel ils se trouverent assez bien, jusques à l'année 1595. que les galeres du Grand Duc de Toscane, commandées par Virginio Ursini, firent une entreprise sur le Chasteau, & l'emporterent, mais une tempeste qui arriva subitement, obligea les galeres à se retirer du port, & pour estre plus en seureté à tenir la mer, laissant environ cent cinquante soldats dans le Château, qui fut repris dés le lendemain, & les soldats taillez en pieces, dont les testes paroissent encore le long de la muraille qui regarde la marine.

Les Turcs crûrent que les Chrestiens avoient fomenté cette entreprise, ce qui fut cause que les Chrestiens furent chassez du Chasteau, où le Grand Seigneur envoya bonne garnison. Les Turcs y sont depuis ce temps-là tellement accreus, que de trois ou quatre cens qu'ils estoient, ils sont maintenant bien six ou sept mille, outre neuf ou dix galeres qui sont ordinairement dans le port, dont les soldats incommodent grandement les habitans. L'on y a mis aussi le Caraco ou tribut qui est sur tous les masles, lesquels ayant atteint l'âge de douze ans, payent par teste trois reales de huit, ainsi qu'il a esté dit ailleurs : ce qui rapporte au Grand Seigneur vingt-cinq mille reales de huit par an.

Le bourg où demeurent à present les Chrétiens, est au dessous du Chasteau : il est beaucoup plus grand que le Chasteau, mais ny les maisons ny les ruës n'en sont point si belles, parce qu'il ne servoit que de fauxbourg durant que les Chrétiens estoient les maistres du Chasteau, lequel ils tenoient pour la ville.

L'on compte dans cette Isle trente-huit villages, & environ soixante mille ames, dont il y en a bien cinquante mille qui suivent l'Eglise Grecque, sept mille Turcs, & trois mille Catholiques, lesquels y vivent en assez grande liberté pour ce qui touche la Religion, car ils ont un Evesque Latin, plusieurs Eglises & Convents pour administrer le Service Divin; les Peres Jesuites y ont un grand Convent, bien basty, & une assez belle Eglise; ils sont bien vingt Religieux, tous naturels du païs, lesquels à leur ordinaire y instruisent la jeunesse Grecque, & en conduisent plusieurs à la vraye Religion: Les Peres Carmes y ont aussi une assez belle Eglise & Convent, ils s'adonnent aussi à instruire la jeunesse, & en tirent plusieurs hors de l'heresie ordinaire des Grecs: les Peres Capucins ont un petit Convent & une Chapelle au dessus de la ville, sur le penchant de la montagne, dans un lieu tout à fait solitaire, plaisant, & de tres-belle veuë. Au reste toutes les fonctions de la Religion Catholique y sont exercées avec la mesme liberté qu'en la Chrestienté, & portent souvent par les ruës le S. Sacrement en procession, sans que les Turcs y commettent aucun scandale.

Ayant demeuré quatre jours dans le bourg de Chio, nous fusmes autant de temps nous réjoüir à une maison des champs nommée Crina, appartenante à une personne de la famille de Justiniani, & bastie par un Cardinal de la mesme maison. En y allant nous passasmes par un Monastere de Religieux Grecs basty au haut d'une montagne, d'où la veuë découvre le reste de l'Isle, la mer, & plusieurs autres petites Isles, ce qui y fait une belle perspective : il y demeure ordinairement cent Caloyers ; ils nous montrerent dans leur Eglise avec grande ceremonie une piece de bois enchassée dans un Crucifix d'argent doré, laquelle ils nous asseurerent estre de la vraye Croix de nostre Seigneur : L'Eglise est toute remplie de tableaux, qui témoignent les miracles qui y ont esté faits.

Nous passasmes quatre jours dans cette belle maison de Crina, laquelle est tres-bien entretenuë & toute bastie à l'Italienne, avec des beaux jardins & des forests d'orangers & de citronniers. Nous y receusmes tout le contentement que l'on sçauroit gouster dans une maison tout à fait delicieuse, il y avoit abondance de vivres, & principalement de fruits & de legumes : le vin qui y croist, quoy qu'il soit beaucoup couvert, ne laisse pas d'estre assez bon. L'on nous montra là proche un village nommé Cardemilla, où il reste plusieurs ruïnes que ceux du païs appellent Escoles d'Homere, & veulent que ce Poëte y aye autrefois enseigné.

Les païsans de ces contrées là entretiennent des perdrix, & les envoyent tous les jours aux champs, les accoustumans tellement au sifflet, qu'encores qu'elles soient quelquefois des sept & huit mille par ensemble, & à divers maistres, elles ne laissent pas de le bien entendre, & de se separer pour suivre celuy qui les méne paistre. Ces perdrix, quoy qu'elles soient semblables aux nostres, elles different neantmoins du chant, ce qui est rare; car nul autre oiseau, quoy qu'il soit étranger, n'est different de chant à ceux de son espece.

Il y a un village du costé du Septentrion de l'Isle, où autrefois estoit une assez grande ville; les femmes y sont vestuës d'une façon toute particuliere, elles portent toutes de grandes robbes noires, les cheveux leur pendent à la negligence sur leurs épaules, il leur pend au col un grand escu d'argent, où au milieu est representé une espée; aux oreilles elles portent des pendans faits en façon d'arc : ces marques sont des témoignages de leur valeur, car leurs maris ayans esté vaincus dans une bataille, les femmes prirent les armes, & recouvrerent courageusement ce que leurs maris avoient perdu laschement, en témoignage dequoy elles portent ces marques d'honneur. Nous avons veu de ces femmes, & à la verité l'on connoist dans leur maintien quelque chose de plus magnanime & de plus courageux qu'aux autres.

Nous partismes de Chio le treiziéme jour de May, avec une galiote de neuf bancs que nous loüasmes pour nous en servir pendant tout nostre voyage de mer. En quittant le port nous vismes devant nous l'Isle d'Icarie, laquelle donne son nom à cette mer là. Les anciens Poëtes feignent que ce fut dans ces eauës qu'Icarus fils de Dedalus fut precipité : depuis cette mer a porté le nom d'Icarie.

Nous eusmes le vent si frais, qu'en peu de temps nous passasmes cette mer, & entrasmes dans le Golfe d'Ephese, & costoyans l'Isle de Samos, nous arrivasmes la nuict à Coucadacy, que ceux du Ponant appellent Eschelle Neuve, à cause que ce lieu a esté frequenté depuis peu. Il y a une petite Isle à la plage où les Vaisseaux se mettent à couvert du vent, & sert de port: il s'y fait un grand trafic de cire, laine, cotton, & principalement de bled, car encore qu'il soit deffendu d'en enlever d'aucun endroit de la Turquie, neantmoins comme ce lieu est écarté, il s'en charge tous les ans une grande quantité.

Nous y mismes pied à terre, & logeasmes le reste de la nuict dans un grand Caravansara qui est le long de la marine. Le Grand Seigneur avoit donné cette place au Caimacan de Constantinople, qui avoit épousé sa sœur, lequel l'avoit fait entourer de hautes murailles, & en avoit fait une nouvelle ville: Mais ce Bacha ayant esté estranglé, depuis le Grand Seigneur s'en est saisi, & y avoit establi une doüane laquelle estoit affermée à huit mille reales de huit par an. Il y demeure un Grec lequel sert de Consul qui expedie tous les Vaisseaux qui y arrivent de la Chrestienté. Nous demeurasmes une journée entiere en sa maison, tant pour voir la place, que pour donner du temps à nos Janissaires pour nous trouver des chevaux, pour aller voir le lendemain les ruines de l'ancienne ville d'Ephese, qui sont à cinq lieues de là.

Nous en partismes à la pointe du jour, & en passant sur des collines proche de la marine, nous vismes plusieurs ruines, & entre les autres celles d'un grand Aqueduc, lequel servoit autrefois pour porter de l'eau dans la ville d'Ephese. Au milieu du chemin, & où la mer est asséz proche, nous passasmes une grande valée toute marescageuse, laquelle on nous asseura avoir autrefois servy de port à ladite ville, qui devoit avoir esté tres-beau, estant tout entouré de montagnes, n'ayant qu'une ouverture assez estroite, laquelle s'estend jusques à la mer.

Ayant traversé ce fonds, nous entrasmes dans une belle plaine qui continuë jusques à la ville, ayant bien huit mille de long & autant de large. Au milieu de cette plaine il passe une riviere assez grande & assez profonde pour porter des bâteaux. Sur le penchant des montagnes qui environnent cette plaine nous vismes plusieurs cavernes & comme de petits cabinets coupez dans le roc, que nous jugeasmes avoir autrefois servy de cimetieres & de sepultures.

Arrivant au lieu où avoit esté jadis cette si fameuse & si renommée ville d'Ephese, nous n'y vismes autre chose que des montagnes & des ruines : nous fusmes au lieu où autrefois estoit basty ce Temple si celebre dedié à Diane, lequel pour sa beauté estoit estimé entre les sept merveilles du monde. De tous ces admirables edifices il n'en reste maintenant que quelque pan de murailles, & un grand portail solidement vouté : l'on void encore au haut trois tables de marbre, dans lesquelles sont representez plusieurs personnages, mais nous ne pûsmes connoistre le sujet de cette histoire.

L'assiette de ce Temple estoit tres-belle, estant sur une petite colline regardant du Midy la plaine qui s'estend jusques à la marine, & du Levant une tres-belle valée, au milieu de laquelle passe un grand Aqueduc, lequel reste encore en son entier : tout proche de ce lieu là il y a une caver-

ET DU LEVANT. 205

re, où ceux du païs difent avoir par tradition, que les Sept Dormans demeurerent cachez tout le temps durant la perfecution des Chreftiens. Au haut d'une montagne qui eft du cofté du Septentrion, il y a un grand Chafteau entouré de bonnes murailles, lequel demeure en fon entier, mais il eft deshabité.

Du cofté du Midy nous allafmes voir les ruines d'un grand Temple, dont la moitié refte encore debout, que les Grecs nous dirent avoir efté dedié à Saint Jean l'Evangelifte, lequel y a demeuré long-temps : nous y entrafmes dans une caverne fous terre par une defcente de trente-six degrez : nous portions tous des pieces de bois de fapin bruflantes à la main, qui nous fervoient de flambeaux dans cette grande obfcurité : nous y paffafmes par plufieurs petites allées & détours, où bien fouvent il fe faloit traifner fur le ventre pour les paffer. Nous y demeurafmes bien une heure à tournoyer d'un cofté & d'autre, fans que jamais nous fceufmes connoiftre à quoy ce lieu pouvoit avoir fervy, fi ce n'eftoit à des fepultures : fi noftre lumiere fe fuft éteinte, nous n'euffions jamais pû fortir de ces lieux foufterrains, tant pour la quantité des détours & des allées qu'il y avoit, que pour la grande obfcurité qu'il y faifoit.

Proche de là dans la montagne il y a une grotte naturelle, grande, belle & folitaire ; les Grecs du païs y ont une devotion particuliere, & difent qu'elle a fervy de demeure à S. Jean. A quelques deux cens pas de là, parmy des ruines, gift contre terre un grand baffin de pierre ayant treize pieds de tour, dans lequel les Grecs nous affeurerent que S. Jean avoit accoustumé de Baptiser. Les Grecs de vingt lieuës d'alentour y viennent tous les ans en procession à la Feste de S. Jean, & y celebrent la Sainte Liturgie : Ils reverent & portent un grand respect à ce bassin, & estans malades ils prennent un peu de cette pierre, laquelle meslant dans leur boisson, ils disent qu'ils recouvrent leur santé.

La ville d'Ephese n'a non-plus sçeu éviter les révolutions de la fortune, que les autres choses de l'univers ; elle est appellée par les Turcs Hayousclouc, & n'est rien autre chose à present qu'un monceau de pierre & un sepulchre d'elle-mesme, qui sert de retraite à des voleurs & à des assassins, qui non contens de voler leurs voisins, s'entre-dérobent & coupent la gorge tous les jours, vivans comme dans un lieu abandonné, sans aucune justice ny police. Il y reste encore en son entier une belle & grande Mosquée, laquelle n'estant ny frequentée ny entretenuë, commence à se ruiner. Parmy des differentes ruines nous reconnusmes plus de cinquante bâtimens qui avoient servy à des bains, par où l'on peut aisément conjecturer combien cette ville devoit avoir esté peuplée & delicieuse. Le païs d'alentour, quoy que desert & abandonné, ne laisse pas de montrer son extréme bonté & sa grande fertilité, en produisant quantité de beaux & grands arbres, & entr'autres plusieurs que l'on appelle Planes, qui sont des arbres fort hauts & touffus, desquels la feüille est semblable à celle de la vigne.

Ayans assez consideré ces ruines & antiquitez, nous revinsmes par le mesme chemin à Coucadacy, d'où nous partiſmes le lendemain à mynuict, & euſmes le vent de terre ſi favorable, qu'à la pointe du jour nous arrivaſmes à l'Iſle de Samos, qui en eſt eſloignée d'environ ſept lieuës. Nous la coſtoyaſmes deux heures de temps, juſques à ce que nous euſmes reconnu une petite plage & quelques maiſons, où nous miſmes pied à terre.

Les habitans qui nous avoient veu de loin, nous croyans Corſaires, s'eſtoient enfuis au haut de la montagne. Nous les viſmes de loin pendant qu'ils fuyoient, & nous fiſmes ce que nous pûſmes pour leur témoigner que nous ne voulions point leur faire de mal, mais ils ne nous voulurent pas croire : Enfin aprés leur avoir envoyé un de nos Janiſſaires juſques au haut de cette montagne, ils revindrent, amenant avec eux un Papas ou Preſtre Grec, dont nous fuſmes bien aiſes, penſant apprendre quelque choſe de luy; mais nous fuſmes trompez dans noſtre prétention, car il donna des réponſes ſi groſſieres à tout ce que nous luy demandaſmes, que nous admirions ſon ignorance ; en ſuite nous nous informaſmes encore de luy s'il n'y avoit rien de rare ou d'antique à voir dans ces lieux-là, & s'ils n'avoient point conſervé quelque memoire du lieu où ſe retiroit jadis la Sibille de Samos, qui a demeuré long-temps dans cette Iſle ; à quoy il ne ſceut rien répondre, non plus qu'à nos premieres demandes : Enfin ayans veu que nous ne pouvions apprendre aucune choſe de ce Preſtre, nous le fiſmes diſner avec nous, dequoy il s'acquita bien mieux, qu'à contenter noſtre curioſité.

L'Isle de Samos est fort celebre par son antiquité : Polycrates le tyran y faisoit sa residence, y entretenant plus de cent galeres, avec lesquelles il se rendit maistre de la pluspart des Isles de la mer Mediterranée. Ce fut en cette Isle où Anthonius competiteur de l'Empire Romain avec Octavius Cesar, fit dresser son armée navale. Cesar ayant obtenu le nom d'Auguste, y logea, y receut plusieurs Ambassadeurs, & y mit ordre aux affaires de l'Asie. Il y a beaucoup d'apparence qu'il y avoit là de beaux & de grands bastimens, puisque ces Princes y ont fait leur demeure, desquels maintenant il ne reste pas seulement les ruines.

Cette Isle a environ trente-trois lieuës de tour; le terroir en est sterile, estant remply de hautes montagnes qui sont peu propres pour les grains, mais en recompense les vins y croissent en abondance, dont les habitans font trafic, les transportans par toute la Grece. Elle a demeuré long-temps deserte & deshabitée, jusques en l'an mil cinq cens cinquante, que Sultan Selim la donna au Bacha Cigale General de ses mers, lequel y envoya une colonie de Grecs qui l'ont tellement peuplée, que le Grand Seigneur en tire six mille escus de revenu par an, le reste du revenu est appliqué à une Mosquée que ledit Bacha Cigale a fait bastir à Toppana, qui est un bourg proche de Constantinople.

Ayans demeuré environ une heure dans cette Isle, nous nous rembarquasmes, & avec le temps favorable nous arrivasmes vers le soir à Patmos, qui est esloignée de Samos d'environ vingt-deux lieuës.

ET DU LEVANT.

L'Isle de Patmos, appellée des Grecs Patino, est la plus recommandable aux Chrétiens de toutes les Isles de la mer Mediterranée, à cause de Saint Jean l'Evangeliste, lequel y a demeuré long-temps, & y composa son Apocalypse. Cette Isle n'est qu'un rocher entierement sterile, qui a environ huit lieuës de tour. Les habitans sont les Grecs les plus aisez de toute cette mer, car ils ne s'attendent point à cultiver leur terroir ingrat, mais s'adonner au trafic, & principalement en Italie, ayant grande correspondance avec ceux de la ville d'Ancone.

Toutes sortes de vivres y sont apportées en abondance des autres Isles de l'Archipel : ils y vivent en grande liberté, & mesme ne payent point la Carace ou tribut qui se leve sur les Chrétiens par toute la Turquie, ils payent seulement au General de la mer quatre mille reales de huit par an, moyennant quoy ils sont libres de toutes sortes d'impositions. Il n'y demeure point de Cadis ou Juge Turc, & lors qu'il y en vient, en luy donnant trente ou quarante reales de huit, ils en sont quittes pour six mois : Enfin pour un lieu si petit & sterile, il s'y trouve de toutes choses en telle abondance, qu'il faut avoüer que S. Jean y a laissé sa benediction.

Le port est grand, & asseuré contre toutes sortes de tempestes, par trois petits rochers qui le couvrent. Le long de la marine il n'y a que des magazins où les marchands mettent leurs marchandises, car pour leurs personnes ils se retirent la nuict au haut de l'Isle où est le Chasteau.

Nostre curiosité nous fit monter au haut de la montagne : à moitié chemin nous visitasmes la grotte dans laquelle S. Jean a fait sa demeure, & composé son Apocalypse: Elle est coupée dans le roc, ayant environ cinq pas de long, six de large, & neuf de haut ; on y descend par sept degrez : Au haut de la mesme roche, qui est comme une voute solide, il y a un grand creux où les Caloyers nous dirent que S. Jean mettoit la teste pour entendre la voix du Ciel ; & un peu plus avant on void une fente dans le roc, par laquelle on nous dit que S. Jean eut les visions de l'Apocalypse.

 Les Grecs ont pratiqué un petit appartement à costé de cette grotte, où demeurent ordinairement cinq ou six Caloyers, qui y font journellement leur service.

 Les Grecs estiment cette grotte si sainte, qu'étans malades ils prennent un peu de la pierre, & disent qu'ils recouvrent aussi-tost leur santé. Proche de cette grotte on visite ordinairement un grand bassin, dans lequel les Caloyers nous asseurerent que Saint Jean avoit accoustumé de baptiser, comme il a esté déja dit.

 Aprés avoir ainsi visité cette grotte, nous montasmes au haut de cette montagne, où il y a un grand bourg & un Monastere, lequel ressemble mieux à un Chasteau qu'à une demeure de Religieux : il y a d'ordinaire bien cent cinquante Caloyers dans ce Monastere, lesquels nous receurent tres-bien, & avec toutes les courtoisies du monde ils nous retindrent à coucher. Leur Eglise est belle, & assez bien accommodée & garnie de plusieurs caisses pleines de Saintes Reliques, & ce qui est tres-rare en Turquie, ils y ont des Cloches, desquelles l'usage est defendu par toute la Turquie, & ne s'en trouve que là & au Mont Liban.

Nous en partismes le lendemain au matin, & à nostre depart ces bons Religieux nous firent present de vivres pour deux jours, sans jamais vouloir recevoir aucune chose de nous, & de plus ils nous vinrent conduire jusques à nostre basteau; En descendant la montagne ils dirent la Liturgie dans la grotte de S. Jean, pour le bon succez de nostre voyage. Le long du port ils nous montrerent un arbre de Terebinthe qui paroissoit fort vieil, ils nous dirent avoir par tradition que de ce mesme lieu fut precipité dans la mer un Magicien, lequel avec sa fausse doctrine vouloit confondre la verité de Saint Jean, & fut changé en une statuë de pierre, laquelle ils nous montrerent dans la mer, estant couverte d'une brassée d'eau.

Nous partismes de cette Isle fort satisfaits, tant pour avoir veu cette grotte si celebre, que pour la civilité des habitans & la charité de ces Religieux, qui ne sçavoient quel bon traitement nous faire.

Le vent que nous avions en poupe nous fit arriver à Lero en moins de six heures, qui est éloignée de dix lieües de Patmos. Cette Isle a environ treize lieües de tour, le terroir en est sterile & montagneux, il y croist quantité de bois d'aloës, le port y est assez bon, & deffendu des Corsaires par un Chasteau qui est au haut de la montagne: au bas il y a un bourg dont la pluspart des habitans sont Grecs, qui à l'exemple de ceux de Patmos, s'adonnent plus à la navigation & commerce, qu'à cultiver leur terroir sec & sterile.

Ayans passé devant cette Isle, nous en costoyasmes trois autres petites, lesquelles pour estre entierement steriles, demeurent desertes & deshabitées: Les Mariniers les appellent les Caprajes, à cause de la quantité de chevres sauvages qui y sont: nous en vismes plusieurs courir le long des rochers & des précipices; nous y mismes pied à terre pour disner, trouvans de bonne fortune une belle source au bord de la mer, où nous demeurasmes environ une heure de temps.

Le vent nous estoit si favorable, qu'avec la nuict nous arrivasmes à l'Isle de Lango, où pour estre tard nous ne pûsmes trouver où gister, & ayans débarqué à la plage, nous demeurasmes le reste de la nuict couchez sur le sable.

L'Isle de Lango, appellée des Turcs Stanchio, & des anciens Cos, est une des meilleures & des plus fertiles de l'Archipel: Elle a environ quarante lieuës de tour, & est esloignée de la Terreferme de la Province appellée Doride, de trente mille. Tous les villages sont habitez par des Grecs, & au bourg & au chasteau se tiennent les Turcs: le chasteau est separé du bourg par un fossé & une assez bonne muraille flanquée de plusieurs tours rondes & quarrées, qui le rendent assez fort; & de fait il resista en l'an 1603. contre les Galeres de Malthe & de Naples. Le port qui vient entre le bourg & le chasteau est assez grand & bien asseuré, mais tout gasté par un banc de sable qui s'est fait à l'entrée, de sorte qu'à present il n'y peut entrer que des petites barques, les Vaisseaux & Galeres se tiennent à la plage, laquelle a le fond fort bon pour les tenir à l'anchre.

Nous

Nous fufmes voir le chafteau, devant lequel il y a une belle & grande place, plantée de plufieurs orangers & planes : L'on void encore au deſſus de la porte les armes de S. Jean de Hierufalem ; au dedans on reconnoiſt encore devant plufieurs maifons leurs Croix, auec quelques armes de particuliers, qui témoignent aſſez que cette place a eſté autrefois aux Chreſtiens. Les Chevaliers de Rhodes l'ont long-temps gardée; mais à la perte de leur Iſle ils cederent au Turc, n'eſtans pas aſſez forts pour pouvoir refifter contre un tel ennemy.

Nous y demeuraſmes une journée entiere logez dans un grand jardin, remply d'orangers, citronniers, & autres arbres femblables, chargez de fruicts les plus beaux du monde. Nous n'avions pendant la nuict autre couvert que ces arbres chargez de fruicts, de feüilles & de fleurs, qui avec leur douce & fuave odeur, nous firent couler la nuict avec un doux fommeil & agreable repos.

Au reſte cette Iſle nous eſt grandement recommandable, tant à caufe de la naiſſance d'Hypocrates & d'Apelles, tous deux tres-excellens dans leurs profeſſions, que pour fa fertilité & principalement en bons vins, qui ont donné à cette Iſle le nom de Cos, voulant fignifier par ces trois lettres, couleur, odeur & faveur, qualitez requifes pour du vin tres-excellent, & tel qu'il croiſt en ce lieu.

Nous en partiſmes le lendemain, & paſſaſmes devant le Golfe d'Halicarnaſſe, au bord duquel fut jadis baſtie la Sepulture du Roy Monfolle par fa femme Arthemife, eſtimée pour une des

K

sept merveilles du monde, duquel il ne reste maintenant que peu ou point de ruines, non plus que de la ville d'Halicarnasse, anciennement capitale du Royaume de la Carie: nous avions fait dessein d'y aller, mais le vent contraire nous empescha & nous fit continuer nostre chemin de Rhodes.

A dix leües de Lango nous doublasmes le Cap Crio, auprés duquel nous nous fismes mettre pied à terre, pour voir les ruines de l'ancienne ville de Nidus, où il ne reste que quelques cisternes, & environ la moitié d'un Temple jadis dedié à Venus, où estoit adorée sa statuë si celebre par toute la Grece.

En costoyant la Terre-ferme de l'Asie, nous vismes plusieurs ruines, ce qui nous fit clairement voir que toute cette coste de mer avoit esté tres bien peuplée, mais à present le tout est deshabité & n'y reste rien d'entier. Nous passasmes devant l'Isle de Simios, qui est un grand rocher au milieu de la mer, neantmoins bien peuplé par des Grecs qui y peschent quantité d'éponges, lesquels ils tirent du fonds de la mer: ils s'accoustument tellement à nager dés leur jeunesse, que devant qu'un garçon se puisse marier, il faut qu'il sçache plonger vingt brasses, & se tenir quelque temps sous l'eau; ils font de petits basteaux qu'ils appellent Simbequirs, qui sont ordinairement de neuf bancs fort legers, & tellement vistes tant à la rame qu'à la voile, qu'il n'y a aucun vaisseau qui les puisse devancer, c'est pourquoy ils sont fort recherchez en cette mer, parce qu'ils n'ont aucunement peur des Corsaires, & pour les tempestes ils n'ont que faire de les craindre, car comme ils connoissent toutes les plages ils se mettent incontinent à terre: ils se tiennent tout l'esté en mer faisans continuellement des voyages d'une Isle à l'autre, & l'hyver avec ce qu'ils ont pû gagner, ils se retirent dans leur rocher.

Le vent continüa si frais, & fit tellement enfler la mer, que nous courusmes risque de nous perdre; nous arrivasmes encore ce soir à Rhodes, esloignée de Lango de trente-sept lieües.

L'Isle de Rhodes a eu autrefois plusieurs noms; mais enfin elle fut ainsi appellée, à cause qu'on trouva en terre lors qu'on jetta les fondemens de sa principale ville, une Rose, que les Grecs appellent Rhodos; elle a esté toûjours reconnuë pour une des principales Isles, & pour la Rose de la Mer Mediterranée.

Les anciens Romains la faisoient servir d'Academie à leur jeunesse pour leur apprendre les exercices & la vertu.

Les Chevaliers de S. Jean de Jerusalem la prirent sur les Sarrasins en l'an 1300. & la possederent jusques en l'an 1522. que Sultan Soliman la leur osta, au mesme temps que François de Lisladam en estoit le Grand-Maistre.

La situation de cette Isle est au trente-sixiéme degré de latitude, & au cinquante-septiéme de longitude, ce qui y rend l'air fort temperé. Toute l'antiquité l'a dediée au Soleil, & a creu qu'il en avoit un soin particulier, à cause qu'en quelque saison que ce soit, il ne se passe aucun jour que ses rayons n'y paroissent. Le terroir est montagneux, ce qui fait qu'il n'y croist pas assez de grain pour nourrir les habitans; mais en recompense le bestiail, fruicts, & toutes sortes d'herbes & racines, tant potageres que medecinales, y croissent en abondance. Elle peut avoir environ quarante lieües de tour, & n'est esloignée de la Terre ferme de la Natolie que d'environ sept lieües, où il a un port nommé Porto Cavallero, lequel les Chevaliers tenoient aussi-bien que l'Isle, & d'où ils faisoient venir leurs provisions de grain, parce que le païs d'alentour en fournit tres-abondamment.

Ce port est tres-bon, & peut recevoir toutes sortes de vaisseaux, n'estant éloigné de Rhodes que de vingt-cinq ou trente lieües.

La ville de Rhodes est bastie sur le penchant d'une montagne, & s'estend jusques à la marine: elle est divisée en haute & basse Ville. Il y a deux bons ports au devant de ladite Ville, l'un est celuy des Galinos qu'on rencontre en abordant, & qui est couvert de deux digues, dont son emboucheure est tournée vers le Levant, & deffenduë d'une grosse platte forme revestuë de pierre de taille, qui porte une tour. Cette platte-forme qu'on nomme le Fort Saint Elme, est environné de portaux dans lesquels sont huit ou dix gros canons, qui deffendent l'entrée du port des Galeres.

L'autre port est celuy des Vaisseaux, qui est au dessous de celuy des Galions, lequel a son entrée un peu plus vers le Septentrion que l'autre. Il est fortifié de deux tours, l'une du costé du port des Galeres qui est quarrée, & s'appelle la tour de S. Jean, aussi elle porte les armes de l'Ordre. L'autre tour s'appelle Saint Michel, qui couvre ce port du costé du Levant. Ces deux tours sont tres-bien garnies de canon, de sorte qu'on ne peut entrer dans ce port par force, qu'à la faveur de bonnes batteries.

C'estoit à l'entrée de ce port qu'estoit ce beau & Prodigieux Colosse de bronze, fait par Caneles Indien, lequel pour sa démesurée grandeur a esté mis entre les sept merveilles du monde. Il avoit soixante & dix coudées de haut, les Vaisseaux à pleines voiles passoient entre ses jambes, & servoit de fanal, tenant à la main une lanterne, pour montrer pendant l'obscurité de la nuict l'entrée du port. On avoit employé douze ans à le construire & à le dresser, & fut renversé cinquante-six ans apres par un tremblement de terre, au rapport de quelques-uns. Il estoit d'une si extraordinaire grandeur & grosseur, qu'un homme n'en eust pû embrasser le pouce, & chacun de ses doigts estoit plus grand que plusieurs statuës entieres. Quelque autres disent que les Egyptiens s'estans rendus maistres de cette Isle, le mirent en pieces, & que du débris ils chargerent neuf cens chameaux.

Il n'y a aucun Chrestien qui puisse demeurer ny mesme coucher pendant une nuict dans la Ville, cela leur est estroitement deffendu: ils se retirent tous dans un grand bourg qui est à trois cens pas de la Ville, du costé du Septentrion, prés lequel nous vismes la sepulture de ce grand Corsaire Amurat Rail: il y a plus grand nombre d'habitans dans ce bourg qu'à la ville, car on ne compte dans la ville qu'environ trois mille Turcs & cinq cens Juifs, & lors que les galeres sont en mer il n'en reste pas cinq cens.

La basse Ville est bastie sur la marine, les ruës

en sont fort estroites, excepté celle des Juifs, qui est assez belle, dans laquelle nous vismes un ancien Monastere de Filles, la Maison du Grand Commandeur, & le Palais où l'on rendoit la justice, sur la porte duquel on voit les armes d'un Grand Maistre qui a esté Cardinal.

Le Palais du Grand Maistre, qui sert de Donjon à la Ville haute, est comme la Citadelle de la basse Ville : c'est un Edifice fort spacieux, & tres-bien basty de pierre de taille, il paroist encore au dehors en son entier, mais au dedans on reconnoist qu'il est grandement ruiné, estant, comme il a esté dit cy-dessus, l'ordinaire des Turcs de tout laisser en decadence, & quoy que le bastiment en soit beau & grand, il ne sert que pour y loger des prisonniers de remarque. Nous y eussions volontiers entré, mais parce qu'il y avoit pour lors un Prince Tartare prisonnier, nous n'en pûsmes obtenir la permission, & nous nous contentasmes de le voir par la cour.

Cette basse Ville estoit autrefois la demeure ordinaire des Artisans, lors que les Chevaliers en estoient les maistres.

Il y a une porte sur la marine qu'on appelle la Porte de Saint Georges, par laquelle on entre dans la Ville. Sur cette marine il y a des tours où sont écrits ces mots, *Reverendus Dominus Frater Petrus Daubusson, Rhodientium Equitum magister, has turres ædificavit.*

A costé de cette porte on voit la teste d'un dragon, presque de la forme & grandeur d'un busle, ayant des cornes semblables, mais le museau plus court & plus pointu. Ce monstre y a esté tué par un Chevalier François nommé Goujon de Melac d'Auvergne, & comme l'histoire en est admirable, & approuvée par les annales de l'Ordre, je la repeteray icy en peu de mots.

L'Isle de Rhodes, soit par punition divine ou autrement, estoit tellement travaillée d'un Dragon, que les païsans n'osoient envoyer leurs troupeaux en campagne ; plusieurs Chevaliers qui desiroient faire preuve de leur valeur, s'y allerent hazarder, mais la pluspart y perdirent la vie : Le Grand-Maistre estimant qu'il estoit hors du pouvoir humain de se défaire de ce Dragon, recommanda l'affaire à Dieu, & pour éviter la mort de tant de braves gens, fit defence sur peine de desobeïssance de s'y hazarder.

Goujon de Melac qui avoit esté diverses fois contre cette beste, & qui en estoit souvent reveu un seul, ayant laissé ses commpagnons morts sur la place, fut soupçonné de n'avoir osé attendre l'abord furieux de ce Dragon, ou du moins de quelque lascheté, ce qui luy estoit insupportable ; & ne pouvant souffrir qu'on eust cette opinion de luy, il se retira en France, ayant continuellement l'image de ce monstre dans l'idée. Estant arrivé en France il fit faire le portrait de ce Dragon, & accoustuma deux grands dogues à un certain cry de sauter au dessous de cette beste, & la saisir par le bas ventre : les ayant ainsi bien instruits, il retourna avec ces deux chiens à Rhodes, où sans communiquer son dessein à personne, il alla au lieu où autrefois il avoit veu ce Dragon, lequel l'ayant trouvé & fait son cry ordinaire, les chiens ne manquerent à se jetter au dessous du ventre du Dragon, & de l'arrester par les parties les plus sensibles, donnant loisir au

K iiij

Chevalier de le tuer : ce qu'ayant executé il retourna tout glorieux à la Ville, où il fut receu comme cet acte le meritoit : mais comme il avoit contrevenu au commandement du Grand Maistre, il fut privé de l'habit, suivant les statuts de l'Ordre, mais cela seulement par ceremonie, car la croix luy fut incontinent renduë, & peu aprés le Grand-Maistre venant à mourir, à la consideration de cette action il fut esleu Chevalier d'Election, & se fit luy-mesme Grand Maistre: depuis il a esté mis dans les statuts de l'Ordre qu'aucun Chevalier d'eslection ne pourroit estre Grand Maistre, ce qui authorise encore cette histoire.

Il est presque incroyable en quelle quantité sont par la Ville les Croix, les Images de la Vierge & de S. Jean, & les Croix de l'Ordre : nous en demandasmes la raison aux Turcs, lesquels ne nous dirent autre chose sinon qu'ils les laissoient pour montrer que les Chrestiens bastissent les Villes, & que les Turcs les prennent.

La Ville haute est bastie sur le penchant d'une montagne : elle n'est separée de la basse que d'une simple muraille de pierre de taille, flanquée de quelques tours. Les maisons y sont mieux basties, & les ruës plus belles que dans la basse. C'est le lieu où logeoient tous les Chevaliers, & où sont tous les Auberges, chacune ayant encore les armoiries au haut de la porte. La premiere que nous vismes fut l'Auberge d'Angleterre, qui est proche la porte par où nous entrasmes dans la Ville haute, & devant l'Infirmerie, qui est un beau bastiment, sur la porte duquel se void une image de Nostre-Dame. En suite nous vismes l'Auberge de Provence, sur la porte de laquelle sont les Armes de France. Celle de France se void en suite, qui a encore son ancienne porte toute semée de fleurs de lys. Celles d'Espagne & d'Arragon se voyent en suite, au dessous desquelles est un puits tres-excellent, qu'on appelle encore le Puits d'Espagne.

Les Turcs n'ont rien changé au dedans de la Ville, mais ils ont seulement converty les Eglises en Mosquées, s'estans servis des Auberges pour loger les sosdats; pour le reste des bastimens ils les ont laissez comme ils les ont trouvez: les ruës y sont fort droites, & les maisons assez bien bâties, mais les Turcs les laissent ruiner faute de les réparer.

L'Eglise de Saint Jean jadis capitale de l'Isle, sert à present de Mosquée principale aux Turcs, lesquels ont souvent essayé à y bastir une petite pyramide, comme ils ont à toutes leurs Mosquées; mais elle a esté autant de fois emportée par le tonnerre, ce qu'on nous a asseuré estre arrivé cinq fois; prodige qui donne autant d'épouvante aux Turcs, que d'esperance aux Chrestiens de se voir un jour delivrez de leur tyrannie insupportable.

Aprés que nous eusmes curieusement remarqué tout ce qui estoit dans la Ville haute, nous retournasmes dans la Ville basse, que nous traversasmes pour sortir par la porte de S. Jean, qui regarde l'Occident, & qui est fort basse, n'y ayant qu'un grand corps de garde assez bien vouté de pierre de taille, auquel nous vismes sept ou huit Turcs en garde.

En sortant de ladite porte à main droite il y

a un boulevart qui la couvre. Ayans passé cette porte, non pas sans apprehension d'estre arrestez & payer cherement nostre curiosité, nous cheminasmes sur le bord du fossé pour considerer les fortifications qui sont depuis cette porte jusques à celle de Saint Michel, qui est derriere le Palais du Grand-Maistre.

Du boulevart de la porte de Saint Jean, jusques à l'autre qui le deffend, il y a viron deux cens soixante pas, & ce lieu est le plus fort de Rhodes, estant fortifié de cette sorte. La premiere muraille qui est une haute & épaisse terrasse, est revestuë dedans & dehors la Ville d'une forte muraille de pierre de taille. Au pied de cette grande terrasse s'esleve une fausse braye, pareillement soustenuë de pierre de taille. Aprés cela suit un grand fossé approfondy dans le roc, & une autre forte muraille terrassée de dix ou douze pas, & revestuë de pierre, laquelle est à fleur de terre. Devant cette seconde muraille il y a un second fossé également large & profond comme le premier, au fond duquel on voit le roc. Toutes ces fortifications sont defenduës de deux bons boulevards, qui se deffendent aussi l'un l'autre, sçavoir de celuy qui couvre la porte de Saint Jean, & de celuy qui est au dessus du Palais du Grand-Maistre. Depuis ce second boulevard jusques à celuy qui est proche de la porte S. Michel, il n'y a qu'une muraille & un fossé extrémement large.

Ce fut devant cette simple muraille que Sultan Soliman fit eslever un theatre au pied de la montagne de Saint Nicolas, sur laquelle il estoit campé, afin d'y faire placer sa batterie, laquelle en peu de temps fit une suffisante bréche à la muraille qui est derriere ledit Palais du Grand-Maistre; aprés quoy la conqueste de la Ville luy fut fort facile, & y fit son entrée le jour que nous celebrons en l'honneur de la Nativité de Nostre Seigneur, au grand mépris de la Religion Chrestienne.

Depuis le bastion de la porte S. Michel jusques à la marine il n'y a qu'une muraille flanquée de quelques tours, ce costé estant suffisamment fort, à cause que le port des galeres le couvre, qui est deffendu d'une batterie de dix ou douze gros canons qui sont proche de la porte qui conduit du port au bourg.

Depuis cette porte qui est dessous la muraille de la Ville haute, jusques à la porte de S. Georges, il n'y a qu'une haute muraille de pierre de taille: toutes lesquelles fortifications ne peuvent entrer en comparaison avec celles qu'on fait à présent en la Chréstienté: & ceux qui voyent Rhodes s'estonnent comme elle passe pour une place forte, car outre que ces fortifications ne sont pas entierement parfaites, elle est commandée de plusieurs collines, & principalement celle de S. Nicolas, qui est sur le bord de la mer du costé du Septentrion: & dautant que de cette petite montagne on découvre aisément la Ville & les lieux circonvoisins, Sultan Soliman y campoit aux environs de l'Eglise de S. Nicolas, devant laquelle est la sepulture du Grand Visir qui mourut au Siege.

Voila tout ce que nous avons pû remarquer de cette si renommée ville de Rhodes, que les Chevaliers de S. Jean de Jerusalem ont tenuë

K vj

depuis l'an 1300. qu'ils en chasserent les Sarrazins qui la possedoient, jusques en l'année 1522. que les Turcs s'en rendirent les maistres, conduits par ledit Soliman, avec une forte, longue, & glorieuse resistance des Chevaliers.

Sultan Soliman estant maistre de cette place, & connoissant qu'elle estoit de grande importance, y establit un Bey, auquel il donna le titre de Bacha, & le pouvoir de commander à tous les autres Beys de la mer, qui sont Gouverneurs des Isles; & aussi Capitaine des Galeres en l'absence de leur Admiral, qu'on appelle Capitaine Bacha; laquelle puissance a esté continuée à tous les autres.

Le second Officier de cette Isle est le Mula Cadis, qui rend la justice à tous les habitans, qui sont Turcs, Juifs, & Chrestiens.

Nous fusmes deux jours à Rhodes, où apres avoir veu ce qu'il y avoit de plus remarquable, nous en partismes le 24. de May, & fismes droit canal vers les sept Caps, les laissant à gauche vers les costes de la Licye, dans laquelle, à trente mille de Rhodes, on nous montra le port de Marmora, dans lequel Sultan Soliman allant à la conqueste de Rhodes, embarqua son armée.

Nous doublasmes à une heure de nuict les sept Caps, ayans eu tout le jour une mer lourde, laquelle s'estant eslevée par un grand vent en poupe, nous obligea de donner fonds quinze milles au dessus des sept Caps, dans une bonne plage couverte d'une petite Isle, de laquelle nous sortismes deux heures avant le jour pour aller au Chasteau Rouge, qui est à 27. lieües de Rhodes, où nous arrivasmes de bonne heure ayans eu bon vent.

Chasteau Rouge est ainsi appellé à cause de son terroir qui tire sur le rouge: ce n'est qu'un rocher esloigné de la Terre-ferme d'environ une lieuë: il y a deux petites Isles au devant qui font le port: le Chasteau qui est au haut du rocher est comme imprenable, à cause de son assiette: le bourg est basty sur le penchant du mesme rocher, s'estendant jusques à la marine: les ruës sont coupées dans le roc, qui sert de muraille à la pluspart des maisons. Ce lieu appartenoit autrefois aux Chevaliers de l'Ordre de Saint Jean, ce qu'on connoist par les Croix de l'Ordre que l'on void en plusieurs endroits de la muraille du Chasteau. Toute cette place est habitée par des Grecs, lesquels ont aussi la garde du Chasteau, ayant mesme la permission du Turc d'y tenir deux pieces d'artillerie pour se defendre des Corsaires.

Ce lieu est entierement sterile, neantmoins il ne laisse pas d'estre bien habité, car comme il n'y a point de Turcs, la pluspart des Grecs des environs y viennent demeurer pour y vivre en plus grand repos: ils s'adonnent tous à la navigation & au trafic, ce qui les enrichit tellement, qu'il y a peu de Grecs dans la Turquie plus à leur aise que ceux-là. Ils ont des Caramonsaux dans lesquels ils transportent des cottons en laines de la Natolie, en quelques ports de l'Italie.

Il y a un grand bourg vis à vis en Terre-ferme, où le terroir est tres-fertile, les habitans qui y demeurent s'adonnent seulement à cultiver la terre, & sont grandement pauvres, ce que nous avons remarqué en plusieurs endroits du Levant, que ceux qui demeurent dans des païs fertiles sont plus pauvres que ceux qui demeurent dans des montagnes & lieux steriles, pourveu qu'ils soient proches de la mer & qu'ils s'adonnent à la navigation ; ce qui donne assez à connoistre qu'il n'y a rien qui enrichisse plus un païs que le negoce.

Le temps continuant à nous estre favorable, aprés que nous eusmes fait provision en ce lieu de quelques vivres, nous levasmes l'anchre pour aller droit au Golfe de Satalie, qui en est éloigné de cent quatre-vingt milles, & du Chasteau Rouge, costoyans la Lycie, d'environ vingt-cinq mille.

Nous vismes en passant le port Carcand, ou Carcamo, qui est grand & bien asseuré, ayant deux milles de long : il est couvert de plusieurs petites Isles ; il a deux bouches, l'une qui regarde le Levant, & l'autre le Couchant : la beauté de ce port nous fit croire qu'il a esté autrefois le port de quelque bonne ville, qu'on tient aussi avoir esté submergée.

En arrivant devant ce port le vent que nous avions en poupe se mit de costé, & tellement fort, que les vagues nous menaçoient de naufrage, à cause que la mer est dangereuse aux environs du Golfe de Satalie, quand elle est poussée du Levant au Couchant par un grand courant d'eau.

Ce temps nous continua jusques au Cap Celidoine, qui separe la Lycie d'avec la Pamphilie, lequel Cap fait un destroit avec une petite Isle assez dangereuse qui est devant, car les vagues estans pressées de tous costez se grossissoient de telle sorte, que craignant d'estre jettez sur le

Cap, nous diminüasmes nos voiles de la moitié, & à ce passage nos mariniers commencerent à jetter des morceaux de biscuit en mer; leur ayans demandé pourquoy ils le faisoient, ils nous dirent que ce passage estant estimé dangereux, tous les Mariniers avoient cette coustume.

Il ne faut pas icy oublier ce qu'on rapporte de Sainte Helene, laquelle revenant de la Terre Sainte, fut attaquée devant le Golfe de Satalie d'une grande tempeste, qui ayant submergé une partie de ses Vaisseaux, & mis en mauvais ordre celuy qui la portoit, l'obligea de jetter dans la mer un des Cloux de la Sainte Croix, qui aussi-tost calma l'orage.

Ayans doublé ce Cap de Celidoine, qui est le premier du Golfe de Satalie, nous trouvasmes la mer plus moderée; neantmoins nostre patron craignant la nuict, nous fit aborder dans le port Venitien, qui est à vingt-cinq ou trente milles de ce Cap; à l'entrée duquel on nous tira d'un petit Chasteau qui est sur le haut d'une montagne, deux canonnades, l'une desquelles passa tout proche de l'arbre de nostre Vaisseau.

Ce petit Chasteau deffend un bourg habité de Turcs, lesquels croyans que nous fussions Corsaires, firent fumée pour advertir les habitans; mais voyans que nous nous estions retirez à force de rames de la portée de leur canon, ils descendirent promptement quatre-vingt ou cent sur le bord de la mer armez de mousquets, pour nous empescher la descente.

Cette canaille nous fit promptement retirer, quoy que nos Janissaires les eussent asseurez que nous n'estions point Corsaires, disans qu'il estoit entré dans leur port quelque temps auparavant des Corsaires, qui estoient venus dans une Fregate comme la nostre, lesquels estoient de Malthe, & qui s'estoient faits amis comme nous autres, & au sortir de leur port avoient pris un Caramonsal Turquesque.

Enfin nous fusmes bien aises de nous retirer, craignans que ces gens là esperans de faire butin avec nous, ne nous eussent surpris la nuict.

Nous allasmes donc donner fonds dans une petite plage, viron à un mille de là, où nous passames la nuict faisant bonne garde, & deux heures avant le jour nous levasmes l'anchre : mais comme la mer estoit entierement calme, aprés que nous eusmes fait vingt milles avec les rames, nous allasmes donner fonds dans une grande plage, au bout de laquelle nous vismes de grandes ruines, dont les principales estoient sur le haut d'une colline, entre lesquelles nous remarquasmes de tres belles cisternes, & quantité de colomnes de pierre Thebaïde.

De l'autre costé de cette colline nous vismes sur le bord d'une autre grande plage qui estoit couverte des vestiges d'une mole, une confusion de ruines, qui nous fit croire que ce lieu avoit esté renommé du temps des Romains. Aprés avoir passé deux ou trois heures à voir ces antiquitez, & à nous rafraischir, le vent s'estant eslevé favorablement pour nous, nous continuasmes nostre route vers Satalie, costoyans les hautes montagnes de la Pamphilie, lesquelles estans chargées de nuages, nous menaçoient d'une forte bourasque, mais le vent estant fort, nous abordasmes au port de Satalie, qui fut le 26. May, n'ayans tardé que trois jours à venir depuis Rhodes jusques à ce port, qui en est esloigné de deux cens quatre-vingt milles.

Avant que de débarquer nous envoyasmes un de nos Janissaires à la Ville, pour apprendre des nouvelles du païs, dautant qu'on nous avoit dit que tout y mouroit de la peste, outre qu'il y avoit un rebelle du Grand Seigneur nommé Helis Bacha qui ravageoit tout ce païs. Nostre Janissaire revint avec le Consul des François; lequel nous donna asseurance de l'un & de l'autre, & qu'avec toute liberté nous pouvions venir à terre; dont nous fusmes joyeux, tant afin de nous reposer, que pour voir ce païs, lequel nous avions ouy beaucoup estimer.

Satalie, que les Turcs appellent Attalie, a esté de tout temps estimée pour une des meilleures villes de l'Asie Mineure. Elle est située dans la Province anciennement appellée Pamphilie, & au bord du plus renommé & du plus dangereux Golfe de la mer Mediterranée, qui porte le nom de cette Ville.

Elle est d'une situation avantageuse, parce qu'elle est bastie sur une roche, & entourée de doubles murailles flanquées de plusieurs tours. Du costé de la marine il y a un grand Chasteau basty à l'antique, lequel à cause que les Turcs n'y font aucune réparation, commence à se ruiner. Le port est petit, & seulement capable pour recevoir de petites barques; la plage y est mal asseurée, dautant qu'elle est pleine d'écueils, ce qui est cause que les Galeres & les Vaisseaux y peuvent malaisément aborder, & encore moins y demeurer à l'anchre, tant la mer y est d'ordinaire agitée. Ce Golfe à cause de son impetuosité a esté long-temps innavigable.

La Ville a esté autrefois divisée en trois par le dedans, y ayant trois differentes murailles qui en font la separation : les maisons y sont mal basties & basses, les ruës estroites, mais agreables, dautant qu'il y a par tout des jardins remplis de grands orangers qui croissent presque par dessus toutes les ruës, les rendant comme des galeries.

Il ne se pouvoit rien voir de plus agreable que la maison où nous estions logez, qui estoit la demeure du Consul ; elle est toute pratiquée dans la roche, y ayant toutes les commoditez necessaires coupées à la pointe du ciseau. Il y avoit trois fontaines qui descendoient du haut de la montagne, & qui avec un doux murmure traversoient toute la maison. La veuë de ce logis est tres-agreable, car elle découvre toute la ville, les beaux jardins, & la mer : le regard du rocher est solitaire, il est escarpé neantmoins par les degousts d'eau qui en descendent continüellement. Il est en plusieurs endroits tapissé d'une plaisante verdure, de sorte qu'on ne pourroit s'imaginer un Hermitage plus agreable & plus solitaire que cette demeure. Ce lieu si plaisant nous y retint quatre jours, pendant lesquels nous fusmes promener par tout.

Il est presqu'impossible de décrire la beauté de ce païs, & combien sont agreables les jardins qui sont aux environs de la ville : car il y a des plaines de deux & trois lieües toutes couvertes d'orangers, citronniers, grenadiers, abricotiers, & plusieurs arbres semblables, hauts la pluspart comme les poiriers de nos païs, plantez si prés l'un de l'autre que le Soleil n'en void jamais le pied, & arrousez d'une infinité de ruisseaux, qui meslans leur fraischeur avec le suave odeur de ces arbres toûjours fleurissans & chargez de beaux fruicts, rendent ce lieu comme un petit Paradis.

La pluspart des habitans sont Turcs Janissaires, & quantité des Espaïs de Timars, qui quittent leurs Commanderies, & viennent la plus grande partie de l'année joüir du bon air de Satalie, & passer leur temps dans ce beau païs, lequel peut estre estimé le plus delicieux & le plus fertile de tout le Levant.

Ces Turcs Janissaires & ces Espaïs tyrannisent grandement les pauvres Chrestiens, ce qui oblige les plus aisez d'entr'eux, pour en quelque sorte se mettre à couvert de leurs violences, de leur donner leurs filles en mariage, ou bien d'acheter des Timars, & alors, parce qu'ils sont dans la milice du Grand Seigneur, ils ne sont pas si maltraitez que les autres.

Il y a aussi quelques Grecs & Armeniens qui demeurent dans cette Ville; les Grecs y ont un Archevesque & une assez belle Eglise, dans laquelle ils gardent soigneusement tous les ossemens de Nicodeme, qu'ils nous montrerent avec grande ceremonie.

C'est tout ce qu'on peut dire de Satalie, qui porte les marques de la negligence ordinaire des Turcs, qui n'ont aucun soin d'entretenir leurs Villes. Quoy qu'il n'y ait pas grande chose de remarquable dans cette Ville, elle merite neantmoins d'estre visitée, à cause de la beauté de sa campagne qui est extrémement delicieuse, s'étendant du Midy au Septentrion.

Nous eussions fort desiré de joüir plus long-temps de cet agreable sejour, mais dautant que la peste y estoit, nous fusmes obligez de nous en retirer, & fismes voile la nuict du vingt-septiéme de May pour éviter un certain vent qu'ils appellent Ambat, qui regne d'ordinaire le long du jour dans les Golfes, estant contraire à ceux qui en veulent sortir.

Ayans donc demeuré quatre jours dans ce beau & agreable lieu, comme il a esté dit, nous en partismes tous tristes & melancholiques, ayans un déplaisir en l'ame & un regret sensible de voir qu'un terroir si fertile & si agreable demeuroit à des Barbares, que les Princes Chrestiens, s'ils estoient unis ensemble, pourroient aisément & en peu de temps chasser jusques en Tartarie, d'où ils sont venus, & conquerir les Provinces les plus delicieuses du monde, là où maintenant ils ne gagnent que la ruine de la Chrestienté, la misere de leurs subjets, & à la fin un regret d'avoir tant fait respandre de sang innocent.

Estans sortis du port comme nous venons de dire, & ayans doublé un petit Cap, nous voguasmes le long de ce beau terroir, & si proche du rivage, qu'à chaque fois les rames touchoient à terre. Nous ne nous pouvions ennuyer de considerer ce bel aspect, parce que ce ne sont que petites collines cultivées la pluspart jusques au bord de la mer, diversifiées par des bois & des prairies; de sorte qu'il ne se peut rien voir de plus charmant, ny qui contente davantage la veüe que ce rivage, car il semble que la nature se soit efforcée à rendre ce païs ainsi delicieux & plaisant.

Ayant continüé ce beau chemin environ dix heures de temps, nous abordasmes aux ruines d'une grande ville que les Turcs appellent Esquy Attalia, qui veut dire ancienne Satalie. Nous y mismes pied à terre, tant pour voir ses ruines, que pour donner un peu de relasche à nos Mariniers, qui avoient vogué toute la journée.

Cette ville estoit, à ce qu'on peut conjecturer de ses principales ruines, bastie sur une pointe de terre assez large, qui s'avance hors d'une belle campagne dans la mer ; de loin elle paroist estre entiere, mais quand on s'en approche ce ne sont que des ruines, qui sont tellement grandes, qu'elles font connoistre que cette ancienne ville a esté infiniment plus belle que celle qui y est maintenant : il est vray qu'en pas un endroit nous n'en avons veu de si entiere : il y reste encore des maisons, des Temples, & d'autre grands bastimens dans leur entier. Nous nous y promenasmes bien deux heures, y pouvans connoistre les ruës & les places publiques, que nous avions bien de la peine à passer, estant tellement remplies de fenoüil, de ronces & d'épines, que nous y laissasmes une partie de nos habits. Nous y vismes entr'autres ruines un Amphitheatre tout entier, basty de grandes pierres de marbre, & presqu'aussi beau & aussi grand que le Colisée de Rome.

Cet Amphitheatre qui est un des superbes & beaux Edifices de l'antiquité, témoigne bien que cette ville a esté magnifique : il est situé environ à deux cens pas de la mer, dans un bois taillis qui s'est fait dans les ruines de cette grande ville, de sorte que sa situation en est agreable, & ceux qui estoient aux plus hauts rangs de cet Amphitheatre, outre qu'ils joüissoient du plaisir des jeux & des combats, ils pouvoient de plus se divertir de la veüe d'une tres-belle campagne, ou de la mer. Il est tres-bien basty de pierre de taille, ayant la forme d'un arc fermé : on void à son pied des galeries qui portent les degrez eslevez en quinze ou vingt rangs de sieges enfoncez, sur lesquels il y a trente ou trente-cinq ordonnances de degrez qui sont encore en leur entier, & appuyez sur trois grandes arcades aussi parfaites que si elles estoient nouvellement basties.

Il y a aussi les ruines d'un grand Temple, proche desquelles nous vismes les vestiges d'un Aqueduc, ce qui, avec ce grand Amphitheatre, fait connoistre que ce lieu a esté fort celebre, & parmy la confusion des ruines de ce Temple, nous vismes plusieurs statuës de marbre, les unes entieres, les autres brisées, & par tout quantité d'inscriptions tant Latines qu'Arabesques, mais si usées, qu'on ne pouvoit connoistre que bien peu les caracteres : il y en avoit une entre les autres qui estoit encore entiere, laquelle represente un Empereur vestu d'une robbe d'armes semblable à celles des Empereurs Romains, & deux autres qui representent le Soleil & la Lune : nous vismes aussi plusieurs colomnes de marbre blanc, dont quelques-unes estoient de trente-six & trente-sept pieds de long. Toutes ces antiquitez se voyent au dessus de l'Amphitheatre, estans presque à l'extremité du Golfe, lesquelles meritent d'estre mises au nombre des plus belles anti-

ET DU LEVANT.

quitez de tout le païs du Levant.

Nous pensasmes passer la nuict dans ces ruines, mais le Ciel se couvrant, nous obligea de nous embarquer pour nous esloigner en mer, dautant que s'il eust arrivé quelque tempeste nous eussions couru risque de perdre le basteau, car le fonds estoit tellement remply de pierres, que nous n'y pouvions tenir à l'anchre : nous nous esloignasmes donc environ demie lieüe en mer, en un endroit où le fonds estoit bon pour tenir à l'anchre : sur la nuict le Ciel se couvrit entierement, & deux heures aprés nous eusmes le tonnerre meslé de foudres & d'éclairs qui furent suivis d'une bourasque de vent & d'une pluye continuë : nous passasmes cette nuict en de grandes apprehensions, & de nostre vie il ne nous souvient point d'avoir passé une nuict qui nous semblast si longue & si fascheuse que celle-là. Nous voulusmes plusieurs fois faire retourner nos Mariniers, afin d'échoüer le basteau contre la terre, & le perdre pour sauver nos vies ; mais ceux qui estoient plus experimentez au fait de la marine que nous, ne le voulurent pas hazarder, nous assurans que le peril n'estoit pas encore si évident pour tenter cette extremité : de sorte que nous demeurasmes toute la nuict exposez à la tempeste, & autant moüillez des vagues qui à chaque coup de mer donnoient par dessus la poupe où nous estions assis, comme de la pluye, laquelle continüa toute la nuict.

A la pointe du jour le vent & les autres perils de cette orageuse nuict commençans à diminuër, nous fismes lever l'anchre, & en partismes, attendans le Soleil pour nous secher.

Ayans continué à costoyer la terre environ deux heures de temps, nous vismes devant nous une Tartane de Corsaires, laquelle s'estant tenuë cachée derriere un Cap, estoit à la portée du mousquet prés de nostre basteau avant que nous l'apperceussions. Elle nous tira quelques coups de canon en nous donnant la chasse avec le dessus du vent, sans nous faire autre mal que de blesser legerement un Marinier; & quoy que nous fussions en mauvais ordre, pour ne manquer pas de bonne mine, nous la saliiasmes de cinq ou six mousquetades. Nos Mariniers cependant s'efforçoient avec les rames de gagner le dessus du vent, ce qu'ils firent en peu de temps, à cause que nostre barque estoit plus petite, & par consequent plus legere que leur Tartane; de sorte qu'en moins de trois heures nous les perdismes de veüe.

Ayans encore navigé environ deux heures, le Lambat vent ordinaire des Golfes qui nous étoit contraire, nous força de donner fonds derriere une petite Isle deserte, où nous descendismes, esloignée de la Terre-ferme d'un jet de pierre: nous vismes plusieurs ruines dans cette Isle, & aussi des Croix dans quelques arcades, signe que elle avoit esté habitée par des Chrestiens. Nous y demeurasmes le reste de la journée afin de secher nos hardes, y passant le temps à la chasse des perdrix, dont il y avoit grande quantité.

Le lendemain trentiéme dudit mois, la mer s'estant calmée nous levasmes les anchres dés la pointe du jour, & ayans vogué six heures, nous découvrismes neuf voiles qui estoient les Galeres du Bacha de Rhodes, & quelques autres Beys

qui

qui revenoient de Cypre en tres-mauvais ordre, se ressentans encore du dommage qu'ils avoient receu depuis neuf ou dix jours, en un combat contre un petit Vaisseau de Malthe commandé par un Chevalier François nommé Castelnove, lequel leur avoit tué plus de cent hommes, rompu deux arbres & cinq esperons de leurs galeres sans l'avoir pû prendre. Cette signalée perte en une occasion si avantageuse pour luy, qui avoit neuf galeres pour combatre un méchant petit vaisseau qui n'avoit que trois ou quatre pieces de canon, l'avoit mis en telle rage contre les Chrétiens, & principalement contre les François, lesquels par ce glorieux combat avoient mis sa teste en branle & sa fortune en ruine, que nous consultasmes si nous devions le fuir pour éviter ce perilleux rencontre: en quoy nous resolusmes de continüer nostre chemin selon le conseil de nostre patron, & ainsi nous allasmes aborder sa galere selon la coustume, esperans que nostre bonne fortune accompagnée de nostre exterieure pauvreté nous seroit favorable, car nous estions tous vestus comme de miserables Grecs.

Cette apparente misere qu'ils reconnurent en nous, fit qu'ils ne s'informerent pas seulement qui nous estions, mais se contenterent de demander à nostre patron des nouvelles de Constantinople & de quelques Isles de l'Archipel, lequel leur ayans donné raison de tout, ils nous congedierent, dont nous loüasmes Dieu, car asseurément s'ils eussent sceu qui nous estions, sans doute qu'ils nous eussent déchargez de tout l'argent que nous portions pour nostre voyage, & peut-estre nous eussent mis à la chaisne. Ce fut là une

L

des premieres marques de noſtre bon-heur, ce qui nous fit eſperer qu'après de telles faveurs de Dieu nous ne pouvions perir, & veritablement nous avions raiſon d'appreɴender cette rencontre, car ce tyran pour ſe recompenſer de ſa perte avoit eſté dans la plage d'Alexandrette, où il avoit rencontré les Vaiſſeaux des Marchands François.

Vers le ſoir nous arrivaſmes à la ville de Layas ſituée en Terre-ferme dans la Province anciennement appellée Caric : elle eſt baſtie ſur un haut rocher qui s'avance dans la mer, & tout eſcarpé d'un coſté, le reſte eſt entouré de bonnes murailles ; il n'y a point de port, mais la plage y eſt bonne & aſſeurée : les habitans ſont tous Turcs, au nombre de cinq mille ou environ. On y connoiſt par tout des inſcriptions Arabeſques, & pluſieurs figures de dragons & de ſerpens, qui témoignent aſſez que cette ville a eſté long-temps poſſedée par les Sarraſins, leſquels avoient couſtume de porter des armes ſemblables. Monſieur de Beauregard General des Galeres du Grand Duc de Toſcane l'a une fois attaquée, mais il fut repouſſé avec perte des ſiens. Nous eſperions nous rafraiſchir de quelques proviſions dans cette Ville, mais nous n'y trouvaſmes aucunes commoditez, le païs des environs eſtant fort ſterile.

Nous en partiſmes donc le ſoir, & voguaſmes toute la nuict, afin de prévenir le vent contraire de Lambat qui regne tous les après-midy, & le jour ſuivant nous arrivaſmes au coucher du Soleil dans une plage qui eſt ſept ou huit milles au deſſous du Cap de Nemory, à quatre-vingt milles

ET DU LEVANT. 243

de Layas, & viron soixante & dix de Cerines, petite ville maritime de Cypre, qui est esloignée de la Caramanie du costé du Septentrion, de viron soixante & dix ou quatre-vingt milles, que nous traversasmes avec les rames depuis deux heures avant le jour jusques au soir, la mer estant en grande bonace.

Au milieu du chemin nous fusmes poursuivis d'une Fregate de Corsaires, qui nous donna si vivement la chasse pendant quatre ou cinq heures, que nos Mariniers firent tous les efforts possibles pour l'esquiver. Cette poursuite fut cause que nous passasmes promptement ce canal, lequel estant remply de courans est extrémement dangereux pour les petits Vaisseaux quand le vent est contraire au cours de la mer, laquelle poussant ses ondes contre le vent qui les repousse, les fait soulever extraordinairement.

Nous arrivasmes donc le deuxiéme de Juin dans une plage qui est sept ou huit milles au dessous de la ville de Cerines. Deux heures avant le jour nous partismes de ladite plage, de sorte qu'à la pointe du jour nous arrivasmes dans le port de Cerines.

L'Isle de Cypre qui porte le titre de Royaume, a esté estimée de tout temps la meilleure & la plus fertile de la mer Mediterranée: Elle fut premierement apellée Crypte ou Criptan, à cause que du costé du Ponant & du Midy elle est si basse, qu'il semble que les flots la veulent inonder. Depuis elle fut nommée Cerastis, à cause qu'elle est environnée de Caps, qui la rendent toute cornuë. Les anciens Grecs l'appellent Maxalia ou Macaria, qui veut dire bien-heureuse, à

L iij

cause de ses dehors. Enfin le nom de Cypre luy est demeuré à cause qu'elle produit grand nombre de Cyprés. Les anciens l'avoient dediée à la lubricité, & les Poëtes feignoient que Venus Deesse de l'impureté y nasquit de l'écume de la mer, mais les modernes tiennent qu'elle en estoit Reyne, & que pour cacher sa grande paillardise elle la permit librement à tous, & fit adorer sa statuë dans un Temple qu'elle bastit à Paphos où l'on en void encore à present des ruines.

La mer d'Eypte la baigne du costé du Midy, celle de Syrie du costé du Levant, celle de la Caramanie du Septentrion, & au Couchant de la mer de Rhodes.

Cette Isle est située au quatriéme climat, continüant sa longueur depuis le trente-quatriéme degré & demy jusques au trente-sixiéme. Cette situation y cause de grandes chaleurs, principalement en Esté, lors que le Soleil est au tropique de l'Escrevisse. La figure de cette Isle est grandement extravagante, à cause des Caps qui d'un costé & d'autre s'avancent dans la mer : elle est bien quatre fois plus longue qu'elle n'est large. Son circuit, à le prendre de cap en cap, est d'environ cent quatre-vingts lieües, mais en comptant le tour avec les Golfes, elle en contient bien deux cens vingt.

La partie plus Orientale qui est le Cap S. André, n'est éloigné que de cent milles de la Syrie ou de la Caramanie, qui sont presque en pareille distance.

La partie de Cypre qui regarde le Septentrion & la Terre-ferme de la Caramanie, est montagneuse, & semble que la nature luy ait

ET DU LEVANT. 245

donné ces hautes montagnes pour la rendre plus belle & temperée, la mettant à couvert des plus grands vents & orages. Tout le reste de l'Isle est si bas, & le Soleil la bat si favorablement, que si elle estoit cultivée la bonté de son terroir ne cederoit aucunement à celuy de la Sicile, pour produire de toutes sortes d'excellens fruits. Mais cette bassesse de terroir la rend en quelques endroits mal saine, car les terrains estans bas, & les eaux n'ayans point de pente pour s'écouler, l'air s'y corrompt de telle sorte, qu'il est dangereux d'y demeurer à ceux qui n'ont pas pris naissance dans le païs, cette incommodité n'empeschant neantmoins que quelques lieux maritimes ne soient bien habitez, mais au reste fort peu. Il n'y a point de rivieres sinon quelques torrens qui tarissent en Esté, les fontaines y sont en petit nombre, mais elles sont fort saines & excellentes.

Cette Isle a esté fort sujette aux secheresses, & souvent pour cette raison abandonnée de ses habitans. On trouve dans ses annales que l'année trois cens elle demeura l'espace de trente-six ans inhabitée, pendant lequel temps il n'y plût jamais, neantmoins depuis elle s'est renduë fort peuplée: on y comptoit autrefois quinze bonnes villes, & bien huit cens cinquante tant bourgs que villages, ce qui témoigne qu'elle estoit belle & fertile: aussi les Romains en furent tellement envieux, qu'ils la ravirent au Roy Ptolomée pour la conserver à l'Empire Romain, comme une seconde Sicile. Les Empereurs de Constantinople l'ont possedée l'espace de huit cens ans, & aprés cette domination elle est tombée entre les mains des Rois qui estoient de la maison de Lusignan, laquelle la perdit par une donation de ce Royaume que fit la Reine Catherine de Cornary à la Republique de Venise aprés la mort de son mary. Les Venitiens l'ont possedée jusques en l'an 1571 que Sultan Selim s'en rendit maistre au grand desavantage de toute la Chrestienté.

Cette Isle a bien changé depuis ce temps-là, car de fertile & magnifique qu'elle estoit, comme l'on connoist par la ville de Nicosie sa capitale, elle porte à present les marques de toute desolation, parce que les Turcs selon leur coustume l'ont tellement ruinée, qu'il n'y a presque pas d'habitans Chrestiens, quoy qu'ils soient en grand nombre, qui ayent moyen de manger du pain toute l'année, car il n'y a aucuns Chrestiens si tyrannisez dans tout l'Estat du Grand Seigneur, que ceux de l'Isle de Cypre, qui sont en grand nombre.

Nous arrivasmes le 3. jour de Juin à Cerines, qui estoit autrefois une des meilleures & des principales villes de l'Isle, mais à present elle est presque ruinée, par la domination des Turcs; la la pluspart des habitans sont Grecs: elle est reduite en bourgade, & est située environ au milieu de l'Isle, sur le bord de la mer du Septentrion, esloignée du Cap de S. André, qui est la fin vers le Levant, de cent milles, & du Cap Epiphanio qui est à l'autre bout vers le Couchant, de cent dix ou six-vingts milles.

Sa situation est assez agreable, estant dans une belle plaine qui s'estend sur le bord de la mer de viron deux milles de largeur, jusques aux montagnes qui rendent encore ce lieu plus agreable &

de bon air. Elle est deffenduë d'un chasteau quarré qui est à main gauche en entrant dans le port, lequel a esté basty par les Turcs, qui estans fort ignorans aux fortifications, ne merite aucune description; ils se retirent la nuict dans ce Chasteau.

De l'autre costé on void les ruines d'une ancienne forteresse que les Turcs ont démolie pour bastir cette nouvelle, le port est fort petit, mais il est bien deffendu de ce nouveau Chasteau, & n'est seulement propre que pour des barques ou des petits basteaux. En toute l'Isle il n'y a qu'un bon port, & qui soit capable pour recevoir toutes sortes de Navires, lequel est appellé le port de Salines, à cause de la quantité de Salines qui est aux environs: tous les vaisseaux de la Chrestienté qui y viennent pour des marchandises arrivent en ce lieu, ce qui fait que les Consuls des François, Anglois & Venitiens y font leur residence.

Le mesme jour que nous arrivasmes à Cerines, nous en partismes au soir pour aller à Nicosie, qui est esloignée de Cerines de vingt mille, que nous fismes toute la nuict, à cause de la chaleur: Nous y arrivasmes à l'ouverture de la porte, & fusmes droit au logis du Consul des François, qui pour lors demeuroit en cette ville, & à la pointe du jour nous entrasmes dans Nicosie.

La ville de Nicosie capitale de l'Isle de Cypre, autrefois la demeure de ses Rois, & le sejour de leurs délices, est assise au milieu de l'Isle, & dans une belle & agreable plaine appellée anciennement Massare, fermée de montagnes de tous costez; l'air y est assez bon & temperé, & meilleur qu'en aucun autre endroit de l'Isle. Cette belle situation rendroit cette ville agrea-

L iiij

ble, si les habitans prenoient plaisir à cultiver sa belle campagne, qui est entierement negligée, & par icelle on peut juger du reste de l'Isle. Ses fortifications qui sont tres-belles, ne sont pas moins negligées, car ils ont laissé entierement combler leurs fossez, ce qui fait paroistre leurs murailles & bastions fort bas, & sans cela ils auroient fort bonne apparence: neantmoins on peut dire que les fortifications de Nicosie qui ont esté faites par les Venitiens, doivent estre mises au nombre des belles fortifications du monde. Les murailles sont revestuës de pierre de taille, accompagnées de douze grands bastions de pareille matiere, si bien terrassez que le canon n'y peut que faire, & si le fossé avoit esté entretenu il seroit difficile de le forcer. Aussi Sultan Selim aprés avoir grandement affoibly ses forces devant cette place, & considerant qu'il ne la pouvoit pas prendre par force, entreprit de la surprendre; ce qui luy reüssit comme il l'avoit projetté.

Il estoit campé dessus un petit tertre qu'on void en sortant de la porte de Famagouste, à viron un mille de la porte, d'où il la battoit; c'est ce que nous avons pû remarquer des fortifications de cette place, tres-bien garnies de belles pieces de canon, & principalement du costé de la porte de Famagouste, qui est entre le Midy & le Levant, où l'on en void trente-cinq ou quarante grandes pieces. Les deux autres portes, à sçavoir celle de Baffa, qui regarde le Couchant, & celle de Cerines, qui regarde le Septentrion, ne paroissent pas si bien gardées.

Pour ce qui est de la Ville, qui a esté autrefois autant superbe qu'elle estoit riche, & qui se pouvoit comparer à une des plus belles d'Italie pour ses belles ruës & superbes Palais, est à present si desolée, que les beaux Edifices qui y estoient ne paroissent plus que par leurs ruines, sur lesquelles on void le long de toutes les ruës de méchantes maisons de terre. On y void encore quelques bastimens en leur entier, qui témoignent l'ancienne magnificence de cette ville : le premier & le plus remarquable est le Temple de Sainte Sophie, que les Turcs ont profané en le faisant servir de Mosquée. Il est aussi bien basty que les grands Temples de France : il a une grande Nef accompagnée de deux aisles ; ses voutes sont portées sur des rangs de pilliers.

Devant la grande porte où sont les lavoirs des Turcs, l'on void encore les armes des Rois de la maison de Lusignan, écartelées, avec celles de Hierusalem & de Sicile : on y void aussi les armes de la Republique de Venise & de S. Marc, avec leur devise, *Pax tibi Marce Evangelista*, mots sortans de la bouche d'un Lion.

L'Eglise des Augustins qui sert aussi de Mosquée, est pareillement fort remarquable pour sa beauté & la belle commodité que les Moines y avoient, comme on void par un beau Cloistre qui est un peu ruiné, & par plusieurs ruines d'autres bastimens.

Nous vismes de plus un grand corps de logis de l'ancien Palais de la Republique de Venise, lequel estant fort beau sert de Serrail au Bacha. Au haut de l'entrée on y void les armes de la maison de Lusignan, couronnées & écartelées, avec celles de Savoye : il y a au devant une belle & grande place qui a au milieu une pyramide ou obelisque semblable à celles qu'on void à Rome; les Turcs y exercent leurs chevaux tous les Vendredis.

Outre celuy là nous en vismes encore quatre ou cinq autres grands, bastis par quelques nobles Venitiens, à ce qu'on en peut juger par les armes qu'ils portent, & on les peut comparer aux plus beaux de Venise. Proche de la porte de Baffa on nous montra les murailles de l'Arsenal du temps des Rois de la maison de Lusignan, sur la porte duquel nous vismes les armes des Roys meslées avec celles de Jerusalem.

Il y a dans la Ville quantité de jardins remplis pour la plusparc de Palmiers, où il y a une si grande quantité de corneilles, qu'il est presque incroyable, les arbres en sont tous noirs, & elles servent de réveille-matin, car à l'aube du jour elles font un si grand croasiement, qu'il est impossible de dormir : les Turcs par quelque superstition ne veulent pas qu'on les tuë, mais comme nous ne sçavions pas cela, un de nos camarades ne pouvant endurer ce bruit, tira un coup d'arquebuse dessus, & en abatit quelques-unes, ce qui nous fit bien de la peine, car tous les Turcs du voisinage vinrent crier à nostre logis comme si nous leur eussions fait grand tort, le Consul eut bien de la peine à les appaiser, & il falut qu'il luy coustast quelque argent.

Nous demeurasmes deux jours à Nicosie à nous promener d'un costé & d'autre : nous fusmes voir un Hermite âgé du moins de quatre-vingt-dix ans, estant encore sain & de corps & d'esprit : ce bon vieillard nous fit recit de la prise de la ville qu'il avoit veüe, & que pour lors il estoit aagé de vingt ans ; il nous raconta plusieurs cruautez que les Turcs avoient exercées, lesquelles estoient telles qu'on les peut imaginer des Barbares & des ennemis jurez du nom Chréstien : il nous dit aussi que cela estoit arrivé par punition divine, parce que tous les vices y avoient pris un tel pied, que les plus vicieux estoient tenus pour les plus vertueux, & que la noblesse exerçoit une tyrannie si grande sur le reste du peuple, que les hommes gemissans sous leurs rigueurs, avoient bien souvent desiré d'estre Turcs : il nous dit de plus que les dissolutions y estoient si ordinaires & si excessives, qu'il sembloit que cette Isle fust encore le sejour de la Deesse de la volupté, tant son culte estoit recommandable par le commerce des lubricitez. Il semble que Dieu n'en a pas encore retiré son courroux, car jusques à present il n'y a aucun païs sujet au Turc où les Chrestiens soient si mal traitez qu'en ce lieu là, car outre le tribut qu'ils payent une fois plus gros que les autres, tant pour eux que pour leurs fils qui ont passé l'aage de douze ans, on les contraint encore de payer le carache pour les morts, de sorte qu'un homme qui aura cinq ou six fils paye pour eux lors qu'un nouveau Bacha entre en charge ; & si pendant son administration il en meurt quelqu'un, le pere est obligé de payer le carache pour luy le reste du temps de cette administration, & de cette sorte on oblige aussi les enfans pour le pere. De plus, ils doivent tous les ans au Bacha la cinquième partie de leur revenu, & une autre cinquiéme à leur Timar Espaïs, & si au bout de l'année il leur reste quelque chose, ils leur ostent avec violence : ils sont, comme nous avons dit, si miserables, qu'il n'y a pas la vingtiéme partie des habitans qui aye du pain pour manger toute l'année, la pluspart usent d'un fruit qu'ils appellent Carobes, lequel est assez semblable aux febves que cette Isle produit en abondance ; & ainsi sont les pauvres Chrestiens en esclavage, dont ils ne peuvent sortir quand ils voudroient, car on ne les laisse pas sortir de l'Isle pour aller demeurer ailleurs, & quand bien mesmes quelqu'un d'eux se veut faire Turc, il n'est pas receu, disant que c'est plustost pour s'exempter du carache, qu'autrement ; ce qui n'arrive & ne s'observe en aucun autre lieu de Turquie, car si-tost qu'un Chrestien se veut faire Turc, il y est receu.

Ce païs a esté autrefois remply de cotronniers, d'où on tiroit le meilleur cotton du monde, mais il s'en fait bien peu à present, car comme cette Isle se dépeuple, la terre demeure aussi en friche : les vins qui y estoient si bons & si estimez, & pour leur delicatesse transportez en la Chrestienté, y sont rares à present, car comme les vignes ne sont pas entretenuës, il s'en trouve peu, encore ne sont-ils pas bons ; les fruits qui y estoient autrefois en abondance & tres exellens, y sont aussi fort rares & n'ont rien d'extraordinaire.

Ayans veu cette miserable ville de Nicosie, qui en peu de temps sous la domination des Turcs a tant changé de condition ; & aprés y avoir demeuré deux jours, nous en partismes vers le soir pour aller à Famagouste, qui en est esloignée d'une bonne journée. Ayans cheminé environ deux heures, nous vismes à main droite dans la plaine cinq rochers qui sont tous creusez par le dedans, y ayant plusieurs chambres coupées dans la roche fort belles à voir. Nous continüasmes toute la nuict à cheminer dans un païs plat & uny, avec bien du plaisir, estans toûjours accompagnez de l'agreable chant des rossignols, qui ne cesserent de nous donner une plaisante musique : de plus ayans esté le jour precedent grandement travaillez de la chaleur, le vent & la fraischeur de la nuict nous donnerent un contentement nompareil.

Au poinct du jour nous arrivasmes aux fauxbourgs de Famagouste, où nous fusmes trouver un Grec pour lequel nous avions des lettres de recommandation, afin de nous assister & de nous faire voir la ville. Ce Grec nous détourna entierement d'y entrer, disant qu'il estoit presqu'impossible de le faire sans recevoir du déplaisir, dautant que le Bacha qui en estoit Gouverneur estoit un homme sans raison, brutal, & que d'abondant les Turcs estoient ennemis jurez des Chrestiens, & que personne ne pouvoit mener aucun dans la ville à son insceu, sur peine de la vie. Ce peril tout évident nous fit perdre la volonté d'entrer dans la ville, nous contentans de la voir par les dehors, & aller le long des fossez, d'où nous la découvrismes entierement.

Cette ville est estimée dans la Chrestienté pour une tres-forte place, mais ceux qui l'ont exactement considerée, confessent qu'elle ne merite nullement ce renom. Il est vray que sa situation est assez avantageuse, estant assise au rivage de la mer, cinquante milles au dessous du Cap S. André, tirant vers le Midy, dans une plaine tellement sablonneuse, qu'elle n'est propre à produire aucun fruit, & est si platte, que les caües ne pouvans s'écouler, y croupissent & rendent son sejour tres-mal sain. Il s'avance du costé du Septentrion dans la terre, au dessous du port des Galeres, un petit Golfe où les gros Vaisseaux donnent fonds, lequel couvrant en partie ce costé, fait qu'il n'a besoin de grandes fortifications; aussi il n'y a qu'une forte muraille flanquée de quelques grosses tours; & un peu plus haut que l'extremité de ce Golfe, il y a un grand bastion qui deffend ce costé & celuy qui est vers le Couchant, lequel est fortifié d'une muraille bien terrassée, flanquée de ce bastion, & d'un gros boulevard qui d'un costé la deffend, & l'autre du costé du Midy. Derriere cette muraille s'eslevent deux Cavaliers, l'un desquels qui est proche du bastion sert de Chasteau, & du costé du Midy la muraille qui comme les autres est tres-bien terrassée, flanquée de trois grosses tours, & fortifiée de quatre Cavaliers. Le costé du Levant qui est couvert du port des Galeres, n'a qu'une simple muraille accompagnée de quelques tours.

Les fortifications de Famagouste, quoy qu'elles ne soient pas parfaitement regulieres, comme celles que l'on fait à present, meritent neantmoins d'estre veües, à cause que cette place est la clef du Royaume de Cypre.

Pour ce qui est de la Ville elle est assez bien bastie, il y a de belles ruës & de beaux bastimens de pierre de taille hauts eslevez : il y a aussi une assez belle Eglise que les Turcs ont changée en Mosquée : elle est bastie à la façon des grandes

ET DV LEUANT. 255

Eglises de la Chrestienté, & couverte d'une terrasse qui a ses deux costez relevez de petites pyramides de pierre de taille qui luy donnent un grand ornement.

Proche de ce Temple est une grande place dans laquelle est un grand logis tres-bien basty, lequel par la negligence des Turcs tombe en decadence, qui, à ce qu'on nous dit, avoit esté le Palais de la Republique.

Avans remarqué cette ville, qui est assez mal gardée pour une place de guerre, nous descendisimes au port, qui est si petit, qu'il n'est capable de recevoir que des galeres. Les Beys de Cypre y font hyverner leurs galeres, qui sont au nombre de cinq, pour asseurer cette place.

Cinquante milles au dessous de Famagouste, en tirant vers le Midy, ce sont les Salines, où est une autre petite ville, où abordent tous les ans cinq ou six vaisseaux francs, qui transportent de l'Isle des toilles de cotton, des cottons, des cires, & quelques soyes.

Au bout de l'Isle vers le Ponant, est une autre ville nommée Baffa, autrement Paphos, laquelle est fort renommée, à cause que la Deesse Venus y estoit adorée dans son Temple, duquel on voit encore les ruines.

Avans passé le reste de la journée dans la maison de ce Grec, nous en partismes vers le soir, & le lendemain matin nous arrivasmes pour la seconde fois à Nicosie, où nous ne tardasmes qu'autant de temps qu'il faloit pour remercier nostre hoste, & en partismes pour retourner à Cerines, où nous avions laissé nostre basteau, pour passer de là en Alexandrette. Nous prismes un autre chemin que celuy par où nous estions venus, afin d'aller voir un ancien Monastere de Caloyers ou Religieux Grecs, situé dans la montagne, lequel on nous avoit dit estre tres-beau & qui a esté basty par les Rois de la maison de Lusignan, à ce qu'on en peut voir & reconnoistre par les armes. Nous nous repentismes de cette curiosité, à cause du mauvais chemin, qui n'est remply que de pierres & de rochers, & où il faloit aller à pied la pluspart du temps, ayans bien de la peine à faire passer nos chevaux : la nuict nous prit avant que d'arriver à ce Monastere, ce qui nous obligea de nous arrester, & de la passer parmy ces montagnes, n'osans cheminer pendant l'obscurité à cause des rochers escarpez & de quantité de precipices qu'il y avoit à chaque pas : le lendemain dés la pointe du jour nous continuasmes ce fascheux chemin, & arrivasmes à ce Convent environ sur le midy, souffrans une chaleur extraordinaire, & autant d'incommodité de la reverberation de ces rochers, que de l'ardeur du Soleil.

Ce Monastere est situé au pied d'une haute montagne, sur une petite colline, en tres-belle veuë, regardant la mer & la Terre-ferme de la Caramanie : il est environné de beaux jardins d'orangers & de citronniers, arrousez d'une grosse source qui sort de dessous ce Monastere : cette belle situation qui luy donne la veuë d'une belle plaine qui s'estend sur le bord de la mer, rendoit ce lieu tres-agreable. De plus, les bastimens dont une partie est encore en son entier, estoient extrémement beaux : le Refectoire, les Offices qui sont dessous le Cloistre, & l'Eglise, ne sont aucunement ruinez, & font paroistre que ce Monastere estoit un des beaux de la Chrestienté : il y demeure encore à present bien vint Caloyers qui sont grandement pauvres.

Nous n'y demeurasmes que tant qu'il faloit pour nous rafraischir, & revinsmes encor le mesme soir à Cerines, où le vent nous estant favorable, nous nous embarquasmes aussi-tost, & ayans costoyé l'Isle pendant toute la nuict, nous nous trouvasmes le matin au Cap de S. André, qui est à l'extremité d'icelle, regardant la Syrie, & esloigné de trente lieuës de Cerines, & qui est le dernier Cap de l'Isle du costé du Levant.

En passant ce dernier Cap de Cypre nous avions grande peur de rencontrer le Beys de Cerines, qui rodoit tous les jours les costes de cette Isle pour faire quelque bonne prise, afin de se retirer en Alger & se faire plus grand Corsaire. Il avoit pour lors une galiote de dix-huit ou vingt bancs, sur laquelle il avoit cinquante mousquetaires, qui estoit une partie trop inégale pour nous si nous l'eussions rencontré, & qu'il nous eut abordé.

Enfin nous eusmes encore ce jour-là le vent si favorable, que nous fismes cent milles qu'il y a depuis le Cap de S. André, jusques au Cap des Pourceaux, qui est le premier du Golfe d'Alexandrette, à l'entrée duquel le vent se renforçant grandement, nous fusmes contraints de donner fonds à l'abry d'une haute montagne, où nous passasmes la nuict.

A la pointe du jour nous levasmes l'anchre pour achever vingt-cinq milles qui nous restoient jusques à Alexandrette, où nous arrivafmes le huitiéme de Juin, jour de la Pentecoste, aprés une longue & heureuse navigation, commencée le treiziéme d'Avril, que nous partismes de Constantinople, nostre curiosité en ayant esté la cause, n'ayans rien obmis à voir de tout ce qu'il y avoit de remarquable, tant dans l'Archipel, que dans la Natolie & la Caramanie, & au lieu de treize cens milles qu'il y a de Constantinople à Alexandrette, nous en fismes deux mil deux cens.

Quand nous fusmes arrivez en ce lieu, le Consul des François qui nous estoit venu trouver au sortir du basteau, nous mena en sa maison, où nous nous donnasmes du repos, estans bien aises de nous voir à terre ferme & delivrez de ce fascheux voyage de mer, où nous avions enduré toutes les incommoditez qui se trouvent dans un petit basteau où nous estions toûjours assis à découvert, & souvent moüillez tant de la pluye, que de l'eau de la mer, n'ayans autre commodité pour nous secher que la faveur du Soleil, lequel nous avoit dessechez & rendus basanez comme des Momies.

Alexandrette que nous croyions estre quelque bonne ville, n'est autre chose que cinq ou six maisons de francs qui y demeurent pour le chargement des Vaisseaux, & environ une douzaine de méchantes huttes habitées de Grecs & de Turcs, avec les logis de l'Aga & du Doüanier, de sorte que ce lieu ne se peut pas seulement appeller village : ils y vivent toûjours avec la crainte des Corsaires, dautant qu'il n'est pas deffendu d'aucune forteresse, & un peu auparavant que nous y arrivassions, un Chevalier de Malthe y avoit fait une descente à dessein de prendre l'Aga, qui pour lors ne s'y trouva pas. Ce fut un Chevalier François qui fit cette entreprise, qui à depuis cousté à la Nation plus de douze mille écus, quoy qu'elle ne fust pas consentante du fait.

Cette ville que les Turcs apellent Scanderon, a esté autrefois assez bonne, mais elle fut abandonnée à cause du mauvais air qui luy vient des marescages & des hautes montagnes qui l'environnent : on n'y void aujourd'huy pour toutes marques de son antiquité, qu'un vieil château à demy ruiné qui defendoit autrefois la marine. Un peu au dessus de ce chasteau un Aga en avoit commencé un autre fort beau pour defendre la place, lequel estoit bien avancé quand la mort luy survint; mais parce que la coustume des Turcs n'est pas de poursuivre ce qu'un autre a commencé, il est ainsi demeuré imparfait.

Alexandrette est à present l'échelle ou le port d'Alep, qui estoit autrefois à Seide ; le negoce y a esté deferé de Tripoli pour la cruauté d'un Bacha, comme nous dirons cy-apres ; & quoy que ce ne soit qu'une plage, elle est si asseurée, qu'on n'y a jamais veu perdre aucun vaisseau, & il y en a toûjours quantité, tant de François, Anglois, Veniciens, que Flamans, comme estant la principale eschelle du Levant : les François principalement y font autant de trafic que tous les autres, & sont pour la pluspart Provençaux ; les Veniciens y viennent tous les ans une fois avec leurs galeaces au mois de Septembre, les autres en toutes saisons.

Le mauvais air est cause que ce lieu n'est habité que des Vice-consuls que ceux d'Alep y envoyent pour l'expedition des Navires qui y arrivent. Cette place est à l'extremité de la mer Mediterranée, & située au pied des hautes montagnes entierement desertes & steriles : c'est là où l'on commence à trouver des Lions, des Tigres, des Leopards, & autres bestes semblables dont l'Asie est toute remplie. A costé de ce lieu il y a de grands marets lesquels par les mauvaises vapeurs qui en sortent rendent l'air tellement infecté, qu'il est estimé le lieu le plus mal sain de toute l'Asie Mineure ; tous ceux qui y viennent demeurer y deviennent malades, plusieurs y meurent, & ceux qui en échapent sont des années entieres auparavant que de s'y pouvoir accoustumer : on nous avoit conseillé de ne nous y arrester aucunement, mais nous estions tellement travaillez de la mer, & la reception que nous fit Monsieur Palmier Vice-consul estoit si bonne, que nous y demeurasmes trois jours, sans que personne de la compagnie se trouvast mal, au contraire la bonne chere qu'il nous fit dissipa la mauvaise humeur que nous avions contractée par les fatigues de la mer.

Nous fusmes voir au milieu de ces marets une vieille tour, laquelle y a esté bastie par les Chrétiens, ce qu'on connoist par les armes de Hierusalem qui sont à l'entrée au haut de la porte. Au sortir de ces marets, en tirant vers la montagne, nous vismes sur une petite colline le commencement d'un chasteau basty de brique, qui avoit plusieurs tours, & estoit eslevé bien de la hauteur d'une pique, ayant environ six cens pas de tour : l'assiette en est avantageuse, les marets le gardent par deux endroits, & il n'est pas si proche de la montagne qu'elle luy puisse commander: il avoit esté commencé par un Bacha d'Alep, lequel donnant par cet ouvrage quelque soupçon de rebellion, fut pris & eut la teste trenchée: depuis personne n'a eu envie de le faire achever.

Ils pratiquent une chose tres-curieuse & remarquable à Alexandrette, pour donner avis à ceux d'Alep lors qu'il y arrive quelque Navire: les marchands qui demeurent en Alep sçachans qu'il doit partir quelque Vaisseau de la Chrestienté, ils envoyent des pigeons à Alexandrette, où le Navire qu'ils attendent estant arrivé, ceux qui ont les pigeons leur attachent un billet au dessous de l'aisle & laissent envoler le pigeon, il gagne aussi-tost le haut des montagnes d'où l'on croit qu'il peut découvrir la ville d'Alep, puis d'un vol se rend à ladite ville qui en est esloignée d'environ vingt-quatre lieües: il fait ce chemin en une heure & demie, ou au plus en une heure & trois quarts: nous eusmes bien de la peine à croire cette rareté, mais en ayans veu l'experience, & puis conferé avec ceux d'Alep, nous en demeurasmes estonnez: ces prompts avis servent beaucoup aux marchands, car avec l'arrivée du Vaisseau on leur mande les marchandises qu'il apporte, & celles qui pour le retour sont les plus profitables, & suivant ces avis ils font leurs affaires avant qu'on sçache ce qui s'y passe.

Aprés donc avoir sejourné trois jours à Alexandrette, nous prismes des chevaux que nous donna l'Aga pour aller jusques à Alep, & passer par Antioche, qui nous coustèrent chacun sept piastres, une piastre vaut autant qu'une reale de quarante huit sols; c'est ce que payent d'ordinaire tous les francs : de plus, cet Aga nous obligea de prendre un Janissaire, quoy que nous en eussions déja deux, ou de luy donner vingt piastres, ce qu'on nous dit estre aussi l'ordinaire.

Nous partismes donc d'Alexandrette le 10. dudit mois vers le soir, & aprés que nous eusmes cheminé trois lieües, nous reposasmes deux heures en un bourg nommé le Baylan, situé sur le penchant d'une montagne, bien peuplé, & tout habité par des Turcs : ce lieu est agreable, tant pour la belle veuë que pour les eaües, car l'on y void par tout des sources & des fontaines.

Nous en partismes à minuict, & ayans cheminé environ trois heures nous quittasmes le grand chemin d'Alep, & prismes celuy d'Antioche, c'estoit sur les dix heures du matin, le Soleil commençant à estre dans sa force, ce qui fut cause que nous nous reposasmes environ cinq heures sous de grands arbres. La plus grande chaleur estant passée, nous nous mismes à cheminer dans une grande plaine, & costoyer un lac anciennement appellé Meandriople, lequel est fort abondant en poisson, & principalement en anguilles, dont il s'en trouve d'une monstrueuse grandeur, y en ayans de douze à quinze pieds de longueur. Nous arrivasmes le soir devant la ville d'Antioche, où nous demeurasmes couchez la nuict dans la campagne, le long du renommé fleuve d'Oronte, & le lendemain au matin nous entrasmes dans la ville.

La ville d'Antioche est assise dans la Province appellée anciennement Celisirie ; la riviere d'Oronte passe au devant, qui baigne la moitié de ses murailles, & du costé du Couchant, comme du Septentrion, il y a de grandes campagnes & prairies à perte de veüe, ce qui la rend tres-fertile.

Cette ville est bastie sur le penchant de trois montagnes, lesquelles depuis le haut jusques en bas sont entourées de murailles, qui pour leur grande épaisseur demeurent encore entieres, car elles ont du moins quinze pieds de largeur : elles sont remplies de plusieurs tours rondes & quarrées, le tout basty de grosses pierres de marbre brun. L'enceinte des murailles contient plus de quinze lieües, mais il n'y a point d'apparence qu'elles ayent esté par tout habitées, car par quelques endroits elles sont inaccessibles & escarpées.

Cette situation n'est point avantageuse, parce qu'elle est trop pressée de montagnes, & la reverberation du Soleil y est si grande en Esté, qu'elle y cause des maladies.

Tout au haut dans les murailles il y reste encore la forme d'un chasteau, lequel ceux du païs disent avoir servy de demeure au Roy Antiochus fondateur de cette ville : il n'y reste autre chose que les murailles, par lesquelles on peut connoistre le departement de plusieurs grandes salles, par dessous lesquelles ce sont toutes cisternes tres-bien voutées.

En sortant de ce chasteau on trouve par tout quantité de grottes, où les Chrestiens du païs viennent souvent faire leurs devotions. Ils nous dirent que ces lieux avoient autrefois servy de retraite aux Chrestiens durant la persecution de l'Eglise primitive : ils nous menerent dans une grande grotte fort creuse, où par devotion ils tiennent toûjours une lampe allumée, parce qu'ils ont par tradition que Sainte Marguerite y a demeuré, & qu'elle y a eu la teste coupée.

Les Chrestiens ont une Eglise contre les murailles de la ville du costé du Septentrion, à laquelle ils portent un grand respect, & n'y entrent qu'en ostant premierement les souliers : ils tiennent qu'en icelle S. Pierre celebra sa premiere Messe : au bas de ladite Eglise il y a une tres-belle fontaine, où l'on nous assura qu'il avoit baptisé plusieurs Payens : nous y vismes plusieurs autres belles antiquitez & ruines, mais l'ignorance des Grecs est si grande, qu'ils n'en peuvent donner aucune raison.

Cette ville qui estoit autrefois si florissante, n'est à present qu'un amas de pierres & un sepulchre d'elle-mesme, elle n'est habitée que le long de la riviere, la pluspart des habitans sont Turcs, il y a aussi quelques Juifs, & des Chrestiens qui y demeurent assez librement ; ce lieu leur est grandement recommandable, à cause de S. Pierre qui y avoit estably son premier Siege : ils ont encore leur Patriarche qui porte le nom de cette ville, lequel a esté long-temps tenu des Grecs pour Primat de l'Eglise, mais comme il est pauvre, ils reconnoissent maintenant celuy de Constantinople.

Il y a un Cadis qui tyrannise les francs autant qu'il peut, il nous obligea de luy donner une veste, à cause que quelques autres francs qui avoient passé par là peu auparavant, luy en avoiët donné une : il y a aussi un Aga qui gouverne la ville.   Nous

ET DU LEVANT. 265

Nous n'y demeurasmes que ce jour là, & le soir nous fusmes coucher dans une plaine qui est à deux lieües de là, remplie de plusieurs buttes de terre, qu'on nous asseura avoir esté faites par Godefroy de Boüillon, lors qu'il y donna la bataille contre les Sarrasins, & gagna ladite ville.

Nous en partismes à minuict, & estans à la pointe du jour au passage d'un pont qui traverse la riviere d'Oronte, nous trouvasmes dix Turcs tous avec des arquebuzes, que nos donducteurs reconnurent aussi-tost pour Turcomans, qui sont des voleurs : nous nous mismes sur nos gardes, & nos arquebuzes prestes pour nous bien defendre : ces voleurs nous voyans en cet estat nous laisserent passer sans nous rien dire : sur le midy nous reposasmes dans les ruines d'un vieil château, au bord d'une belle & grande source.

Nous en partismes vers le soir & traversasmes plusieurs bourgs & villages ruinez. Nous passasmes devant un grand Monastere duquel il reste bien la moitié en son entier, dans l'Eglise il y a une grosse colomne haute de deux piques, les Grecs nous dirent que S. Simeon a demeuré sur cette colomne l'espace de soixante & dix ans, y faisant une continuelle penitence : tous les Chrétiens des environs s'y assemblent une fois l'an, & y font dire la Messe à l'honneur de ce Sainct : on nous assura que durant le Service divin on void sur cette colomne une grande boule de feu. Nous continüasmes à cheminer jusques à minuict, en suite de cela nous nous reposasmes viron trois heures, & le lendemain au matin quatorziéme de Juin nous arrivasmes à Alep.

La ville d'Alep ou Chalep, est une des princi-

M

pales & belles villes de Turquie, & capitale de la Province, anciennement appellée Syrie Comagene.

C'est la ville la mieux bastie de tout le Levant, elle a environ deux lieües de tour; elle est située entre deux petites collines, & du costé du vieil chasteau vers le Levant s'estend sur l'une d'icelles; c'est la plus marchande de tout le Levant, à cause de la quantité de marchandises qui y abordent de Perse, des Indes, de Tartarie, & du Royaume des Abissins, ce qui la rend grandement peuplée, car on y compte jusques à deux cens mille hommes: la pluspart des rües servent de marché ou de basar, notamment celles où l'on trafique, qui sont couvertes & voutées à cause de la grande chaleur, le long desquelles on chemine sans en estre incommodé, outre qu'on jette continuellement de l'eau devant les maisons, ce qui cause une grande fraischeur dans les rües, qui se ferment tous les soirs: les maisons y sont plus belles qu'au reste de la Turquie, estans basties de pierres de taille, & sont couvertes de fort belles terrasses, où ils ont accoustumé de coucher au frais tout le long de l'Esté, & ont le contentement d'entendre chanter les rossignols, qui ne chantent jamais que la nuict, car ils se taisent pendant le jour: il y en a quelques-uns qui en nourrissent dans des cages & dans leurs cabinets, dont ils reçoivent un pareil contentement. Toutes ces terrasses se communiquent presque les unes aux autres, de sorte qu'on pourroit aller une grande partie de la ville sur icelles.

Les principaux bastimens sont les camps, qu'on appelle à Constantinople caravansaras: il y en a quantité, les uns servans à recevoir les caravanes des marchandises qui y abordent, lesquelles marchandises consistent en soyes, toiles, cottons, & toutes sortes de drogues & de pierreries; & les autres pour la demeure des francs; le plus beau de tous est celuy des François, qui est d'une telle estenduë qu'il fait tous les ans quinze cens escus de rente à la Mecque. Le Consul des François fait sa demeure dans ce camp, avec du moins quarante marchands de la mesme nation, qui y ont chacun leur chambre & leur magazin à part, n'y ayant qu'eux & quelques Venitiens qui y logent, & sont là dedans avec toute asseurance, & y vivroient avec tous les contentemens du monde, si ce n'estoit que depuis que le Grand Turc est en guerre avec le Roy de Perse, il y a toûjours quantité de Janissaires qui y vont & viennent, lesquels s'accommodans avec ceux qui y sont en garnison, se rendent entierement maistres de la ville, & commettent mille pilleries, sans que les habitans y osent contredire, & sont si insolens qu'ils exigent d'eux par force quantité d'argent, & prennent souvent par violence dans les boutiques ce qui leur agrée : ils leur vont demander aussi fort souvent du vin, & s'ils les refusent ils usent d'injures, mesmes quelquefois ils donnent des coups de ganjar, qui est un long cousteau en forme de cimeterre, que les Turcs portent à la ceinture ; & ce qui est encore de mal, ils ne peuvent avoir justice de leur Gouverneur, d'autant qu'ils luy donnent une partie de l'argent qu'ils rapinent à ces pauvres marchands: Ils incommodent aussi grandement les marchands du Ponant, & ne leur permettent point de sortir de leur caravansaral sans estre accompagnez d'un Janissaire, auquel il faut qu'ils donnent une reale de huit par jour, s'ils sortent hors de la ville, quand ce ne seroit qu'à une demie lieüe, il faut qu'ils donnent à leur Janissaire dix reales de huit, & s'ils les rencontrent tant à la ville qu'aux champs sans estre accompagnez de Janissaires, ils leur font payer le double, & inventent encore journellement des nouveautez pour tirer de l'argent. Les Consuls nous dirent qu'ils avoient envoyé leurs plaintes à Constantinople, & que si le Grand Seigneur n'y mettoit ordre qu'ils estoient resolus de quitter le trafic & la ville : enfin où les soldats commandent il faut devenir esclave, ou chercher repos & liberté ailleurs.

Les Consuls de Venise & d'Angleterre ont aussi leurs camps particuliers dans cette ville, & plusieurs francs en occupent d'autres : ils sont aussi plusieurs Anglois & Venitiens, mais non pas à l'égal des François, qui y font deux fois plus de trafic. On nous dit que toutes les années ils employent un million & demy de reales, quelquefois jusques à deux millions, qu'on apporte en essence de France. Les Anglois & les Venitiens y apportent des draps, mais les François n'y apportent quasi que de l'argent, dont ils employent la plus grande partie en soyes & cottons, noix de gales, & toutes sortes de drogues medecinales.

Les François ont les Peres Capucins & les Jesuites : les Venitiens ont les Peres Capucins, & les Carmes Deschaussez : les Anglois ont leur Ministre, & vivent tous avec une grande liberté de conscience, car ils ont leurs Chapelles dans les camps ou caravansaras, où ils font leur exercice avec toute sorte de liberté. Les Chrestiens aiment fort à demeurer dans ces logemens, à cause qu'ils y sont plus libres que dans les maisons des particuliers, car comme le revenu en est affecté à leurs Mosquées, ils tiennent ces caravansaras pour des lieux sacrez, & n'y oseroient commettre aucune insolence.

Il y a quantité de Mosquées dans Alep, lesquelles ont un assez bel exterieur, le pyramide ou minereler d'icelles est fait en dôme par le haut, ce qui est une coustume des Mores, car les Turcs les ont toutes en pointe : la principale Mosquée est fort belle, & solidement bastie de grosses pierres de taille : elle a au devant une grande cour quarrée, au frontispice à la hauteur environ de deux picques il y a une espece de balcon, dans lequel on nous assura que S. Jean Damascene avoit autrefois presché.

Les Armeniens ont aussi deux belles Eglises dans cette ville, les Grecs une, & les Maronites une, toutes proches les unes des autres : les Jacobites en ont aussi une nouvellement bastie, qui est la plus belle de toutes.

Il y a le chasteau basty au milieu de la ville sur une coline, industrieusement fait, & revestu d'un costé de pierre de taille, son tour est environné d'un grand fossé où il y a de l'eau : cette forteresse semble estre inaccessible, mais elle peut estre ruinée par des petites colines qui sont proches de la ville : aussi cette ville n'est pas de guerre, mais de marchandise, encore que doresnavant elle sera frontiere du Roy de Perse, qui est maistre de Babylone.

Pour ce qui est des commoditez de la ville, on y trouve tout ce qu'on peut desirer, les eaües y sont fort excellentes, mais non pas en abondance : elle a une petite riviere qui passe à son milieu & qui luy apporte une grande commodité : la ville est presque ronde, ayant une ceinture de muraille assez belle.

Dans plusieurs des ruës il y a de grands bastimens faits la pluspart en dômes, que les Turcs appellent Cavangiers, où ils vont boire du tabac & du cavé; il y a d'ordinaire quelque musique à la Turquesque pour entretenir la compagnie, ceux qui y servent sont de jeunes Turcs aagez de quinze à seize ans, ajustez & parez comme des filles ; les Turcs les caressent & les embrassent comme si c'estoient des femmes ; cela est épouventable que le vice de la Sodomie y est si ordinaire, & qu'ils y sont si fort adonnez, qu'ils ne peuvent cacher leur perverse & damnable inclination devant le public.

Il y a quantité de Monasteres tant dedans que dehors la ville, & des Religieux & Santons Turcs : nous fusmes promener à un qui est environ à demie lieüe de la ville, appellé Sabobaïm, où nous fusmes bien receus & regalez de toutes sortes de fruits : ce lieu a esté basty & fondé par un Grand Visir, lequel mourant à la guerre de Perse, y fit amener son corps, & y est enterré : ce lieu est situé sur le penchant d'une colline, ayant au bas de grands & beaux jardins remplis de fontaines dignes d'estre veües & admirées. La charité de ces Religieux Turcs est si grande, que la nuict ils mettent du feu sur une grande tour, qui sert comme de fanal pour advertir les passans &

les pelerins d'y venir prendre logis : tous ceux qui y viennent, de quelque Religion qu'ils soient, y sont bien receus, logez & traitez l'espace de deux jours.

La pluspart des habitans de la ville sont Mores, il y a aussi plusieurs Juifs, lesquels à cause du grand trafic qui s'y fait y sont grandement riches : il y a un de ces Juifs qui fait ce qu'il veut du Grand Seigneur. Il y demeure aussi quantité de Chrestiens, tant de Perse, d'Armenie & d'Egypte, que de Grece, lesquels ont tous leurs Eglises hors de la ville, & leurs cimetieres fort proche, ce qui fait qu'il y a autour de la ville quantité de collines pleines de sepultures.

Il y a aux environs d'Alep quantité de lieux delicieux pour les caües, mais ils ne s'y estendent pas beaucoup, à cause des Arabes qui font tous les jours des courses aux environs de la ville trois ou quatre liëues, où ils volent tout ce qu'ils peuvent, & attendent les caravanes, ne vivans d'autre chose que de ces voleries, courans toûjours la campagne ; & comme ils s'estiment tous nobles, quoy qu'ils ne possedent rien, ils ne veulent exercer aucun art mechanique : ils n'ont jamais de demeure asseurée, allans toûjours d'un costé & d'autre, & il est fort difficile de les attraper, dautant qu'ils ont des chevaux qui vont fort promptement, en quoy ils employent toutes leurs richesses, la pluspart n'ayans rien autre chose.

Il est incroyable en quelle reputation ils tiennent leurs chevaux, y en ayant qui ne les donneroient pas pour deux mille escus : c'est pourquoy quand ils font rencontre de personnes qui ont des armes à feu, & qu'ils ont tiré deux ou trois coups sur eux, quoy qu'ils soient quelquefois des troupes de cent ou deux cens, ils se mettent aussi-tost à fuir, ayans plus de peur de leurs chevaux que d'eux-mesmes, car comme dit est, la richesse de la pluspart ne consiste qu'en cette marchandise.

Leurs armes sont d'ordinaire l'arc & la fléche, ou la massuë, avec la lance gaye & le cimeterre, neantmoins le plus ordinaire est la lance, ne se servans point d'armes à feu, parce qu'ils n'en ont aucune connoissance, ce qui est cause qu'ils les apprehendent beaucoup.

A demie journée de cette ville est un grand lac d'eau salée, d'où l'on tire tous les ans quantité de sel : cette eau provient d'un puits qui est tout proche d'où coulent toutes ses eaux vers le mois de Mars.

Cette ville est gouvernée par un Bacha qui a le titre de Beglerbey, lequel a le soin du gouvernement & des armes. Il y a un Mula Cadis pour rendre la justice, un Mufty pour la loy, & un Aga qui commande le chasteau.

C'est la ville de toute la Turquie qui rapporte le plus de profit au Grand Seigneur, & on tient que la douane & le tribut des Chrestiens qui y demeurent, y compris le païs d'alentour, rapportent tous les ans au Grand Turc trois millions de livres. Ces richesses si grandes, & cette ville estant si esloignée de Constantinople, ont convié plusieurs Bachas à faire leur possible pour s'en rendre souverains, mais faute de bon-heur ou de conduite, ils n'ont jamais pû venir à bout de leurs desseins.

L'air de ce païs est grandement subtil, & ceux qui y arrivent nouvellement y deviennent ordinairement malades, mais y estant accoustumé on s'y porte fort bien : le serain n'y est aucunement mal sain, ce qui fait que la pluspart des habitans couchent en Esté à l'air au haut de leurs maisons, qui sont toutes en terrasse, comme il a esté dit : les saisons y sont fort reglées, les jours en Hyver ou en Esté ne different au plus que d'une heure : il y fait peu de froid en Hyver, & les chaleurs de l'Esté sont moderées par le vent du Ponant, qui y regne depuis le mois de Mars jusques au mois de Septembre : ils n'y a pas grand vent en Hyver, & l'air y estant ordinairement serain, y cause d'aussi beaux jours qu'en Esté ; ce qui y fait la demeure tres-agreable, outre que toutes les choses necessaires pour la vie y sont en abondance.

Ayans demeuré huit jours à Alep, nous en partismes pour aller en Perse, mais nous nous pourveusmes auparavant de toutce que nous jugeasmes necessaire pour un si long & si penible voyage : nous eusmes aussi de ceux d'Alep des lettres de faveur au Grand Visir qui tenoit le siege devant Babylone. Nos amis nous voulurent destourner de ce voyage, à cause des grandes troupes qui estoient par tout sur les frontieres, mais la grande volonté que nous avions de voir ce païs, dont nous avions ouy dire tant de merveilles, nous fit mépriser toutes ces difficultez & perils, & pour cet effet nous prismes des Arabes pour nous conduire jusques à l'armée Turquesque, & chargeasmes trois chameaux avec des provisions, faisans estat de n'entrer dans aucun

M v

bourg ny villages, mais de prendre droit par les deserts, parce que nous estions bonne compagnie, & assez bien armez pour nous défendre des voleurs & des Arabes, car nous estions quatorze tous armez avec la carabine & deux pistolets, outre nos deux Janissaires & quatre Arabes qui nous servoient de conducteurs portans l'arc & la fléche. La fidelité de ces Arabes est admirable, car quand ils se sont mis au service de quelqu'un & mangé de son pain, ils aimeroient mieux perir mille fois que de l'abandonner ou tromper en la moindre chose.

Nous reglasmes donc nos journées en partant, & pour éviter la grande chaleur nous commençasmes à cheminer deux heures avant le Soleil couché, & continuasmes jusques à environ trois heures de nuict, prenans alors trois heures de repos, puis nous remettans à cheminer jusques à deux heures aprés le Soleil levé, que nous dressasmes nostre pavillon, nous reposans le reste de la journée, ce que nous continuasmes de faire pendant tout ce voyage, mais non pas si exactement, qu'il ne falust quelquefois outrepasser cet ordre d'une heure ou de deux, à cause des montagnes, & aussi pour trouver quelquefois de l'ombre & la fraischeur de quelque fontaine.

Au bout de deux journées nous arrivasmes au bord du renommé fleuve d'Euphrates, que les Turcs appellent Frat, & qu'on dit estre un de ceux qui passoient au milieu du Paradis terrestre. Tout le païs qui est entre la ville d'Alep & cette riviere, est assez bien habité & generalement fertile, car encore qu'il y aye plusieurs valées qui demeurent sans estre cultivées, elles produisent neantmoins quantité d'arbres : il y a des forests de figuiers qui portent le fruict beau à la veüe, mais qui est de mauvais goust, estant seches par dedans : l'on y void aussi des campagnes à perte de veuë, où il n'y a rien que de la regalisse.

Nous passasmes la riviere de l'Euphrate à une ville nommée Bire ; ce fleuve en cet endroit n'est guere plus large que la Seine à Paris, mais à son rivage & aux ravines qui sont le long, on connoist qu'en Hyver il est trois fois plus large, & qu'il est fort sujet aux débordemens & inondations, comme la pluspart des fleuves du Levant. Ses caües sont fort troubles, mais elles ont le goust bien agreable ; son cours est tres-rapide, sur lequel on navigue avec des basteaux plats, qui de là vont en Babylone, & autres endroits. Elle separe la Syrie d'avec la Mesopotamie, dans laquelle nous fusmes pour voir la ville de Bire.

Cette ville est la premiere de la Mesopotamie, située sur le bord de ce fleuve : elle est de moyenne grandeur, estant sur le penchant d'une colline : elle a un chasteau basty sur un rocher, qui a plusieurs pieces de canon, & seroit de consideration, s'il n'estoit commandé des montagnes voisines du costé du Levant. Il y a dans la ville quantité de fontaines dont l'eau est excellente, il y a aussi un camp ou caravansara fort remarquable dans la roche, taillé par le ciseau, & soûtenu de gros pilliers de la mesme roche d'une extréme grandeur, dans lequel on mettroit plus de deux mille chevaux : le reste de cette ville est de mesme que les autres de la Turquie.

Ayans ainsi contenté nostre curiosité, nous montasmes à cheval pour retourner à Alep, avec trois Arabes qui nous prierent de les admettre en nostre compagnie, craignans la rencontre des autres Arabes : ceux-cy appartenoient au Roy, qui depuis peu l'avoit esté fait par la mort de son predecesseur, qui estoit soustenu du Grand Visir avec lequel il estoit, & les avoit envoyez à Alep pour y faire son équipage : La cause pourquoy ils apprehendoient les autres Arabes, c'est que le neveu de celuy qui regne pretend que le Royaume luy appartient, lequel a ses troupes qui courent toûjours, & quand ils se rencontrent ils se battent rudement.

Ce Roy des Arabes a quelques terres au dessus de Damas, où il a de coustume de se retirer, mais neantmoins il ne demeure jamais dans aucune ville, ayant ses pavillons qu'il fait tendre tantost d'un costé, & tantost de l'autre, ayant toûjours quatre cens hommes à sa suite, & quand il veut assembler tout son monde, il en peut avoir jusques à dix mille, ce qui fait qu'il est redouté, & il est impossible de le ruiner, car quand il sçait qu'on le poursuit, il se retire dans les deserts, où il est tres-malaisé de l'attraper.

Les Arabes sont fort mal vestus, n'ayans que la chemise, caleçons, avec une abe, qui est une casaque sans manches, ayans de grandes bestes noires & blanches entremeslées, & sont faites de poil de chevre : il y en a quantité qui n'ont point de chemise, ils ont sur la teste un méchant turban sous lequel ils ont un voile noir qui leur pend sous la gorge. Ils ne vivent d'ordinaire que de pain & d'eau, mais d'un pain qui n'est qu'une paste échauffée sur les cendres, ou sur quelque tuille chaude. Ils vont toûjours d'un & d'autre costé, menant toute leur famille & équipage, sans jamais s'arrester en un lieu, ville, ny maison, mais sous leurs pavillons, & de cette sorte ils passent leur vie.

En sortant de la ville de Bire, & pendant deux journées de chemin, nous trouvasmes le païs assez fertile, & quelques bourgs & villages : la pluspart des montagnes sont remplies de rosmarins, lavandiers, capriers, & regalisses : aux collines & montagnes quantité de pistachiers & de figuiers : nous y remarquasmes plusieurs ruines, qui nous firent connoistre que tout ce païs avoit esté autrefois bien peuplé : plus nous nous esloignions de la riviere, plus nous trouvasmes le païs desert. Ayans cheminé quatre journées nous trouvasmes le païs fort sterile, remply de hautes montagnes, precipices, & fascheux rochers : nous continuasmes huit jours à cheminer par ces deserts, qui n'avoient rien d'agreable que la solitude : pendant tout ce temps nous n'eusmes aucune rencontre digne de remarque, & ne passasmes que devant deux bourgs & une petite ville nommée Ana, mais ce fut pendant la nuict, afin de n'estre pas découverts de personne.

Le neufiéme jour nous vinsmes droit dans les pavillons du Roy des Arabes, lequel menoit six mille de ses gens au service du Grand Visir : cette rencontre nous donna une chaude alarme, & l'eussions fort volontiers evitée, mais nous y fusmes plustost que nous ne les avions apperceus : nous conducteurs nous asseurerent que nous n'avions rien à craindre, & que ce Roy s'estoit reconcilié depuis peu avec le Grand Seigneur, & que puisque nous avions des passe-ports, l'on ne nous feroit aucun déplaisir : nous l'envoyasmes saluër par un de nos Janissaires & deux de nos Arabes, & luy faire present de quelque pain de sucre que nous avions porté expressément avec nous d'Alep pour nous servir en de semblables rencontres, & qui est le present le plus agreable qu'on puisse faire à ces sortes de personnes : il fit voir nos passe-ports, & aprés s'estre informé quels nous estions, il témoigna avoir envie de nous voir. Quand nous eusmes eu ce rapport, & qu'il avoit receu nostre present d'un visage serain, témoignant qu'il luy estoit agreable, nous nous accommodasmes pour l'aller saluër, mais nous ne fusmes pas plûtost sortis de nostre pavillon, que nous le vismes venir devers nous, accompagné d'environ trente chevaux : nous luy allasmes au devant jusques à la rencontre, où nous voulusmes luy faire la reverence, mais sans s'arrester il dit qu'il nous vouloit voir dans nôtre pavillon, où il se mit à parler avec nous fort familierement, s'informant de plusieurs choses de la Chrestienté : il visita toutes nos armes, & les fit tirer plusieurs fois, trouvant fort estrange & comme miraculeuse l'invention des arquebuzes à roüe, desquelles jusques à present ils n'ont l'usage, non plus que des autres armes à feu, la plufpart de ces Arabes s'imaginant que cela se fait par art magique, & croyent qu'une arquebuze peut tirer sans charger & bander autant de fois qu'on desire, de mesme qu'on tireroit une estocade avec une espée ; & mesme le Roy aprés avoir veu décharger une arquebuze en sa presence, en avoit encore peur, & la changeoit de place, afin qu'elle ne fust pas devant luy. Il demeura deux heures sous nostre pavillon, & quand il en fut sorty il nous envoya quantité de volailles, de moutons, & autres provisions de vivres : nous y demeurasmes le reste de la journée.

Ayans encore continué nostre chemin deux journées, nous arrivasmes de nouveau assez prés de l'Euphrate, où nous passasmes les ruines de l'ancienne ville de Babylone de Caldée, laquelle a esté si fatale aux enfans d'Israël, & où diverses fois ils ont beaucoup pâty sous la rigueur d'un fascheux esclavage. Ce fut en cette ville où Daniel fut mis dans la fosse aux Lions, & les trois Enfans dans la fournaise ardante : ce fut aussi en ce lieu que les premiers enfans de Noé voulurent bastir une tour si haute, qu'elle les pourroit garantir de toute sorte d'inondation. De cette tour d'où est procedé la division des langues, il ne reste maintenant aucunes reliques : quelques-uns veulent dire qu'elle fut bastie sur une montagne par devant laquelle on passe ordinairement, & où en ostant de la terre on trouve quantité de pierres cuites, mais nous n'y reconnusmes aucune forme de bastiment.

Ce fut en cette ville où regna autrefois ce grand & superbe Nabuchodonosor, & où anciennement les Roys estoient si remplis de vaine gloire, qu'ils faisoient venir de l'eau des rivieres du Nil & du Danube, laquelle par magnificence ils plaçoient parmy leurs tresors, comme pour montrer par là la grandeur de leur Empire, & qu'ils estoient les Seigneurs du monde : mais ils eussent plus sagement fait de considerer de prés le courant de ces rivieres, où ils eussent trouvé plus de sujet d'humilité que d'orgueil, car tout ainsi que cette eau s'écoule & n'a point d'arrest, de mesme les grandeurs & prosperitez humaines passent avec pareille promptitude.

Cette ville si renommée, & dont les bastimens estoient si riches, que seulement ses murailles ont esté mises entre les sept merveilles du monde à cause de la beauté de leurs edifices, n'a laissé que des marques tres-foibles qu'elle a esté, y ayant si peu de ruines, qu'à les voir il n'y a personne qui puisse juger qu'il y a eu une ville si belle & si somptueuse : les Turcs en ont basty une autre à environ une journée de là, qu'ils appellent Bagadet.

Nous arrivasmes devant cette ville & dans le camp des Turcs le trentiéme de Juin, ayans enduré des peines & fatigues incroyables pendant seize jours que nous avions cheminé dans les deserts, ayans esté incommodez jusques à l'extremitié par la chaleur & par la soif, car souvent nous marchions des deux & trois journées sans trouver d'eau, laquelle encore la pluspart avoit le goust salé, ce qui nous causa une continuelle alteration : nous en faisions provision dans de grandes peaux de bouc, que nous attachions au dessous du ventre de nos chameaux, autrement le Soleil l'auroit entierement corrompuë : pour le manger nous n'en recevions point tant d'incommodité, ayans bonne provision de biscuit, puis nos arquebuzes nous fournirent assez de gibier pour faire boüillir la marmite : le sommeil nous donna une cruelle peine, car pendant le jour nous estions si travaillez des mouches, des moucherons, & de la chaleur, que nous ne pouvions dormir, & la nuict il nous faloit marcher pour éviter l'ardeur du Soleil, ce qui nous mit à l'extremité.

Enfin avec des peines & des fatigues qui ne peuvent estre supportées que de ceux qui y prennent plaisir & les souffrent volontiers, nous arrivasmes à la veuë de l'armée Turquesque, où nous envoyasmes un de nos Janissaires pour voir ce qui s'y passoit, & sçavoir si nous en pouvions approcher librement, lequel aprés nous avoir fait attendre six heures, revint avec quatre autres Janissaires qui nous menerent dans le camp, nous assignans un lieu pour y dresser nostre pavillon, disant que le lendemain ils nous viendroient prendre pour nous mener baiser la robbe du Grand Visir.

Le lendemain dés la pointe du jour nous fusmes menez au pavillon du Grand Visir. En y allant nous traversasmes plus de la moitié du camp, lequel contenoit une heure de chemin : nous y arrivasmes justement comme on estoit empesché à une cruelle justice, dont l'execution fut faite sur le corps d'un miserable Cadis ou Juge Turc, lequel ayant esté convaincu d'avoir esté corrompu par l'argent, & avoir commis une injustice, fut condamné à recevoir six cens coups de baston que le Grand Visir luy fit donner en sa presence. A la verité cet acte nous effraya un peu, & nous fit souhaiter d'estre bien loin de là, afin de n'estre point à la misericorde de ce Visir, lequel nous avions toûjours ouy estimer l'homme le plus cruel, le plus sanguinaire, & le plus grand ennemy des Chrestiens qui fust dans toute la Turquie.

Nous demeurasmes environ deux heures devant son pavillon avant que d'estre menez en sa presence, où nous fusmes conduits sous les bras pour luy baiser la robbe, avec la mesme ceremonie qui s'observa quand nous fusmes menez au Serrail pour saluër le Grand Seigneur : & comme nous sçavions bien la coustume de Turquie, & que pour ne pas recevoir du déplaisir il faut toûjours faire quelque present, nous nous estions pourveus de deux robbes de drap & de deux autres de soye, que nous luy fismes presenter par nos Janissaires, qui trembloient de peur & d'apprehension, & avoient bien de la peine à parler. Cela estant fait, nous fusmes conduits hors du pavillon sans qu'on nous dist nulle chose que ce soit.

Au sortir de là nous fusmes voir un Juif qui estoit confident & Secretaire dudit Visir, pour lequel nous avions apporté quelques lettres de faveur de ses parens d'Alep. Ce Juif nous receut fort amiablement, nous montrant de grands témoignages de bien-veillance : nous luy exposasmes le desir que nous avions de voyager, & que cette volonté nous avoit fait sortir de nos maisons avec une grande envie de voir le Levant, & principalement la Perse, & le suppliasmes de vouloir prier le Grand Visir afin d'obtenir la permission d'y pouvoir entrer, à quoy il nous promit de s'employer de bon cœur. Avec ces promesses nous retournasmes à nostre pavillon, aussi contens de la courtoisie que ce Juif nous avoit montrée, qu'estonnez de la grande severité & gravité du Visir.

La nouuelle ville de Babylone, que les Turcs appellent Bagadet, est bastie le long de la riviere du Tygre, laquelle se va joindre avec l'Euphrate proche de cet endroit, & de là s'engoulfe dans la mer Oceane, formant le sein Persique. Ce fleuve passoit autrefois au travers de la ville, mais depuis que le Persan s'en est rendu le maistre, pour la rendre plus forte ils ont rasé tout ce qui estoit au deça de la riviere, laquelle sert de fossez à la moitié de la ville : Elle paroist fort belle par le dehors : elle est entourée d'une bonne muraille terrassée par le dedans, & flanquée de plusieurs tours rondes & quarrées, & d'assez bons fossez à moitié remplis d'eau. Sur le bord de la riviere il y a un assez fort chasteau gardé de plusieurs tours, & à l'autre extremité de la ville, le long de la mesme riviere, il y a une espece de grand boulevard. Voila toutes les fortifications de cette place, devant laquelle les Turcs ont mis le siege par trois fois avec des armées de cent mille combattans, sans qu'ils l'ayent pû prendre, par où l'on peut juger de leur vaillance & dexterité pour prendre des villes.

 Devant ces guerres cette ville estoit une des meilleures & des plus marchandes du Levant: ceux de Mogor, des Indes, & mesme de la Chine y envoyoient des marchandises, mais la guerre en a banny tout le negoce, ce qui fait qu'elle commence à se ruiner. Le Grand Visir l'avoit tenuë l'espace de trois mois assiegée, & perdu en differents assauts du moins quarante mille hommes. Enfin le Roy de Perse ayant assemblé ses forces, y vint au secours avec une armée de soixante mille chevaux, ce qui obligea le Visir à lever ce siege, & à se retirer au deça de la riviere, où il avoit mis son camp en attendant d'autres troupes qu'on luy devoit envoyer de Constantinople : il avoit bien encore soixante & dix mille combattans, ce qu'ils estiment une petite armée.

Toute cette armée estoit campée à une portée de mousquet de la riviere, contenant deux petites collines, & la partie d'une plaine comprenant environ deux lieuës de tour : c'est un plaisir de voir le bon ordre qu'il y a, la pluspart des soldats sont aussi artisans, qui à leur quartier sont rangez par de petites ruës, chaque mestier à part : ils ont pour six ou sept un pavillon, où ils travaillent le long de la journée ; ils ont des heures reglées pour sortir, & de certains temps que tous ensemble ils doivent faire leurs prieres, & le reste de la journée ils ne peuvent abandonner leurs pavillons sur de grandes peines : enfin ils ont une si bonne police, & elle est si bien observée qu'on ne croiroit pas estre dans une armée, mais dans une ville bien reglée : nous nous promenasmes par tout avec autant de liberté que nous eussions fait dans une bonne ville de la Chrétienté.

Les Bachas ont de tres-beaux pavillons, & principalement le Grand Visir, où il y avoit autant de commoditez que dans son Palais à Constantinople : il y avoit dix chambres de suite tapissées avec du satin rouge & jaune, & par tout de grands tapis de Perse contre terre pour empescher l'humidité : on nous asseura que ce pavillon avec les emmeublemens avoient cousté cinquante mille escus, & que c'estoit le present que le Grand Seigneur luy avoit fait en sortant avec l'armée de Constantinople.

Alentour de son pavillon estoient campez les Janissaires, faisans environ le nombre de vingt mille, tous armez d'arquebuzes, dont ils sont fort adroits à tirer: après eux avoient leur quartier les Espaïs, qui estoient environ dix mille; à costé estoient campez les Arcangis qui sont les avant-coureurs, & qui découvrent journellement le païs: les Tartares faisoient un quartier à part, estans bien quinze mille: les Achapes qui sont piétons, au nombre de dix mille, avoient le soin du bagage, lequel avec les chameaux & plusieurs petites pieces de campagne entrelassées, servoient de retranchement à cette armée: il n'y avoit que trois sorties gardées de trois corps de gardes, où chaque jour montoient en garde mille Janissaires.

Les Janissaires qui est l'Infanterie, & les Espaïs qui font la Cavalerie, & qui forment le corps de l'armée, ne se mettent pas en campagne, & ne vont à aucun assaut ny occasion, si ce n'est que leur General y vienne en personne: les Arcangis qui sont avantcoureurs servent pour aller à la picorée, & ruiner le païs de leurs ennemis, où ils font des courses continuelles; ils n'ont aucunes armes defensives, & pour offensives ils se servent de demy piques ferrées des deux bouts, qu'ils sçavent manier & darder avec une grande dexterité; ils ont aussi l'arc & la fléche, & deux cimeterres.

Les Archapes sont piétons & Turcs naturels, gens grossiers, déterminez & barbares: ils ont toûjours l'avantgarde, & sont si peu estimez, que quelquefois ils servent de pont à la Cavalerie pour passer dans les mauvais chemins, & de fas-

cines pour remplir les foſſez des places qu'ils ont
aſſiegées : ils n'ont aucuns gages, & s'entretiennent avec ce qu'ils peuvent gagner & prendre ſur
leurs ennemis : leurs armes ſont toutes differentes, il y en a qui portent des halebardes, d'autres
des demy-piques, & quelques-uns qui n'ont autres armes que de grands cimeterres.

Il n'y en a point de toute la Milice d'où le
Grand Seigneur tire plus de ſervice que des Tartares, & qui incommodent plus leurs ennemis,
ils marchent jour & nuict, & ne repoſent que
bien peu ; quand ils deſirent faire de grandes
courſes, outre le cheval où ils ſont montez, ils en
menent un à la main, & ſe mettent tantoſt ſur
l'un & tantoſt ſur l'autre. Il n'y a point de nation
au monde plus penible que la leur, & qui ſe paſſe
à moins ; ils ont ordinairement à l'arçon de la
ſelle un petit ſac de farine qui leur ſert pour toute
proviſion, ils la détrempent avec un peu d'eau
& la laiſſent ſecher au Soleil, ſans prendre autre
nourriture ; ils mangent quelquefois par delicateſſe de la chair de cheval, qu'ils laiſſent quelque
temps entre la ſelle & le dos du cheval, ſans la
faire cuire autrement : ils accouſtument tellement leurs chevaux à nager, qu'ils ne les laiſſent
boire qu'en nageant contre le fil de l'eau, nous
en voyions journellement quarante & cinquante
enſemble paſſer la riviere à nage, & aller eſcarmoucher contre des gros de cinq à ſix cens chevaux Perſans : ils combattent en déterminez &
avec un grand avantage, parce que leurs chevaux ſont ſi prompts & ſi diligens, qu'ils peuvent toûjours quitter la partie quand bon leur
ſemble ; & en leur retraite ils font encore plus de

mal, car en se renversant sur la croupe de leurs chevaux, ils tirent en fuyant avec une grande dexterité.

Durant le temps que nous fusmes dans cette armée, nous visimes souvent l'armée Persane paroistre le long du fleuve, en troupes de vingt & vingt-cinq mille chevaux, ce qu'il faisoit tres-beau voir, car la plufpart sont habillez de toille dorée & argentée, ce qui avec la reverberation du Soleil donnoit un éclat admirable.

Quand nous eusmes demeuré quatre jours dans le camp, le Juif Secretaire du Grand Visir nous vint voir & dire que son maistre faisoit difficulté de nous laisser passer en Perse, craignant qu'il n'y eust quelque Ingenieur dans nostre troupe qui pourroit donner des advis au Roy de Perse au grand préjudice de son armée, & que d'ailleurs il estoit adverty que le Roy de France desiroit contracter amitié avec le Persan, ce qui ne se pouvoit faire qu'au grand desavantage de la Turquie.

Cette réponse nous troubla grandement, & nous fit venir la sueur au visage, nous eussions bien desiré de n'en avoir jamais parlé, car le soupçon en Turquie est souvent pris & chastié pour crime, & qui plus est avec une personne cruelle comme estoit le Grand Visir, qui pour la moindre méfiance qu'il eust euë de nous, ne se fust pas mis beaucoup en peine de faire couper la teste à une douzaine de Chrestiens comme nous estions ; nous priasmes donc ce Juif de n'en parler pas davantage au Visir, & que dés le lendemain nous partirions pour retourner à Alep, tenans pour bien employées les peines que nous avions endurées dans ce voyage, par la veüe d'une si belle armée. Ce Juif nous dit que nous faisions tres-bien de prendre cette resolution, car de persister à vouloir passer, c'estoit augmenter le soupçon que le Visir avoit déja conceu de nous autres ; il nous promit aussi de nous faire avoir six Janissaires pour nous conduire jusques à une journée du camp, où il y a ordinairement du danger, à cause des soldats qui vont à la picorée ; il nous bailla aussi quelques lettres pour ses parens d'Alep.

Nous partismes de l'armée Turquesque le 9. de Juillet, & quoy que la chaleur fust vehemente, nous cheminasmes toute la journée, afin de nous esloigner du camp, parce qu'aux environs des armées il fait ordinairement dangereux : nous prismes environ trois heures de repos dans les ruines de l'ancienne ville de Babylone, nous y congediasmes les Janissaires qui estoient venus avec nous du camp, & reglasmes nos journées comme nous avions fait en y allant, reprenans le mesme chemin, assez tristes toutefois de n'avoir pû effectuer nostre principal dessein, qui estoit de voir la Perse.

Dans tous ces deserts il y a quantité de Lions, Tigres, Leopards, & autres bestes semblables, lesquels nous firent souvent peur la nuict par les horribles hurlemens qu'ils faisoient; & pour nous garantir de leurs griffes nous portions des mèches allumées, parce qu'il n'y a rien que ces bestes craignent tant que cette odeur ; neantmoins une nuict deux Lions passerent au travers de nostre troupe, effrayans tellement nos chevaux, que nous eusmes grande peine à les rassembler

bler & asseurer : nous eusmes presque tous les jours des alarmes semblables, & tant de diverses rencontres qu'elles seroient trop longues à décrire : enfin avec des peines & des fatigues presqu'incroyables, nous arrivasmes à Bire le 26. de Juillet, ayans tardé en tout ce voyage quarante jours, là où les Caravannes en employent autant seulement pour y aller, mais ils ne font que cinq ou six lieües par jour, outre que pour trouver de l'eau, & pour eviter les montagnes, ils font de grands détours.

A Bire nous passasmes de nouveau la riviere de l'Euphrates, & nous y apprismes que depuis cet endroit jusques à Alep tous les habitans avoient quitté leurs maisons, & abandonné tout le païs, à cause de quantité d'Arabes qui faisoient des courses par tout : cet advertissement nous fit tenir sur nos gardes, & nous n'estions pas à quatre lieües de la riviere, que nous en vismes une troupe du moins de trois cens, lesquels vinrent fondre sur nous à bride abatuë avec un cry si effroyable, que les plus hardis d'entre nous en eurent peur : ils nous surprirent tellement, qu'à peine leur pûsmes-nous tirer deux ou trois coups de carabine, ce qui les fit retirer encore plus viste qu'ils n'estoient venus. Cependant nous eusmes loisir d'accommoder toutes nos armes, ils firent plusieurs approches & caracoles pour essayer à nous rompre, mais quand ils approchoient de trop prés nous leur tirions cinq ou six coups d'arquebuze, ce qui les faisoit toûjours reculer : ils ne nous abandonnerent point de veüe pendant toute la journée, ce qui fit que nous n'osasmes cheminer durant la nuict, nous tenans toûjours ensemble & nos armes prestes, la moitié de la troupe faisant sentinelle pendant que les autres reposoient.

Nous arrivasmes le lendemain à Alep, toûjours suivis de cette canaille, dont nous n'avions plus aucune peur, car il est asseuré que dix hommes resolus armez d'arquebuzes resisteront contre cent de ces gens là : il est vray que leur abord est épouventable, car ils ont des chevaux qui courent avec une telle promptitude, qu'ils semblent voler, & un cry si horrible, qu'il donne de la peur à tout le monde : leurs personnes sont extrémement hideuses, ils sont presque nuds, n'ayans qu'une couverture rayée de blanc & de noir qui leur couvre environ la moitié du corps; sur la teste ils ont un turban de linge noir ; pour la couleur ils ne sont pas entierement noirs, mais plus hideux, ayans la couleur d'ardoise.

Ces sauvages demeurent parmy les deserts d'Arabie, n'ayans aucun lieu d'arresté ; ils changent de demeure selon leur volonté, & s'arrétent où ils trouvent de l'eau & de la pasture pour leurs troupeaux : ils portent leurs maisons avec eux, qui sont de petits pavillons noirs faits de poil de chevre, & tellement épais, qu'ils peuvent resister à la pluye, ils ont ordinairement de grandes troupes de chevres, de brebis, de chameaux, & de chevaux, en quoy consiste toutes leurs richesses : ils ont un Roy parmy eux qu'ils font par élection ; aussi-tost qu'il est créé il faut qu'il fasse serment qu'il ne s'arrestera jamais dans les villes, mais qu'il tiendra toûjours la campagne : ils sont de grandes courses, car ayans planté leurs pavillons, ils se mettent par bandes, & vont ravager le païs à quarante & cinquante lieües de là, de sorte qu'on a de la peine à les trouver: quand les Turcs les peuvent attraper ils leur coupent la teste, mais aussi quand ils prennent des Turcs ils ne leur pardonnent pas, & les taillent en pieces: ils traitent les Chrestiens plus favorablement, car ils prennent ce qu'ils ont, les dépoüillent, & les laissent aller tous nuds.

Nous arrivasmes à Alep le 29. de Juillet, tous en santé, dont nos amis furent estonnez de ce que d'une si grande troupe ayans enduré tant de fatigues, personne n'estoit devenu malade: nous loüasmes Dieu de nous avoir échapé des mains de ces Arabes, & de plusieurs autres perils que nous avions courus pendant ce penible & fascheux voyage.

Nous demeurasmes cinq jours à Alep, tant pour nous refaire du travail dont nous estions tous harassez, que pour y faire provision de tout ce que nous avions besoin pour aller à Hierusalem, qui en est esloignée par le droit chemin de quinze journées ; mais comme nous nous détournions toûjours pour aller aux lieux où il y avoit quelque chose de remarque, nous y employasmes vingt-six journées : Nous loüasmes des chevaux pour faire ce voyage, & obligeasmes ceux qui nous les loüoient de nous servir aussi de conducteurs, & avoir le soin de leurs chevaux & de les nourrir ; ce qui nous donna bien du soulagement, car par tout où nous arrivions nous n'avions qu'à descendre & monter à cheval, outre qu'ils nous servoient de guides, & estoient voituriers.

Nous partismes d'Alep le troisiéme d'Aoust,

accompagnez de tous les marchands François qui nous firent l'honneur de nous conduire jusques à deux lieües de la ville : les Arabes qui nous avoient conduits dans nostre voyage de Babylone, y vinrent aussi, lesquels prenans congé de nous ne se pûrent empescher de pleurer comme des enfans, & de nous montrer une affection toute extraordinaire.

Un honneste homme marchand d'Alep, nommé le sieur Contour, nous voulut plus obliger que les autres, & nous vint conduire jusques à la couchée, où à nostre insceu il avoit envoyé de bonnes provisions : nous arrivasmes environ à une heure de nuict à un beau Caravansara appellé Kantoman, lequel n'est point basty comme les autres, mais en forme de Chasteau, ayant haute & basse cour, entouré de hautes murailles munies de quelques pieces de campagne, afin de se defendre contre les Arabes qui y font souvent des courses : nous y trouvasmes le souper tout prest, & aussi delicieusement & splendidement qu'on auroit pû desirer dans quelque ville que ce soit : nous y demeurasmes si long-temps à table, que nous nous trouvasmes le matin plus disposez pour dormir que pour cheminer, ce qui nous y fit encore demeurer ce jour là, & en partismes vers le soir, reglans nos journées à peu prés comme nous avions fait le voyage precedent : quatre de nostre compagnie se trouverent cette nuict saisis de fievres, pour avoir fait trop bonne chere, beu trop de vin, & trop frais ; mais ne trouvans aucun lieu propre pour nous arrester, il falut cheminer, le travail & la sobrieté les en delivra en moins de deux jours, ce qui nous fit avoüer que l'abondance de la volupté corrompt bien plûtost le sang des personnes que la necessité, car pour grande que nous l'ayons eüe, elle n'a jamais causé le moindre accez de maladie à pas un de la compagnie.

Nous quittasmes le grand chemin de Damas pour gagner les montagnes & costoyer la marine, afin de n'estre point incommodez des Arabes dont ce païs estoit tout remply : nous nous reposasmes la seconde journée au pied des montagnes, dans un grand village nommé Fova, où nous apprismes qu'il y avoit à une lieüe de là quatre mille Arabes, commandez par Hamet Leydar rebelle de leur Roy : Nous passasmes la nuict heureusement à costé de cette troupe, & nous estions si proche d'eux, que nous entendions abayer leurs chiens : nous cheminasmes jusques au matin sans prendre aucun repos que nous n'eussions traversé les montagnes, lesquelles estoient tres-difficiles, fort droites, & si remplies de pierres, que nous fusmes contraints de marcher à pied pendant toute la nuict, ayans bien de la peine à y faire passer les chevaux. A viron deux heures de jour nous mismes nostre pavillon au pied de ces montagnes, y estans en seureté des Arabes, lesquels ne les passent jamais à cause qu'elles sont trop difficiles. Nous fusmes nous promener dans le creux de ces rochers, où nous vismes plusieurs inscriptions Grecques & Arabesques, mais si usées que nous ne les pûsmes pas lire, & aussi quantité de chambres taillées dans le roc, que nous jugeasmes avoir servy autrefois à des Hermites, ce lieu y estant propre à cause de sa solitude.

Nous partismes vers le soir, & cheminans toute la nuict par des montagnes couvertes de bois de haute fustaye, nous arrivasmes le matin à un village appellé Cafar Frangy, lequel est frontiere avec les terres de Lemire Ficardin Prince Arabe, & le dernier du gouvernement d'Alep. Ce lieu pour estre frontiere est situé au pied des montagnes inaccessibles, si ce n'est à ceux qui y sont accoustumez & en sçavent les détours: il est entierement habité par des voleurs, qui se retirans de divers païs y viennent demeurer, afin de ne pas tomber entre les mains de la justice: nous n'y mismes point nostre pavillon, & n'y déployasmes aucun bagage, nous contentans d'y passer la chaleur du jour à l'ombre de quelques arbres, estans toûjours sur nos gardes, & tenans les armes prestes.

Comme le chemin y estoit fort difficile, nos conducteurs y prirent un homme pour nous servir de guide, mais ce coquin nous ayans mené environ deux heures, & égaré dans un lieu tout desert & fascheux, s'enfuit ; ce qui nous fit croire que les voleurs de ce village nous avoient dressé quelque embuscade, & nous fit retourner environ demie lieue où nous avions laissé une petite plaine, où nous attendismes prés de deux heures pour cheminer au clair de la Lune : Nous prismes un autre chemin que nos conducteurs jugerent meilleur que celuy où nostre guide nous avoit égaré, par où nous evitions aussi l'embuscade que ces voleurs nous pouvoient avoir preparée.

Nous passasmes cette nuict par des montagnes & le long des precipices tres-dangereux & difficiles : souvent nous traversasmes de méchans ponts de bois, où estoient par dessous des abysmes à perte de veuë, y courant des ruisseaux au bas, qui avec leur cours serré dans ces montagnes faisoient un bruit admirable : nous y entendions aussi bien souvent les hurlemens des bestes sauvages, qui estoient si horribles, joints avec le retentissement de ces montagnes, qu'ils nous firent dresser les cheveux à la teste. A la pointe du jour nous passasmes devant une belle fontaine, laquelle tombant d'un rocher traverse une belle grotte : elle est appellée par ceux du païs la Fontaine du Papas, à cause que ce lieu si agreable à la solitude, a esté souvent habité par des Hermites.

Nous continuasmes trois jours à cheminer dans ces deserts, y passans par des lieux extrémement beaux & plaisans, diversifiez par des rochers, des montagnes, des bois & des prairies remplies de fontaines & de ruisseaux, au bord desquelles nous prenions ordinairement le frais durant la chaleur du jour avec un plaisir & contentement nompareil, sentans plus de delices à boire de ces eaux fraisches, que nous n'eussions fait dans nos maisons en goustant le meilleur vin du monde : à la verité si ces lieux appartenoient aux Chrestiens, il seroit fort aisé d'en faire de beaux lieux de plaisance.

Le neufiéme d'Aoust nous arrivasmes sur le bord de la marine, & mismes nostre pavillon devant la ville de Gebele, que les Chrestiens appellent Lalissa, à cause de Saint Alexis noble Romain, lequel pour obeïr à ses parens se maria contre sa volonté, mais la nuict de ses nopces il quitta son Epouse, & se retira en ce lieu, où il demeura long-temps dans une continuelle devotion, pauvreté & penitence. Cette ville est presque ruinée, & il n'y demeure qu'environ deux cens familles de Mores & quelques Juifs : il n'y a pour toute fortification qu'une tour qui garde un petit port.

Hors de la ville, du costé du Septentrion, à quatre cens pas de la marine, il y a une grande & belle Mosquée où les Turcs viennent en pelerinage de toutes parts : ils disent qu'il y a deux Saints de leur Religion qui sont enterrez en cet endroit, dont l'un se nommoit Sultan Hebraim, qui estoit Roy de tout ce païs, & l'autre Mehemet Segregandade, qui veut dire le crieur ; ils disent qu'il estoit Santon, qu'il crioit si haut quand il faisoit ses prieres, que de là on le pouvoit entendre jusques en Damas, qui en est esloignée du moins de quarante lieües : ils gardent encore ses vestemens avec grande ceremonie, & luy portent un fort grand respect. Les Turcs font des vœux à ces Saints lors qu'ils sont malades, ou bien dans quelque adversité ou peril, de sorte que cette Mosquée est grandement riche, & il y a quantité de lampes d'or & d'argent, & autres joyaux.

Nous en partismes le soir, & environ à minuit nous trouvasmes un passage fort estroit entre la montagne & la marine, gardé d'une tour, où il y a des Mores qui font payer droit de passage (que l'on appelle Caffare) à tous passans, excepté ceux qui sont de la milice : ils nous demanderent une reale de huit par teste, mais nous sceusmes si bien disputer, que nous passasmes la plufpart pour foldats, & ne donnafmes que deux reales de huit pour toute la compagnie.

Le matin continuans noftre chemin le long de la marine, nous vifmes au haut d'une montagne un grand chafteau entouré de hautes murailles, les Turcs l'appellent Marcapala. Cette place a efté baftie par les Chevaliers de Saint Jean de Hierufalem, lefquels la nommerent Marcap : ils y refifterent long-temps contre la force des Mahometans aprés la perte de la Terre Sainte, mais faute de fecours ils furent contraints de fe rendre, car autrement l'affiette de ce lieu rend cette place imprenable. Encore que ce chafteau foit dans les terres de Lemire Ficardin, il en permet neantmoins la garde au Grand Seigneur, lequel y entretient ordinairement cinquante Janiffaires, mais comme ce lieu eft fort incommode, à caufe de fa fituation au fommet d'une montagne, où il y a ordinairement faute d'eau en de pareils lieux que ceux-là, ces foldats fe tiennent prefque tous dans les prochaines valées, qui font agreables & fertiles.

Le jour commençoit quand nous confiderions ces antiquitez, ce qui nous fit arrefter dans un fort beau païfage couvert de toutes fortes d'arbes & de fleurs, & arrofé de quantité de petits ruiffeaux, qui luy rendent une tres-belle verdure. Nous y receufmes de grands plaifirs, & pluftoft furpris de la nuict que laffez de ces contentemens, nous reprifmes noftre route ordinaire, & à une heure aprés minuit nous rencontrafmes une petite ville appellée Tortofa, qui eft encore ruinée, vis à vis de laquelle eft une petite Ifle abandonnée, où eft un des beaux ports de la mer Mediterranée, auquel les Corsaires ont accoustumé de se rafraischir d'eaux, & se raccommoder quand ils ont esté mis en desordre par quelque mauvais temps.

Ce port est gardé d'un chasteau basty à l'antique : tout vis à vis, & environ à une lieüe dans la mer il y a plusieurs écueils, formans un assez bon port, où se retirent souvent les vaisseaux qui vont en cours, & les galeres de Malthe & de Ligorne.

Pendant tout le jour nous rencontrasmes quantité de ruines, qu'on nous dit estre d'une ancienne ville dont nous n'avons jamais pû sçavoir le nom : il n'y reste rien d'entier que deux belles pyramides, & plusieurs pierres de marbre les plus belles qui se puissent voir pour leur extréme grandeur. Proche de ces pyramides nous visismes une belle cave en son entier, qui nous fit juger que c'estoit le tombeau de quelque grand personnage.

Cette journée entre toutes les autres nous fut extrémement fascheuse, car dautant que nous ne trouvions aucun lieu pour faire repaistre nos chevaux, ny d'eau, il nous falut cheminer jusques à deux heures aprés midy dans de grandes plaines découvertes, où nous pensasmes mourir de chaud. Aprés avoir enduré toutes ces incommoditez, nous trouvasmes un méchant lieu pour faire repaistre nos chevaux, mais il n'y avoit point d'eau, ce qui nous fut bien insupportable, à cause de la grande soif que nous avions.

Nous sortismes sur le soir, & traversasmes toute la nuict les campagnes qui sont au pied du Mont Liban, & le matin nous entrasmes dans la ville de Tripoli, aprés avoir tardé unze jours sur le chemin depuis Alep.

La ville de Tripoly, que les Turcs appellent Taraboulon, est une ville maritime des anciennes de la Syrie Fenicie : elle est appellée ainsi, à cause qu'il y avoit autrefois trois villes : la premiere au pied du Mont Liban ; la seconde vers la marine, & la troisiéme celle qui reste encore maintenant, laquelle est separée de la haute montagne du Liban par une colline, en ayant une autre au devant laquelle s'étend jusques à la marine, toutes deux tres-fertiles & embellies de plusieurs jardins remplis de beaux & de bons fruits.

Cette ville n'est entourée d'aucune fortification, n'ayant rien que les maisons lesquelles serrées ensemble servent au lieu de murailles : les ruës sont estroites, mais les maisons y sont assez bien basties pour ce qui est de la Turquie. Au haut de la ville il y a un grand chasteau basty à l'antique, lequel servoit à des Religieux lors que cette ville estoit aux Chrestiens, maintenant il sert de demeure au Gouverneur de la ville.

Il y a par la ville quantité de ruës voutées par le haut, qui ont servy autrefois de Basar ou de marché, lesquelles, comme il s'y fait peu de negoce à present, commencent à se ruiner, aussibien que la pluspart des maisons & des Caravansaras, dont il y en a eu de tres-beaux : il y a un grand ruisseau lequel descend de la montagne du Liban avec impetuosité, l'eau en est fort fraische, mais mal saine, parce qu'elle provient de neiges dont cette montagne est toûjours couverte.

Il y a environ trente-six ans que cette ville

estoit bien peuplée, fort marchande, & aussi frequentée pour le negoce qu'aucune ville de la Turquie: mais l'avarice & la cruauté d'un Bacha ayant obligé les marchands à s'en retirer, elle est presque demeurée deserte: cela arriva ainsi qu'il va estre dit. Ce Bacha ayant eu advis qu'il estoit arrivé en cette ville un Navire de Marseille, chargé de plus de cent mille reales de huit, pour acheter des soyes, y fit porter secretement des Turbans & des habits Turquesques, lesquels il fit cacher par ses gens dans les lieux les plus secrets du Navire, puis y envoya des gens apostez, lesquels trouvans ces habits, accuserent les Mariniers d'avoir tué des Turcs, authorisant la perfidie par ces habits. Le Vaisseau & tout ce qui fut trouvé dedans fut confisqué, & les Mariniers qui estoient au nombre de trente-trois furent mis en prison, & leur procez ayant esté fait par des Juges corrompus, ils eurent la teste coupée. Les Marchands envoyerent remontrer cette cruauté à Constantinople, mais ils n'en sceurent jamais avoir raison; mais Dieu qui ne permet pas toûjours que de telles méchancetez demeurent impunies, suscita Lemire Ficardin pour vanger ces innocens, car ce Prince Arabe ayant declaré la guerre au Grand Seigneur, vint avec toutes ses forces devant cette ville, de laquelle il s'empara par surprise, & la donna au pillage à ses soldats: le Bacha fut pris en vie, lequel eut la teste coupée au mesme endroit où il avoit fait mourir ces innocens Mariniers. Nous trouvasmes un Grec lequel avoit veu faire l'execution de ces Mariniers & de ce Bacha, qui nous assura n'avoir jamais veu de personnes qui faisoient rant de pitié comme ces innocens, & qu'au contraire à l'execution du Bacha tout le monde se réjoüissoit, & qu'il le faloit traisner par force au supplice, se montrant aussi insensé en sa mort, qu'il avoit esté cruel en sa vie.

Nous fusmes promener vers le port, qui est esloigné de la ville d'une demie lieuë : il a esté autrefois grand & beau, & entouré de murailles, lesquelles l'on void encore en plusieurs endroits à fleur d'eau, se montrant comme des écueils : il y a sept grandes tours le long de la marine, qui ont esté faites pour défendre le port des Corsaires : il y en a une qu'ils appellent la tour d'Amour pour avoir esté faite par un Chrestien, qui ayant esté trouvé avec une Turque, pour éviter la mort fit bastir cette tour : il y a un grand bastiment le long de la marine, lequel servoit de Doüane pendant que le negoce y estoit : tout proche de ce lieu il y a un beau Caravansara, qui pour ne pas estre frequenté commence à se ruiner, aussi-bien que la Doüane.

L'on nous assura que durant que cette ville estoit florissante, les Turcs y estoient insupportables, mais maintenant qu'ils sont dans la pauvreté, ce sont les meilleures gens du monde, & nous n'avons trouvé en aucun endroit de la Turquie des Turcs si courtois, si doux, & generalement si affables que ceux-là ; par tout où nous passions ils crioient que nous estions les bienvenus, nous disant qu'ils souhaitoient que les Chrestiens y voulussent retourner & y restablir le negoce ; que depuis qu'ils l'avoient abandonné, ils n'avoient eu que des adversitez & des miseres : plusieurs nous firent present de fleurs, de fruits, & de moutons; mais sur tout la courtoisie d'un vieillard Turc nous estonna grandement, lequel nous logea deux jours dans son jardin, nous faisant bonne chere, & nous fit garder durant la nuict par six mousquetaires: nous luy voulusmes faire quelque petit present, mais il ne voulut pas le recevoir, ny mesme permettre que nous donnassions quelque argent à ceux qui nous avoient gardez, disant qu'il avoit fait ce qu'il estoit obligé de faire par le droit de l'hospitalité, ce qui est à estimer une vraye charité, & telle qu'on trouveroit rarement en la Chrestienté, principalement entre des personnes de diverse Religion, outre que ce vieillard estoit asseuré de ne nous revoir jamais: Enfin parmy toutes les Nations du monde il se trouve d'honnestes gens.

L'on remarque encore dans la ville plusieurs clochers, qui témoignent assez qu'elle a esté autrefois aux Chrestiens; elle vint en leur puissance l'an mille cent neuf, quand elle fut prise par Raymond Comte de Tholoze, lequel avec ses descendans l'ont gouvernée jusques en l'an mille deux cens vingt & un, que Melechedech Sultan d'Egypte se fit maistre de toute la Palestine & de la Syrie. Elle fut ruinée & brûlée par le Grand Tamberlan Roy des Tartares, en l'an 1400. Elle vint au pouvoir des Turcs en l'an 1517. & elle est maintenant sous l'obeïssance de Lemite Ficardin, lequel y tient son Gouverneur, mais comme ce Prince ne s'est pas encore entierement declaré contre le Grand Seigneur, il permet qu'il y ait un Cadis de sa part pour y rendre la justice, mais le tout va selon la volonté de Lemire.

Au reste l'air y est subtil & le serain dangereux, les fruits qui y sont en abondance, sont mal sains, engendrans plusieurs maladies, principalement la dissenterie : il y a une sorte de pesches belles en perfection, & de bon goust, mais tres-mauvaises pour la santé, les Turcs les appellent Massa Franqui, à cause que plusieurs François s'en sont trouvez mal.

Aprés avoir sejourné quelques jours à Tripoly, nous en partismes en une apresdisnée, & passasmes la colline qui est entre la ville & le Mont Liban : elle est toute plantée de meuriers blancs en droite ligne, & ils se servent des feüilles de ces meuriers pour nourrir les vers à soye, dont ils ont une grande quantité. Avec la nuict nous arrivasmes au pied de la montagne du Liban, où ayans pris trois heures de repos, nous commençasmes à la monter, la trouvans fort droite & difficile.

Le matin nous arrivasmes à un village appellé Aedemy, à cause de sa belle & agreable situation, le païs d'alentour est fertile au possible, il y croist une sorte de vin blanc lequel est doux & piquant, & presque de mesme goust que le vin d'Albano que l'on boit à Rome, mais encore plus delicat. Nous nous y reposasmes jusques aprés-midy, que nous fusmes à une lieuë de là visiter l'Archevesque dudit lieu, lequel a sa maison bastie au pied d'une roche toute escarpée, ayant devant luy la veuë de plusieurs collines & valées qui y donnent une belle perspective, & causent une agreable solitude.

Cet Archevesque nous receut fort courtoisement, & nous mena dans son Eglise, laquelle estoit aussi pauvrement accommodée que sa maison : en suite il nous conduisit dans une petite Chapelle dediée à S. Abdon, duquel ils celebrent la Feste le premier Dimanche du mois de May: il nous dit que ce mesme jour, & au mesme temps que l'on lit l'Evangile à la Messe, il sort de dessous l'Autel une source d'eau, laquelle va abreuver les prairies qui sont aux environs : nous eussions eu bien de la peine à croire ce miracle, s'il ne nous eust esté asseuré par un si digne & si venerable Prelat. Y ayans fait nos devotions il nous mena dans sa maison, où nous ne vismes que le visage de la pauvreté, n'ayant pour meubles que quelques écuelles de bois, plats de terre, & à un coin un lieu un peu relevé couvert de deux ou de trois vieilles robbes, qui luy servoient de lict : il nous assura qu'il trouvoit plus de contentement & de repos d'esprit dans cette solitude & pauvreté, que ne sont en la Chrestienté ceux qui tiennent le mesme rang & dignité que luy, dans leurs somptuositez & delices.

Comme ce lieu est grandement haut, & qu'il commence à passer la moyenne region de l'air, le Soleil n'y a que bien peu de force, ce qui fit que nous en partismes en plein midy, & cheminasmes le reste de la journée sans estre beaucoup incommodez de la chaleur. Nous arrivasmes le soir à Canobin, où est la demeure du Patriarche des Maronites, laquelle est un Monastere basty sur le penchant de la montagne, entouré de hauts rochers tellement escarpez qu'ils en sont affreux. Au fonds, où est un abysme presque à perte de veuë, il y court un ruisseau, lequel comme il est enfermé dans ces montagnes, & qu'il tombe par plusieurs precipices, fait autant de bruit que le tonnerre.

Il y demeure quantité de Religieux qui suivent la Regle de Saint Antoine, ayans pour fondateur Saint Hilarion disciple dudit Saint. Leur habit est une grande robbe de burat, & un petit bonnet couvert d'un froc de toile noire sur la teste: quand ils chantent leur service, ils ont tous à la main un petit baston courbé semblable à celuy que l'on dépeint d'ordinaire à Saint Antoine. Il y a quantité de ces Religieux qui demeurent dans des grottes & des cavernes dont ces montagnes sont pleines, & ne viennent au Convent que les Festes & les Dimanches pour assister au Service Divin, passans le reste du temps dans une continuelle solitude. Ils ménent une vie fort austere, & ne mangent ny chair ny poisson, mais ils se nourrissent d'herbes, racines & fruits, dont ces lieux sont tres-abondans.

La solitude de cette montagne a de tout temps convié plusieurs personnes d'abandonner le monde, & y venir passer leur vie dans une douce tranquillité & agreable repos d'esprit: on trouve par écrit dans la vie des Saints Peres que de ce temps là il y avoit bien trois mille tant Monasteres qu'Hermitages. Le principal Convent & Eglise Patriarchale sont fort petits, & n'ont rien de beau que leur situation, l'on y connoist par tout le portrait du Pape, lequel ils connoissent & tiennent pour Superieur de l'Eglise: ils disent la Messe & tout leur service en langage Caldéen, lequel est le maternel des habitans de cette montagne, mais comme ils ont grande communication avec leurs voisins, ce langage est grandement corrompu, & presque tous parlent Moresque.

Tous les habitans de cette montagne sont generalement Catholiques, Apostoliques & Romains, & les seuls Chrestiens du Levant qui suivent la vraye Eglise, laquelle pour les traiter doucement les a receus avec leurs anciennes coûtumes & ceremonies, leur permettant de dire l'Office en leur langage maternel : les Prestres y peuvent estre mariez, mais il faut qu'ils le soient auparavant, car estans Prestres ils ne se peuvent plus marier : ils ont aussi des jeusnes que nous n'avons point, & mangent du poisson le Mercredy & le Vendredy, comme nous le Vendredy & le Samedy : ils festent aussi quelques Saints que nous ne connoissons point : Enfin avec l'obeïssance qu'ils font à l'Eglise de reconnoistre le Pape pour Chef d'icelle, ils sont tenus pour bons Catholiques, & ont un College à Rome où la plufpart de leurs Archevesques & Evesques vont estudier, dont ils ont la Presentation & Sa Sainteté la Collation : Lors que leur Patriarche vient à mourir ils envoyent trois dénommez à Rome, desquels Sa Sainteté prend celuy qui luy plaist.

L'on compte quarante villages parmy cette montagne, qui font environ quatre-vingt dix mille personnes, desquels on trouve vingt mille hommes capables pour porter les armes. Les habitans de cette montagne ont esté gouvernez long-temps par des Princes naturels, ausquels le Grand Seigneur octroyoit le gouvernement en luy payant tribut, mais depuis quelque temps Lemire Ficardin a fait assassiner ces Princes, & s'est rendu maistre absolu de toute la montagne.

Les Chrestiens y sont doucement traitez sous sa domination, car outre qu'il permet toute sorte de liberté dans l'exercice de leur Religion, il leur donne encor pour gouverneur un Chrestien naturel de la montagne. Il n'y demeure aucun Mahometan, & lors qu'il y en passe ils le traitent si mal, que mesme pour de l'argent ils ne luy veulent pas vendre des vivres, & s'ils luy donnent quelque chose ils le luy font payer au double, ce qui fait qu'ils y passent rarement : lors qu'ils y viennent en grandes troupes, les habitans quittent leurs villages & se retirent dans des grottes & cavernes fort secretes & presque inaccessibles, si ce n'est à ceux qui y sont accoustumez : ils y ont aussi l'usage des cloches, ce qui est rare dans la Turquie, n'y en ayant qu'en cet endroit & dans l'Isle de Patmos.

Nous nous reposasmes cette nuict dans ce Convent, où nous fusmes assez pauvrement accommodez ; nous en partismes de grand matin, & arrivasmes sur le midy à un village nommé Bicare, là où demeure le gouverneur de la montagne, lequel nous envoya aussi-tost prier à disner : nous y fusmes traitez à la Turquesque, n'y ayant pour table qu'un grand tapis de Perse contre terre, & pour toute viande rien que des poules boüillies, de la salade, des œufs, du laict de chevre, & du ris, le tout servy dans des plats de terre.

Nous en partismes aussi-tost que le disner fut achevé, & arrivasmes au soir à l'endroit où il y a des arbres de Cedre, tant renommez & si vieux, que plusieurs croyent qu'ils sont du temps du Roy Salomon. A la verité il ne se peut rien voir de plus vieil que ces arbres, ils ont le tronc si gros, que cinq personnes auroient de la peine à en embrasser un, ils sont de moyenne hauteur, & estendent fort leurs rameaux ; ils ont la feüille assez semblable au Cyprés, mais plus pointuë ; le bois est odoriferant, & peu sujet à pourriture ; c'est pourquoy il estoit autrefois si estimé & si fort recherché pour bastir.

Plusieurs disent que ces arbres ne peuvent estre comptez, & qu'on en trouve toûjours un ou plus ou moins, il est vray qu'ils sont un peu difficiles à compter, à cause qu'ils sont dans deux valons & une petite butte de terre ; neantmoins nous les avons comptez plusieurs fois, & en avons toûjours trouvé vingt-deux, & un nouvellement tombé, lequel avoit esté bruslé vers le pied par des bergers, qui y ménent souvent leurs troupeaux.

Ce lieu où sont ces arbres est comme dans un fonds, ayant des montagnes qui en environnent presque la moitié : l'on tient communément qu'on ne trouve point de ces arbres en aucun autre endroit du monde que dans cette montagne, laquelle en estoit anciennement si abondante, que Hiram Roy de la Phenicie en envoya au Roy Salomon suffisamment pour bastir son Temple.

Les habitans de cette montagne viennent souvent comme en pelerinage faire leurs devotions au mesme endroit où sont ces Cedres : ils y ont trois grands Autels, où ils viennent dire la Messe en leur langage Caldéen : nous l'eussions volontiers entenduë, mais quelque different que nous avions eu avec l'Archevesque de Cypre, à la table du Prince ou Gouverneur de la montagne, nous priva de ce contentement.

Nous demeurasmes la nuict couchez sous ces arbres, où nous pensasmes geler de froid ; nous en partismes une heure devant le jour, & ayans continuellement monté la montagne, laquelle est si droite en cet endroit qu'on ne la peut monter à cheval, avec le matin nous arrivasmes au haut du mont, lequel nous trouvasmes tout couvert de neige, & si glacé que nous n'en sceusmes rompre la glace : on peut juger par là de la hauteur de cette montagne, puisque le Soleil y a si peu de force, qu'il ne peut faire fondre ces neiges qui y restent tout le long de l'année.

Nous y trouvasmes en deux jours les quatre saisons de l'année, car au pied de la montagne il y fait une chaleur tres-vehemente ; à moitié de sa hauteur l'air y est temperé, comme au Printemps & en Automne ; & au sommet l'on n'y void que des neiges & des glaçons, vrais images de l'Hyver.

Le haut de cette montagne contient environ deux cens pas, faisant une petite plaine, laquelle ayant traversée nous commençasmes aussi-tost à la descendre, ce que nous continüasmes jusques à l'apresmidy, auquel temps nous trouvant grandement fatiguez, nous passasmes le reste de la journée dans une belle valée remplie de grands noyers & de quantité de fontaines : nous en partismes le soir, & ayans cheminé toute la nuict, nous arrivasmes à Balbecq à la pointe du jour.

Cette ville, à ce qu'on peut juger par les ruines, a esté autrefois tres-belle, & principalement le Chasteau, duquel il reste encore bien la moitié en son entier. On luy donne pour fondateur le Roy Salomon. Il est vray que cet ouvrage est digne d'admiration, les murailles y sont encore en leur entier, basties de pierres d'une si prodigieuse grandeur, qu'il y a beaucoup d'apparence qu'elles se conserveront aussi longtemps que le monde durera : nous en avons mesuré qui avoient soixante pieds de long, & vingt de large ; elles sont mises les unes sur les autres sans ciment. Nous demeurasmes long-temps à considerer comment on avoit pû remüer des pieces si solides, mais à la fin nous demeurasmes d'accord qu'il ne faloit point chercher d'autres instrumens qui ont pû mouvoir de si grandes machines, que la sagesse & l'esprit de son fondateur.

Dans ces ruines nous vîsmes un Temple lequel nous jugeasmes avoir esté basty par les Romains, ayant cinquante pas de long & vingt-cinq de large : le portail reste en son entier, ayant en haut un aigle avec deux cornes d'abondance : il y a des galeries alentour dont la voute a bien quatre piques de haut, soustenuë de colomnes la pluspart d'une pierre : l'on void encore sur le haut d'une muraille grandement épaisse, un rang de semblables colomnes.

La face du Chasteau est extrémement belle & d'une architecture admirable, & toute enrichie par plusieurs colomnes de marbre & de porphyre. Nous demeurasmes estonnez de voir ces merveilles, n'ayans rien veu de semblable en tout nostre voyage, & ne croyons point qu'on puisse trouver de plus belles ruines & antiquitez qu'en cet endroit. Les habitans du lieu apprehendent

ET DU LEVANT. 511

d'aller dans les ruines de ce Chasteau, à cause de la quantité des serpens qui s'y trouvent, mais nous y passasmes & nous y promenasmes long-temps sans recevoir aucun mal.

Nous en partismes vers le soir, & n'avions pas cheminé une heure, que nous commençasmes à monter la montagne de l'Atiliban, laquelle est fort difficile, raboteuse, & bien plus roide & fascheuse à monter que le Liban. Au plus sombre de la nuict nous nous égarasmes, & laissasmes la moitié de nostre troupe derriere, dont le matin nous fusmes bien en peine : Enfin nous nous retrouvasmes de grand bonheur à un village nommé Mise, qui est au bas de ces montagnes, & est la premiere place qui est dépendante du gouvernement de Damas. Nous n'y reposasmes que viron une heure, & cheminasmes tout le long du jour, afin d'arriver de bonne heure à un Caravansara qui en estoit esloigné de dix lieuës, parce que comme ce païs est frontiere, & remply de voleurs, nous n'y osasmes beaucoup arrester. Il y avoit bien encore trois heures de Soleil quand nous arrivasmes à ce Caravansara, tous harassez de travail, tant du mauvais & penible chemin que nous avions fait pendant la nuict, que de la grande chaleur que nous avions soufferte pendant le jour.

Ce Camp ou Caravansara a esté basty par un Bacha de Damas, & fondé pour y nourrir tous les passans l'espace de deux jours : il y a aussi un moulin à eau, où chacun peut venir moudre pour rien : le Concierge ne manqua pas à nous traiter comme les autres passans, & nous donna deux plats de ris & du pain en abondance. Nous luy voulusmes donner quelque courtoisie, dequoy il se fascha & nous dit des injures, disant qu'il le faisoit pour l'amour de Dieu & en l'honneur de la fondation, & non pas pour nostre respect, & que nous estions des jaours, qui veut dire des infidelles.

Nous en partismes environ à une heure aprés minuict, cheminans continuellement par un chemin tres-fascheux & tout remply de grosses pierres & precipices. Avec le matin nous arrivasmes au haut d'une montagne où il y a une petite Mosquée bastie (à ce que disent les Turcs) au mesme endroit où Mahomet aprés sa mort, & devant que de monter en Paradis, apparut à ceux du païs : les Turcs y ont une devotion particuliere, & nos Janissaires ne manquerent pas de nous y faire attendre une heure, pendant qu'ils y firent leurs prieres ; de là l'on découvre la belle plaine & la ville de Damas, où nous arrivasmes sur le midy.

Damas, que les Turcs appellent Cham, a esté de tout temps estimée pour une des meilleures & des plus delicieuses villes du Levant : elle est assise dans une plaine la plus belle, la plus agreable, & la plus fertile de tout l'Orient, laquelle peut avoir environ trente lieuës de tour, estant entourée du Midy & du Ponant des deserts d'Arabie, & du costé du Levant & du Septentrion la haute montagne de l'Atiliban, qui la met à couvert de la froideur & des mauvais vents du Nord, & luy rend un double benefice, car les rayons du Soleil estant arrestez par ces montagnes, redoublent la chaleur par leur reverberation, ce qui est cause que toutes choses y croissent en

tres-

tres-grande perfection & abondance.

La beauté de ce lieu donne opinion aux Turcs & aux Juifs que fut là le Paradis terrestre; ils fondent leur croyance tant sur la fertilité du terroir, que pour la grande perfection & bonté de tout ce que la terre y produit, estant tres asseuré que tout y est plus parfait qu'en aucun autre endroit du monde, & cela jusques aux creatures, car les hommes y sont plus grands & mieux faits qu'à l'ordinaire, les femmes belles en admiration, les chevaux n'y ont aucun defaut, & ne ressemblent point à ceux du reste de la Turquie, qui sont ordinairement petits & ont la croupe de mulet, mais ils sont si grands & beaux, qu'un peintre ne les pourroit pas representer plus parfaits: il est vray qu'ils ne font point de tant de travail, & qu'ils ont ordinairement la corne des pieds mollasse, à cause qu'ils sont eslevez dans un païs mol; c'est pourquoy les Turcs ne s'en servent qu'en parade: toutes sortes d'animaux à l'égal y sont plus beaux & plus grands qu'en aucun autre endroit du Levant: les fruits y sont aussi en beauté, bonté & grandeur, & n'ont point de parangon: Enfin ce lieu est estimé dans la Turquie à cause de ses delices, comme estoit autrefois l'Italie en la Chrestienté. Il y en a quantité qui aprés avoir amassé du bien y viennent demeurer pour passer une vie delicieuse. Il est increyable comment les habitans y passent gayement leur temps, & semble qu'il est toûjours feste, tant les cabarets & les jardins sont remplis de Turcs qui se donnent du bon temps: les plus pauvres artisans en travaillans une journée la semaine, gagnent assez pour passer le reste en deli-

O

ces : il n'y a point de pauvres qui demandent l'aumosne, car outre que les habitans sont fort charitables, les vivres y sont à si bon marché, qu'on y vit presque pour rien ; enfin tous les jours y sont des Mardy gras.

 Ce beau païs a esté long-temps gouverné par des Princes naturels, qui portoient le titre de Sultan de Damas. Lors que les Chrestiens ont gagné les Terres saintes ils n'ont jamais pû subjuguer cette ville, mais les ont contraints à payer tribut ; ce qui se void encore sur l'epitaphe de Baudoüin Roy de Hierusalem, & successeur de Godefroy de Boüillon. Melechedeck Roy d'Egypte, qui chassa les Chrestiens de la Palestine, adjousta cette Province à sa Couronne l'an mil deux cens vingt & un. Depuis Tamberlan le fleau de l'Orient, saccagea & ruina cette ville en l'an mil quatre cens ; on tient qu'il en emporta bien huit mille chameaux chargez de richesses. Ce Tartare s'estant retiré, elle retourna de nouveau sous la domination des Egyptiens, qui la garderent jusques en l'an 1516. que Sultan Selim se rendit maistre de tout ce païs.

 Cette ville est bastie en forme ovale ayant environ deux lieües de tour, elle estoit autrefois entourée d'une double muraille, laquelle est presque entierement ruinée, & en plusieurs endroits tombée par terre, de sorte qu'on peut sortir de la ville par dessus les ruines. Il y a par tout des faux-bourgs, le plus grand est du costé du Midy, ayant bien une lieuë de long, dans lequel s'assemble la Caravane qui en part tous les ans pour aller à la Mecque, où se trouvent quelquefois vingt & vingt-cinq mille pelerins.

Le dedans de la ville est assez mal plaisant, à cause que les ruës sont estroites & les maisons assez desagreables, estant par dehors toutes plâtrées de terre ; mais il ne se peut rien voir de plus charmant par le dedans, car elles sont la pluspart toutes revestuës de marbre, les chambres remplies de fontaines, & le haut enjolivé de plusieurs peintures à la Persienne ; de sorte qu'elles sont aussi belles & agreables par le dedans, que laides & mal basties par le dehors.

La principale Mosquée de cette ville est un beau & grand bastiment : elle a une cour au devant, laquelle a bien deux cens pas en quarré, & est toute entourée de galeries, lesquelles, comme aussi la face de la Mosquée, sont peintes à la Mosaïque representant plusieurs Saints Peres, ce qui authorise assez qu'elle a esté bastie par les Chrétiens. Quelques-uns disent que Sainte Helene en a esté la fondatrice, voulant que cette digne & vertueuse Princesse aye desiré laisser dans ce beau païs des marques de sa pieté & de sa magnificence.

Au milieu de la ville il y a un grand chasteau basty de grosses pierres à l'antique, & entouré de tres bons fossez. On void encore dans les murailles de ce chasteau plusieurs fleurs de lys ébranchées, semblables aux armes de la ville de Florence. L'on croit qu'il a esté basty par un Florentin renegat, lequel estant Mamelu & grandement riche, devint Gouverneur de cette ville.

Damas est grandement recommandable aux Chrestiens, à cause de la conversion de S. Paul, lequel allant à la persecution des Chrestiens, fut à trois lieuës de là jetté de son cheval & renversé par terre par la voix de Dieu : auſſi pour conſerver la memoire de cette place, Sainte Helene avoit fait baſtir une Chapelle de laquelle il reſte encore quelques ruines. L'on nous montra la porte par laquelle il entra eſtant aveugle, comme auſſi la maiſon du Juda où il ſe retira, de laquelle l'on ne remarque que la place, eſtant rebaſtie ſans qu'on voye aucune choſe de l'antiquité. Au milieu de la ville il y a une fontaine où ce Saint fut baptiſé, le meſme tuyau y reſte encore à preſent : L'on nous dit que les Chreſtiens l'avoient ſouvent demandé au Gouverneur, & qu'ils offroient d'en mettre un d'argent au lieu de celuy là, ſans qu'ils l'ayent pû obtenir : ce fut en ce lieu où S. Paul ayans eſté lavé par Ananias, recouvra la veüe.

Nous fuſmes voir la maiſon dudit Ananias, dans laquelle on deſcend comme dans une cave fort obſcure. Les Turcs ont ce lieu en grande devotion, & y viennent ſouvent faire leurs prieres, & y ont des lampes qui y bruſlent continuellement. Ce lieu ſert de demeure à un Santon Turc qui porte le turban verd, lequel y vit en Hermite & n'en ſort jamais : les Turcs eſtiment ce lieu ſi indulgent, qu'eſtans malades ils s'y font porter avec leur lict, & y demeurent juſques à ce qu'ils ayent recouvert leur ſanté.

L'on nous montra la porte de la ville par où S. Paul ſe ſauva eſtant Chreſtien, aidé par Saint George qui en eſtoit portier ; elle eſt à preſent murée : en haut il y a la façon d'un balcon, ayant une ouverture par deſſous par où ce Saint fut deſcendu avec une corde. Tout vis à vis de cette porte eſt la Sepulture dudit S. George, laquelle eſt tenuë en grande veneration tant des Turcs que des Chrestiens : les uns & les autres y tiennent des lampes allumées, & lors qu'ils ont quelque mal ils se viennent frotter avec l'huile de ces lampes, laquelle fait journellement des miracles, rendant la santé à plusieurs.

Hors la porte de la ville, & tout joignant les murailles, on void le sepulchre de Jeuse serviteur du Prophete Elisée, lequel pour avoir receu des presens du Roy de Damas, fut maudit de son maistre, & aussi-tost frapé de la lepre : il vint demeurer tout lepreux en cet endroit, où l'on void encore à present sont tombeau. Depuis ce temps-là jusques à present ce lieu a esté habité par des lepreux, qui y ont un grand enclos & un assez beau jardin, nous en vismes cinq ou six cruellement travaillez de cette maladie, y en ayant à qui la machoire estoit tombée, & d'autres monstrueux de pourriture.

A une lieüe de la ville on remarque encore le lieu où le Prophete Elie alla trouver Elisée, pour le faire son disciple. Au mesme endroit les Chrétiens avoient basty une Eglise, sur les ruines de laquelle les Juifs qui reverent grandement cette memoire, ont maintenant basty une Sinagogue.

A deux lieües de la ville, & dans un païs de vignobles, il y a un village nommé Sedenaye, dont les habitans sont Chrestiens, suivans l'Eglise Grecque : ils nous dirent qu'ils ont par tradition que Noé planta la premiere vigne dans ce lieu: il ne se peut rien voir de plus beau, ny rien gouster de plus delicieux que ces raisins, y en ayant dont les grains sont de la grandeur d'un œuf de pigeon ; ce sont ceux qu'on desseche, & que l'on envoyé par toute la Chrestienté, & sont appellez raisins de Damas.

Nous fusmes promener à deux lieües de la ville, en un lieu où il y a un Hermitage sur le penchant de la montage, & où un Santon Turc fait sa demeure, lequel n'en a point sorty depuis vingt-deux ans. Cet Hermite de Mahomet y passe son temps en la compagnie de trois assez belles femmes ; les Turcs l'estiment grandement & le tiennent pour un saint personnage, cependant la vie qu'il méne n'est point trop austere, estant souvent visité par ceux de la ville, qui luy envoyent en abondance tout ce qu'il a besoin. Ce Mahometan nous receut courtoisement, & nous ayant mené en sa chambre il nous entretint bien une heure à discourir des Saincts de sa profession, sans que de tout ce qu'il disoit nous pûssions connoistre aucune Sainteté : mais comme il faut en Turquie tout écouter sans rien contredire, & principalement avec des personnes semblables, nous l'écoutasmes avec grande patience, forçans nostre contenance pour témoigner que nous l'entendions & que nous prenions du plaisir à son discours. Aprés cela il nous fit apporter à déjeuner, qui estoit du pain & un peu de fenoüil, & de l'eau à boire.

Aprés le déjeuner il nous mena dans une grotte coupée bien avant dans la roche, y faisant fort obscur ; il y brusle toûjours quelque lampe, à la clarté de laquelle nous vismes contre le roc sept Arcades : il nous dit que dans ces lieux estoient enfermez sept Propheres dormans, lesquels se doivent réveiller & paroistre au monde à la venuë de l'Antechrist, pour abolir sa mauvaise doctrine.

ET DU LEVANT.

Sur ce discours un de nostre compagnie s'échapa de luy demander comment ils en pourroient sortir, veu qu'ils estoient si bien enfermez, & que la roche y paroissoit si solide. Ce Santon se mit aussi-tost en colere, & devint en telle furie qu'il hurloit comme un taureau, & sans un de nos Janissaires qui l'arresta il se fust jetté sur nous autres. Nous l'appaisasmes le mieux qu'il nous fut possible, & luy remontrasmes que cette demande procedoit d'une naïve simplicité, mais non pas de mocquerie ny de mépris : ce qui le rappaisa, autrement il nous auroit fait bien de la peine, tant il est dangereux de se gausser avec des gens semblables.

Sa colere estant passée il nous mena dans sa chambre, où nous ayant fait asseoir prés de luy, il commença à prier Issa (qui est Jesus) Mahomet & Haly de vouloir prier Dieu pour nostre bon voyage : il nous donna à chacun en grande ceremonie, une petite boule faite des os du chameau qui porte le pavillon à Medina, pour couvrir la sepulture de Mahomet, & nous dit que la portans au col, qu'elle nous garderoit de mauvaise rencontre.

Le chameau qui porte ce pavillon est le plus heureux de tous les chameaux, il est nourry à Damas, & ne fait rien pendant toute l'année que ce voyage, d'où estant de retour chacun le desire avoir pour le nourrir, pensant beaucoup meriter pour se montrer charitable envers un animal qui porte une couverte si estimée. Lors qu'il est si vieil qu'il ne peut plus marcher, ils le tuent & font de grands festins exprés pour le manger, & donnent les os à ce Santon, qui les pulverise &

en fait de petites boules de la grosseur d'une bale de mousquet, qu'il distribuë aux Turcs avec grande ceremonie & superstition.

Durant nostre sejour à Damas il y arriva un cas estrange d'un Santon Turc, lequel preschoit & enseignoit publiquement, que Jesus-Christ avoit esté plus que Prophete, & bien plus aimé de Dieu que Mahomet, authorisant sa doctrine sur les miracles. Il commença déja à faire couler dans l'esprit de plusieurs une nouvelle Religion, composée du Mahometan & du Christianisme: le Cadis ou Juge de Damas le fit venir devant luy, où il maintint son opinion avec de si fortes raisons, qu'il ne pût estre convaincu : ce que voyant ce Juge, il le fit mettre en prison, où il fut secretement estranglé, afin de ne point apporter de scandale au public, faisant faire défence sur peine de la vie de parler de ce que ce Santon avoit presché & enseigné : cela ne laissa pas neanmoins de causer de differentes opinions parmy ce peuple tout à faire superstitieux & amateur des nouveautez.

Le Grand Seigneur envoye tous les trois ans un nouveau Bacha pour Gouverneur de Damas, lequel a le titre de Beglerbey : c'est un des plus honorables Gouvernemens de la Turquie : il n'y a point de Province dans tout l'Empire qui soit plus libre, moins chargée de subsides, & moins travaillée de la milice que celle-cy : le Grand Seigneur n'en tire autre tribut que des fruits & du biscuit, qu'on luy envoye tous les ans suffisamment pour servir à ses armemens de mer. Le païs entretient six mille Janissaires & quatre mille Espaïs, qui sont tous naturels du païs, & la plufpart des artisans, qui vivent en bonne correspondance avec le reste du peuple.

Il s'y fait un grand trafic de toiles tres-fines & grandement propres pour faire des Turbans, laquelle est blanche & déliée au possible, qui se transporte par toute la Turquie: il s'y fait aussi une trempe d'acier fort estimée, & de laquelle l'on bat ces beaux coutelas qu'on appelle de Damas: ils font aussi de la mesme trempe des canons d'arquebuzes qui sont grandement estimez des Turcs.

Les François & les Venitiens y ont chacun leur Consul, ils y vivent en grande liberté, & ont des Peres Recolets qui sont de la famille de Hierusalem, qui leur servent de Chapelains.

Nous y demeurasmes quatre jours logez chez le Consul des François, apres lesquels nous en partismes, mais au lieu de prendre le droit chemin de Hierusalem, qui n'en est esloigné que de six journées, nous prismes celuy de la marine, nous destournans de beaucoup pour voir les villes maritimes. Nous couchasmes la premiere nuict prés d'un village nommé Dimas, qui est au pied de l'Atiliban: nous y endurasmes la nuict un froid insupportable, à cause du vent qui venoit de ces montagnes, lesquelles pour leur hauteur sont toûjours couvertes de neige. Nous en partismes de grand matin, & continüasmes à cheminer dans des lieux fort deserts & difficiles: nous allions souvent sous des rochers tellement courbez, qu'à peine pouvions-nous voir le jour. L'apresmidy ayans passé par ces fascheuses montagnes, nous arrivasmes dans une assez belle plaine, où nous reposasmes le reste de la journée.

O v

Nous en partîmes avec la nuict, & passasmes devant un village nommé Mixe, où Lemire Ficardin a fait bastir une assez belle forteresse, que les Arabes appellent Capilles: elle est assise sur le panchant d'une colline gardant le passage de la montagne: sa situation la rend presque imprenable, n'y ayant qu'une petite avenuë, le reste est entierement escarpé. Nous endurasmes de grandes fatigues à passer ces montagnes, & nous falut marcher à pied toute la nuict: nous arrivasmes le matin à Barut.

La ville de Barut a pris son nom de l'idole de Berit, qui y a esté adorée, & auquel les Autels ont esté souvent enfumez d'encens par le peuple d'Israël. Cette ville estoit anciennement une des principales de la Syrie, & souvent la demeure des Roys, mais comme tout est sujet aux révolutions, à peine peut-on reconnoistre le circuit qu'elle a autrefois occupé. L'on trouve par tout aux environs quantité de ruines, & principalement des piliers de marbre, qui témoignent assez qu'elle a esté fort belle & grande. Elle est assise sur une langue de terre qui s'avance dans la mer, ayant de belles plaines à costé toutes plantées de meuriers en droite ligne. Lemire Ficardin Prince Arabe s'y tient ordinairement en Hyver, lequel y a une assez belle maison bastie à l'Italienne, & un jardin tout joignant remply de parterres, berceaux, allées, & cabinets fort agreables & plaisans. Nous y trouvasmes un Medecin François qui estoit aux gages de Lemire, lequel nous fit loger dans cette belle maison, & joüir de cet agreable jardin remply de beaux & de bons fruits.

ET DU LEVANT. 323

Il y a eu autrefois un assez grand & bon port, mais ce Prince l'a fait ruiner exprés, afin que l'armée de mer de Constantinople n'y vienne : il y a un chasteau fort vieil s'avançant dans la mer, gardé par trois ou quatre pieces d'artillerie ; les petits batteaux s'y peuvent mettre derriere à couvert de la mer.

Les habitans sont presque tous soldats, qui y demeurent plustost pour garder la maison du Prince, que pour autre chose. A costé du Palais il y a un grand corps de logis où dans divers appartemens ils gardent plusieurs bestes sauvages, comme des Lions, des Tigres, des Leopards, & plusieurs autres animaux qui paroissent bien plus furieux que ceux qu'on apporte quelquefois dans nos païs.

Nous fusmes voir à trois lieües de là de belles antiquitez qui y sont restées du temps des Romains : nous y trouvasmes un chemin coupé dans la roche de pierre vive, & par tout plusieurs inscriptions tant Latines qu'Arabesques, mais la pluspart si usées que nous ne les pusmes pas lire, excepté une, où ces mots restent encor tres-bien formez, *Cæ. S. Antonius, pius felix, semper Augustus Britta. Max. Parth. Max. German. Pontifex Maximus, montibus imminentibus Lico flumini cesis viam dilatavit per Antonianam stam.* Un peu plus haut vers la montagne nous vismes taillé un homme de robbe longue, ayant la barbe longue & large, & à costé des inscriptions usées. A quelques pas de là, sur le bord de la mer, il y a trois grandes pierres de marbre mises les unes sur les autres en forme de piedestal : l'on nous assura qu'il y avoit eu autrefois sur ces pierres une Idole en forme de

O vj

chien, lequel y rendit des oracles, mais que Saint Paul en passant par là le fit trébucher dans la mer, où on le void encore à present couvert de deux brasses d'eau, de la forme d'un chien, & de la grandeur d'un cheval. Au bas de cette montagne il y a une riviere qui s'engoulfe dans la mer, les Arabes l'appellent Narkel, qui veut dire la riviere du chien, retenant jusques à present le nom de cette Idole.

Nous y estions venus par batteau, mais le vent contraire nous obligea de retourner par terre. Demie lieuë avant que d'arriver à la ville nous visitasmes une belle & grande Eglise, tenuë en bonne reputation parmy les Grecs : ils disent avoir par tradition qu'elle est bastie au mesme endroit où S. George tua le Dragon, & delivra la fille du Roy de Barut, laquelle y estoit exposée pour servir de pasture à ce monstre. Il y demeure quelques Religieux & Prestres Grecs, qui nous montrerent fort particulieremnt où ledit Saint commença le combat, & où il acheva de le tuer, ce qui est bien à cent cinquante pas l'un de l'autre : ils nous montrerent au pied d'un rocher une caverne de laquelle ils nous dirent que sortoit ce Dragon : proche de là il y a une vieille tour à demy ruinée, où ils nous dirent qu'estoit attachée la pucelle, & qu'autrefois la ville s'étendoit jusques là.

Nous fismes nos devotions dans cette Eglise, & la nuict nous vinsmes à Barut, d'où nous partismes le lendemain au soir. Ayans cheminé environ cinq heures nous passasmes une petite riviere, où les Chrestiens du païs nous dirent avoir par tradition que Jonas y fut jetté du ventre de la

Balaine, s'estant embarqué à Jaffa fuyant la face de Dieu, quand il luy commanda de prescher la penitence aux Ninivites.

Ce fut en cet endroit que nous commençasmes à éprouver ce qui est des Caffares, qui ne se payent point dans toute la Turquie, sinon aux Terres saintes & aux environs. Ces Caffares, qui veulent dire droit de passage, ont esté establis lors que les Chrestiens estoient maistres de ces Terres, lesquels pour mettre les pelerins en seureté des voleurs qui estoient par tout sur les chemins, firent garder les passages par des soldats qui estoient payez des passans, ausquels ils étoient obligez de faire escorte : depuis les habitans du païs ont toûjours continué ces droits de passage, encore qu'ils ne donnent aucune assistance aux passans, & de plus les taxent selon leur volonté, de sorte qu'aucun Chrestien ne peut visiter les Terres saintes, qu'il ne luy couste quatre-vingt escus seulement de Caffare, qui de jour en jour augmente.

Le matin nous arrivasmes à l'ancienne ville de Seyde, éloignée de Barut d'environ douze lieuës : elle fut jadis nommée Sidon, & estimée la principale ville de la Phenicie : elle n'est pas à present la moitié si grande qu'elle a esté par le passé, ainsi qu'on peut connoistre par les ruines qu'on trouve par tout aux environs, elle est neantmoins la plus grande & la mieux bastie de toute cette coste, & est assise sur le bord de la mer, ayant au devant une belle plaine laquelle s'estend jusques à l'Antiliban, d'où elle est esloignée environ de deux lieuës.

Elle estoit autrefois une des plus florissantes

villes du monde, & ses habitans tres-subtils : on leur donne la reputation d'avoir esté les premiers qui ont trouvé l'Astronomie, l'Arithmetique, & l'art de naviger. Ils estoient fort adonnez à l'Idolatrie, & ç'a esté en ce lieu où on a adoré l'Idole de Baal & d'Astaroth, ausquels Salomon à la persuasion de ses femmes fit sacrifice. La perverse Jesabel, qui estoit fille d'Etabal Roy de Sidon & de Tyr, ayant épousé Achab Roy d'Israël, le reduit aussi à brusler de l'encens sur l'Autel de ces Idoles.

Cette ville vint au pouvoir des Chrestiens en l'an 1111. depuis elle a esté tant de fois ruinée & saccagée, qu'il en reste peu de chose, & si ce n'étoit les Chrestiens qui y trafiquent, elle seroit entierement deserte. Les François, les Anglois, les Venitiens, & les subjets du Grand Duc de Toscane, y ont leurs Consuls, & y font un grand trafic de soyes & de cottons.

Il y a eu autrefois un beau & grand port tout entouré de murailles, lequel est à present tout à fait ruiné : il y a un chasteau basty dans la mer, où l'on entre par un pont de douze arcades, les petits batteaux s'y mettent à couvert, mais les grands navires se tiennent environ à demie lieüe dans la mer, derriere un écueil, où ils sont en seureté du vent, horsmis de celuy de Tramontane, lequel fait aller plusieurs vaisseaux de travers.

Lemire Ficardin s'y plaist beaucoup, à cause qu'il y arrive quantité de navires de la Chrestienté : s'y rend fort familier avec les marchands Chrestiens, jusques à venir joüer avec eux. Nous ne voulusmes pas manquer à luy faire la reverence, & luy faire present d'une veste de drap : il nous receut courtoisement, nous faisant disner avec luy, où nous fusmes traitez comme en la Chrestienté, y ayant tables, linges, chaires, & la viande, quoy que grossiere, bien accommodée. Ce Prince avoit soixante & dix ans, mais neantmoins il se portoit fort bien, estant encore dispos & habile à toutes sortes d'exercices : il estoit de moyenne stature, de couleur basanée, les cheveux tous blancs, & les sourcils si grands, qu'ils luy couvroient presque la veuë. Nous ne pouvions assez admirer comment il mangeoit, car il en prenoit plus que quatre de nous autres : Au reste c'estoit un homme plein d'esprit, versé en plusieurs sciences, grand Herboriste, Philosophe & Astrologue, & n'entendoit que trop de la magie naturelle : il estoit estimé pour un des plus habiles hommes de la Turquie : il traittoit bien ses subjets, les Chrestiens n'y sont aucunement subjets aux avenuës, & y vivent avec autant de liberté que dans leur païs naturel : le voyage que ce Prince a fait en la Chrestienté, ayant demeuré l'espace de quatre ans à Florence, a beaucoup servy à polir ses mœurs & son esprit, & à rendre sa domination ainsi douce.

Ce Prince se dit estre descendu de la race de Godefroy de Boüillon, & par là se fait parent de ceux de la maison de Lorraine, & consequemment du Grand Duc de Toscane, avec lesquels il entretient bonne amitié & correspondance, & permet aux galeres du Grand Duc de prendre des rafraischissemens dans ses terres. Il est de la race des Druses, qui tiennent toutes les Religions dans l'indifference, & n'ont ny Temple ny Mosquée, ce neantmoins ils reconnoissent un Dieu: l'on tient qu'ils ont esté Chrestiens, & qu'ils se sont retirez dans les montagnes aprés la perte des Terres Saintes, où vivans sans aucune discipline, l'ignorance s'est tellement glissée parmy eux, qu'ils ont perdu toute connoissance de Religion. Lemire est de la mesme secte, car avec les Mahometans il se montre fort zelé, & avec les Chrestiens tres-affectionné à leur Religion, donnant beaucoup d'esperance que si les Chrestiens venoient avec une armée se mettre de leur party, & les assister de toutes forces, qu'il se contenteroit de peu de chose ; neantmoins son dessein n'est que d'avoir de l'appuy, & se faire grand aux dépens d'autruy.

Il a secrete intelligence avec plusieurs Bachas de Constantinople, & entretient quelques Eunuques dans le Serrail, qui luy donnent advis de tout ce qui se passe. Il se dit parent du Roy de Perse, & luy envoye souvent des presens : il entretient aussi quelques grands en Egypte, & tasche tant qu'il peut d'avoir des amis de tous costez, afin de trouver de l'assistance lors que le Grand Seigneur le voudra attaquer, ou bien pour s'en servir lors que luy mesme se declarera ouvertement contre son Prince.

Depuis vingt-cinq ans en ça il s'est rendu fort puissant : il tient tout ce qui est depuis le golfe de Pajasse ou d'Alexandrette jusques au mont Carmel, & tient aussi les montagnes jusques à Damas ; la ville mesme ne luy peut pas resister lors qu'il se declarera contre le Grand Seigneur.

Alep sera à luy quand il voudra, parce qu'il est amy de tous les Princes Arabes qui le luy livreront lors qu'il le desirera. Il a nouvellement pris une place de grande importance entre Alep & Bargader, de sorte que se joignant là avec le Roy de Perse, il peut sevrer le Turc de la Syrie. Il a ruiné tous les ports & havres de la marine, afin que l'armée de mer de Constantinople n'y puisse aborder. Il a quantité de fortes places qui gardent les avenuës des montagnes : il a des grottes & des cavernes entierement inaccessibles à ceux qui n'y sont pas accoustumez, dans lesquelles il garde ses tresors, que l'on dit estre tres-grands. Il entretient ordinairement quinze mille soldats, & lors qu'il desire il en peut mettre cinquante mille sur pied.

Enfin ce Prince est une dangereuse épine dans l'Estat du Turc, & s'il a encore quelques années de vie il est pour commencer une nouvelle Monarchie. Il a son fils aisné aagé de quarante ans, nommé Lemire Aly, qui luy doit succeder, mais il n'est point dans la réputation d'avoir ny l'esprit ny la conduite de son pere, & suivant la croyance de ceux du païs, il n'est point capable de pousser aprés la mort de son pere, la fortune qu'il luy a commencée.

Nous demeurasmes toute la journée à Seyde sans y voir autre chose de remarque ny d'antique que le sepulchre de Zebulon, lequel est hors de la ville. Nous en partismes vers le soir, & ayans cheminé environ deux heures, nous passasmes un petit pont, d'où l'on commence à compter les Terres Saintes, que l'on prend pour tous les endroits ausquels l'on a connoissance que Nostre Seigneur a marché avec ses sacrez Pieds. Nous traversasmes une grande plaine, laissans à main gauche sur le penchant d'une colline l'ancienne ville de Sarepta, laquelle est tout à fait ruinée : le Prophete Elie demeura quelque temps en ce lieu, & y fut nourry par la pauvre Vefve, de laquelle il resfuscita le fils, & multiplia sa farine & son huile. Le matin nous arrivasmes à Tyr, esloigné d'une journée de Seyde.

Cette ancienne ville de Tyr, que les Turcs appellent Sourte, estoit autrefois si belle & si florissante qu'elle porta le nom de Glorieuse, mais à present elle n'est qu'un sepulchre d'elle-mesme, ayant laissé de foibles marques qu'elle a esté, car les ruines qui y restent donnent peu ou point de témoignages de sa splendeur & de sa magnificence passée. Elle estoit autrefois capitale de la Phenicie, bastie dans la mer, & separée de la Terreferme par un detroit de sept cens pas.

Alexandre le Grand ayant entrepris de l'assieger, remplit ce canal, mais cela n'empescha pas qu'elle ne resista puissamment contre tout l'effort de son armée victorieuse, & d'endurer un siege de sept mois. Il ne s'en fut jamais rendu maistre si ce n'eust esté que de divers endroits des Isles de la mer Mediterranée on luy envoya quantité de galeres, ce qui fut cause qu'il la ruina entierement ; neantmoins comme sa situation estoit fort avantageuse pour la navigation, elle se remit en peu de temps & demeura en forme de peninsule. Depuis elle a esté tellement fortifiée, que les Chrestiens s'estant rendus maistres de la pluspart de la Palestine, ne la pûrent prendre que par la famine, & furent contraints d'y bastir plusieurs chasteaux alentour : Enfin aprés avoir enduré quatorze mois le siege, elle vint en leur pouvoir.

Les Chrestiens la fortifierent de nouveau, & l'erigerent en Archevesché, luy donnant quatorze Evesques Suffragans, entre lesquels estoient ceux de Barut, de Seyde, de S. Jean d'Aquere, & autres. Almerico Roy de Hierusalem fut couronné dans l'Eglise Cathedrale de cette ville en l'an 1167. & dans icelle fut enterré l'Empereur Frederic premier, lequel mourut à la conqueste des Terres Sainctes.

Depuis cette ville a esté tant de fois prise & saccagée, qu'elle est demeurée entierement deserte: il n'y reste qu'une maison dans son entier, laquelle appartient à Lemire Jove, frere de Lemire Ficardin, qui s'y tient en Hyver, & y envoye journellement en Esté quarante soldats pour la garder des Corsaires, qui y peuvent mettre pied à terre quand il leur plaist, n'y ayant aucune forteresse ny chasteau qui leur en puisse empescher la descente.

Parmy les ruines de cette ville il y a plusieurs grottes & caves, où se retirent environ cent pauvres familles de Mores. Il y a eu autrefois un tres-bon port, lequel est aussi bien que la ville entierement ruiné: les vaisseaux qui y viennent se tiennent à la plage, qui est la meilleure & la plus asseurée de toute cette coste, estant couverte de plusieurs bas fonds qui mettent les navires à couvert des tempestes.

Nous en partismes l'apresmidy, & ayant cheminé une heure dans de tres-belles plaines, nous arrivasmes à l'endroit où sont les fontaines appellées dans la Saincte Escriture, *Puteus aquarum viventium*: il y a tout joignant un grand acqueduc, lequel reste encore en son entier en plusieurs endrois, & à ce qu'on peut juger il servoit pour porter l'eau dans la ville de Tyr.

Ces fontaines sont au milieu d'une grande prairie, il y en a trois esloignées les unes des autres environ de cent cinquante pas: la premiere est eslevée de douze pieds de haut, faisans une plateforme quarrée large de dix pieds, où il faut encore monter trois degrez avant que d'arriver à l'eau, qui est dans un grand bassin rond en octogone ayant cent pas de tour, le tout basty de grosses pierres de marbre brun, l'eau s'esleve jusques tout au haut, où elle se décharge par trois endroits, & en telle abondance, qu'elle fait moudre deux moulins qui sont bastis alencontre. La seconde est de la mesme structure, mais ne jette point tant d'eau. La troisiéme est de la mesme forme, mais plus petite, n'ayant que quatre-vingts pas de tour, & toute tarie.

La structure de ces puits est autant admirable que l'eau en est belle, fraische, & de bon goust, & avec quelque raison ces fontaines sont comparées à la Vierge, car l'eau en est si agreable & si claire, qu'elle peut servir de comparaison à toute netteté & pureté. Ceux du païs nous ont asseuré que la premiere de ces fontaines est tellement profonde, qu'elle ne peut estre sondée. Ils nous dirent aussi qu'un Dervis ou Religieux Turc ayant laissé choir une tasse dans la riviere de l'Euphrates, l'avoit retrouvée dans cette fontaine, quoy qu'elle en soit esloignée de soixante lieües. Cela nous fit souvenir de la fontaine d'Alfée dans la Morée, de laquelle plusieurs Autheurs écrivent qu'elle passe par dessous la mer, & qu'elle se va rendre dans la fontaine d'Aartuse en Sicile. Ils nous dirent aussi qu'ils ont par tradition que ces fontaines avoient esté faites par un grand Roy nommé Soliman, qui en leur langage veut dire Salomon.

Nous soupasmes ce soir avec un grand plaisir & contentement au bord de cette belle fontaine, où nous demeurasmes couchez jusques à minuit, que nous en partismes pour aller à Saint Jean d'Aquere, qui en est esloigné de sept lieües. Ayans cheminé environ deux heures, nous passasmes une fascheuse montagne venant avec vn grand precipice sur la marine: il y a une tour où les Arabes gardent le passage, qui nous firent payer une reale de huit par teste de Caffare: le matin nous arrivasmes à Aquere.

Cette ville fut appellée anciennement Tolomaïde, & estoit une des principales de la Palestine, située au bord de la mer, ayant au devant un golfe qui porte le nom de la ville. Elle a esté souvent la demeure des Princes de Syrie, & entr'autres du Roy Alexandre, fils d'Antiochus surnommé le Noble. Ptolomée Roy d'Egypte y mena sa fille Cleopatre, que ledit Alexandre y épousa, & où furent celebrées les nopces avec tant de pompe, d'éclat & de magnificence, qu'on ne trouve point en aucun autre endroit qu'il y en ait eu de semblables.

Ce fut dans cette ville que Jonathas Machabeus fut mis à mort avec mille de ses soldats par la trahison de Trifon. Tite fils de Vespasian y débarqua ses troupes lors qu'il vint assieger la ville de Hierusalem. Les Chrestiens mirent le siege devant cette ville en l'an 1103. en allant à la conqueste des Terres Saintes, mais elle estoit tellement forte, qu'ils ne la pûrent pas emporter, mais furent contraints de l'abandonner, & d'attendre jusques à l'année suivante, auquel temps estans renforcez par l'armée de mer des Genois, ils s'en rendirent maistres. Elle fut donnée aux Chevaliers de S. Jean de Hierusalem, qui y bastirent une belle Eglise & Hospital, & la nommerent S. Jean d'Aquere.

Il ne se void point de lieu dans toute la Terre Sainte où il reste tant de ruines qu'en celuy-cy, car il n'y a rien d'entier; excepté un grand Caravansara que Lemire Ficardin y a fait bastir pour la commodité des marchands, & une Mosquée pour les Mahometans. Il y demeure environ deux cens familles de Mores dans des voûtes & caves qui sont parmy ces ruines.

Depuis dix ans en ça ce lieu a esté grandement frequenté par les Vaisseaux de la Chrestienté qui y viennent charger du bled, lequel les Mores des montagnes voisines apportent en quantité & à si bon marché, que souvent les Marchands d'un vaisseau en font trois. Nous y trouvasmes trente-deux vaisseaux, dont le moindre estoit de cent cinquante tonneaux, y en ayant de trois & de quatre cens, jusques à six cens, qui estoient tous venus pour charger du bled; mais comme il y avoit eu peu de recolte en cette année, & qu'il y estoit venu beaucoup de vaisseaux, ils nous assurerent qu'ils perdroient bien de l'argent, plusieurs estans contraints de retourner vuides, & d'autres à demy chargez.

Tous ces vaisseaux se tiennent dans le golfe qui est entre S. Jean d'Aquere & le Mont Carmel, lequel a environ quatre lieües de long & trois de large : il est fort dangereux, parce qu'il y a un grand courant d'eau, lequel estant poussé par le vent de Ponant lebece, y fait la mer grandement agitée, outre que le fonds est fort mauvais pour tenir les anchres, estant tout remply de pierres, lesquelles avec la continuelle agitation de la mer coupent souvent les chables. Il s'y perdit trois grands vaisseaux l'année precedente celle que nous y arrivasmes. Au bord de ce golfe il y a la façon d'un vieil chasteau armé de douze pieces de canon, où Lemire tient toûjours quelque garnison pour se defendre des Corsaires.

Nous partismes de Saint Jean d'Aquere pour aller à Nazareth, qui en est esloigné d'une journée. Nous cheminasmes environ trois heures dans de belles plaines remplies de cottonniers : au sortir de là nous laissasmes à main gauche un grand village appellé autrefois Cana de Galilée, où Nostre Seigneur fit son premier miracle en changeant l'eau en vin. A quatre lieües de là nous passasmes devant un village nommé Saphoria, que les Mores appellent Saphory : ce lieu fut autrefois la demeure de Saint Joachim & de Sainte Anne, pere & mere de la Vierge. Au mesme endroit de leur maison Sainte Helene avoit fait bastir une Eglise, de laquelle il reste encore les ruines : à deux lieües de là nous arrivasmes à Nazareth.

La ville de Nazareth, vn des plus saints lieux du monde, tant à cause du mystere de l'Incarnation qui y a esté accomply, que pour avoir servy de demeure environ l'espace de vingt-trois ans à Nostre Seigneur Jesus-Christ, est située sur le penchant d'une colline, & toute entourée de montagnes qui y forment la façon d'une fleur dont elle en a pris son nom, Nazareth en Hebreu voulant dire fleur. Le terroir en est tout à fait sterile, au lieu de terre ce n'est que pierre & craye blanche; il est aussi fort déplaisant, car il n'y a ny arbre ny verdure, & que de tous costez la veuë est grandement bornée, ce qui a causé que ce saint lieu a esté long-temps abandonné: il n'y a qu'environ vingt ans que les Chrestiens y sont venus demeurer, l'Ambassadeur de Venise en ayant obtenu la permission du Grand Seigneur, qu'il a depuis faite agréer à Lemire Ficardin qui tient toute la Palestine. Il y a un Convent de Religieux de S. François qui sont de la famille de Hierusalem.

Ce saint lieu où s'est fait l'Annonciation, est à l'extremité Orientale de ce village, l'on y void encore les ruines d'une Eglise que les Chrestiens avoient fait bastir pour couvrir la place où estoit la petite maison de la Vierge, laquelle depuis a esté transportée miraculeusement en Italie à Lorette, Dieu ne voulant point qu'un si saint lieu fust souïllé par les ennemis de la foy.

Les Peres de S. François y ont un Convent & une Chapelle bastis au mesme endroit où estoit autrefois la maison de la Vierge & de S. Joseph: la Chapelle couvre justement la chambre de la Vierge, l'on y entre par une descente de dix degrez, il y a deux gros pilliers qui comme par miracle pendent dans la voute sans toucher a terre, l'on tient qu'ils marquent l'endroit l'un où estoit la Vierge, & l'autre où estoit l'Ange lors qu'il parla à elle. Il s'y fait tous les jours des miracles, non pas seulement aux Chrestiens, mais aussi aux

aux Mahometans, car les uns & les autres estant malades se viennent frotter à ces pierres, & plusieurs y recouvrent leur santé.

A environ deux cens pas de ce saint lieu, il y a une tres-belle fontaine, & unique de tout ce païs: on l'appelle la fontaine de la Vierge, parce qu'elle beuvoit ordinairement de cette eau, & y lavoit les linges de Nostre Seigneur. Là proche il y a une grande pierre, où les pelerins vont ordinairement faire leurs devotions, parce que l'on croit qu'elle a servy de table à Jesus-Christ.

Nous demeurasmes une journée dans ce lieu plein de devotion, & en partismes le lendemain deux heures avant le jour, pour aller à la montagne de Thabor, où nous arrivasmes à l'aube du jour. Cette montagne est seule au milieu des plaines de Galilée, & elle est si droite, qu'il est presqu'impossible de la monter à cheval, ce qui nous obligea de mettre pied à terre, & la montasmes: elle est toute couverte de bois, dans lesquels il se trouve quantité de sangliers & autres bestes sauvages. Nous employasmes bien deux heures pour la monter, & nous y arrivasmes bien fatiguez: quelques Religieux qui estoient venus avec nous, y dirent la Messe dans une caverne qui est parmy plusieurs ruines: ils nous asseurerent que ce fut en ce mesme lieu que Nostre Seigneur se transfigura. Aprés y avoir ouy la Messe & nous y estre un peu reposez, nous nous promenasmes par toute la montagne, laquelle est entierement unie par le haut. Nous y vismes par tout quantité de ruines & murailles qui avoient servy de fortification: aussi fut-elle érigée en forteresse lors que les Juifs apprirent la venuë des

P

Romains, qui fut quarante ans aprés la mort de Noftre Seigneur.

Du haut de cette montagne on void la montagne de Gelboé, où le Roy Saül fut tué : l'on y void auffi le mont Hermon, au pied duquel eft le bourg de Naïm, où Noftre Seigneur refufcita le fils de la Vefve. Nous revinfmes ce mefme foir coucher à Nazareth, & en partifmes à minuict pour aller voir la mer Tiberiabe.

Nous cheminafmes environ une heure & demie dans un chemin fort raboteux & difficile, & laiffafmes à main gauche un village nommé Mecher, habité par des Mores, lequel eftoit la patrie de Jonas. Il y a eu autrefois une Eglife baftie au mefme endroit où eftoit fa maifon, dont les ruines fervent à prefent d'eftable pour loger le beftiail des habitans.

Quand nous fufmes environ à moitié chemin de Nazareth à la mer Tiberiade, nous paffafmes devant Caffar Cava, qui eft un grand bourg fitué fur le penchant d'une colline tres-fertile & toute remplie de beaux oliviers : elle eftoit autrefois une des principales villes de la Galilée. De là nous entrafmes dans une grande plaine, où l'on nous montra le lieu où Noftre Seigneur fit le miracle des cinq pains d'orge, & des trois poiffons, avec lefquels il repût fuffifamment une grande quantité de peuple. Ce terroir eft grandement haut, & de là on commence à découvrir la mer Tiberiade.

Nous defcendifmes jufques à des vieilles ruines d'un chafteau qu'on appelle Magdelon, à caufe que ce lieu eftoit autrefois une maifon de plaifance de Sainte Marie Magdeleine. L'on y void encore des conduits d'eau, & par les ruines on peut aisément juger que ce lieu a esté grandement beau & delicieux, estant dans une situation de tres belle veüe. De cet endroit nous découvrismes la montagne de Bethulie, là où Judith tua Holofernes. Nous costoyasmes environ demie heure la mer avant que d'arriver à la ville de Tiberiade.

Cette ville fut bastie par Herodes en l'honneur de Tibere, duquel elle a retenu le nom: elle estoit autrefois tres-belle & assez grande, mais comme elle est frontiere de l'Arabie, les Arabes l'ont entierement ruinée, & demeure totalement deserte. Il y a quatre-vingts ans qu'un particulier obtint permission pour la faire rebastir, lequel l'entoura de murailles comme elle reste aujourd'huy, & comme elle est sur le bord de l'eau & dans une belle assiette, plusieurs y allerent demeurer; mais comme les Arabes y ont continué leurs courses, chacun s'est retiré, n'y estant resté qu'environ vingt ou vingt-cinq familles de Mores, lesquels vivent dans les ruines & lieux souterrains, ne se soucians aucunement de ces Arabes, parce qu'ils n'ont rien à perdre, & mesme ils ne ferment cette enceinte de murailles d'aucunes portes.

Nous traversasmes toutes les ruines de cette ville, de laquelle il ne reste rien d'entier, & fusmes reposer au bord de l'eau dans les ruines d'une vieille Eglise bastie par Sainte Helene pour conserver la memoire du lieu où Nostre Seigneur dit à S. Pierre, *Dabo tibi claves regni cœlorum*.

La mer Tiberiade, ou de Galilée, est un grand lac d'eau douce & claire; elle a cinq lieües de long & deux de large ; ce lieu est grandement recommandable aux Chrestiens, à cause que Nôtre Seigneur Jesus-Christ y a conversé corporellement, & s'y est promené sur l'eau. Le long de ce rivage sont les ruines des villes de Capharnaum, de Bethsaïda, & de Corolaïm, ausquelles places le Sauveur du monde a souvent presché & fait plusieurs miracles. C'estoit aussi de ces lieux qu'estoient S. Pierre & S. André, lesquels nostre Seigneur choisit pour ses Apostres lors qu'ils estoient empeschez à prendre du poisson, il y prit aussi S. Mathieu estant assis dans la doüane ; S. Philippe estoit aussi de ce mesme païs : Toutes ces villes sont à present abandonnées, & il n'en reste que bien peu de ruines.

A cause que la chaleur du jour estoit tres-vehemente, nous demeurasmes au bord de ce lac dans les ruines de l'Eglise, jusques à quatre heures aprés midy. De cet endroit nous découvrimes au haut d'une montagne l'ancienne ville de Zeffer, de laquelle estoit née la sage Reyne Esther. Cette ville est habitée par des Juifs, ca moyennant le tribut qu'ils payent à Lemire Ficardin, y demeurent en grande liberté, & à cause que le chemin en est tres-difficile & inaccessible pour les chevaux, ils ne sont aucunement incommodez des courses des Arabes, qui ne mettent jamais pied à terre.

Au sortir de la ville de Tiberiade nous côtoyasmes ce lac pour aller voir le fleuve du Jourdain. L'on nous montra en passant au haut d'une montagne, les ruines d'un vieil chasteau que l'on nous dit avoir esté basty par Herodes, & que c'estoit dans ce lieu où il gardoit ses tresors : les void par tout dans ces montagnes tant de grottes & tant de cavernes, qu'elles sont toutes creuses. Nous passasmes devant une source d'eau naturellement chaude, & auprés d'icelle nous vismes les ruines d'un bastiment, ce qui nous fit croire qu'il y avoit eu autrefois des bains en cet endroit.

A l'extremité de ce lac il reste encore quelques ruines de la ville qu'Herodes fit bastir en l'honneur de Jules Cesar, l'appellant Juliade. Proche de là nous arrivasmes au bord du Jourdain, fleuve si renommé & si recommandable, à raison que le Sauveur du monde y a voulu estre baptisé. Ce fleuve prend sa source au pied de l'Antiliban, traverse la mer Tiberiade, & de là passant par toute la Galilée, se va perdre dans la mer Morte. Il n'a pas plus de vingt-cinq pas de large en cet endroit, l'eau en est fort claire & nette, & les pelerins qui y vont s'y baignent ordinairement, à quoy nous ne voulusmes pas manquer, y estant d'ailleurs assez conviez tant par la devotion, la beauté du lieu, que par la grande chaleur qu'il faisoit. Nous y demeurasmes environ une demie heure à nous laver, puis retournasmes à Tiberiade par le mesme chemin que nous estions venus, où nous demeurasmes une partie de la nuict pour nous reposer, ayans esté grandement travaillez le jour precedent par la chaleur.

Nous en partismes deux heures avant le jour, & prismes un autre chemin que celuy que nous avions tenu en venant, afin d'aller faire nos devotions sur la montagne des Beatitudes. Avec le matin nous arrivasmes dans les pavillons d'une troupe d'Arabes, & passasmes à travers, nous tenans sur nos gardes, mais nous ne vismes que des femmes & des enfans, qui à leur contenance témoignoient d'avoir plus de peur de nous, que nous n'en avions eu nous-meimes : nous jugeasmes aussi-tost que les hommes, à leur ordinaire, ayans dressé leurs pavillons, estoient allez à vingt ou trente lieües loin de là faire des courses. Ces pavillons sont fort petits & bas, & faits de poil de chevre, mais si forts, qu'ils peuvent resister à la pluye : ils tenoient bien demie lieüe de long, & à ce que nous en pûsmes juger, il y en pouvoit avoir huit ou neuf cens, & comme ils sont tous noirs, cela épouvante la veuë d'abord qu'on les void.

 Nous arrivasmes sur le midy au pied de la montagne des Beatitudes, appellée ainsi à cause que Nostre Seigneur les y a preschées : ce lieu est tres-agreable, plaisant & fertile, estant tout remply d'oliviers, d'orangers, & de citronniers : nous y reposasmes environ une heure au bord d'une belle source ; aprés cela nous montasmes au haut de la montagne, où l'on void encore les ruines d'une Eglise bastie par les Chrestiens au mesme endroit où Jesus-Christ prescha l'Evangile des Beatitudes. Quand nous eusmes fait nos devotions en ce lieu, nous reprismes le droit chemin de Nazareth, où nous arrivasmes à deux heures de nuict. Le lendemain aprés avoir entendu la Messe dans ce saint lieu de Nazareth, nous fusmes à une lieüe de là voir le saint Precipice ; nous y arrivasmes par un chemin fort difficile & pierreux : la montagne est entierement escarpée en cet endroit, & regarde la plaine d'Esdrelon. Ce fut en ce lieu-là où les Juifs menerent Jesus-Christ, le pensant precipiter du haut en bas, mais il passa miraculeusement au milieu d'eux, & vint en un endroit plus bas, où il se reposa dans un creux qui est dans la montagne, que les Chrestiens visitent ordinairement en grande devotion. Il y laissa empraint dans la roche la forme de son saint Corps, dequoy l'on ne peut pas à present reconnoistre aucune chose, à cause de l'indiscretion de quelques pelerins qui y coupent des pierres & effacent ces saintes Reliques : il y a la façon d'un Autel, où des Religieux viennent souvent dire la Messe. A nostre retour nous passasmes dessus une coline éloignée de deux cens pas de Nazareth, où il y avoit eu autrefois une Eglise dediée à la Vierge, parce que c'estoit là le lieu où elle se retira toute affligée lors que les Juifs voulurent precipiter son cher fils Nostre Seigneur.

Nous partismes encore ce soir de Nazareth, & fismes marché avec un Arabe, lequel moyennant treize reales de huit pour teste, s'obligea de payer tous les Caffares jusques dans Hierusalem. Ayans cheminé environ deux heures entre des collines, nous arrivasmes dans la grande campagne d'Esdrelon, laquelle a bien sept lieües de long & trois de large. C'a esté en icelle où il y a eu tant de rencontres avec les armées des Israëlites, & où les Roys Ochosia & Joas furent défaits, & où aussi se donna la furieuse bataille de Sisara, lequel y perdit son armée contre le Roy Barach.

Quand nous fusmes environ au milieu de cette plaine nous passasmes le torrent de Cison, qui

P iiij

sepated les terres de Lemire Ficardin, d'avec celles de Lemire Terrabée Prince Arabe, lequel possede une partie de la Samarie & de la basse Galilée, & la coste maritime qui est depuis le mont Carmel jusques à Jaffa.

Lors que Sultan Selim conquit les Terres Saintes, il trouva plusieurs familles d'Arabes qui estoient en possession de pere en fils de quelques Provinces, dont ils en payoient tribut au Sultan d'Egypte ; & parce qu'il luy eut esté malaisé de les ruiner entierement, il aima mieux leur laisser ce qu'ils tenoient à condition de luy payer le mesme tribut : Lemire Terrabée est un de ceux là, & paye tous les ans au Grand Seigneur dix mille reales de huit.

Nous ne fusmes pas plustost sur ses terres, que nous trouvasmes ses Commissaires qui nous vinrent demander le Caffare, lequel aprés avoir payé, ils nous dirent qu'ils avoient ordre exprés de leur Prince de nous demander un present de deux vestes : enfin aprés avoir bien disputé il nous falut encore payer vingt reales de huit, outre le Caffare ordinaire.

Au sortir de la plaine d'Esdrelon nous passasmes devant la ville de Genin, laquelle appartient à Lemire Terrabée ; elle est entourée de bonnes murailles, & toute habitée de Mores : ce fut dans ce lieu que Nostre Seigneur guerit dix lepreux : Nous reposasmes ce jour-là entre des collines remplies d'oliviers.

Vers le soir nous passasmes devant Sebaste, lieu auquel S. Jean Baptiste fut mis prisonnier, & où il eut la teste coupée ; il y reste encore un vieil chasteau à demy ruiné : les Turcs qui reverent grandement ce Saint, y ont bâsty une Mosquée, dans laquelle tous les Mahometans d'alentour viennent souvent en grande devotion faire leurs prieres.

Avec la nuict nous arrivasmes à la ville de Napoulouse, laquelle appartitent à Lemire Faroux Prince Arabe, lequel possede toute la Judée, qui s'étend depuis cet endroit jusques à Hierusalem. Cette ville est bien peuplée & de belle situation, estant dans une longue valée fertile au possible, & arrousée de quantité de petits ruisseaux. Nous y reposasmes un partie de la nuict, & en partismes deux heures avant le jour.

Environ au Soleil levé nous passasmes devant les ruines d'une vieille Eglise, laquelle y a esté bastie par Sainte Helene pour conserver la memoire du Puits duquel Nostre Seigneur demanda à boire à la Samaritaine : Ce puits est entierement tary ; il y a deux pilliers qui montrent le lieu où il a esté.

A une lieüe de là on entre dans la Judée, où aussi-tost l'on commence à monter les montagnes, qui sont tres-belles & toutes couvertes d'arbres, d'où l'on peut aisément juger que si elles estoient cultivées elles seroient tres-fertiles. Le soir nous vinsmes coucher à Lebire, qui est un village esloigné d'environ trois heures de chemin de Hierusalem. L'on tient que ce fut dans ce lieu que la Vierge & S. Joseph venant de Hierusalem, s'apperceurent que Nostre Seigneur ne les suivoit pas, & que retournant le chercher, ils le trouverent au milieu des Docteurs.

Nous reposasmes dans Lebire jusques à minuit, mais ce fut avec grande impatience, car

P v

le temps nous y sembloit plus long qu'à l'ordinaire, tant nous avions envie d'arriver à cette sainte Cité de Hierusalem. Nous y arrivasmes deux heures avant le jour, & trois heures auparavant que les portes fussent ouvertes, où nous passasmes ce temps dans une tres-douce meditation; car il est incroyable combien on se sent émeu de devotion & le cœur attendry quand on se void à cette sainte Ville où il a plû à Dieu montrer sa toute-puissance, misericorde, & amour pour le salut de nos ames. Ces pensées nous occuperent tellement l'esprit, que le jour vint & que les portes furent ouvertes sans que nous l'apperceussions.

Aussi-tost donc que nous les eusmes veües ouvertes nous envoyasmes advertir le Pere Gardien du Convent, qui à la mesme heure nous vint recevoir, accompagné de quelques Officiers du Soubasy, lesquels ayans receu nos passeports avec toute courtoisie, nous demanderent si nous voulions entrer dans la ville à cheval & avec les armes: mais comme nous sçavions que cette courtoisie nous cousteroit de l'argent, & d'ailleurs considerans que ce lieu requiert toute humilité, nous les remerciasmes, & entrasmes dans la ville à pied, comme c'est l'ordinaire des Pelerins, & fusmes conduits au Convent, où les Religieux nous receurent avec leur charité ordinaire.

Description des Terres Saintes.

LEs Terres Saintes ont esté divisées en quatre Provinces, sçavoir, l'Idumée, la Judée, la Samarie, & la Galilée. Noé les donna en partage à Sem son fils aisné, mais Chanaam ne se contentant pas des terres que Noé avoit assignées à son pere Cam, usurpa celles-cy sur les enfans de Sem, les faisant appeller la terre de Chanaam. Ses enfans en joüirent jusques à ce que Josué les en chassa & y establit les Israëlites, à qui elle appartenoit de droit, parce qu'ils sont descendus de Sem. Depuis ce temps-là elles furent distribuées aux douze tributs, qui les ont gouvernées par des Juges & par des Roys, jusques à ce que Dieu a permis que pour leurs iniquitez ils ayent esté menez en captivité à Babylone.

Ce païs est situé & s'estend depuis le trentiéme degré de latitude, jusques au trente-troisiéme, entre le milieu du trois & quatriéme climat. Il confine avec la Phenicie du costé du Septentrion, au Couchant à la mer Mediterranée; & du Midy & de l'Orient, est entouré des deserts d'Arabie. Son estenduë, qui est du Midy au Septentrion, contient environ quatre-vingt lieües; sa largeur, qui est du Ponant au Levant, tient environ vingt lieües.

Cette petite estenduë de païs estoit autrefois tellement peuplée, que ceux qui en ont esté Roys, ont dressé des armées de quinze cens soixante & dix mille combatans. Flora estant Proconful de Hierufalem, donna advis à Neron qu'on avoit compté dans la ville, à un jour de Pafques, deux millions fept cens mille perfonnes, mais il eft croyable que l'on auroit maintenant bien de la peine à en trouver dans tout ce païs foixante mille : il ne faut point chercher d'autre caufe de cette merveilleufe révolution, que la malediction de Dieu, que ce peuple a foufferte par les frequentes captivitez, perfecutions, & dominations tyranniques des Sarrazins & des Turcs, qui ont poffedé ces terres depuis tant d'années.

De tant de belles villes qu'ils y a eu autrefois en ces contrées, il n'en refte prefque point de ruines que de Hierufalem, laquelle ne fubfifte que par la croyance que les Turcs ont que cette ville eft fainte, & auffi pour le profit qu'ils tirent des Chreftiens qui vont vifiter le S. Sepulchre de Noftre Seigneur.

Le peu d'habitans qu'il y a aujourd'huy dans tout ce païs, eft caufe qu'il eft moins fertile qu'au temps paffé, parce qu'autrefois ce grand nombre de peuple s'employant à cultiver la terre, elle rapportoit merveilleufement. La Judée & la Samarie font remplies de montagnes, lefquelles eftoient fi bien ménagées du temps des Juifs, qu'il n'y en avoit point d'inutiles, parce que la terre eftoit fouftenuë par de petites murailles, en forte que ces montagnes reffembloient à des amphitheatres ; mais à prefent que ces murailles n'ont point efté entretenuës, elles ont couvert tout le terroir de pierres, ce qui eft caufe qu'on n'y peut cultiver la terre qu'avec beaucoup de peine ; neantmoins celle qui eft labourée rapporte en abondance, car le terroir y est grandement bon & l'air excellent, il est vray qu'il n'y pleut que bien rarement, mais en recompense les rosées du soir & du matin y sont grandes, & tellement bonnes, qu'elles abbreuvent & engraissent les terres, qui produisent quantité de vins, olives, & figues.

La Galilée & la Judée sont la pluspart des plaines qui produisent quantité de grains & de cottons : les habitans de tout ce païs sont Mores & Arabes ; les Arabes se tiennent comme Gentilshommes, & ne font aucun travail, s'adonnant seulement aux armes, & à eslever du bestiail ; ils demeurent toûjours dans la campagne sous des pavillons, courans tantost d'un costé, & tantost de l'autre : pour les Mores, ils demeurent dans les villes & les villages, & s'occupent à labourer la terre ; mais ils sont extrémement tyrannisez par ces Arabes, qui leur prennent tout ce qu'ils peuvent amasser, c'est pourquoy ils ne se donnent pas beaucoup de peine à travailler & ne cultivent seulement que ce qui leur est necessaire pour vivre, outre qu'ils sont fort faineans de leur naturel.

DESCRIPTION DE LA VILLE de Hierusalem.

LA ville de Hierusalem fut bastie par Melchisedech, environ l'an de la creation du monde deux mille deux cens trois. Elle fut appellée Salem, qui signifie paix; depuis le nom de Jebus luy fut adjoint, à cause des Jebuséens qui l'ont possedée long-temps. Les Mysteres qui depuis y ont esté accomplis, sont cause qu'elle a eu plusieurs autres noms, comme Cité de David, Cité de Dieu, & sainte Cité: ce dernier luy est demeuré, car encore à present les Turcs l'appellent Elcoudeck, c'est à dire Sainte, tant à cause de Jesus-Christ, qu'ils tiennent pour un grand Prophete, que parce qu'ils croyent que Mahomet y passa lors qu'il alla en Paradis.

Cette ville est située au trente-deuxiéme degré de latitude, en un lieu haut eslevé, de sorte que de quelque costé que l'on y vienne il faut beaucoup monter: ce qui fait connoistre que ce n'est pas sans raison que les Evangelistes parlent si souvent de monter en Hierusalem. Elle estoit bastie sur quatre montagnes, sçavoir sur le mont de Sion que David choisit pour sa demeure, & où le Roy Salomon fit bastir son Palais: la seconde estoit le mont Acra, lequel n'estoit separé du mont de Sion que par une petite valée que le Roy Salomon fit remplir, & y fit bastir un pont pour communiquer plus facilement de l'un à l'autre: la troisiéme montagne fut appellée Moria, sur laquelle Salomon fit bastir le Temple : & la quatriéme estoit celle de Berzetha, qu'Herodes enferma dans la ville en l'agrandissant.

Du temps de Nostre Seigneur elle avoit deux lieuës de tour, mais à present elle est bien plus petite, & mesme ne comprend pas les mesmes montagnes, car à present celles de Berzetha & de Sion qui sont les plus grandes, sont hors de la ville ; & au contraire le mont de Calvaire & de Geon qui sont fort petits sont dedans, de sorte que tout au plus elle n'a qu'une lieuë de circuit. La muraille qui l'environne est de tres-bonne pierre, en quoy consiste toute sa fortification ; car elle n'est ny terrassée ny flanquée ; ce fut Sultan Soliman qui la fit faire comme elle est maintenant. Quant à son assiette elle est fort desavantageuse, à cause des montagnes qui l'environnent & commandent de toutes parts. Du costé du midy il y a un chasteau basty à l'antique, que l'on dit y avoir esté fait par des Pisans, & à present en porte encore le nom. Elle a quatre portes principales, celle de S. Estienne, celle de Rama, de Sion, & de Damas ; outre celles-là elle en a encore deux petites, dont l'une se nomme la porte d'Ephraïm, qui est entre la porte de Damas & de S. Estienne, & l'autre qui est entre la porte de Sion & de S. Estienne, qui se nomme la Sterquiline, par laquelle les Juifs firent entrer Nostre Seigneur aprés qu'ils l'eurent pris dans le jardin des Olives.

Cette ville avoit anciennement huit portes, dont il en reste maintenant quatre, sçavoir la porte Dorée, la porte d'Ephraïm, la porte de Saint Estienne, & la porte Sterquiline : de sorte que cette ville n'a point entierement changé de place comme aucuns s'imaginent, mais elle a esté seulement racourcie du costé du Midy, & agrandie du costé du Septentrion.

Les habitans de la ville de Hierusalem sont Mahometans, excepté environ cent familles de Chrestiens Grecs, & autant de Juifs : il y peut avoir en tout dix mille personnes, qui y vivent de ce que les pelerins & Religieux qui servent les saints lieux leur donnent & font gagner, car il ne s'y fait aucun trafic, & d'ailleurs le terroir d'alentour de la ville est si sterile, qu'il est aisé à juger que si ce n'estoit la devotion qui y améne des estrangers de l'une & de l'autre Religion, elle seroit abandonnée & deserte il y a long-temps.

Le Grand Seigneur y entretient un Sanjac Bey qu'ils appellent Musalem, lequel a le soin pour ce qui est des armes, & est comme Gouverneur de la ville : il y a un Mula Cadis qui rend la justice, & un Mufty qui commande à tous les Religieux Turcs, dont il y en a une grande quantité, à cause de la sainteté du lieu. Ce sont ceux qui travaillent le plus les Chrestiens, & qui sont cause de la pluspart des exactions qu'on leur fait : il y a encore un Soubachy avec plusieurs menus officiers, qui ne servent qu'à ruiner & travailler les pauvres Chrestiens & pelerins, qui y sont reduits à une estrange & miserable servitude.

La glorieuse ville de Hierusalem, Metropolitaine des Hebreux, peuple bien aimé de Dieu, & laquelle a esté si favorisée du Ciel, que dans icelle seule Dieu a voulu avoir son Temple & y estre adoré, a esté tant de fois ruinée, qu'il n'en reste aucun ancien bastiment, & si ce n'estoit le soin que les Chrestiens ont eu pour conserver la memoire de ces saints lieux, il est croyable qu'on ne pourroit pas maintenant reconnoistre la place où elle a esté. Cette ville a plus éprouvé qu'aucune autre ville du monde la rigueur des armes; car premierement elle fut ruinée par Asobac Roy d'Egypte, en la cinquiéme année du regne de Robaam: peu aprés elle fut rétablie par Josias: en suite Amasias Roy d'Israël la saccagea, puis elle fut derechef remise par Osias. Du regne de Joachim Nabuchodonosor la prit, rasa les murailles jusques aux fondemens, & mena tous les habitans en esclavage à Babylone. Emildorach successeur de Nabuchodonosor remit en liberté Sedecias fils de Joachim, lequel à peine l'avoit entourée de murailles, que Salmanasar la ruina derechef.

Du temps des Machabéens, Antiochus Epiphano Roy de Syrie la ruina. Pompée le Grand y ayant esté appellé par les discordes qu'il y avoit entre Arcanus & Aristobolus freres, se rendit maistre de la ville, laquelle avec toute la Palestine se soûmit à l'Empire Romain. Aristolus s'estant sauvé des mains de Pompée, se retira auprés des Parthes, lesquels à sa sollicitation y vinrent avec leur armée, prirent la ville, & la saccagerent entierement: peu aprés elle revint sous le pouvoir des Romains.

Les Juifs s'estans rebellez contre les Romains, & en ayant fait Roy Herodes Antipater, Jules Cesar la ruina derechef, mais Herodes s'estant remis en grace il la fit rebastir de nouveau. Environ ce temps-là Cesar Auguste tenant l'Empire

Romain, & la paix eſtant univerſelle par tout le monde, noſtre Seigneur naſquir. Soixante & dix ans aprés, les Juifs s'eſtant derechef rebellez contre les Romains, la ville fut priſe & ſaccagée par Veſpaſian & Tite ſon fils, & ce fut lors la ruine totale de Hieruſalem & du peuple Hebraïque, car toutes ſes murailles & tous ſes baſtimens furent applanis, excepté trois tours qui furent laiſſées pour montrer le lieu où la ville avoit eſté.

Les Juifs qui plus qu'aucune autre nation du monde ont eu toûjours cette amitié naturelle envers leur patrie, s'y raſſemblerent de tous endroits, & la commencerent à repeupler ; mais à peine l'avoient-ils enfermée de murailles, qu'ils commirent de nouveau des hoſtilitez contre les Romains, ce qui obligea Elius Adrianus d'y mener ſon armée, & de la ruiner de fonds en comble. Lors on dit qu'elle demeura bien dix ans entierement deſerte, & ce juſques à ce que la colere dudit Adrianus fut paſſée, lequel la fit rebaſtir & la mettre de la grandeur qu'elle eſt maintenant, y laiſſant le mont de Sion dehors, & y enfermant le mont de Geon & le mont de Calvaire : & parce qu'en ce temps-là les Chrétiens commençoient à s'y multiplier, en dériſion de leur Religion, il baſtit un Temple qu'il dédia à la Déeſſe Venus, au meſme endroit où Jeſus Chriſt avoit ſouffert ſa Paſſion ; il fit auſſi faire défence aux Juifs d'y entrer ſur peine de la vie; & pour témoignage fit repreſenter un pourceau ſur chaque porte de la ville, animal grandement abhorré du peuple Juif.

Elle demeura de cette façon juſques en l'année

trois cens trente, que Sainte Helene mere de l'Empereur Constantin l'embellit de plusieurs Edifices. Depuis ce temps, & du regne de l'Empereur Phocas, Cosroës Roy de Perse la prit sur les Chrestiens environ l'an 550. & la ruina entierement.

L'an six cens douze elle fut reprise par l'Empereur Heraclius, qui y fit bastir plusieurs beaux Edifices. Vingt ans aprés la Religion Mahometane commençant à éclater, elle fut prise & saccagée par Omar troisiéme successeur de Mahomet.

Charlemagne tenant l'Empire, elle fut derechef reprise & restaurée par les Chrestiens. L'année huit cens vingt-huit, elle fut reprise & saccagée par les Mores & Arabes. L'année 1028. Calife estant Sultan d'Egypte s'en rendit maistre, mais Dobric son fils & successeur la rendit à l'Empereur de Constantinople moyennant une grande somme d'argent, lequel la restaura : mais peu de temps aprés elle retourna derechef aux Egyptiens, qui la garderent jusques à la venuë de Godefroy de Boüillon, qui fut environ l'an onze cens : elle demeura au pouvoir des Chrétiens quatre-vingts ans, & fut de nouveau prise par le Sultan d'Egypte.

L'Empereur Frederic second assisté des Pisans qui estoit lors une florissante Republique, la reprit l'an douze cens vingt-neuf ; mais les Chrétiens, à cause de leur division, la garderent peu de temps, car Cordirio fils de Saladin la reprit & la raza jusques aux fondemens.

L'an quatorze cens deux, le grand Tamberlan saccageant tout ce païs, ruina aussi cette miserable ville : depuis elle revint de nouveau aux Egyptiens, qui l'ont gardée jusqu'au temps que Sultan Selim défit Campson Gauro dernier Sultan d'Egypte. Depuis cette sainte Cité, d'où est sorty la Religion Chrestienne, est demeurée sous la domination du Turc, ennemy juré du nom Chrestien.

L'an mil trois cens quatre, Robert Roy de Sicile, à la priere de Saveha sa femme, obtint du Sultan d'Egypte à force d'argent, d'establir dans Hierusalem un Convent de Religieux qu'il choisit de l'Ordre des Peres Observantins de S. François : En suite de cela il leur fit bastir un Convent sur le mont de Sion, où ces Religieux ont demeuré jusques en l'an mil cinq cens soixante & onze, qu'ils en furent chassez & menez prisonniers à la ville de Damas. Quelque temps aprés ils furent rétablis par l'intercession de l'Ambassadeur du Roy de France, mais leur demeure fut changée en une Mosquée, & on leur baille en contr'échange le mont de Geon, lequel est enfermé dans la ville où ils sont logez maintenant, & y ont un assez beau Convent, lequel est appellé de S. Sauveur, où demeure le Gardien avec le corps de la famille, qui pourvoit de Religieux par tous les lieux de la Terre Sainte.

Nous demeurasmes une journée entiere à nous reposer dans ce Convent, & le lendemain nous nous préparasmes pour aller voir les saints Lieux de la ville. Nous commençasmes par la voye douloureuse, appellée ainsi à cause que Nostre Seigneur y alla chargé de sa Croix : elle commence à la maison de Pilate, où Nostre Seigneur receut la sentence de mort, & où à la porte il fut flagellé à la veuë de tout le peuple : ce lieu sert encore de demeure au Musalem ou Gouverneur de la ville.

A vingt pas de là on remarque le lieu où on luy chargea sa Croix : tout proche on void une voute en façon d'arcade, laquelle passe par dessus la ruë, sur laquelle Nostre Seigneur fut montré au peuple, *Ecce Homo*. En tenant le droit chemin dans la mesme ruë à main droite, on passe devant le lieu où estoit la maison d'Herodes, & plus bas dans la mesme ruë on void l'endroit où la Vierge & S. Jean rencontrerent Jesus Christ, & de là l'accompagnerent jusques au mont de Calvaire : Au coin de la ruë on remarque la place où Nostre Seigneur tomba sous le faix de sa Croix, & où on prit Simon le Sirenéen pour luy aider à la porter. En détournant à costé droit, on va par vne droite ruë gagner l'ancienne porte de la ville, où l'on montre la maison de la Veronique, laquelle donna son mouchoir pour essuyer Nôtre Seigneur, où il laissa son saint Visage imprimé : L'on y remarque aussi le lieu où il rencontra les trois Maries fondant en larmes. De là on vient à la porte Judiciaire, laquelle separoit anciennement la ville. A main droite on void une colomne de porphyre où Nostre Seigneur fut attaché pendant qu'on luy lisoit sa sentence de mort pour la seconde fois. De là on retourne à main gauche pour aller au mont de Calvaire, qui en est à viron trois cens pas, & depuis la maison de Pilate jusques à ladite porte cinq cens trente pas ; de sorte que toute la voye douloureuse contient huit à neuf cens pas.

Au mesme endroit où estoit le mont de Calvaire, que les Juifs appelloient Golgota, est basty à present l'Eglise du S. Sepulchre de Nostre Seigneur : Sainte Helene a basty le dôme qui couvre le Saint Sepulchre, mais depuis les autres Chrestiens l'ont fait agrandir, afin d'y comprendre tout le mont de Calvaire, & à cause qu'elle comprend plusieurs Sanctuaires sa forme est irreguliaire ; elle est presque en forme de croix, ayant soixante & dix pas de large & six-vingts de long, sans comprendre une grande descente où fut trouve la Sainte Croix : elle a trois dômes, dont celuy qui couvre le Saint Sepulchre sert de nef à l'Eglise ; il a trente pas en diametre, & est ouvert par le haut comme la Rotonde à Rome, par où il tire son jour, n'ayant aucunes fenestres : la voute est soûtenuë par plusieurs grands pilliers qui en haut forment une galerie, où dans divers appartemens plusieurs Chrestiens Schismatiques ont leur demeure.

Cette Eglise a eu autrefois trois portes ou entrées, mais à present il n'en reste que la principale, laquelle vient sur une grande cour ; les Turcs en gardent les clefs fort soigneusement, & n'y laissent entrer les pelerins qu'en payant neuf sequins ; l'on ne les paye qu'une fois, car aprés l'on y peut entrer quand on l'ouvre en payant un medin, & moyennant trois reales de huit on la peut faire ouvrir toutes les fois qu'on le desire, mais il ne faut pas neantmoins qu'on aye esté longtemps hors de la ville, car en ce cas l'on paye comme nouveau pelerin.

Nous entrasmes dans cette sainte Eglise le Jeudy au soir : à l'entrée l'on rencontre la pierre de l'Onction, laquelle aprés l'avoir baisée & nous

ET DU LEVANT. 359

estre prosternez à terre devant le S. Sepulchre, nous fusmes droit au quartier des Religieux qui ont leur appartement du costé Septentrional de l'Eglise, où il y a d'ordinaire huit ou neuf Religieux qui y resident, & y sont assez bien accommodez.

Aprés nous y estre un peu reposez, le Pere Gardien avec les Religieux nous firent faire la procession par l'Eglise & visiter les Sanctuaires qu'elle comprend. Nous commençasmes dés leur Chapelle, laquelle on dit estre la premiere bastie en l'honneur de la Vierge. Au milieu de cette Chapelle on remarque un grand rond qui montre la place où la vraye Croix de Nostre Seigneur fut reconnuë, car Sainte Helene l'ayant trouvée avec celles des deux larrons, & ne sçachant laquelle estoit la veritable Croix, fit apporter un corps mort, sur lequel estant mise il resuscita aussi-tost. Au costé droit de l'Autel il y a une armoire fermée d'une grille de fer, où l'on y void une grande piece de la Colomne à laquelle Nostre Seigneur fut flagellé : elle a environ trente pouces de long, & quarante & un de tour ; elle est de couleur rougeastre, & ne ressemble aucunement à celle que l'on void à Rome, mais plusieurs croyent que Nostre Seigneur fut flagellé deux fois.

Au sortir de ce lieu on se tourne à main gauche pour aller à une petite Chapelle fort obscure, où l'on tient que Nostre Seigneur fut mis en attendant que tout fust prest pour l'attacher à la Croix : Au devant de l'entrée il y a une grande pierre avec deux trous, à laquelle les Grecs portent une grande devotion, & disent que Nostre

Seigneur y demeura enclavé en attendant que le supplice fust appresté.

Au sortir de cette Chapelle on en visite une autre bastie au mesme lieu où les soldats diviserent les habits de Jesus Christ, & jetterent le sort sur sa tunique. Cette Chapelle est entretenuë & servie par les Chrestiens d'Armenie.

De là l'on quitte le droit chemin qui fait le tour du Chœur de l'Eglise, & l'on descend par quarante degrez dans la valée où l'on jettoit les cadavres de ceux qui estoient morts au supplice: ce fut là où Sainte Helene, aprés une longue recherche, trouva la Sainte Croix. En ce mesme endroit il y a un Autel eslevé, & pour y augmenter la devotion il y a toûjours cinq ou six lampes qui y bruslent continuellement. Les Peres de S. François servent ce lieu: les Grecs y ont un Autel tout joignant.

En remontant les mesmes degrez, environ à my-chemin à main droite, on visite une Chapelle dediée à Sainte Helene: L'on y void encore une chaire de pierre où estoit assise cette sainte Princesse durant qu'on travailloit à la recherche de la Croix. Cette Chapelle est servie par les Armeniens.

Quand l'on est monté en haut l'on poursuit le tour de l'Eglise, & la premiere station qu'on fait, est à une Chapelle servie par les Abissins, où ils gardent soigneusement sous l'Autel la colomne de l'impropere sur laquelle estoit assis Nostre Seigneur lors qu'il fut couronné & mocqué des Juifs.

De là on va au mont de Calvaire, que l'on monte par dix-huit degrez & une marche, où l'on l'on vient au lieu où Noſtre Seigneur endura ſa Mort & ſa Paſſion ; l'on traverſe ce lieu pour aller à une Chapelle qui eſt tout attenant, où Noſtre Seigneur eſtant dépoüillé fut cloüé à l'arbre de la Croix : ce lieu eſt officié par les Peres Recolets.

De là on vient au lieu où la Croix fut eſlevée : cette place eſt coupée en façon d'Autel, au milieu l'on void le trou où elle fut plantée, lequel a environ une coudée de profond coupé dans la roche & entouré d'une bordure d'argent : les Peres de S. François ont eſté long-temps gardiens de ce ſaint lieu, mais depuis quelques années les Georgiens moyennant grande ſomme d'argent l'ont obtenuë du Turc.

Proche de là on void la façon d'une petite Chapelle baſtie en dôme, laquelle marque le lieu où eſtoit la Vierge durant que ſon fils languiſſoit & mouroit à la Croix : ce lieu eſt hors de l'Egliſe & s'avance ſur la cour : il eſt ſervy par les Abiſſins, qui croyent que ce fut là où Abraham voulut ſacrifier ſon fils Iſaac.

En deſcendant le mont de Calvaire nous fiſmes noſtre devotion à la place où Noſtre Seigneur aprés ſa mort fut oint de mirrhe & d'aloës: ce lieu eſt couvert d'une pierre de marbre & entouré de baluſtres de fer, afin que l'on ne marche pas deſſus : les Chreſtiens y entretiennent toûjours huit lampes allumées deſſus.

De là on va droit au S. Sepulchre : ce lieu avoit eſté fait par Joſeph d'Arimathie diſciple ſecret de Jeſus-Chriſt : la couſtume des Juifs n'eſtoit point d'enterrer les corps comme l'on fait en la Chreſtienté, chacun ſelon ſes moyens faiſoit pratiquer dans quelque roche une forme de cabinet, où l'on estendoit le corps sur une table solide du roc mesme.

Le S. Sepulchre est environ à cinquante pas du mont de Calvaire, & justement au milieu du grand dôme de l'Eglise : il est comme un petit cabinet, coupé dans la roche vive à la pointe du ciseau ; la porte regarde l'Orient, & n'a que quatre pieds de haut, & deux pieds & un quart de large ; le dedans du Sepulchre est presque quarré, il a six pieds moins un pouce de long, & six pieds moins deux pouces de large, & depuis le bas jusques en haut huit pieds & un pouce ; il y a une table solide de la mesme pierre qui fut laissée en creusant le reste, elle a deux pieds & quatre pouces & demy de haut, & contient la moitié du Sepulchre, car elle a six pieds moins un pouce de long, & deux pieds & deux tiers & demy de large : ce fut sur cette table que fut mis le corps de Jesus-Christ, ayant la teste vers l'Occident & les pieds vers l'Orient, mais à cause que les pelerins rompoient grandement cette pierre, l'on a esté contraint de la couvrir de marbre blanc, sur lequel les Religieux celebrent journellement la Messe ; il y a quantité de lampes d'or & d'argent qui bruslent jour & nuict dans ce saint lieu.

Au deuant du S. Sepulchre il y a une petite Chapelle appellée la Chapelle de l'Ange, à cause que l'Ange y apparut aux trois Maries qui venoient avec grande devotion pour oster la pierre du monument : l'on y void encore une pierre coupée de la mesme roche, relevée d'un pied & demy en quarré, laquelle servoit pour appuyer la grosse pierre qui bouchoit la porte du S. Sepul-

ET DU LEVANT.

chre. Cette Chapelle, comme aussi le S. Sepulchre par dehors, est toute revestuë de marbre noir & blanc, & de plusieurs colomnes, & d'un petit dôme au dessus qui luy sert d'ornement.

A douze pas du S. Sepulchre, vers le Septentrion, il y a deux grandes pierres de marbre de forme ronde qui marquent le lieu où Nostre Seigneur se fit voir aprés sa mort à Sainte Marie Madeleine en forme de Jardinier, laquelle se voulant jetter à ses pieds, il luy dit, *Noli me tangere*.

Au dessous du mont de Calvaire, est creusé une Chapelle où sont enterrez Godefroy de Boüillon & Baudoüin son frere, dont voicy les Epitaphes.

Hic jacet inclitus Dux Godefridus de Boüillon, qui totam istam terram acquisivit cultui Christiano, cujus anima cum Christo requiescat, Amen.

Rex Baldoüinus Judas alter Machabeus
Spes patriæ vigor Ecclesiæ virtus utriusque,
Quem formidabant cui dona tributa ferebant
Cedar & Ægyptus, Dan, ac homicida Damascus
Proh dolor in modico clauditur hoc tumulo.

A l'extremité de cette Chapelle l'on void la fente du roc qui se fit lors que Nostre Seigneur souffrit la mort : plusieurs croyent que ce creux va jusques aux abysmes de la terre : l'on tient aussi que nostre premier pere Adam fut enterré dans ce lieu, & que le trou où la Croix fut plantée répondit justement à sa teste, voulant que celuy qui avoit esté la principale cause de sa venuë,

Q ij

fut aussi lavé de son sang, pour le nettoyer de ses fautes, mais ce sens paroist plustost mystique que veritable.

Derriere le S. Sepulchre il y a plusieurs casemates creusées dans le roc, où se retirent ordinairement differentes nations du Levant, qui viennent visiter les saints lieux : les Assyriens y ont deux grottes que l'on tient estre les sepulcres de Joseph d'Arimathie & de Nicodeme.

Nous nous fismes montrer les ornemens du S. Sepulche, qui sont tres-beaux & tres-riches, car il n'y a presque point de Prince dans la Chrétienté qui n'y aye envoyé quelque present pour marque de sa pieté, mais il n'y en a point qui égalent ceux de nostre Roy, lequel entr'autres ornemens & joyaux y a envoyé une lampe d'argent d'une extraordinaire grandeur, & pesante entre les sept & huit mille onces d'argent ; ils ne se servent qu'une fois par an de ces beaux ornemens & precieux joyaux, le reste de l'année ils les tiennent cachez sous terre ; ils y gardent aussi les esperons & l'espée de Godefroy de Boüillon, qui leur servent lors qu'ils créent des Chevaliers du saint Sepulchre, dont ils ont l'authorité de sa Sainteté ; mesme le Pere Gardien officie avec la Mitre & le Baston pastoral, comme Vicaire de la Terre Sainte.

Nous demeurasmes enfermez dans cette sainte Eglise depuis le Jeudy au soir jusques au Dimanche au matin, pendant lequel temps nous eusmes loisir de visiter souvent tous ces saints lieux, & veritablement c'est un miracle de voir la devotion dont se trouvent saisis ceux qui y sont, car certainement nul ne peut croire le contente-

ment & la consolation que l'on y reçoit, sinon
ceux qui y ont esté.

Aprés nous estre reposez une journée au Convent des Religieux, nous fusmes voir toutes les places de devotion qui se visitent par la ville. Au lieu où estoit autrefois ce superbe & magnifique Temple de Salomon, les Turcs y ont basty leur principale Mosquée, laquelle est le plus beau bastiment de toutes ces Provinces : les Turcs y ont une grande devotion, & y gardent une pierre de marbre sur laquelle ils disent que Mahomet estoit lors qu'il monta en Paradis, & ont la croyance que tous ceux qui font devotement leurs prieres sur cette pierre, ils obtiennent de Dieu tout ce qu'ils desirent : les Turcs deffendent aux Chrestiens sur peine de la vie l'entrée de cette Mosquée, c'est pourquoy nous nous contentasmes de la contempler par dehors, & d'en faire prendre la mesure par nos Janissaires. Le parvis, qui est la premiere cour, a cinq cens pas de long, & quatre cens de large ; on y arrive par plusieurs portes : au milieu de ce parvis il y a une autre cour en terrasse qui a environ deux cens pas de long, & cent cinquante de large : l'on y monte par neuf degrez fort larges qui y regnent alentour ; ce qui paroist fort magnifique : la Mosquée est bastie au milieu de cette seconde cour, & au mesme lieu à ce qu'on tient où estoit autrefois le *Sancta Sanctorum* du Temple de Salomon ; sa forme est ronde en octogone, dont chacun des costez a environ trente pas ; le dôme est porté par dedans de deux rangs de colomnes de marbre blanc, la pluspart d'une pierre ; le dedans est tout blanchy, horsmis quelques endroits où le

Q iij

nom de Dieu est écrit en grosses lettres Arabesques, & pour tous ornemens il n'y a autre chose que quantité de lampes & globes de verre, qui pendent environ de la hauteur d'une pique, le dehors est revestu de marbre & de petits carreaux qui ressemblent à de la porcelaine : le dôme en haut est entouré de colomnes de marbre & en porphyre. A costé il y a une autre Mosquée laquelle estoit autrefois une Eglise dediée à la Vierge, appellée de la Presentation de Nostre-Dame, laquelle a esté bastie par les Chrestiens, au mesme endroit où la Vierge fut presentée au Temple à l'aage de trois ans, & y demeura jusques à quinze ans.

Tout joignant le parvis de ces Mosquées, du costé du Septentrion, se void la Piscine probatique, laquelle reste encore en son entier ; elle a environ cent quarante pas de long, & cent dix de large : elle fut bastie par Salomon, afin d'y laver toutes les bestes qui devoient servir de victime & estre immolées au Temple. L'Ange avoit coustume de remüer ces eaües une fois par an, & celuy qui aprés s'y lavoit le premier estoit guery de quelque maladie qu'il eust. Nostre Seigneur y guerit le malade qui avoit attendu & languy l'espace de trente-huit ans.

Environ vers le milieu de la ville se void de grandes ruines de l'Eglise & Convent où ont demeuré autrefois les Templiers qui estoient Hospitaliers de Hierusalem, & possedoient les biens qu'ont maintenant les Chevaliers de l'Ordre de S. Jean de Hierusalem.

L'on y remarque aussi les ruines d'un Convent qu'avoient basty les Espagnols en l'honneur de S. Jacques : l'Eglife en eft belle & grande, & refte encore en fon entier, & eft fervie par les Armeniens : environ le milieu de l'Eglife il y a une petite Chapelle qui remarque le lieu où ledit Saint a eu la tefte coupée.

Prés de cette Eglife on void le lieu où eftoit la maifon d'Anne le Pontife, où Noftre Seigneur fut mené la premiere fois, & où il receut le fouflet : il fe void encore un olivier fort vieil dans la cour de cette maifon, & l'on croit pieufement que Jefus-Chrift fut attaché à cet arbre, en attendant audience du Pontife : les Armeniens y ont une petite Chapelle où ils demeurent, & avec grande ceremonie & devotion ils donnent aux pelerins de petits morceaux de bois de cet arbre.

De là retournans vers le Convent, nous paffafmes devant le lieu où avoit efté autrefois la demeure de Saint Thomas, il y a une Chapelle dont les ruines font affez grandes : continuant le mefme chemin nous rencontrafmes à main droite une Eglife entretenuë par les Affyriens, baftie au mefme endroit où eftoit autrefois la maifon de S. Marc : de là nous paffafmes devant la maifon de S. Jacques fils de Zebedée, fur les ruines duquel les Grecs ont bafty une petite Eglife, laquelle ils font fervir & garder par deux de leurs Preftres.

Du cofté du Levant & prés de la porte de Saint Eftienne eft la maifon de Sainte Anne, dans laquelle la Vierge prit naiffance : il y a eu autrefois en ce mefme endroit un Convent de Religieufes, lequel comme auffi l'Eglife refte encore en fon entier; il y a des Santons Turcs qui y demeurent, lesquels en permettent facilement l'entrée moyennant un medin ou deux : on descend au dessous de l'Eglise comme dans une cave, au mesme lieu où l'on tient que la Sainte Vierge fut née, les Religieux nous accompagnerent le 8. de Septembre, jour qu'on celebre en l'honneur de sa Nativité, & y dirent la Sainte Messe.

Ayant visité toutes les stations de la ville, nous fusmes à celles qui sont alentour : nous commençasmes par le mont de Sion, lequel est au Midy de la ville : Ce fut en cet endroit que Nôtre Seigneur mangea l'Agneau Paschal le Jeudy Absolu avec ses Apostres, leur lava les pieds, & y institua le S. Sacrement de la Messe. Ce fut aussi en ce mesme lieu qu'il apparut au milieu de ses Apostres estant assemblez dans le Cenacle peu de temps aprés sa mort, où il leur montra les playes qu'il avoit receües à ses pieds, à ses mains & à son costé, & où il leur donna son S. Esprit, les confirma en grace, & leur donna la puissance de lier & délier les pecheurs : Huit jours aprés il y apparut encore à S. Thomas, & parce que cet Apostre doutoit de ce mystere, il luy fit toucher la playe qu'il avoit receüe au costé. Le jour de la Pentecoste le S. Esprit y descendit sur les douze Apostres en langues de feu.

Au lieu où estoit le Cenacle & où sont arrivées tant de merveilles, Sainte Helene avoit fait bastir une belle Eglise. Depuis le Roy de Sicile y fit un Convent, le faisant servir par les Religieux de S. François, comme il a esté déja dit, mais depuis qu'ils ont esté chassez, les Turcs ont changé cette Eglise en une Mosquée, & le Convent en une demeure de Santons.

Au dessous de cette Mosquée sont les Sepultures des Roys David & Salomon : l'on tient qu'anciennement ces sepulchres estoient remplis de grandes richesses, ce qui a donné occasion aux Turcs de faire recherche par tout pour les trouver, de sorte qu'il n'y reste à present que la cave où l'on dit que ces Roys ont esté enterrez.

A environ cinquante pas du mont de Sion l'on nous montra les ruines de la maison de Caïphe, qui estoit la demeure ordinaire du grand Pontife : ce fut en icelle que les Juifs tinrent conseil comment ils prendroient Jesus-Christ, & au mesme lieu que S. Pierre renia trois fois son maistre : l'on nous montra dans la cour de cette maison une colomne que l'on tient marquer le lieu où le coq chanta, qui l'advertit de la faute qu'il venoit de commettre.

Dans la mesme maison Nostre Seigneur receut un soufflet, & y passa la nuict, pendant laquelle les ministres du Pontife luy firent toutes les indignitez qui se peuvent imaginer. De ce lieu il fut mené à la maison de Pilate, où la sentence de mort luy fut prononcée. Sur les ruines de cette demeure Sainte Helene avoit fait bastir une Eglise de laquelle il reste que peu de ruines. Les Armeniens occupent ce lieu & y ont une Chapelle, où sous le grand Autel ils gardent la pierre qui bouchoit l'entrée du Sepulchre de Jesus Christ.

Un peu plus haut que cette maison, l'on nous montra le lieu où la Vierge se retira aprés la mort de son cher Fils, & où elle demeura l'espace de quatorze ans. Les Chrestiens y avoient basty une

Chapelle qui luy estoit dediée, mais elle est tellement démolie, qu'à peine en peut-on reconnoistre les ruines.

Sur la mesme montagne de Sion, du costé de l'Occident, on void encore de fort vieilles masures que l'on tient estre les fondemens du Palais de David; de là l'on découvre la piscine dans laquelle le Roy vid baigner la belle Bersabée.

Le mont d'Olivet est du costé du Levant de la ville: pour y aller nous sortismes par la porte de Saint Estienne, laquelle est ainsi appellée à cause qu'à cent pas de là ce Saint fut lapidé: l'on remarque encore au mesme endroit deux genoux bien formez imprimez dans la roche, qui y sont miraculeusement restez pour marquer à jamais la place du premier martyre.

A environ cinquante pas de là l'on entre dans la valée de Josaphat: Nous y visitasmes une belle Eglise bastie sous terre, où l'on descend par cinquante degrez; il y a deux Chapelles au milieu de cette descente, dans celle qui est à main droite sont enterrez Sainte Anne & Saint Joachim, & dans l'autre sont enterrez Saint Joseph & Saint Simeon. Au milieu de cette Eglise est le Sepulchre de la Vierge coupé de la roche, & presque de la mesme structure de celuy de Nostre Seigneur, sinon qu'il est plus court, il y a deux entrées, l'une du costé du Levant, & l'autre du costé du Septentrion. La pierre sur laquelle fut posé son sacré Corps, sert à present d'Autel, sur lequel les Catholiques celebrent tous les jours la Messe. Les Grecs qui ne veulent jamais officier sur les Autels des Catholiques, en ont un tout à l'opposite de celuy-cy, où souvent ils viennent dire la

Lithurgie. Il y a continuellement des lampes allumées qui donnent de la clarté à cette Eglise, dautant qu'il n'y a aucunes fenestres par où elle puisse tirer son jour : ce bastiment est beau & bien vouté, & est presque le seul qui reste en son entier de tant d'Eglises qu'il y a eu en ces endroits.

Au sortir de cette Eglise, & avançant environ cinquante pas vers le mont d'Olivet, l'on entre dans une grande grotte tout à fait sombre & obscure : Ce fut dans ce lieu que Nostre Seigneur sua sang & eau la nuict du Jeudy Absolu, & pria Dieu son Pere de destourner de luy le Galice s'il estoit possible.

Proche de là est le Jardin des Olives, où Nostre Seigneur se retira la nuict d'auparavant sa Passion : l'on y remarque encore le lieu où les Apostres s'endormirent : tout ce jardin est remply de quantité d'oliviers qui paroissent fort vieux, l'on croit qu'il y en a encore du temps de Jesus-Christ.

Dans ce Jardin il y a la façon d'une allée separée par des pierres, où l'on tient que Judas trahit son maistre, & où Jesus-Christ fut aresté prisonnier.

En quittant ces stations nous commençasmes à monter la montagne d'Olivet, appellée ainsi à cause que de tout temps elle a esté tres-fertile en oliviers : elle est la plus haute de toutes les montagnes qui environnent la ville de Hierusalem, nous mismes bien une heure à la monter. L'on voit tout au haut de cette montagne le lieu où Nostre Seigneur monta visiblement au Ciel, y laissant pour marques les adorables vestiges de ses pieds imprimez dans le roc, desquels reste encore celuy du pied gauche, lequel donne à connoistre que Nostre Seigneur avoit le visage tourné vers le Ponant quand il monta au Ciel : le vestige du pied droit a esté taillé dehors par les Turcs, qui le gardent en grande devotion dans leur Mosquée.

Ce lieu où est arrivé ce saint mystere de l'Ascension, est entouré d'une Chapelle ronde en octogone, couverte d'un beau dôme : les Turcs ont une particuliere devotion à ce lieu, & y viennent souvent faire leurs prieres, & en permettent l'entrée aux Chrestiens moyennant quelque argent.

Tout proche de cette station, l'on passe devant l'hermitage où Sainte Pelagie a long-temps fait penitence, & où elle est enterrée : mais dautant que ce lieu est changé en une Mosquée, les Chrestiens n'y peuvent entrer, & se contentent de faire leur devotion devant la porte.

Environ à cent pas de là, & tout proche le grand chemin qui conduit à Hierusalem, on voit les ruines d'une ancienne Eglise bastie au mesme endroit où Nostre Seigneur apprit à ses Apostres à prier Dieu, & où il leur enseigna l'Oraison Dominicale.

De l'autre costé du chemin l'on remarque le lieu où les Apostres interrogerent Nostre Seigneur du Jugement universel : retournant à main gauche l'on void une Chapelle presque ensevelie dans la terre, soustenuë de douze arcades : l'on tient qu'elle a esté bastie pour conserver la memoire du lieu où les Apostres composerent le Symbole de la Foy aprés la mort de Jesus-Christ.

ET DU LEVANT. 373

En quittant le grand chemin, & allant environ quatre-vingt pas à main gauche, l'on void les sepultures des Prophetes, qui sont coupées dans la roche, dont il y en a plus de cent diverses, distinguées par de petits cabinets de neuf à dix en chacune : l'entrée est tellement remplie de terre qu'il se faut trainer sur le ventre pour y entrer : le dedans est assez grand & spacieux.

Reprenant le droit chemin & environ vers le milieu de la montagne, on remarque le lieu où Nostre Seigneur pleura sur la ville de Hierusalem, prévoyant les miseres & les calamitez qui y devoient arriver, & il n'y a aucun endroit alentour de la ville d'où on la découvre mieux que de celuy-là. Quand nous fusmes descendus de la montagne, nous arrivasmes dans la valée de Josaphat.

Cette valée fut appellée anciennement valée Royale, & a porté le nom de Josaphat depuis qu'il y est enterré. Elle s'estend du Septentrion au Midy le long de la ville & de la montagne d'Olivet, servant en cet endroit comme de fossé à la ville : Elle commence au Sepulchre de la Vierge, & finit vers le mont de Sion : elle a environ onze cens pas de long & cent de large ; le torrent de Cedron passe au milieu, lequel est sans eau la pluspart de l'année, & ne se remplit que par la pluye.

Cette valée nous est grandement recommandable, parce que la commune opinion est qu'en icelle se doit faire le dernier Jugement ; les Juifs & les Turcs ont la mesme croyance, & il y a de ces Juifs si simples, qu'ils viennent expressément demeurer en Hierusalem, afin d'estre enterrez dans cette valée, & estre des premiers à la resurrection.

La porte Dorée vient sur cette valée, laquelle estoit autrefois la principale de la ville & l'entrée du Temple ; les Turcs la tiennent à present murée, parce qu'ils ont par prophetie que la ville doit estre quelque jour gagnée des Chrestiens par cette porte.

Sur le milieu de la valée de Josaphat, est le sepulchre d'Absalon fils de David ; il est coupé de la roche à la pointe du ciseau, & est comme une Chapelle : les Juifs ont tellement en horreur la desobeïssance que ce fils montra à son pere, que quand ils passent par là ils jettent encore à present par mépris des cailloux contre sa sepulture, ce qui fait qu'elle est entourée de pierres.

Proche de là est la grotte où Saint Jacques le Majeur s'alla cacher durant que Nostre Seigneur languissoit à la Croix, estant resolu d'y demeurer jusques à ce qu'il eust entendu parler de sa Resurrection : l'on croit que Nostre Seigneur luy apparut en cette grotte, où il y a une Chapelle tout à fait abandonnée, & qui ne sert que pour mettre le bestail des Mores voisins.

Proche de cette place est le sepulchre du Prophete Zacharie, aussi coupé de la roche & assez semblable à celuy d'Absalon. De ce mesme endroit l'on void sur le penchant de la montagne le lieu où Nostre Seigneur maudit le figuier, & plus bas l'endroit où Judas se pendit. Les Juifs y ont leur cimetiere, où l'on void quantité de leurs sepultures. De ce mesme lieu l'on void aussi la montagne de l'Offension, appellée ainsi à cause que Salomon desceu par ses concubines y fit

ET DU LEVANT. 575

baſtir un Temple en l'honneur de Melchum Idole des Amonites: quelques-uns diſent qu'il y baſtit ce Panteon qu'il dédia à toutes les Idoles, lequel demeura dans ſon entier trois cens ſoixante & trois ans, aprés leſquels il fut démoly par le Roy Joſias.

Au pied de cette montagne l'on void les ruïnes du village de Siloé, où il y a une fontaine dans une deſcente de vingt-ſix degrez: on l'appelle la fontaine de la Vierge, parce que l'on croit qu'elle y alloit ordinairement prendre de l'eau. Les Turcs y ont une particuliere devotion, & s'y viennent ſouvent laver & faire leurs prieres dans une petite Moſquée qu'ils ont baſtie tout proche.

A environ trois cens pas de là, en tirant vers la montagne de Sion, on void le bain de Siloé, où Noſtre Seigneur envoya l'aveugle né pour ſe laver, aprés luy avoir frotté les yeux avec un peu de terre meſlée de ſa ſalive.

Continuant le meſme chemin l'on trouve une petite planure entourée d'une baſſe muraille, laquelle on dit eſtre l'endroit où le Prophete Iſaye fut ſcié vif par le commandement de Manaſſez.

En tirant de là vers le Levant, & faiſant environ trois cens pas, l'on void le puits d'Enemias où fut caché le Feu ſaint pendant la captivité des Juifs en Babylone. Revenant de cet endroit vers le mont de Sion, l'on trouve pluſieurs grottes dans leſquelles l'on croit que les Apoſtres étoient cachez durant la Paſſion de Noſtre Seigneur. Tout proche de ce lieu eſt la terre qui fut achetée des trente deniers que Judas avoit receus en vendant son Maistre, laquelle fut appellée Acheldema, qui veut dire Terre de sang ; ce lieu n'a que cinquante pieds de long & trente de large ; il est tout creux par dessous, & sert de cimetiere pour enterrer les Chrestiens Schismatiques, de sorte qu'il sert encore aujourd'huy à l'usage auquel il estoit destiné du temps de N. Seigneur. De là retournant à la ville, & passant à costé du mont de Sion, l'on nous montra une grotte dans laquelle se retira S. Pierre ayant renié son maistre, où il pleura amerement.

Du costé du Septentrion de la ville, & environ à un jet de pierre hors de la porte de Damas, nous visitasmes la grotte de Jeremie, où il composa les Lamentations, prévoyant les malheurs qui devoient arriver à la ville de Hierusalem. Cette grotte est haute & spacieuse, & l'on tient par tradition qu'elle a servy d'Eglise du temps des Chrestiens ; à present il y demeure des Santons Turcs.

Nous fusmes voir à un quart de lieuë de là les sepultures des Roys de Juda ; elles sont toutes coupées dans la roche, & l'on y entre par une ouverture fort estroite, où l'on void plusieurs petits cabinets qui ont chacun cinq ou six sepulchres : ce qui est le plus admirable dans cet édifice, est que les portes qui ferment ces cabinets sont coupées de la mesme roche, & ne tournent point sur d'autres gonds ny pivots que sur ceux coupez du roc mesme. A demie lieuë de là sont les sepultures des Juges d'Israël, qui sont de la mesme façon, mais non pas si bien travaillez.

Ayans visité les stations qui sont tant à la ville qu'aux environs, nous nous preparasmes pour aller voir la mer Morte : les pelerins n'y vont pas ordinairement, parce qu'il y fait dangereux, mais comme nous estions grande compagnie, & assez bien armez pour resister aux Arabes, nous ne fismes pas difficulté d'y aller sans prendre d'autre compagnie.

Pour cet effet nous sortismes de Hierusalem de grand matin, & ayans passé le mont d'Olivet l'on nous montra les ruines de Bethfagé, qui est le lieu où Nostre Seigneur fit prendre l'asne pour faire son entrée dans Hierusalem le jour des Rameaux. Les Peres Recolets observent encore à present cette ceremonie, car tous les ans au Dimanche des Rameaux le Pere Gardien y va accompagné de tous les Religieux, & estant monté sur un asne il entre en procession dans la ville, les Religieux & les autres Chrestiens prosternant leurs habits contre terre pour le faire passer par dessus, en chantant *Sanctus, Sanctus, Benedictus Dominus*, afin d'observer toute la ceremonie : en quoy les Turcs ne leur donnent aucun empeschement.

De là nous passasmes devant la maison de Simon le Lepreux, où Sainte Marie Magdeleine lava les pieds de Nostre Seigneur. A environ cinquante pas de là l'on void d'autres ruines que l'on dit estre de la maison de Saint Lazare. Un peu plus avant l'on entre dans le village de Betnanie, où est le sepulchre d'où Nostre Seigneur resuscita ledit Lazare : ce tombeau est fort bas, l'on y entre comme dans une cave par une descente de trente degrez ; le dedans est encore en son entier : le lieu où gisoit le corps sert à present d'Autel, où les Religieux qui estoient venus avec nous dirent la Messe. A trente pas de là l'on void quelques ruines que l'on dit estre de la maison de Sainte Marie Magdeleine. Assez proche de ce lieu se voyent les ruines de la maison de Sainte Marthe sa sœur, & environ cinquante pas de là il y a une grosse pierre en forme ovale sur laquelle Nostre Seigneur estoit assis alors que Marthe vint en pleurant luy annoncer la mort de son frere Lazare.

Ayans fait nos devotions dans ce lieu, nous descendismes par la valée d'Adomin, c'est à dire de sang, où l'on tient que fut assassiné ce pauvre homme dont l'Escriture parle, qui alloit de Hierusalem à Jerico. De là nous continuasmes toûjours à descendre par des collines entierement steriles, jusques à la mer Morte, laquelle est éloignée d'une journée de Hierusalem.

La mer Morte est appellée ainsi, parce qu'elle ne souffre aucune chose qui aye vie, & fait mourir tout ce qui en approche, jusques aux oiseaux qui volent par dessus. Elle est encore appellée le Lac Alphaltite, à cause de la quantité de bitume qu'elle jette : l'eau en est fort noirastre, puante, épaisse comme de la fange, & tellement salée, que quand on en met dans un vase, & qu'on y met dix fois autant d'eau douce, elle reste encore autant salée que celle de la mer. Cette eau est si croupissante, & si meslée de souffre & de toutes sortes de saletez, qu'elle supporte tout ce qu'on y jette.

Ce Lac est plus long que large, son estenduë est du Septentrion au Midy, ayant environ vingt lieuës de long & cinq de large ; les vapeurs qui en sortent corrompent tellement l'air & la terre qui sont aux environs, qu'il n'y croist aucune chose à une lieuë à la ronde, de sorte que cette valée appellée anciennement eleuë & de benediction, se peut maintenant appeller valée de malediction & deserte; les pierres qui sont le long du rivage ressentent les mauvaises qualitez de ce lieu, car elles sont seches & bruslent comme du bois; enfin tout y a senty l'ire & le courroux de Dieu, aussi-bien que les villes de Sodome & de Gomorrhe, d'Adame & de Segor, lesquelles ont esté bruslées & abysmées pour l'horrible peché contre nature, Dieu y laissant les eaues ainsi puantes pour marque de l'énormité de ce détestable crime.

L'on costoye la mer Morte trois lieuës auparavant que d'arriver au fleuve du Jourdain, lequel se perd dans ce lac; neantmoins quelques-uns sont d'opinion qu'il passe par dessous sans se mesler avec ces eaux salées & puantes. L'on void encore les ruines d'une Eglise que Sainte Helene avoit fait bastir au mesme endroit où Nostre Seigneur fut baptisé, mais la riviere y a quitté son cours, & passe bien demie lieuë plus haut vers le Levant.

De là l'on traverse la plaine de Jericho pour aller à la montagne de la quarantaine, appellée ainsi à cause que Nostre Seigneur y a jeusné quarante jours. Cette plaine a environ cinq lieuës de long & deux de large; la ville de Jericho est au milieu de cette plaine; c'estoit autrefois le lieu le plus plaisant & le plus fertile de toute la Palestine, mais soit par la faineantise des habitans, ou à cause des Arabes qui y font continuellement des courses, il demeure entierement desert : la ville est aussi toute ruinée, & à peine y reste-t'il quarante maisons mal basties.

La montagne de la quarantaine est à une heure de chemin de cet endroit ; la montée en est tres-difficile, & il y avoit autrefois quatre cens degrez pour la monter, mais ils sont à present tellement ruinez, qu'il vaudroit bien mieux qu'il n'y en eust point du tout. Au milieu de cette montagne est le lieu où Jesus Christ se retira pendant les quarante jours de jeusne. En cet endroit il y a trois grottes, la premiere est toute ronde, & a vingt-cinq pas de circuit : la seconde est longue & estroite, & a trente-quatre pas de long : la troisiéme est fort petite. L'on remarque encore en de certains endroits des vestiges & des concavitez, que l'on croit estre encore du temps de Nostre Seigneur. L'on monte au sommet de cette montagne par un chemin tres-difficile, où restent encore les ruines d'une Chapelle bastie pour conserver la memoire du lieu où Nostre Seigneur fut tenté du Diable, & d'où il luy montra les richesses du monde. En descendant cette montagne nous traversasmes un desert où l'on void plusieurs grottes & cavernes, dans lesquelles il y a eu autrefois quantité d'Hermites qui y ont passé leur vie dans une douce solitude, mais à present il n'y en a aucun, à cause des Arabes qui y font continuellement des courses.

Nous retournasmes à Hierusalem le septiéme jour de Septembre, & le lendemain jour de la Nativité de Nostre-Dame, nous fismes nostre bon-jour dans la maison de Sainte Anne, où les Religieux qui estoient avec nous dirent la Messe, comme il a esté dit cy-devant, au mesme lieu où l'on tient que nasquit la glorieuse Vierge Marie. Nous en partismes vers le soir après y avoir ouy les Vespres, & allasmes à Bethlehem, qui en est esloigné de trois lieuës.

Nous sortismes par la porte de Jaffa, & côtoyans la ville nous passasmes le long de la piscine de Bersabée. A environ une heure de chemin de la ville on void un arbre de Terebinthe que l'on nomme de la Vierge, parce qu'on croit qu'elle y reposoit ordinairement allant de Bethlehem à Hierusalem; il est tout courbé sur le chemin, ce qui fait croire que miraculeusement il est plié de la sorte, afin de faire plus d'ombre à la Vierge. Il ne se peut rien voir de plus vieil que le tronc de cet arbre, mais les branches & les feüilles sont aussi belles & aussi vertes que si elles n'avoient que trente ans.

Un peu plus avant il y a une fontaine que l'on appelle des trois Roys, parce qu'elle marque le lieu où ils perdirent l'Estoille lors qu'ils entrerent dans la ville de Hierusalem pour parler à Herodes: depuis elle commença à paroistre derechef en ce mesme endroit, pour les achever de conduire au lieu de la Nativité de Nostre Seigneur Jesus Christ.

A main droite sur le penchant d'une colline on void quelques ruines, où estoit autrefois la maison du Prophete Abacuc; l'on y remarque encore la campagne où ce Prophete portant à manger à ceux qui faisoient la moisson, l'Ange le prit par les cheveux & le porta à Babylone dans la caverne des Lions, pour nourrir le Prophete Daniel qui y avoit esté jetté par le commandement de Nabuchodonosor.

A trois cens pas de là il y a une roche sur laquelle se reposa le Prophete Elie tout lassé du grand chemin qu'il avoit fait pour éviter la colere de Jezabel, laquelle le poursuivoit à mort; l'on void encore une certaine concavité dans le roc, que l'on tient y estre demeurée miraculeusement imprimée de son corps. Tout proche de ce lieu il y a un Convent de Religieux Grecs bien basty, & entouré de hautes murailles, pour resister contre les Arabes: il est dedié au Prophete Elie.

A une lieuë plus avant l'on nous montra les ruines de la Tour de Jacob. De l'autre costé du grand chemin il y a une campagne sterile & toute remplie de petites pierres, qui ont la pluspart la forme d'un poix ciche: l'on croit pieusement que du temps de la Vierge ce lieu estoit ordinairement semé de poix, desquels elle avoit coustume de manger, & qu'en suite de cela il y a toûjours resté des pierres pour conserver la memoire de ces choses.

Demy quart de lieuë plus avant l'on void le lieu où estoit autrefois le sepulchre de Rachel femme de Jacob, lequel luy avoit fait dresser un beau Mausolée avec douze piramides alentour, pour montrer le nombre d'enfans qu'il avoit eus avec elle: il ne reste rien à present de cet édifice, l'on y void seulement un tombeau à la Turquesque eslevé fort haut, & couvert d'un petit dôme soûtenu par quatre colomnes, & entouré d'une basse muraille.

Depuis cet endroit l'on ne rencontre aucune chose digne de remarque jusques aux anciennes murailles de Bethlehem, où détournant du droit chemin & allant à main gauche, on void le puits duquel le Roy David estant dans son armée desira si ardemment d'avoir de l'eau, & dont trois de ses soldats ayans valeureusement traversé l'armée de ses ennemis luy en apporterent, mais il n'en voulut pas boire, disant que c'estoit le sang de ses subjets.

Cette ville de Bethlehem, qui estoit autrefois si belle & si renommée, est maintenant reduite à un monceau de pierres; il n'y a que dix ou douze maisons habitées de pauvres Chrestiens, qui y vivent de ce qu'ils peuvent gagner avec les pelerins & les Religieux, qui les employent à faire des Chapelets & des Croix d'olivier.

Nous fusmes droit au Convent des Recolets, lequel est fort beau, & ressemble de loin plus à un Chasteau qu'à un Monastere; l'Eglise y reste encore dans son entier, & est un des plus beaux edifices de la Palestine; elle a quatre-vingt-cinq pas de long & cinquante de large, & est enrichie de deux rangs de colomnes de chaque costé, & les murailles toutes revestuës d'une tres-belle Mosaïque, laquelle commence à se ruiner; le bas estoit tout de mesme richement travaillé de marqueterie, mais les Turcs l'ont enlevé pour porter dans leur principale Mosquée à Hierusalem.

Cette Eglise couvre le lieu où a pris naissance nostre Sauveur Jesus-Christ; à costé du grand Autel il y a deux descentes par où l'on y entre, mais à cause que cette Eglise est abandonnée, les portes en sont toûjours fermées, & l'on n'y entre que par le Convent.

Ce Cloistre est plus grand & bien mieux basty que celuy de Hierusalem, il y a ordinairement dix ou douze Religieux pour garder & servir ce saint lieu. Le mesme soir que nous y arrivasmes le Pere Gardien nous fit faire la procession, & visiter tous ces saints lieux.

Nous commençasmes à la Chapelle des Religieux, laquelle est dediée à Sainte Catherine : de là nous fusmes par une descente coupée dans la roche fort obscure & estroite, dans les Chapelles des Innocens & de Saint Joseph, lesquelles nous traversasmes, & par une petite allée nous fusmes droit au lieu où il a pleu au Sauveur du monde prendre naissance. C'estoit en ce temps-là une méchante estable sous terre, mais la pieté & la devotion de Sainte Helene l'a faite couvrir d'une Chapelle qui a saize pas de long & cinq de large : elle est toute taillée dans la roche & revestuë de marbre blanc, excepté le haut, qui est remply d'une belle & riche Mosaïque ; mais comme il n'y a aucun souspirail, la fumée des lampes qui y bruslent continuellement, l'a tellement noircie, que l'on n'y peut connoistre aucune chose.

Au bout de cette Chapelle est un Autel où l'on celebre journellement la sainte Messe ; sous iceluy il y a une petite voute où est né Jesus Christ : ce lieu est couvert d'un tres-beau marbre blanc, au milieu il y a un petit rond coupé dans la pierre, qui a vingt & un pouces de tour, & environ demy pied de profond, entouré d'une bordure d'argent, sur laquelle est écrit, *Hic natus est Christus* : il y a toûjours une lampe qui brusle sur ce saint lieu.

De là retournant trois ou quatre pas en arriere, l'on descend trois degrez, qui est le lieu où estoit

estoit la sainte Cresche dans laquelle Nostre Seigneur fut mis aussi-tost qu'il fut né : ce lieu est relevé de terre environ d'un pied, & enfoncé dans le roc, qui est encore tout nud par le haut, mais le milieu où reposoit Nostre Seigneur est couvert de marbre, & a deux pieds & demy de long, & un pied & demy de large.

A costé de ce lieu l'on remarque l'endroit où la Vierge estoit assise avec Nostre Seigneur quand les trois Roys le vinrent adorer. Cette place est toute revestuë d'un tres-beau marbre dans lequel l'on void miraculeusement representé la forme d'un venerable vieillard ; plusieurs croyent que c'est l'effigie de S. Hierosme, lequel s'est tant de fois pleu à mediter en ce saint lieu, que la figure en est demeurée dans ce marbre : il y a toûjours trois ou quatre lampes qui bruslent en ce lieu.

En sortant de cette station nous fusmes dans la Chapelle de S. Joseph, laquelle luy a esté dediée à cause que l'Ange luy apparut dans ce lieu, & l'advertit qu'il ne quittast point la Vierge lors qu'il avoit dessein de l'abandonner parce qu'elle estoit enceinte.

De là l'on vient dans la Chapelle des Innocens, laquelle est cavée dans la roche, & soustenuë par le milieu d'un gros pilier du roc mesme : au dessous de l'Autel il y a la façon d'une cave, où l'on tient que plusieurs Innocens ont esté enterrez de ceux qu'Herodes fit mourir.

De là l'on passe à main gauche par une petite porte qui conduit dans une allée où est enterré Saint Eusebe disciple de Saint Hierosme, en memoire duquel il y a un Autel. Là proche

R

est le tombeau de Sainte Paule, en l'honneur de laquelle l'on lit cette epitaphe composée par S. Hierosme.

Aspicis Augustum præcisa rupe sepulchrum,
Auspitium Paulæ est, cœlestia regna tenentis,
Fratrem, cognatos, Romam, patriamque relinquens,
Divitias, sobolem, Bethlymity conditur antro.
Hic præsæpe tuum Christe atque hic mysteria magna,
Munera portantes hominique deoque dedere.

Au bout de cette allée dans une petite chambre taillée dans le roc, est la sepulture de Sainte Eustochia, & son epitaphe composée par le mesme S. Hierosme.

Scipio quem genuit Paulæ fuere parentes
Græcorum soboles Agamemnonis inclyta proles,
Hoc jacet in tumulo Paulam dixere priores
Eustochæ genitrix Romani prima senatus
Pauperiem Christi & Bethlymity rura secuta.

Proche de là est aussi le tombeau de S. Hierosme, & encore que tous ces corps ayent esté enlevez & transportez à Rome, on ne laisse pourtant pas de porter un grand respect & une grande devotion à ces tombeaux ; sa Sainteté mesme y a concedé de grandes Indulgences, comme à tous les autres lieux des Terres saintes, où l'on connoist avoir esté fait quelque mystere.

Proche de la sepulture de S. Hierôme il y a une Chapelle qui luy est dediée, laquelle a servy autrefois d'estude ou de cabinet à ce Saint : l'on tient que ce fut en ce lieu où il translata la Bible d'Hebreu en Latin. Dans ce Convent il y a une belle & grande chambre, qui servoit ordinairement de retraite audit Saint, & maintenant les pelerins y logent.

A environ demie lieuë de la ville du costé d'Orient, l'on remarque le lieu où les Anges apparurent aux Pasteurs, leur annonçant la Nativité de Nostre Seigneur. En ce mesme endroit il y a eu autrefois une Eglise, de laquelle il ne reste maintenant que peu de ruines, n'y ayant que la partie d'une voute sous terre, où les Religieux avoient coustume de dire quelquefois la Messe, mais depuis quelques années un Santon Turc a choisi cette place pour sa demeure, où il vit en Hermite.

En revenant de ce lieu vers le Convent nous visitasmes une grotte, où l'on tient que la Vierge se sauva pendant que les soldats d'Herodes commencerent à faire la guerre aux petits Innocens: l'on tient qu'elle conceut une telle apprehension de cette tyrannie, qu'elle y répandit de son sacré laict: les pelerins prennent de cette terre par devotion, & l'appellent le Laict de la Vierge: elle est blanche comme de la craye, & a cette vertu que de donner & augmenter le laict des femmes qui en ont besoin, & qui plus est les Turcs & les Mores en donnent pour cette occasion à leur bestiail, qui en ressentent le mesme effet.

De ce lieu l'on découvre une grande valée laquelle s'étend jusques à la mer Morte: ce fut dans ce lieu que S. Faba fit une longue penitence: l'on tient que de son temps il y avoit plus de deux mille Hermites qui y vivoient en grande austerité.

A environ une lieüe de Bethlehem, du costé du Midy, l'on void une montagne appellée Bethulie, sur laquelle il paroist encore des fortifications assez dans leur entier : les Chrestiens y tinrent bon l'espace de quarante ans aprés la perte des Terres saintes, nonobstant l'effort de tant de milliers d'ennemis.

Nous fusmes à deux lieües de Bethlehem voir la fontaine appellée dans la sainte Escriture *Fons signatus* : l'on y entre comme dans une cave, où l'on void deux canaux coupez dans le roc, par lesquels court une eau bonne & claire ; l'on tient qu'elle va par dessous terre se rendre à Hierusalem dans le Temple de Salomon.

A cent pas de cette fontaine il y a trois belles & grandes piscines, ou reservoirs d'eau, coupées dans la roche ; la premiere a cent soixante & dix pas de long & quatre-vingt de large ; à chaque coin il y a un escalier dont les degrez sont du mesme roc : la seconde a cent cinquante pas de long, & quatre-vingt de large ; elle est toute taillée par degrez comme un amphitheatre : la troisiéme a deux cens quinze pas de long, & soixante & dix de large, & répondent toutes les unes dans les autres, il n'y a que la derniere qui est à moitié pleine d'eau : elles sont entourées de montagnes fort steriles, horsmis d'un costé où il y a quelques collines couvertes d'arbres : l'on croit que ce fut dans ce lieu où estoit autrefois ce beau jardin de Salomon, appellé *Hortus conclusus*, où ce Roy alloit ordinairement prendre son plaisir avec ses concubines.

Comme la chaleur du jour estoit grande, & que les Religieux nous avoient apporté quelques provisions, nous dilnalmes en ce lieu, & y laiſſaſ-mes paſſer l'ardeur du Soleil à l'ombre de pluſieurs arbres: le ſoir nous retournaſmes à Bethlehem, d'où nous partiſmes de grand matin pour aller au deſert de S. Jean.

Au ſortir de Bethlehem l'on nous montra un village appellé des Turcs Borgal, & des Chrétiens Boutlicelly; il n'y a que les Chreſtiens qui y veüillent demeurer, car les Turcs ont par experience qu'aucun Mahometan n'y peut demeurer une année ſans mourir: ce fut en ce lieu où l'Ange tua l'armée de Sennacherib.

De là nous coſtoyaſmes pluſieurs petites valées & collines toutes fertiles & remplies de vignobles: dans une deſcente nous paſſaſmes devant une belle fontaine, où l'on tient que S. Philippe baptiſa l'Eunuque de la Reyne de Candace; il y a eu autrefois une Egliſe en cet endroit, dont il reſte encore quantité de ruines.

A une lieüe de là l'on entre dans les montagnes de la Judée, qui ſont fort ſteriles en cet endroit, comme auſſi le deſert où Saint Jean a fait penitence dés l'aage de trois ans: la grotte où ce Saint ſe retiroit eſt environ au milieu d'une montagne fort roide & difficile. Au bout de cette grotte il y a une table ſolide coupée de la roche, environ haute de trois pieds & demy, large de deux, & longue de ſix pieds, laquelle luy ſervoit de lict: les Peres qui eſtoient venus avec nous celebrerent la Meſſe deſſus; il y a eu autrefois une Egliſe en cet endroit, mais il n'en reſte à preſent que peu de ruines.

A une petite lieuë de là l'on nous montra une grande pierre ſur laquelle Saint Jean montoit

R iij

ordinairement quand il preschoit le peuple.

A un quart de lieuë de là l'on void les ruines d'une Eglise bastie au mesme endroit où la Vierge salua sa cousine Elizabeth, quand elle fit ce beau cantique *Magnificat*.

A trois cens pas de là est la maison de Zacharie, où les Chrestiens avoient basty une Eglise & un petit Convent, pour loger les pelerins qui alloient visiter le desert de S. Jean, mais comme les Mores qui demeurent aux environs les travailloient continuellement, ils ont esté contraints de l'abandonner. L'Eglise y reste encore dans son entier, mais elle est profanée par ces sales païsans & vilains Mores, qui la font servir d'étable à leur bestial: l'on y peut encore aisément remarquer où estoit l'Autel où l'on croit que S. Jean Baptiste fut né : ce fut en ce lieu où S. Zacharie recouvra la parole, & où tout enflammé du S. Esprit il chanta ce beau Cantique *Benedictus Dominus Deus Israel*.

Y ayant fait nos devotions nous reprismes le droit chemin de Hierusalem. A une lieuë auparavant que d'arriver à la ville, nous visitasmes un Convent de Religieux Grecs : l'Eglise en est tres-belle & bien ornée, & sous le grand Autel on void un grand creux d'où les Caloyers nous dirent qu'estoit coupé l'arbre de palmier, duquel fut fait le marche-pied de la Croix de Nostre Seigneur, à raison dequoy ce Monastere est appellé de Sainte Croix : il est entouré de hautes murailles, & les portes en sont si basses, qu'à peine ont-elles trois pieds de hauteur : ils font cela pour éviter l'importunité des Arabes, qui n'abandonnant jamais leurs chevaux, ils ne leur font point de mal, car ils ne peuvent entrer chez eux ainsi montez à cheval.

Au reste ce n'est point sans raison que plusieurs doutent si tous ces saints Mysteres sont arrivez aux lieux cy-dessus specifiez, à cause que ce païs a esté tant de fois ruiné & saccagé, qu'il est presqu'impossible qu'on en aye pû conserver la memoire. Ce furent les premieres demandes que nous fismes aux Religieux, lesquels nous dirent qu'outre la tradition qu'on a de ces lieux, ils ont encore esté confirmez par relevations qu'en ont euës plusieurs Saints, qui ont laissé tous ces lieux fort particulierement décrits, ce qui nous fit adjouster foy à tout ce qu'on nous montroit, laquelle est tres-necessaire pour recevoir du contentement en la visite des saints lieux, car qui voudroit entrer dans des recherches par trop curieuses, l'on les verroit avec peu de satisfaction: & outre cela, ce qui nous peut encore obliger à croire toutes ces places, c'est la pieté de Sainte Helene mere de l'Empereur Constantin, car cette vertueuse Princesse ayant plusieurs fois visité toute la Palestine, elle ne laissa aucun endroit remarquable par quelque miracle ou mystere, sans y bastir une Eglise, ou du moins une Chapelle ; l'on y en comptoit autrefois trois cens cinquante, lesquelles encore à present par leurs ruines remarquent les lieux où sont arrivez ces merveilles, & reprochent aux Chrestiens le peu de soin qu'ils ont de les faire reparer, car il est à croire que Dieu y ayant voulu naistre & mourir, a particulierement agreable la conservation de ces lieux, & se plaist à y estre adoré, loüé, & glorifié.

R iiij

Ayant veu & consideré à loisir tous les saints lieux de Hierusalem, nous fismes venir un Grec nommé Issa, qui est le conducteur ordinaire des pelerins; nous luy donnasmes quinze reales de huit pour chaque homme, tant pour nous fournir des chevaux, que pour payer tous les caffares jusques à Jaffa.

Nous partismes de Hierusalem le treiziéme de Septembre, & laissasmes le grand chemin a main gauche, afin d'aller voir les ruines du château d'Emaüs. Nous traversasmes une valée où l'on tient que Josué combattant contre les Philistins, & voyant que le jour commençoit à luy manquer, commanda au Soleil de s'arrester afin de poursuivre sa victoire. Il y a un valon auprés de ce lieu dans lequel l'on tient que David tua le geant Goliath.

Ayans cheminé environ deux heures, nous vismes sur le penchant d'une montagne les ruines d'une Eglise qui y avoit esté bastie en memoire qu'en cet endroit Nostre Seigneur accosta les deux pelerins, & alla avec eux jusques à Emaüs, toûjours discourant de sa Passion.

Ayans cheminé environ une heure, nous arrivasmes à Emaüs, qui est un assez grand village habité par des Mores, lequel n'a point changé de nom depuis ce temps-là; il y reste encore les ruines d'une Eglise bastie au mesme endroit où estoit la maison dans laquelle Nostre Seigneur se mit à table avec les deux pelerins, desquels estant reconnu à la separation du pain, il disparut de leur presence. Ayant fait nos devotions dans ce lieu, nous traversasmes cinq ou six collines pour aller trouver le grand chemin de Rama.

A environ une heure de nuict nous arrivasmes à l'Eglise de S. Jeremie, où nous avions envoyé nos Janissaires devant afin de nous y apprester le souper. Cette Eglise est belle & grande, & reste encore en son entier : elle a esté bastie en l'honneur de ce Prophete, parce qu'il avoit pris naissance dans un village nommé Anathot qui en est tout proche. Cette Eglise est abandonnée & ne sert que d'estable aux Mores, qui y mettent leur bestiail.

Nous en partismes à minuit, & à la pointe du jour nous passasmes devant les ruines du château qui a servy de demeure au bon Larron : en suite nous entrasmes dans de grandes plaines, où ayans cheminé environ trois heures nous arrivasmes à Rama.

Cette ville fut appellée anciennement Ramula ou Ramata : elle est assise dans une belle plaine qui s'estend depuis la marine jusques aux montagnes de la Judée : elle a esté autrefois bien peuplée, mais on auroit maintenant bien de la peine à y trouver trois cens familles de Mores, qui y demeurent dans des maisons mal basties & fort basses : Les Religieux de Hierusalem y tiennent une maison pour la commodité des pelerins, laquelle ils disent avoir esté autrefois la demeure de Nicodeme.

Nous n'y demeurasmes qu'autant de temps qu'il faloit pour nous rafraischir : l'on nous y voulut encore faire payer dix reales de huit outre le Caffare ordinaire, mais ayans dit absolument que nous ne les payerions point, l'on ne nous en parla point davantage.

Il est presqu'incroyable le mauvais traitement

que ces méchans Mores & Arabes font aux pelerins, lesquels ils intimident tellement avec leurs menaces & leurs cris horribles, qu'ils en tirent tout ce qu'ils veulent: mais quand on est en bonne compagnie, bien informez du païs, resolus, & sçachans un peu leur langage, l'on n'est point sujet à tant de tyrannies. Le soir nous arrivasmes encore à Jaffa.

Cette ville fut appellée anciennement Joppé, de Jeffet troisiéme fils de Noé: elle a esté autrefois grande & renommée, mais à present elle est entierement ruinée & abandonnée, n'y ayant qu'une tour, où les Arabes font ordinairement la garde, afin de s'asseurer des Corsaires, & de découvrir les vaisseaux qui sont en mer. Il se void encore le long de la marine des vestiges d'une grande muraille, laquelle est toute ensevelie dans le sable du costé de terre: il y a un petit port où il arrive quelquefois des barques; il y a aussi quelques voutes & grottes le long de la marine, où se retirent les marchands & les pelerins qui y abordent.

Ce lieu nous est grandement recommandable pour avoir autrefois servy de port à la Terre Sainte. Ce fut en ce lieu où le Roy Salomon tint ses vaisseaux, & où arriverent les Cedres qui luy furent envoyez de Tyr pour bastir son Temple. Ce fut en ce mesme endroit que le Prophete Jonas s'embarqua fuyant la face de Dieu, lors qu'il luy commanda de prescher la ruine de ceux de Ninive. Ce fut aussi en ce mesme lieu que les Juifs mirent dans un batteau qui n'avoit ny voiles, ny rames, ny timon, Sainte Marie Magdeleine, Sainte Marthe sa sœur, Saint Lazare leur frere, & quelques autres, dans lequel ils traverserent miraculeusement quantité de mers, & vinrent surgir heureusement en France. Ce fut encore en ce lieu que Saint Pierre resiuscita de mort à vie une femme nommée Tabitha; il y eut aussi la vision du linceul remply d'animaux. Enfin si parmy la remarque de tant de sainctetez, l'on peut mesler quelque chose de prophane, il ne faut pas oublier la valeur & la vertu de Persée, qui, à ce que disent les Poëtes, la fit voir en ce lieu en delivrant la belle Andromede qui y avoit esté exposée au monstre marin.

Nous y trouvasmes une barque à rames que nous avions fait venir exprés de Seyde pour nous conduire en Egypte. Le vent qui estoit contraire nous empescha de partir ce soir, & y couchasmes la nuict sur le sable; le lendemain apresmidy le vent estant de Tramontane nous en partismes: le vent estoit tellement frais, qu'en peu de temps nous perdismes la terre de veuë, & nous engoulfasmes droit vers l'Egypte, qui en est éloignée de soixante & quinze lieuës.

Le vent continua tellement à nostre avantage, que nous découvrismes l'Egypte dés le lendemain au soir, & nous eussions encore pû entrer en cette mesme nuict dans la riviere du Nil, si ce n'eust esté que nous apperceusmes un vaisseau à son embouchure lequel nous jugeasmes estre Corsaire, ce qui nous fit demeurer toute la nuict en mer: nous y entrasmes le lendemain au matin, mais non pas sans peril, car comme ce fleuve estoit dans son debordement, il déchargeoit ses cruës dans la mer avec grande violence: le vent d'autre costé soufflant grandement, & poussant

R vj

l'eau de la mer contre celle de la riviere, fit tellement bondir les vagues, que nous couruſmes riſque de nous perdre, car par trois fois nous viſmes noſtre batteau à moitié couvert d'eau.

A l'emboucheure de cette riviere, & à main gauche, il y a un vieux chaſteau baſty de briques, dans lequel nous viſmes quinze pieces de canon: un peu plus avant, & de l'autre bord de la riviere il y a un autre chaſteau ſemblable au premier, qui garde l'entrée de la riviere, car pour avoir quelque reſiſtance par terre, ils n'en ont aucunement.

Sur le midy nous arrivaſmes à Damiette, eſloignée de deux lieües de la mer: nous y miſmes pied à terre, & fuſmes au logis d'un Grec lequel ſervoit de Conſul à la nation Françoiſe pour expedier leurs vaiſſeaux: il nous receut fort courtoiſement, & nous logea dans ſa maiſon, où nous priſmes un peu de repos.

La ville de Damiette, appellée anciennement Peluſium, eſt ſituée ſur une des trois principales emboucheures de la riviere du Nil: elle eſt ville maritime & frontiere d'Egypte: ce fut en icelle que le Roy Saint Loüis fut fait priſonnier par le Sultan d'Egypte en l'an 1257. allant à la conqueſte des Terres ſaintes. Il n'y a rien de remarquable en cette ville que ſa belle ſituation, ayant devant elle l'agreable fleuve du Nil, & de plus elle eſt entourée d'un terroir autant fertile que delicieux, car ce ne ſont que prairies & jardinages remplis d'orangers, citronniers, grenadiers & caſſiers.

Les arbres où croiſt la caſſe ſont aſſez ſemblables aux noyers, ayans les feüilles preſque conformes, mais un peu plus petites, & la fleur en est jaune comme du genet : l'on cueille le fruit au mois de Septembre quand le nouveau est déja à l'arbre, estant en cela semblable aux citronniers ; il y en a qui le cueillent devant qu'il soit meur, & en font des confitures, qui sont tresbonnes pour l'estomach ; la fleur seche & prise en fumée par la pipe, desseche bien mieux le cerveau que le tabac.

Il s'y trouve quantité de petits citrons qui ne sont gueres plus gros qu'un œuf de pigeon, lesquels ont l'écorce comme du parchemin, & sont grandement remplis de jus, ils en ont en telle abondance, qu'ils les pressent & envoyent le jus dans des barils par tout le reste du païs ; ils ont encore cela de particulier qu'ils n'agacent point les dents.

Il y a quantité d'arbres qui portent des figues d'Adam, les Arabes les appellent Mahons, qui veut dire fruit de mort : ce n'est point sans mystere qu'elles sont ainsi appellées, parce que l'on tient que ce fut d'un fruit semblable qu'Eve presenta à Adam : il croist de la hauteur d'une pique, il n'a point de branches, mais toutes les feüilles sortent du tronc, & sont si larges & si grandes, qu'une seule peut couvrir un homme : son fruit croist par bouquets comme une grappe de raisin ; chaque grain est de la grandeur & de la mesme forme d'un moyen concombre ; l'écorce s'enleve d'elle-mesme, le dedans est fort jaune, moëlleux, doucereux, & d'un goust assez fade : de quelque façon que l'on coupe ce fruit l'on y trouve toûjours une croix de Saint Antoine tresbien formée : ces arbres ne portent qu'une fois, qui est la troisiéme année de leur estre, puis ils dessechent & jettent une certaine liqueur blanche, de laquelle naist un autre arbre.

De toute la riviere du Nil il n'y a qu'à Damiette où l'on trouve des chevaux marins; ils sortent quelquefois de la riviere par troupes de vingt & vingt-cinq, & font grand degast par les campagnes voisines, les Grecs les appellent Hypotamos, ils sont deux fois plus gros qu'un cheval, & ont la teste assez semblable, ils ont le corps mal fait, & les jambes courtes & d'une jointure, qui leur servent pour nager dans l'eau & marcher sur la terre; leur peau est épaisse de deux doigts, & estant sechée elle est à l'épreuve de l'harquebuze. Les habitans de Damiette en prennent souvent par des trappes & des fosses qu'ils font dans la terre, où estant une fois tombez, ils n'en peuvent sortir, à cause que leurs jambes sont courtes, & leurs corps bien pesans.

Nous ayans reposé une journée à Damiette nous y loüasmes un batteau que ceux du païs appellent Germes: il estoit tout plat, & ne portoit qu'une voile quarrée assez mal propre à manier: ce batteau estoit conduit par trois pauvres Arabes, avec lesquels nous fismes marché pour nous conduire jusques au Caire, auquel chemin l'on met ordinairement trois ou quatre jours.

Nous partismes de Damiette le dix-septiéme de Septembre de grand matin, parce qu'il se faut servir du jour pour monter la riviere, à cause que l'on a d'ordinaire le vent qui vient de la mer, & la nuict il ne manque presque jamais à faire calme, & lors ceux qui montent la riviere sont contraints de s'arrester, & au contraire ceux qui la descendent se servent de la nuict, laissant aller le batteau au courant de l'eau, laquelle est si rapide, qu'il leur fait faire du moins deux lieües par heure.

Cette riviere va grandement serpentant, ce qui cause quantité de tours, de destours, & de grands courans, lesquels nous ne passasmes point sans grande apprehension, tant à cause de la petitesse de nostre batteau, de la hauteur des vagues, que pour le peu d'habilité que nous reconnusmes à nos Mariniers.

Par tout le long du rivage nous vismes quantité de villes & de villages, qui sont basties sur des butes de terre, & pour lors toutes entourées d'eau, à cause que le Nil estoit dans son plus grand débordement. Nous n'abordasmes en gueres de ces endroits, si ce n'estoit pour acheter quelques provisions, & la nuict faute de vent. Nous endurasmes pendant ce chemin une cruelle chaleur, parce que nous estions toûjours exposez au Soleil, nostre batteau estant si petit, & le vent si fort, que l'on ne pût faire aucune tente. Il est incroyable la quantité de gibier que l'on void sur cette riviere, & plusieurs beaux oiseaux à nous inconnus : nous en tuasmes une grande quantité, lesquels nous fismes cuire la nuict estant à terre, ne nous servant pour faire du feu que de la fiente de chameau sechée.

Nous prenions grand plaisir à voir quantité de personnes qui courent le long du bord de la riviere : ce sont de pauvres Egyptiens vagabonds qui courent le païs par troupes de cent & de deux cens : les principaux d'entr'eux ne portent que des chemises bleües, & la plupart sont tous nuds,

ils nagent comme des barbets, nous en fiſmes
ſuivre noſtre batteau à nage demie heure durant,
en leur jettant quelquefois un morceau de pain :
il ſe faut bien donner de garde de ces gens là pendant la nuict, car ils viennent nageans entre deux
eaües, & s'eſlancent tout à coup dans le batteau,
& aprés qu'ils ont pris ce qu'ils ont pû attraper,
ils ſe plongent derechef dans l'eau, faiſans cela
avec une ſi grande diligence, qu'encore que l'on
y prenne garde, l'on ſe trouve bien ſouvent ſurpris.

 Le troiſiéme jour de noſtre navigation nous
découvriſmes de loin les pyramides d'Egypte,
quoy que nous en fuſſions eſloignez du moins de
douze lieües : elles paroiſſent comme des montagnes : cette veüe nous penſa eſtre fatale, car le
vent y commença à ſouffler ſi fort, & fit tellement enfler les vagues, que nous viſmes ſouvent
noſtre petite barque en danger d'eſtre abyſmée :
le vent s'augmenta toûjours de ſorte que nous
fuſmes en grand peril, eſtant impoſſible de nous
faire mettre à terre, car il euſt fallu prendre le
coſté du vent, qui infailliblement nous eut renverſé : nous continüaſmes dans ce peril bien
deux heures, fondans noſtre eſpoir ſur un autre
barque qui alloit devant nous ; mais cet eſpoir
fut bien-toſt changé en une extréme frayeur, car
n'eſtant environ eſloignez que d'une demie lieüe
du port, nous viſmes renverſer cette barque, &
bien vingt perſonnes dans l'eau, faiſans des cris
les plus horribles & les plus pitoyables du monde, ſans que nous leur pûſſions donner aucune
aide, ayans aſſez de peine pour éviter la rencontre de leur batteau, lequel quoy que renverſé

flottoit encore sur l'eau. Il est aisé de considerer en quelle apprehension nous nous trouvasmes alors voyant cette barque renversée, qui estoit plus grande que la nostre, & sur laquelle nous fondions nostre esperance, car il n'y eut personne de la compagnie qui ne songeast à sa conscience, croyant en faire autant que ceux de l'autre barque : quelques-uns se dépoüillerent sous espoir de se sauver à la nage, mais si Dieu ne nous eust gardé, & que nostre basteau se fust renversé, ce n'eust esté que se debatre un peu contre la mort, car nous estions bien esloignez d'une demie lieuë du plus proche terroir, & le courant estoit si fort, & l'eau tellement agitée, qu'il n'y auroit eu aucun moyen pour se sauver. Enfin nous en fusmes quittes pour la peur que nous en avions euë, laquelle nous avoit mis en une telle extremité, que nous n'estions ny morts ny vifs, mais nous avions beaucoup de qualitez de l'un & de l'autre.

Nous arrivasmes à Boulac, où ayans débarqué nos hardes, & payé chacun une reale de huit pour la doüane, nous fusmes droit à la ville de Caire, laquelle en est esloignée de demie lieuë, ne nous entretenant le long du chemin que du peril passé, chacun se gaussant de celuy qui avoit eu le plus de peur.

Description de l'Egypte.

LE Royaume d'Egypte est borné du costé du Midy de la haute Ethiopie, du costé du Levant des deserts d'Arabie, de celuy du Ponant des deserts sablonneux d'Afrique, & du Septentrion de la mer Mediterranée : Son estenduë est depuis le vingt-troisiéme degré jusques au trente-deuxiéme. La riviere du Nil, une des principales veines du monde, forme le païs, lequel n'est habité que le long de ce rivage, & de ce que ce fleuve peut abreuver tant par son inondation, que par des canaux artificiels que l'on fait pour conduire son eau : de sorte que l'Egypte en plusieurs endroits n'a pas vingt lieües de large, le reste estant tres sterile & sablonneux, & abandonné & compris dans les deserts d'Arabie & d'Afrique.

Ce Royaume estoit anciennement divisé en superieur & inferieur, le premier contenoit tout ce qui est dequis la ville de Siene, appellée maintenant Guarghera, située vers les Cataractes du Nil & frontiere d'Ethiopie, jusques à trois lieües plus bas que la ville du Caire, où la riviere se separant en deux branches forme une Isle laquelle est appellée Delta, à cause qu'elle a la forme de cette lettre Grecque. Cette Isle, avec Rosette, Damiette, Alexandrie, & les autres villes qui sont depuis la Caire jusques à la mer Mediterranée, faisoient la partie inferieure.

Sultan-Selim Empereur des Turcs ayant défait entre Alep & Damas l'armée de Campſon Gauro en l'an 1516. il s'empara de toute la Paleſtine, & fit paſſer ſon armée, quelque difficulté qu'il y euſt par les deſerts, & par ce moyen conquit toute l'Egypte en peu de mois, adjouſtant ce beau Royaume à l'Empire Ottoman. Il traita cruellement les Mamelus qui tenoient le gouvernement du païs, les faiſant tous paſſer au fil de l'eſpée, & ne pardonna pas meſme à aucune femme enceinte d'un Mamelu ; mais ſur tout il témoigna ſon naturel cruel & avare contre la perſonne de Toman Bey, lequel avoit eſté eſleu Sultan d'Egypte aprés la mort de Campſon Gauro, car l'ayant fait priſonnier, ſans le vouloir admettre en ſa preſence, le fit delivrer entre les mains des bourreaux, qui luy donnerent cruellement la gehenne, pour ſçavoir où il avoit caché ſes treſors. L'on tient qu'il endura avec grande patience ces rigoureux tourmens, ſans dire aucune parole, ayant le cœur conſtant & le viſage aſſeuré, ſinon quelques ſoûpirs & gemiſſemens. Sa cruauté ne ſe contenta pas de cela, mais il le fit monter le lendemain ſur un vilain chameau habillé d'une vieille robbe, & les mains liées ſur le dos comme un infame larron, le fit promener par toute la ville, & aprés le fit pendre dans une voute des portes de la ville nommée Baſſuela. Admirable mélange de la felicité des hommes ! la fortune qui avoit eſlevé ce perſonnage pour ſes rares vertus à la dignité ſouveraine d'un Royaume, peu de temps aprés le reduit le plus miſerable de tous les hommes, le faiſant finir ſon regne avec toute ſorte d'infamie, & ſa vie par un infame licol.

Cette execution ainsi faite tout le païs se rendit à Selim, lequel devint en peu de temps maistre absolu d'un des plus beaux & des plus florissans Royaumes du monde, & afin d'y establir mieux sa domination Turquesque, commanda à plus de six cens des meilleures familles de se retirer dans la Grece. Les richesses qu'il emporta de ce païs sont incroyables, car pour rassasier son avarice il fit enlever tout ce qu'il y avoit de beau & de precieux, jusques aux pyramides, pilliers, & pieces de marbre, faisant transporter toutes ces choses à Constantinople pour embellir son Serrail.

Ce Royaume a bien changé depuis qu'il est sous la domination du Turc, car de plus de quatre mille villes que l'on y comptoit, à peine y trouveroit-on maintenant cinquante places qui meritent le nom de ville. Le Grand Seigneur y envoye tous les trois ans un nouveau Bacha ou Gouverneur, lequel doit envoyer tous les ans au tresor de Constantinople, toutes les charges payées, six cens mille sequins; & outre cela il est encore obligé sa commission estant finie, de faire un beau & riche present à son maistre. Ces Bachas pour fournir ce tribut font tant de supercheries & d'exactions d'argent qu'ils ruinent & dépeuplent tout le païs, & à l'imitation de leur Prince ils font souvent mourir ceux qu'ils sçavent avoir de l'argent: leur tyrannie a presque banny tout le trafic, car les Indiens qui y venoient par la mer Rouge, qui estoit le principal negoce du païs, n'osent plus y venir, à cause que ces Bachas en ont souvent empoisonné & saisi leurs vaisseaux & marchandises.

Les Turcs tiennent l'Egypte divisée en trente & une Provinces, ayant en chacune un Bey qui y commande. Ces Gouverneurs sont tirez de la milice qui est ordinairement entretenuë dans le païs : ils sont grandement riches & puissans, y en ayant tel qui a sous sa charge cent ou cent cinquante tant bourgs que villages, desquels ils tirent le revenu, & ne payent au Grand Seigneur qu'une reconnoissance, & au Bacha un present de dix mille sequins tous les ans : ils sont obligez d'aller à la guerre lors que le Bacha le commande, & y mener des troupes suivant le revenu de leurs gouvernemens ; mais lors que ces Beys ont amassé bien de l'argent, & qu'ils croyent estre à leur aise, ils sont sur le bord de leur ruine, car d'ordinaire le Viceroy qui y commande en souverain leur fait quelque supercherie, par où il les ruine, se saisit de leurs biens, & leur fait souvent perdre la vie ; comme il arriva peu de temps auparavant que nous arrivassions au Caire, car le Bacha pensant tirer beaucoup d'argent d'un de ces Beys, (que la reputation d'estre riche avoit mis dans ce malheur) luy commanda qu'il s'équipast pour aller à la guerre, & qu'il estoit necessaire pour le service du Prince qu'il allast trouver l'armée du Grand Visir qui tenoit pour lors le siege devant la ville de Babylone. Le Viceroy luy fit ce commandement, nos pas en intention qu'il allast à la guerre, mais c'estoit afin d'en tirer de l'argent ; car comme il estoit vieil & valetudinaire, il croyoit qu'il luy donneroit volontiers la moitié de son bien pour demeurer à la maison : mais il fut deceu de son esperance, car ce Bey fit son équipage pour aller à la guerre, &

ayant monté environ quatre-vingt chevaux, vint trouver le Bacha pour prendre congé de luy. Ce Bacha voyant que son stratagême n'avoit pas reüssi selon le dessein qu'il en avoit projetté, il changea de batterie, & se servit tyranniquement de la force, car ayant pris quelque querelle faite à propos, il le fit massacrer en sa presence ; quelques-uns nous asseurerent que luy-mesme l'avoit tué de sa main.

Cette cruauté causa une grande sedition par la ville, chacun voyant clairement que cet assassinat n'avoit esté fait que par la seule avarice du Bacha. Les Beys s'assemblerent, & avec le plus de troupes qu'ils pûrent entrerent en foule dans le chasteau, & demanderent au Bacha pourquoy il avoit fait mourir ce Bey, lequel ne leur pût rendre d'autre réponse, sinon que c'estoit par ordre du Grand Seigneur : ils demanderent à voir le commandement par écrit, mais ne le pouvant montrer, ils se saisirent de sa personne, & vangerent à l'instant la mort de leur camarade sur les domestiques du Bacha, qui furent taillez en pieces, & tinrent conseil de ce qu'ils feroient de luy, lequel à la fin fut traisné par force hors de son Palais, & de là conduit dans un batteau dans lequel il fut mené à Alexandrie, pour y attendre l'ordre du Grand Seigneur, à qui ils envoyerent aussi-tost des deputez, pour se plaindre de la trop grande cruauté & tyrannie de leur Viceroy, alleguant que si le Grand Seigneur n'y en envoyoit un autre, qu'ils ne pourroient pas garder le païs d'une revolte generale.

Le Grand Seigneur considerant que son armée estoit engagée en Perse, & craignant de perdre

ET DU LEVANT. 407

ce Royaume, qui est un des plus beaux fleurons de sa couronne, accorda tout ce qu'ils voulurent, rappella ce Bacha, & y en envoya un nouveau, lequel estoit le Bostangi Bacha, que peu auparavant nous avions veu marier à Constantinople avec une sœur du Grand Seigneur, & luy vismes faire son entrée dans le Caire comme l'on verra cy-aprés.

DESCRIPTION DV NIL.

Plusieurs ont la croyance que le Nil est une des quatre Rivieres qui sortent du Paradis terrestre, mais il est croyable que cette opinion est plustost fondée sur la beauté de ce fleuve, à cause qu'il est un des principaux du monde, que sur aucune raison qu'il y ait en elle, car il est certain qu'il prend sa source au lac de Zanibara, situé au pied des hautes montagnes de la Lune, & environ au douziéme degré au-de-là de l'Equinoxe, puis passant par une grande estenduë de païs, il continuë son cours au travers de l'Ethiopie, jusques aux Cataractes, qui sont de grands rochers par où cette riviere se vient precipiter de l'Ethiopie, qui est un païs fort haut, dans les plaines d'Egypte : l'on nous a asseuré que les eaues tombant par ces precipices font tant de bruit, que les habitans de ces endroits sont la pluspart sourds.

Ce fleuve améne tant de limon qu'il engraisse toutes les terres d'Egypte ; c'est pourquoy ce païs est appellé don du Nil, parce que par son benefice ce païs est le plus abondant & le plus fertile du monde; la terre mesme qui produit si largement tant de sortes de biens, y est apportée par cette riviere, plusieurs estant d'opinion que l'Egypte inferieure estoit anciennement couverte de la mer, & que cette riviere peu à peu a apporté tant de terre, que ce païs s'est rendu habitable; ce qu'on connoist en creusant bien avant dans la terre, où l'on trouve des coquilles de mer: de plus l'on remarque que d'année en année le terroir se hausse, car où il a falu autrefois douze pieds pour inonder plusieurs terres esloignées de son lict, il en faut maintenant une fois autant.

Cette riviere a la proprieté d'inonder une fois par an tout le païs, ce qui est trouvé estrange de plusieurs & tenu comme un miracle de nature, & principalement que ce débordement vient en Esté, lors que d'ordinaire les eaües se tarissent & sont au plus bas: mais il faut sçavoir que dans le païs qui est entre la ligne Equinoxiale & le tropique du Capricorne, lors que le Soleil en est reculé & s'approche vers l'Equateur, qui est environ le mois d'Avril, les pluyes y sont continuelles jusques vers le mois de Septembre: ces pluyes sont si grosses qu'elles inondent presque tout le païs, qui se décharge par les rivieres, dont le Nil est la principale.

Il commence à croistre vers le milieu du mois de Juin, & augmente tous les jours jusques à environ la moitié de Septembre, puis il ne s'arreste point dans son plein, mais il commence aussitost à diminüer, & continuë jusqu'à ce qu'il soit dans son lict ordinaire.

Ils connoissent le commencement de sa creuë par une certaine rosée qui tombe du Ciel, qu'ils appellent la goutte, laquelle ne manque jamais à tomber vers la my-Juin, & pour connoistre qu'elle est tombée, ils prennent de la terre sur le bord de la riviere qui est humide & baignée, & en pesent trois ou quatre livres, puis la mettent la nuict au serain, laquelle le lendemain estant trouvée plus pesante, ils tiennent pour signe infaillible que cette rosée est tombée, & que la riviere commence à croistre.

Tout vis à vis de Boulac & du vieux Caire, il y a une petite Isle où il y a une Mosquée dans laquelle est enfermée une colomne où ils mesurent journellement combien la riviere est creuë, à quoy ils prévoyent la fertilité ou la sterilité de l'année future : car si elle croist de la hauteur de vingt-deux pieds & démy, ou de vingt-trois pieds, c'est signe de grande abondance : si elle n'arrive qu'à vingt & un pied, c'est marque de grande sterilité : si elle monte jusques à vingt-quatre pieds ou environ, c'est signe infaillible de peste & de grande mortalité, dautant que l'eau estant en trop grande abondance, & ne pouvant estre si-tost desséchée, y cause de mauvaises vapeurs qui infectent l'air & engendrent plusieurs maladies.

A mesure que la riviere va croissant, il y a des petits garçons qui le vont annonçant au peuple, criant par les ruës, loüez & remerciez Dieu, la riviere est creuë aujourd'huy de tant : quand la riviere est montée jusques à seize pieds, le Bacha ou Viceroy va en grande ceremonie avec tous les principaux d'Egypte couper une digue qui est vers le vieux Caire, par où la riviere entre dans un canal qu'ils appellent Calisse, lequel travese la ville & en arrouse les jardins, remplissant aussi d'eau quelques grandes places publiques, & en suite va inonder les terres qui sont vers la Matarea & Boulac.

Il est incroyable les réjoüissances que ce peuple témoigne durant tout ce temps, car jour & nuict ils se promenent dans des batteaux sur ce Calisse, avec toutes sortes de musiques de voix & d'instrumens ; les boutiques sont la pluspart fermées, & plusieurs dépensent en cette occasion ce qu'ils ont pû amasser le reste de l'année ; les riches ont des basteaux exprés qui ne servent que pour cette réjoüissance publique, & les appellent Achaba ; ils sont plats, la poupe en comprend plus de la moitié, elle est quarrée & entourée de balustres, afin que ceux qui les ménent n'incommodent point les personnes qui sont assises dedans ; ils sont par le bas couverts de beaux & riches tapis de Perse, le haut est couvert de toille cirée, & le dedans peint & diversifié par differentes sortes de couleurs, de sorte que l'on y est comme dans une belle salle.

A mesure que la riviere va ainsi augmentant, l'on coupe des digues par où l'on fait tomber l'eau d'une terre à l'autre, laquelle l'engraisse tellement, & y laisse un limon si fertile, qu'estant encore de la boüe l'on y jette les grains dedans, sans autrement labourer la terre, laquelle rapporte au double de la meilleure de nos païs.

Cette riviere est si abondante en possion, qu'elle ressemble à un reservoir, parce qu'il y en a une si grande quantité, qu'aussi-tost que les pescheurs y ont jetté leurs rets ils les retirent tout pleins: il y en a de plusieurs sortes de grands & petits, mais tous differens en forme & en goust de ceux de nos rivieres: lors que la riviere est haute il est grandement bon, mais estant dans son lict ordinaire il sent la bouë.

Il s'y trouve quantité de Crocodilles, lesquels ne descendent jamais plus bas que le Caire: quelques-uns croyent que les anciens Egyptiens ont jetté quelques sort dans l'eau, afin d'empescher ces bestes de passer devant la ville: les autres croyent que Saint Machaire l'a obtenu par ses prieres, à cause du degast que ces bestes faisoient alentour de la ville: mais la commune opinion est que cet animal y commence à sentir l'eau de la marine, ce qui fait qu'il ne passe pas plus avant. Sa forme est semblable au lezart, il y en a de grands & de petits, nous en avons veu de neuf pieds de long, il s'en trouve aussi de quinze & de seize pieds: il a quatre pieds de la hauteur environ d'une coudée; sa gueule est extrémement effroyable, & est si large qu'il peut devorer un homme tout entier; la peau de dessus l'échine est toute par écaille & à l'épreuve de l'arquebuse; il a tant de force, & principalement dans l'eau, qu'il rompt non pas seulement des cordes, mais mesme des chaisnes de fer, de sorte qu'on ne le sçauroit prendre que sur la terre dans des pieges qu'on luy dresse lors qu'il sort de la riviere pour aller paistre.

Au reste l'eau de cette riviere est grandement trouble & bourbeuse, mais estant mise dans un vase de terre avec une amande douce dedans, en une nuict elle devient claire comme du cristal;

S ij

elle est extrememenr bonne à boire, & encore que l'on en prenne par quantité, elle ne donne aucune oppression, crudité, ny indigestion dans l'estomach ; elle est la plus medecinale du monde, car ayans quelque mauvaise humeur dans le corps, elle fait sortir comme de petites rougeoles qui passent du jour au lendemain, sans que l'on en reçoive aucune incommodité : l'on trouve peu de veroles dans l'Egypte, ce qu'on estime proceder de la bonté de cette eau, laquelle est la boisson ordinaire de tous ceux du païs ; elle passe par la ligne, & avant que d'arriver au Caire elle est cuite & recuite au Soleil, outre qu'à ses bords il y croist quantité de plantes medecinales, comme du guaïac, de la salce, de la seine, & plusieurs racines semblables, qui ne peuvent que la rendre tres-saine.

DESCRIPTION DE LA VILLE du Caire, des Pyramides, Momies, & autres lieux qui sont aux environs de la ville.

LA ville du Caire porte le nom de grande tant parmy nous que parmy les Levantins. Cette fameuse & renommée ville n'a non plus sceu éviter le changement & la ruine que le temps apporte, que les autres superbes villes du monde. Elle a eu plusieurs noms, comme Memphis, puis Babylone, qui veut dire en langage Chaldéen confusion : elle fut appellée ainsi à cause de l'abondance du peuple qui y residoit : enfin le nom du Caire luy est demeuré, signifiant ville de riviere ; elle n'a pas seulement changé de nom, mais aussi de place, ce qu'on connoist par les ruines qui sont au vieil Caire. L'on ne sçait pourquoy ce changement peut avoir esté fait, dautant que sa premiere situation estoit bien plus avantageuse, belle & agreable, comme estant le long du plus beau fleuve du monde, car elle en est maintenant esloignée d'une demie lieuë, & dans un lieu moins fertile & moins plaisant que le premier : mais en cela nous devons avoüer que les anciens Egyptiens avoient quelque raison de croire que les villes avoient leur durée prefixe, aussi bien que la vie de l'homme, & de plus ils estoient d'opinion qu'on le pouvoit connoistre par la situation des astres au jour de leur fondation.

Cette ville peut avoir environ neuf lieuës de tour, elle est de forme triangulaire, du costé du Midy il y a un chasteau qui fait une des extremitez de la ville : cette place est la demeure ordinaire du Bacha ou Viceroy, & est plus propre pour le sejour d'une douce paix que pour resister contre les attaques d'une rude guerre ; toutes les murailles sont revestuës par le dedans d'un tresbeau marbre ; les portes & les fenestres sont d'ébenne & d'yvoire, le haut des chambres faites la pluspart en dôme, est tout doré & azuré, & le bas couvert de tres-belle marquetterie de cornaline & d'agathe, de sorte qu'il ne se peut rien voir de plus riche ny de plus superbe que le dedans de ce chasteau.

En y entrant, & auparavant que d'arriver au quartier du Bacha, l'on void à main gauche les ruines d'un Palais lequel témoigne avoir esté tres-superbe, le vulgaire l'appelle le Palais de Joseph: l'on y void encore debout trente colomnes de marbre serpentin fort hauts, & si grosses, que trois personnes auroient de la peine à en embrasser une: il y reste quelques arcades toutes écornichées & meslées de plusieurs fleurs, ce qui témoigne assez la magnificence de ce bastiment. De ce lieu l'on entre par cinq voutes dans le Palais du Viceroy, lequel est estimé le plus beau & le plus riche de toute la Turquie, après le Serrail du Grand Seigneur à Constantinople.

Au devant de ce chasteau il y a une belle & grande place, là où tous les Vendredis les Turcs & les Arabes viennent exercer leurs chevaux, où comme des gens à cheval les plus adroits du monde, ils font des tours admirables, car pour relever de terre un baston en courant à toute bride, cela leur est ordinaire, comme aussi de courir tout debout dans la selle, darder la lance, tirer & manier toutes leurs armes comme s'ils estoient assis en la selle; il y en a de si adroits à tirer de l'arc, qu'en courant à bride abatuë ils tirent dans une orange, quoy qu'ils en soient encore beaucoup esloignez quand ils laschent leur coup: ils font mille autres tours semblables, qui semblent plustost estre appris par la magie, que par l'industrie.

En descendant de cette place l'on rencontre la Mosquée principale, laquelle est un grand & vieil bastiment, fait de marbe tacheté de rouge & de blanc: ils sont bien plus supersticieux qu'à Constantinople, car ils n'en veulent pas permettre l'entrée aux Chrestiens: les pyramides de leurs

Mosquées different aussi de celles des Turcs, ils les bastissent par le haut en dôme, & les Turcs en pointe.

Un peu plus bas dans une ruë fort large, l'on nous montra l'ancien Palais où autrefois ont demeuré les Sultans d'Egypte, il est grand, haut eslevé, & tout basty de pierre de taille; l'entrée est fermée de terre & n'y demeure personne, les Turcs ayant tellement en haine ceux qui ont gouverné l'Egypte, qu'ils laissent ruiner leurs édifices, afin d'en perdre la memoire.

Derriere ce Palais l'on nous montra un conduit d'eau qui tombe dans un grand bassin de marbre bleuastre, tout couvert de hieroglifiques. Un fort ancien Egyptien qui nous menoit voir la ville, nous assura que cette eau avoit la vertu de guerir un amoureux, & de luy faire passer & oublier son amour pourveu qu'il en beust trois jours de suite.

Il ne se trouve aucun autre ancien bastiment par la ville, ny chose qui soit digne de remarque: les maisons y sont mal basties, la pluspart de bois, & quelques-unes de briques noires; les ruës sont fort estroites, sales, & point pavées, & comme il y pleut rarement, la poussiere y donne une grande incommodité, jusques à faire plusieurs personnes aveugles.

Les maisons des Beys ou des grands du païs, quoy qu'elles ne paroissent pas par le dehors, elles sont neantmoins par le dedans tres-belles, & ont la pluspart des salles faites en dôme ouvertes par le haut, & toutes revestuës de marbre; de sorte qu'il y fait toûjours frais, & on n'y reçoit aucune incommodité des chaleurs qui sont tresvehementes & tres-grandes en ces païs.

Nous fusmes voir le Palais d'un nommé Abdy Bey, où l'on nous montra une salle qui avoit cousté plus de cinquante mille sequins, & à la verité il ne se pouvoit rien voir de plus somptueux ny de plus superbe, estant toute revestuë du plus precieux marbre que l'on aye jamais veu, & toute remplie de fontaines artificielles, & le haut tout enjolivé d'or, d'azur, & de diverses sortes de couleurs, & sur tout d'un vermillon si vif, qu'on avoit de la peine à le regarder: enfin cela nous sembla si beau, que nous fusmes contraints d'avoüer que nous n'avions rien en la Chrestienté qui pûst entrer en comparaison de ces delicieux bastimens, & ne croyons point qu'on puisse voir chose qui contente plus la veüe que l'enrichissement de cette salle.

Les Basars ou marchez tiennent deux des plus grandes ruës de la ville; il s'y trouve toutes sortes de marchandises, & principalement de senteurs, comme du musc, de la civette, de l'ambre-gris, du baume, & quantité d'autres drogues qui viennent en abondance de l'Arabie heureuse. Il y a aussi une ruë à part pour vendre des esclaves qui sont presque tous des noirs, il y en a quelquefois sept & huit cens, ils sont rangez le long des maisons tous nuds, n'ayant qu'un petit linge devant leurs parties honteuses: ils sont à bon marché, & ne valent ordinairement que vingt ou ving-cinq reales de huict; ces noirs y sont amenez de l'Afrique par deux Caravannes qui vont tous les ans par de là la Lybie. Il y a quelques années que les Chrestiens les pouvoient acheter librement, mais à present, à cause qu'ils les font Turcs dés leur arrivée, ils n'en peuvent avoir que secretement, & ne veulent pas permettre qu'on les embarque pour venir en la Chrestienté.

Il y a de grandes places dans la ville lesquelles ressemblent à des estangs lors que le Nil est débordé, mais l'eau en estant retirée ils servent à semer des herbes & des legumes ; la principale & la plus grande de ces places s'appelle Esbequir, laquelle est environnée des plus belles maisons de la ville.

L'on compte en cette ville bien vingt mille ruës, mais il y en a de fort petites & estroites, il est incroyable la quantité de Mosquées qu'il y a, on les estime à vingt-deux mille, mais il faut sçavoir qu'il y en a de trois sortes, les unes principales qui servent comme de paroisses, & sont appellées Mosquea, dans lesquelles les Turcs sont obligez de faire leur prieres tous les Vendredis : la seconde sorte est appellée Mosquita, qui servent à des Religieux Mahometans ; & la troisiéme est appellée Yémy, qui ne sont que de petites chapelles basties par des particuliers pour la commodité des voisins : il n'y a ruë dans la ville où il n'y ait du moins une de ces chapelles, de façon que prenant ces trois sortes ensemble, il est croyable qu'on en trouveroit plus de vingt-quatre mille.

Au reste il n'y a point de ville dans la Turquie où le peuple soit plus superstitieux, & où il se trouve tant de sortes de Santons & de Dervis, il y en a qui vont tous nuds par les ruës, d'autres vont habillez de peaux de Lions ou de Tigres, & mesme il y a des femmes qui s'abandonnent à tout le môde pour l'amour de Mahomet, croyant

S v

en cela gagner les œuvres de misericorde : il y a d'autres Santons qui se vestent de mille differentes façons fantasques, nous en rencontrasmes un le plus crotesquement habillé du monde, il marchoit sur des échasses de la hauteur de deux pieds, il avoit sur le corps une robbe qui luy venoit jusques aux genoux, moitié faite de toutes sortes de peaux, & l'autre moitié de toutes sortes d'estoffes de differentes couleurs, & une ceinture faite de peaux de serpent, laquelle n'empeschoit pas que sa robbe s'ouvrant à chaque démarche qu'il faisoit, on ne luy vist la nature, qu'il avoit percée d'une grosse boucle de fer. Sur la teste il avoit un bonnet fait en pain de sucre, tout couvert de mille petites plumes de differentes couleurs, & trois petites fioles d'huile qui luy pendoient sur le front. Il portoit à la main un grand baston ferré par le haut, avec deux pointes de fer, portant au milieu un croissant, où il y avoit attaché un petit guidon de vert brun tout plein de chiffres Arabesques. Si cet habit estoit estrange, sa démarche l'estoit encore davantage, car il alloit avec une telle gravité, qu'en demie heure il ne faisoit pas douze pas : nous demeurasmes long-temps à contempler ce monstre de nature, car il estoit gros de corps & velu comme un ours; il avoit peu de barbe, mais toute frisotée & à demy blanche, & sa peau estoit de couleur d'ardoise. Aprés que nous eusmes ainsi consideré ce personnage, nous nous imaginions voir quelque fantosme demoniaque, ou quelque diable de ceux qu'on dépeint à la tentation de Saint Antoine.

Nous eusmes la curiosité de nous informer

particulierement comment l'on fait ces Santons, quelle regle ils obſervent, & leur façon de vivre. Un Arabe qui ſervoit au logis où nous eſtions logez, & qui ſolicitoit pour eſtre admis en leur ordre, nous dit qu'ils ont entr'eux un chef principal, lequel les recevant leur deffend expreſſément de boire du vin, de manger de la chair de porc, de prendre aucune querelle, d'avoir rien en particulier, & de vivre de ce qu'on leur donnera en aumoſne : que s'il leur arrive de faire quelque choſe contre ſes commandemens, ils tombent incontinent du mal caduc ; ce que nous avons veu arriver à deux Santons qui vouloient ſe quereller, car ils tomberent tous deux comme morts ſur la place.

Aprés que leur ſuperieur leur a bien enjoint d'obſerver ſes commandemens, & recommandé de faire penitence, chacun ſelon ſon opinion, & de faire toutes leurs actions en l'honneur de leur Prophete, il leur ſouffle à la bouche, duquel ſoufflement ils tombent évanoüis, & ne reviennent de cet évanoüiſſement juſques à ce qu'il les ſouffle une ſeconde fois. Voila toute la ceremonie qui s'obſerve à la reception de ces Religieux de Mahomet, mais l'on peut croire qu'avec ce ſouffle il leur envoye quelque diable dans le corps.

Eſtant ainſi faits Santons ils ont pouvoir ſur les beſtes venimeuſes, & principalement ſur les ſerpens & ſur les viperes, ils les manient & les mangent comme avec une rage, car eſtans parmy les deſerts & ayans faim, ils font venir ces beſtes à eux par leurs exorciſmes, pour en faire leurs repas, ils ne craignent pas meſme les aſpics, qu'on estime la beste la plus venimeuse du monde, & dont la morsure est autant incurable qu'admirable, ostant la vie à l'homme sans aucune violence; car elle attire seulement une pesanteur de teste, & cause une grande envie de dormir avec un peu de sueur au visage, & amortit ainsi petit à petit le sens & la vigueur naturelle, sans qu'on sente aucune douleur, joignant doucement la mort avec le sommeil.

Entre le Caire & Boulac il y a un pont, sous lequel environ deux mois auparavant que nous arrivassions en Egypte, il y avoit un serpent si grand & si fort qu'il endommageoit quantité de bestiail, & mesme devora quelques enfans : le chef des Santons, qui garde pour luy seul le pouvoir sur les monstres, fût prié d'y aller, lequel avec des charmes fit incontinent sortir ce serpent de sa caverne, puis avec un souffle le fit tomber comme mort, & commanda à ceux qui estoient venus avec luy en ce lieu, de l'achever de tuer.

Ce ne sont point les Santons seuls qui mangent ainsi des serpens, car nous avons veu le long de la riviere des pauvres Mores & Arabes les prendre, leur arracher la teste & la queüe, & les avaler encore tout fretillans. De plus l'on nous a asseuré qu'il y a une race d'Egyptiens devers les Cataractes du Nil qui s'accoustument tellement dés leur jeunesse à se nourrir de poison, qu'ils en deviennent eux-mesmes venimeux, & sont si pleins de venin, que s'ils avoient connu une femme qui ne fust point de leur naturel, ils la feroient crever ; leur haleine est si mauuaise & si puante, qu'elle est capable de faire mourir une personne, leur crachat seulement est dangereux, & s'ils avoient mordu quelqu'un, la morsure en seroit encore plus dangereuse que celle d'une vipere.

L'on void par la ville quantité de basteleurs, la plufpart desquels sont Santons, qui vont avec des sacs pleins de serpens, ausquels ils font faire des tours admirables, & toûjours avec leur souffle ils les font tomber comme morts, puis avec un autre souffle les font retourner à eux, & leur font faire des choses qui ne peuvent estre faites sans diablerie, aussi sont-ils les plus grands sorciers du monde.

C'est la ville de Turquie la plus peuplée, & les ruës sont si pleines de monde, qu'on a de la peine à les passer, mais la plufpart de ses habitans sont pauvres & miserables, qui ramassez de tous les endroits d'Egypte y viennent demeurer pour vivre en oisiveté ; ils dorment ordinairement dans les ruës ; la plufpart sont tous nuds & estropiez, quantité de borgnes & d'aveugles, & generalement sales & vilains.

C'est de ce commun peuple que la peste est si souvent au Caire, car il y passe peu d'années qu'il n'y en meure une grande quantité, mais l'on y void par experience que de trois en trois ans elle y est tres-vehemente ; & l'on y remarque une chose admirable, mais neantmoins veritable; c'est qu'aussi-tost que la rosée est tombée, à laquelle ils connoissent que le Nil commence à croistre, la peste cesse entierement, & qui plus est la plufpart de ceux qui en sont frapez en guerissent.

Cette maladie avoit esté si furieuse en cette

ville l'année precedente celle que nous y arrivasmes, que les marchands François & Anglois l'abandonnerent, comme firent aussi la pluspart des riches marchands Mores & Arabes, gueris de cette folle opinion de la predestination : mais cette rosée tombée les marchands revinrent, ouvrirent leurs boutiques, & converserent les uns avec les autres sans nulle difficulté, & sans qu'il en arrivast aucun accident.

C'est en cette ville seule de la Turquie qu'il y a des Estudes publiques & des Universitez; il y a d'ordinaire dix ou douze mille escoliers qui y estudient en leur Theologie, Astrologie, Philosophie, & Medecine : ceux qui desirent y faire estudier leurs enfans, les y envoyent, sans qu'ils les puissent destiner à certaine estude, car d'abord qu'ils y sont entrez ils y sont examinez par leurs Docteurs, qui aprés avoir reconnu leurs esprits, les font estudier à ce qu'ils les voyent estre enclins de leur naturel : ils ne sortent point de ces estudes si ce n'est lors qu'ils sont assez sçavans ; il n'est pas permis à personne de les voir, ny de leur parler, non pas mesme leurs plus proches parens ; de sorte que ceux qui y mettent leurs enfans, ne les revoyent qu'au bout de dix ou douze ans. C'est en cette Université qu'ils composent le Theriaque d'Egypte, estimé le meilleur du monde.

Nous avions apporté des lettres de faveur pour un Eunuque qui enseignoit la Medecine dans ces Escoles, par quel moyen nous eusmes l'occasion de l'aller voir. Il nous receut courtoisement, & nous mena dans son quartier, où il nous donna la collation ; nous eussions bien desiré qu'il nous eust fait entrer dans les Escoles, & qu'ils nous eust aussi fait voir les estudians, mais il nous dit que cela leur estoit deffendu. Il nous entretint bien deux heures avec toute la civilité possible, & s'informa particulierement de plusieurs choses de la Chrestienté, où entr'autres discours nous tombasmes à parler de l'Imprimerie, & luy dismes que nous nous estonnions beaucoup que les Turcs ne la vouloient pas recevoir chez eux, veu que c'estoit une chose tres-utile, & une merveilleuse invention pour en peu de temps avoir plusieurs exemplaires d'un livre, que l'on seroit long-temps à copier s'il les faloit écrire l'un aprés l'autre. Il nous maintint tout le contraire, & montra par plusieurs raisons qu'elle n'est pas si utile qu'elle est dommageable, comme estant cause qu'on met au jour une infinité de livres qui servent plûtost à nous embroüiller l'esprit qu'à nous faire sages ; que l'on n'est pas moins sçavant pour avoir moins de livres, & qu'il suffit que chacun en ait selon sa profession, & conformes au genre de vie qu'il a choisi, sans regarder ceux qui traitent de choses qui nous sont indifferentes : enfin que c'est une convoitise dommageable que la trop grande lecture des livres, & qu'il y faut apporter de la moderation si nous ne voulons pas qu'elle nous perde. Il nous dit aussi que Salomon, que les Turcs aussi-bien que les Chrestiens tiennent avoir esté le plus sage des hommes, & qui avoit tant leu & tant écrit, n'approuvoit pas luy-mesme cette passion que l'on a pour les livres. Il nous dit de plus, que veu la grande facilité & l'usage ordinaire que nous avons de l'Imprimerie, qu'il s'y pouvoit glisser quantité de mauvais livres, ce qui n'arrive point à ceux qu'on écrit à la main, car il n'y a que les excellens personnages & les grands esprits qui y travaillent, autrement que personne ne voudroit pas avec tant de peine, tant de travail, & avec tant de dépense faire transcrire plusieurs fois un mauvais ouvrage, & qu'ainsi ils n'avoient point tant de mauvais livres, ny tant de pieces satyriques qui diffament & les particuliers & le public, dautant que l'écriture à la main est plus aisée à connoistre que les choses imprimées. Nous luy répondismes sur ce propos qu'il y avoit des Censeurs & des personnes tres-sages qui examinoient les livres auparavant que de les imprimer, & que les ouvrages mauvais & diffamatoires estoient generalement bannis & deffendus. Il nous repliqua là-dessus que la nature des hommes toûjours encline au mal, les porte fort souvent aux choses deffenduës, & que par consequent tant plus un livre est deffendu, & tant plus il est recherché.

Enfin il finit ces discours par quelques demandes qu'il nous fit touchant la Foy, à quoy nous luy répondismes que nous avions toûjours oüy dire qu'il estoit deffendu aux Turcs de disputer de leur Religion : il nous repliqua que c'estoit un abus, & que cette défense est seulement pour ceux qui ne font point profession des lettres, à qui les disputes & les recherches curieuses sont tres-dommageables, mais que les gens doctes peuvent librement disputer, & que si nous voulions disputer avec luy touchant la Religion, qu'il le feroit volontiers.

Nous qui sçavions bien qu'il n'y a chose dans

la Turquie dont il se faut donner plus de garde que de parler de la Religion, nous le priasmes de nous excuser, & que nous n'estions ny gens d'étude ny gens de lettres; car la moindre chose qu'on leur puisse dire touchant cette matiere les irrite beaucoup, & met souvent les Chrestiens en danger de leur vie. De plus, il n'y a aucun profit à en parler, car de tant de Religieux Chrestiens qu'il y a dans la Turquie, l'on n'a guere entendu dire qu'ils ayent converty quelque Turc, mais ils servent pour instruire les Heretiques & les Schismatiques. Ce Docteur Turc nous congedia avec grande civilité, nous faisant present de quantité de Theriaque, qu'il prisoit grandement, disant que c'estoit un souverain preservatif pour conserver la santé.

Il y a dans le Caire des fours où ils font éclorre les œufs sans aucune operation de poules: ces fours sont faits de terre, ayant le haut en terrasse où l'on fait le feu dessus, les œufs estant rangez en bas: dans chaque four ils en peuvent mettre sept ou huit mille, lesquels viennent à éclorre au bout de dix ou douze jours, & font une infinité de poussins, qui y sont nourris l'espace de sept ou huit jours, puis aprés distribuez aux villages qui sont alentour de la ville. Ceux qui les nourrissent les separent en trois parts, dont la premiere va au profit du Viceroy: la seconde pour ceux à qui ils appartiennent & qui entretiennent les fours; & la troisiéme pour ceux qui prennent la peine de les eslever, & ainsi les païsans qui les nourrissent sont obligez d'en rapporter les deux tiers au bout de quatre ou cinq mois, & quand il en meurt quelques-uns en les nourrissant, le dommage va seulement pour eux. Il y a vingt-cinq de ces fours dans la ville, & il est presqu'incroyable combien ils font de poussins, cela se fait ordinairement aux mois d'Avril & de May. Il y a plusieurs personnes qui ont essayé de pratiquer cet artifice en la Chrestienté, mais soit qu'ils ne sçachent pas bien moderer la chaleur, ou bien que l'air y doive cooperer, ils n'ont jamais pû venir à bout de leur entreprise.

Le vieux Caire est esloigné du nouveau d'une demie heure de chemin, & il s'estend le long de la riviere du Nil : l'on n'y void rien de remarquable sinon les ruines d'un grand bastiment que l'on tient avoir esté fait par Joseph pour y assembler les bleds durant les sept années de fertilité ; il y a encore des greniers parmy ces ruines qui servent au mesme usage, car les Egyptiens y gardent ordinairement provision de bleds pour trois ans.

Dans ce lieu il y a un grand enclos de maisons habité par des Chrestiens Coffites, au milieu duquel il y a une belle & grande Eglise, bastie au mesme endroit où la Vierge Marie a demeuré aprés s'estre sauvée de la Palestine avec son bien-heureux Enfant fuyant la persecution d'Herodes. L'on descend sous l'Eglise comme dans une voute soustenuë de trois arcades, que l'on tient estre le mesme lieu où la Vierge a demeuré l'espace de sept ans. Sous l'Autel ils gardent devotement une pierre sur laquelle ils nous dirent que la Vierge avoit accoustumé de manger : Nous y fismes nos devotions, & de là nous passasmes la riviere pour aller voir les pyramides qui en sont esloignées de deux lieües, mais à cause du débordement du Nil, il nous en falut bien faire encore autant.

Ces renommées pyramides estimées entre les sept merveilles du monde, & les seules qui restent maintenant dans leur entier, sont situées au commencement des deserts d'Afrique, & esloignez de deux jets de pierre des terres que la riviere du Nil a accoustumé d'inonder : il y en a deux fort grandes & une un peu moindre, l'une des grandes est toute unie, & on n'y peut aucunement monter, l'on ne peut pas mesme connoistre en quel endroit estoit l'entrée, laquelle on estime estre couverte par quantité de sable qui s'est assemblé alentour. Ces pyramides sont basties de grandes pierres de marbre brun tacheté de rouge & de blanc ; il y en a une où l'on peut monter dessus, les pierres estant mises les unes sur les autres en forme d'amphitheatre : nous y montasmes jusques au sommet, quoy qu'avec grande difficulté, parce que la montée en est fort roide, & qu'il y a plusieurs pierres rompuës, ce qui est cause qu'il faut souvent grimper sur des pierres qui arrivent quelquefois jusques à la ceinture. A environ le milieu de la montée, & sur un des coins qui regarde le Caire, il y a une place où se peuvent tenir huit où neuf personnes ; ceux qui y montent reposent ordinairement en cet endroit, & s'y rafraichissent, c'est pourquoy les François l'appellent la taverne. De là nous montasmes jusques au haut de la pyramide, laquelle paroist pointuë en la considerant par le pied, ce neantmoins nous y trouvasmes une platte-forme de dix-huit pas de tour, couverte de huit pierres, ce qui nous fit aisément juger que cet ouvrage n'avoit point esté achevé, d'autant qu'il devoit avoir esté pointu, & couvert de sa clef ou chapiteau.

Nous demeurasmes quelque temps assis au haut de cette pyramide, contemplans le païs d'Egypte, lequel estoit encore pour lors la plus-part inondé de la riviere : quelques terres d'où l'eau s'étoit retirée paroissoient déja couvertes de la plus belle verdure du monde ; les villages estant hors de l'eau se montroient comme des Isles, & la ville du Caire comme un bois remply de pyramides, tant il y a de palmiers & de Mosquées. De l'autre costé nous découvrions les deserts, & tant que nostre veuë pouvoit porter nous ne voyions que du sable, & cà & là de petites pyramides : Cette veuë si bien diversifiée y fait la plus belle perspective du monde, ce qui nous sembloit si agreable, que nous ne pouvions nous y ennuyer en contemplant ce païs.

Nous demeurasmes donc assis en cet endroit bien une demie heure avant que de descendre, laquelle descente nous trouvasmes plus penible & plus difficile que la montée : nous fusmes à l'entrée de la pyramide qui est faite en façon de portail, de maniere que nous y demeurasmes à l'ombre & y disnasmes auparavant que de vouloir entrer dedans, & quoy qu'il fust midy, nous ne receusmes aucune incommodité de la chaleur, tant ces pierres de marbre rendent de fraischeur.

Avant que d'entrer dans cette pyramide nous y fismes tirer trois ou quatre coups d'arquebuze, afin de faire retirer les serpens & les viperes qui s'y tiennent fort souvent. Nous y entrasmes chacun un flambeau à la main, & marchasmes peut-estre vingt-cinq pas par une allée d'environ quatre pieds de haut, où nous trouvasmes un passage si estroit, qu'il nous falut traisner sur le ventre. De là continuant à nous traisner sur les bras & les jambes, nous arrivasmes vers le milieu de la pyramide, où il y a un trou qui va en haut sans qu'il y ait aucun escalier pour y monter, sinon des trous taillez dans la pierre d'un costé & d'autre, par où nous montasmes environ de la hauteur d'un estage, où nous trouvasmes une assez belle chambre qui avoit douze pas de long & dix de large, toute revestuë de marbre tâcheté de rouge & de blanc: au bout de cette chambre il y a une tombe qui est de semblable marbre, laquelle sonne comme une cloche lors qu'on frape dessus ; elle est ouverte, sans qu'il y ait aucune chose dedans : elle est toute unie, & peut avoir environ sept pieds de long, trois de large, & autant de haut.

L'on tient que Pharaon avoit fait bastir ce Mausolée pour sa sepulture, & que ce Tombeau avoit esté destiné pour mettre son corps, lequel n'eut point cet honneur, mais fut ensevely dans les ondes de la mer Rouge, en poursuivant le peuple d'Israël, que Moyse menoit hors de la servitude d'Egypte.

A costé de cette chambre où est le Tombeau de Pharaon, il y en a un autre tout semblable, mais un peu plus petit, où il n'y a rien dedans, non plus qu'à l'autre : nous vismes encore plusieurs trous & descentes pour aller en d'autres lieux, mais nos guides n'y voulurent pas entrer, disant que l'on n'y alloit jamais, de sorte que nous fortifmes de la pyramide par le mefme chemin que nous y eftions entrez.

Plufieurs font de différentes opinions touchant l'art de ces pyramides, eftimant qu'elles ont efté mifes au rang des fept merveilles du monde, à caufe des ouvrages qui eftoient au pied d'icelles, que l'on ne void point maintenant, car ils font tous couverts de fable ; & à la verité cela a bien de l'apparence, car pour le prefent on ne peut plus connoiftre aucun artifice en cet œuvre, & ce ne font que de groffes maffes de pierres mifes les unes fur les autres, y en ayant une fi grande quantité, qu'il eft croyable qu'il y en auroit affez pour baftir une ville entiere, car la pyramide où nous montafmes, depuis le haut jufques en bas, a deux cens quarante rangs de pierres, d'environ trois pieds de haut, & mille quatre-vingt-huit pas de tour : de forte que tout ce qu'il y a d'admirable en cette fabrique, n'eft autre chofe que la quantité & groffeur des pierres qui font affemblées les unes fur les autres.

Il fe void à cent pas de là des chofes où il y a bien plus d'artifice qu'à ces pyramides, ce font de grandes falles coupées dans la roche à la pointe du cifeau, percées à jour, avec plufieurs petits cabinets, le tout couvert de hierogliftiques : le haut eft tout travaillé comme des foliveaux, & eft coupé du mefme roc. L'on tient que ces lieux fervoient de retraite aux Roys d'Egypte lors qu'ils faifoient baftir ces pyramides, afin d'y eftre hors du Soleil & voir travailler leurs ouvriers.

Environ à quatre cens pas de là nous fufmes voir un grand Coloffe appellé Sphinx ; les anciens Egyptiens l'appelloient l'abregé des merveilles, c'estoit la principale de leurs Idoles, laquelle leur rendoit des oracles par le moyen du Diable; la forme en est moitié de femme & moitié de taureau; la teste avec le devant du corps restent encore hors du sable, mais le reste en est tout couvert: la teste qui a le visage de femme, est de la hauteur de deux piques, & le reste du corps à l'advenant, le tout coupé d'une pierre seule: de là l'on peut juger de sa démesurée grandeur.

Aprés avoir bien consideré toutes ces raretez, nous fusmes par les deserts à trois lieuës de là coucher à un village nommé Zachara, où demeurent ceux qui ont la charge de prendre garde aux momies; nous y payasmes une reale de huit de Caffare pour toute la compagnie, & y couchasmes la nuict dans un jardin tout remply de palmiers, nous en partismes de grand matin avec deux Arabes habitans dudit village, pour nous mener voir les ruines qui sont par tout aux environs.

Nous ne trouvasmes point ces lieux des momies comme on nous les avoit dépeints, car nous avions ouy dire que c'estoient de grandes salles sous terre, où l'on trouvoit plusieurs corps rangez les uns prés des autres; cependant ce n'est autre chose que de petites caves coupées dans la roche, ayant l'entrée semblable à un puits, & le dedans de douze ou quinze pieds d'espace: nous nous fismes descendre avec des cordes dans plusieurs de ces caves, où nous trouvasmes deux ou trois de ces corps qu'on appelle momies, encore entourez de linge par bandes, & quelques-uns dans des coffres de bois peints par dessus, le tout paroissant encore aussi neuf comme s'ils venoient d'estre enterrez.

Nostre curiosité nous fit tirer un de ces corps en haut, & moyennant une reale de huit les Arabes nous permirent de l'ouvrir. Ayans osté les linges qui par plusieurs petites bandes entouroient le corps, lesquels estoient encore tout blancs & sans aucune pourriture, nous trouvasmes sur sa poitrine de petites images penduës faites de terre verde, representans des figures fort extravagantes, que nous jugeasmes avoir esté leurs Idoles.

Nous avions un Docteur en Medecine avec nous, lequel visitant ce corps par tous les endroits n'y pouvoir trouver aucune incision, ny s'imaginer comment il pouvoit avoir esté embaumé : la peau estoit seche comme du parchemin, les ongles des mains & des pieds peints de rouge, comme ç'a esté de tout temps la coustume des Egyptiens ; les os estoient comme du bois de brezil : nous ouvrismes tout le corps, le mismes entierement par pieces, & le trouvasmes par dedans tout noir, & aussi-bien la teste que le corps plein de baume, ce qui necessairement y devoit avoir esté infusé par le fondement & par les narines, car au corps nous ne trouvasmes aucune ouverture. Nos conducteurs nous dirent que tout ce desert estoit plein de ces momies, comme ayant servy autrefois de cimetiere au peuple d'Egypte, qui n'enterroient point leurs morts sans les faire embaumer chacun selon sa qualité & ses moyens. de sorte qu'il se trouve de ces corps bien plus precieusement embaumez les uns que les autres.

Nous

Nous eussions volontiers enlevé un de ces corps pour envoyer en la Chrestienté, ce que les Arabes permettent moyennant quelque peu d'argent, mais la pluspart des Mariniers sont si superstitieux, qu'ils ne voudroient pour rien du monde embarquer ces momies, croyant que cela leur causeroit des tempestes & des infortunes, & peut-estre la perte de leur vaisseau ; ce fut l'occasion pour laquelle nous ne nous en chargeasmes point, & nous contentasmes de les considerer sur le lieu.

Tous ces deserts sont pleins de petites pyramides, les unes entieres & d'autres à demy ruinées : ce sont toutes sepultures des anciens Egyptiens, & il est croyable que si on prenoit de la peine à y chercher dans la terre, que l'on y trouveroit de grandes richesses ; car il y a beaucoup d'apparence que ces personnes qui faisoient tant de depense à leurs tombeaux, s'y faisoient aussi enterrer avec quantité de richesses.

Ces lieux sont entierement sablonneux, mais en ostant deux ou trois pieds de sable, c'est toute roche de couleur rougeastre, tachetée de rouge & de blanc, semblable aux pierres dont sont bâties toutes ces pyramides. Nos conducteurs nous asseurerent qu'il y avoit encore des pyramides à trente lieües de là aussi grandes que celles qui ont esté cy-dessus décrites. Ayans passé une bonne partie du jour dans ces deserts & ces lieux de momies, nous retournasmes au Caire par un autre chemin plus court, laissans les pyramides à gauche.

Nous passasmes la riviere en un endroit où il y a un aqueduc tres-beau, lequel conduit l'eau de

T

la riviere dans le chasteau du Caire. Sur le bord de l'eau il y a une grande platte-forme d'une extrême hauteur, avec plusieurs roües enchaisnées avec des seaux, qui puisent l'eau du Nil & la versent dans cet aqueduc, lequel aussi-bien que la platte-forme est basty de grosses pierres de taille tres-solides; il y a jour & nuict douze bœufs pour faire tourner ces roües.

A une lieüe du Caire, du costé du Levant, il y a un endroit appellé Netareé, auquel lieu la Vierge sejourna quelques temps avec Nostre Seigneur aprés qu'ils se furent sauvés de Bethlehem pour échaper la persecution d'Herode; il y reste encore un petit bastiment lequel enferme une belle fontaine, unique de tout ce païs, où l'on tient que la Vierge avoit accoustumé de laver les linges de Nostre Seigneur. Proche de cet endroit l'on void une pierre de jaspe d'environ deux pieds en quarré, enchassée dans une petite muraille, à laquelle les Tuers & Mores portent un grand respect, & y entretiennent toûjours par devotion une lampe allumée, & disent que la Vierge y mettoit ordinairement dessus son bien-heureux enfant.

Derriere ce petit bastiment il y a un vieil figuier lequel a le tronc fendu en deux : l'on a par tradition, & l'on croit pieusement, que la Vierge estant en cet endroit encore toute effrayée de la continüelle apprehension de la persecution du cruel Herodes, elle entendit quelque bruit, & s'imaginant que c'estoit des soldats qui la cherchoient pour tuer son enfant, elle se sauva vers cet arbre, lequel s'ouvrit miraculeusement en deux, & là receut dans son tronc, où elle demeura cachée jusques à ce que la persecution eust esté appaisée.

Dans ce jardin il y a un enclos enfermé d'une petite muraille de terre : c'estoit en cet endroit où croissoit autrefois ce baume si odoriferant & si precieux, mais à present il n'y en a plus : l'on nous dit qu'il y avoit environ vingt ans que les arbrisseaux qui distilloient cette liqueur, estoient sechez par la grande negligence & le peu de soin des Turcs.

A environ cinq cens pas de là est une belle aiguille ou pyramide ensevelie presque dans le sable, ce qui en reste dehors peut avoir environ vingt pieds, toute couverte d'anciens caracteres Egyptiens.

A trois journées du Caire, dans le desert de la Thebaïde, l'on void quantité de ruines de plusieurs Monasteres, où plusieurs Saints Peres de l'Eglise primitive ont passé leur vie dans une douce solitude. L'on y remarque encore la grotte où se retiroit ordinairement le bon Pere Saint Antoine, & où il fut si fort travaillé & tenté du diable. L'on y void aussi les ruines du Monastere de Nitrie, d'où estoit S. Machaire, lequel y fut visité par S. Hierosme, qui en parle si souvent dans les vies des Peres : tous ces lieux sont à present deserts & abandonnez.

Au reste les Chrestiens vivent dans l'Egypte avec une grande liberté : les François, les Anglois, les Veniciens & les Holandois y ont chacun leurs Consuls ; le principal trafic qu'ils font est en cottons, cuirs, cire, du ris, & des drogues de toutes sortes : tous les vivres tant de chair que de poisson y sont à bon marché ; il y a une telle quantité de grains, qu'outre ceux qui se consument dans le païs, & qui s'envoyent par toute la Turquie, il s'en transporte encore une grande quantité en la Chrestienté, & principalement du ris, estant incroyable la quantité que ce païs en produit. Pour ce qui est des fruits, il n'y a que des dattes, des mahons, des citrons, des oranges, des pesches, des abricots, & autres semblables, lesquels ont le goust fade & ne sentent que l'eau, parce que les arbres sont bien le quart de l'année dans l'eau, à cause du débordement de la riviere du Nil.

Il n'y a aucunes vignes dans l'Egypte, & le vin y est apporté de Cypre, de Candie, & d'autres endroits de la Turquie: il y est grandement cher, à cause qu'une piéce de vin de quatre-vingt pots paye cinquante reales de huit de droit d'entrée: les habitans boivent ordinairement du serbet, lequel se fait d'une paste composée de sucre & de jus de citron, qui estant détrempé avec l'eau est fort agreable à boire; il s'en fait une grande quantité, qu'ils transportent par toute la Turquie, & est estimé le meilleur du Levant.

Il y a une si grande quantité de palmiers qui portent tant de dattes, qu'elles n'y sont aucunement estimées, & ne servent que pour donner à leur bestial, ou bien de nourriture aux pauvres mandians. Cet arbre croid fort haut, il a le tronc dégarny de branches jusques au sommet, où ils sont assemblez comme des bouquets: le fruit n'est point attaché aux branches comme c'est l'ordinaire des autres arbres, mais à la cime du tronc, d'où sort une écorce de la longueur d'un pied en ovale, où se forme dedans de petits grains qui fendent cette écorce à mesure qu'ils meurissent & s'agrandissent, & se font voir au commencement comme le cœur du choufleur : ils se multiplient en plusieurs petites branches qui font la forme d'un balet, & viennent de telle grosseur, qu'ils font la charge d'un homme, & sont si remplis de dattes que c'est merveille de les voir ; chaque arbre porte douze ou quinze de ces branches chargée de fruit ; on les coupe ordinairement en Octobre.

Il y a deux sortes de palmiers que l'on distingue en masle & femelle ; tous deux portent des fleurs, mais seulement celles de la femelle viennent à perfection, non toutefois sans l'aide du masle, duquel il faut prendre de la fleur & en lier au milieu des branches de la femelle, autrement le fruit ne viendroit pas à sa perfection : dans les deserts où se trouvent quantité de ces arbres, les uns près des autres, le vent portant la fleur sur la femelle produit le mesme effet.

Pour ce qui est de l'utilité de cet arbre, il y en a peu qui luy soient comparables ; le fruit en est assez bon & nourrissant : ils le font secher, & le mettent dans des cabas qui se transportent par tous les endroits du monde : ils distillent encore ce fruit, & en font de l'eau de vie & du vinaigre, laquelle est tres-bonne ; ils mettent les noyaux en des moulins & les reduisent en poudre, de laquelle ils font de la paste qui sert pour nourrir leurs chameaux, & principalement parmy les deserts, où il ne se trouve aucune autre nourriture : elle est si substantieuse, qu'une livre sert pour nourrir un chameau une journée.

Dans leurs ménages pour nettoyer leurs maisons ils ne se servent d'autres balets que de ces branches, lesquelles ils battent aprés & reduisent en filets dont ils font des cordes ; les branches comme elles sont droites leur servent pour faire des cages dans lesquelles ils chargent la plufpart de leurs marchandises : le bois de ces branches est tellement dur, & principalement des palmiers qui croissent dans les Arabies & le long de la mer Rouge, qu'ils s'en servent au lieu de fer, car la plufpart de leurs vaisseaux ne sont faits qu'avec des cloux de ces branches : des feüilles ils font des cabas, nattes, évantails, & plusieurs autres galanteries : le tronc de l'arbre, comme il est tout droit, mediocrement gros, & tout rond, scié en deux, leur sert de poutres & de soliveaux aux maisons qu'ils bastissent.

Il se trouve peu d'autres bois en Egypte, ce qui fait qu'on en apporte quantité de celuy là à Constantinople. Ils se servent ordinairement pour faire du feu de la fiente de chameau seche, qui brufle comme les tourbes dont on se sert en Holande.

Au reste nous avons trouvé le sejour du Caire le plus déplaisant de toutes les villes de Turquie où nous ayons esté, parce qu'on n'y est jamais en repos, car pendant le jour les mouches sont par tout en telle abondance que l'on a de la peine à manger, & la nuict les moucherons & les punaises y sont en telle quantité, qu'on ne peut prendre aucun repos, outre une cruelle & vehemente chaleur dont l'on est sans cesse travaillé : l'air est peu rafraischy par les pluyes, car c'est grand hazard s'il y pleut deux ou trois fois par an : la plus grande chaleur est depuis le mois de

May jusques à la fin du mois d'Aoust, que le Nil commence à inonder le païs, car alors l'on apperçoit que l'eau apporte un peu de frais, & que le Ciel en est rafraischy : il n'y fait jamais d'hyver, & toûjours les poix, les feves, les salades, & autres legumes y sont de saison : l'air y est grandement subtil, de sorte que presque tous au commencement qu'ils y viennent demeurer tombent malades ; mais y estant accoustumez, ils s'y portent mieux qu'en aucun autre endroit : les habitans du païs sont puissans & de belle taille ; il s'y rencentre de si belles femmes, qu'on n'en pourroit pas s'imaginer de plus agreables ; elles ont ordinairement les cheveux noirs, mais la chair blanche comme de la neige : il n'y a aucun endroit en Turquie où les Chrestiens ayent plus libre accez avec elles qu'en celuy-là, & où il y a moins de danger pour eux.

Les habitans de ces païs sont generalement adonnez à la lubricité, & ce qui est horrible, la Sodomie y regne tellement, que les hommes ont les femmes en horreur, lesquelles semblablement soit parce qu'elles se voyent méprisées des hommes, ou bien à cause de leur mauvais naturel, elles abhorrent aussi les hommes, & s'accouplent femmes à femmes, & font plus de cas de ces amours horribles & bastards, que des naturels, honnestes, & des legitimes ; l'on y void mesme des Eunuques, quoy qu'ils ayent le tout coupé, entretenir plusieurs femmes & vivre dans de sales lubricitez, lequel vice y regne plus qu'on n'ose ny peut décrire.

DESCRIPTION DES CEREMONIES qui s'observerent quand le Boſtangi Bacha fit ſon entrée dans la ville du Caire.

PEndant noſtre ſejour au Caire nous viſmes l'entrée que l'on fait ordinairement aux Vicerois du païs, car le Grand Seigneur ayant pourveu à cette charge le Boſtangi Bacha, comme nous avons dit cy-devant, il arriva à Boulac le vingt-ſixiéme de Septembre, où tous les Beys & grands d'Egypte le furent recevoir avec la milice du Caire, pour le convoyer dans la ville. Nous comptaſmes en cette entrée bien deux mille cinq cens chevaux, dont toutes les harnacheures eſtoient couvertes de lames d'or & d'argent.

Ce train commença à marcher dés huit heures du matin, & il eſtoit bien midy auparavant que le tout fuſt paſſé; il y avoit tant de differentes ſortes d'armemens & d'habillemens, qu'on ſeroit trop long-temps à les décrire: il y avoit quantité de dromadaires & chameaux qui portoient le bagage du Bacha, couverts de houſſes de velours. Il eſt preſqu'incroyable combien il y avoit de choſes rares en cette entrée: L'on menoit devant le Viceroy ſept chevaux à la main, dont les houſſes eſtoient toutes couvertes de pierreries, & ſa perſonne eſtoit montée ſur le plus beau cheval qui ſe puiſſe jamais voir. Pour ſon habillement c'eſtoit le plus ſimple de tous ceux de ſa ſuite, n'eſtant couvert que d'une robbe de ſatin blanc, & d'une ſotane de ſatin cramoiſi: la petite houſſe

ET DU LEVANT. 441

qui couvroit la croupe de son cheval, estoit la plus riche qu'on pourroit voir, car l'on n'y pouvoit connoistre autre chose que des diamans & des rubis : son cimeterre qu'il avoit à son costé, & la massuë d'armes qu'il avoit à l'arçon de la selle, & toute l'harnacheure de son cheval estoient tout semblable ; le turban qu'il avoit sur la teste blanc comme neige estoit bien plus grand que ceux des autres, orné avec deux aigrettes de heron accommodées avec des pendans de perles semblables à celles que porte le Grand Seigneur. En cette pompe il traversa une partie de la ville, & alla prendre possession de son Palais & du gouvernement du païs, donnant assez à connoistre par cét esclat de magnificence, la puissance de son Empereur.

Ayans veu & consideré tout ce qui estoit de rare & de curieux tant au Caire qu'aux environs, nous nous preparasmes pour aller faire le pelerinage de la montagne de Sinay : pour cet effet nous fismes marché avec un chef des Arabes, lequel moyennant vingt reales de huict par teste nous fournit de chameaux & s'obligea de nous y mener & reconduire : nous prismes aussi avec nous un Religieux du Convent de Sainte Catherine, que les Grecs ont au Caire, lequel comme ayant souvent fait le voyage, nous servit de guide comme aussi d'interprete, parlant assez bien Italien.

Estant pourveus de tout ce que nous jugeasmes necessaire pour un si penible voyage, nous partismes du Caire le deuxiéme d'Octobre sur le soir, prenant droit par les deserts vers la ville de Suës : quelques uns de nostre compagnie se trou-

T v

verent mal sur les chameaux, dautant qu'on est si haut monté, & qu'ils ont une branche si rude, que l'on est continuellement agité, ce qui cause au commencement mal de teste, mal de cœur, & vomissemens, de mesme comme si l'on estoit sur la mer.

Tout ce païs depuis le Caire jusques à la mer Rouge est entierement desert, il n'y croist qu'en quelques endroits de petits arbrisseaux qui sentent encore la mauvaise qualité du terroir, estant secs au possible, l'on y trouve ordinairement dessus de la gomme fort blanche, & aussi quelquefois de la manne : nous y voyions aussi des austruches qui sont de grands oyseaux, y en ayant d'aussi grands que des petits chevaux ; l'austruche a les jambes fort hautes, le corps si pesant qu'il ne peut voler, mais frapant avec les aisles contre terre il court grandement viste, ses plumes sont grisastres, & celles de la queuë sont fort recherchées, desquelles l'on se sert tant en parade dans la Chrestienté.

Le lendemain de nostre partement, comme nous reposions sous nostre pavillon pour laisser passer la plus grande chaleur du jour, nous vismes une chose admirable, ce que nos Arabes nous dirent estre assez ordinaire dans ces deserts ; le temps estant clair & serain & sans qu'il fit aucun vent nous vismes un tourbillon, lequel piroüettant s'avançoit droit vers nostre pavillon ; il eslevoit le sable tellement en l'air qu'il ressembloit à une haute tour ; nous en eusmes une grande frayeur, mais nos Arabes ayant fait plusieurs caracteres devant nostre pavillon & prononcé quelques paroles, nous luy vismes aussi-toſt prendre un autre chemin: ils nous dirent que ce vent a tant de force qu'il arrache ſouvent les arbres hors de la terre, & qu'il eſleve en l'air tout ce qu'il rencontre.

Ayans continué deux jours & demy à cheminer dans ces deſerts ſans avoir veu autre choſe que du ſable, & meſme de n'avoir pas trouvé de l'eau, nous arrivaſmes à la ville de Suës.

Tout ce païs qui eſt entre le Caire & la mer Rouge, en tirant vers Hieruſalem & Damas, eſt appellé Arabie deſerte, ou ſablonneuſe, laquelle eſt la plus ſterile de toutes.

L'Arabie pierreuſe s'eſtend depuis Alep & Damas juſques par-delà l'Euphrates, comprenant une partie de la Meſopotamie: ce pays n'eſt aucunement habité, & principalement le long de la riviere; dans ce deſert il ſe trouve quelque peu de fontaines, mais l'eau en a le gouſt un peu ſalé & ſent le ſouffre.

La troiſiéme Arabie qu'on appelle heureuſe, s'eſtend le long de la mer Rouge, & va juſques à l'Ocean, & contient les Provinces d'Imen, Medina, & la Mecque: ce pays eſt fertile en aucuns endroits, mais il n'eſt pas ſi bon qu'il merite le nom d'heureuſe, ſi ce n'eſt en comparaiſon des autres Arabies qui ſont preſque entierement deſertes; il eſt abondant en choſes aromatiques, à cauſe qu'il eſt ſec & grandement eſchauffé de l'ardeur du Soleil, qui cuit & digere l'humidité ſuperfluë, comme matiere propre de putrefaction, & engendre la douce ſenteur.

La ville de Suës eſt le premier port de la mer Rouge du coſté d'Egypte; elle eſt entourée d'une ſimple muraille ſans eſtre terraſſée, & peut comprendre environ quinze cens feux : le port est petit & de dangereuse entrée, à cause qu'il y a au devant quantité de bas fonds & de rochers à fleur d'eau : c'est pourquoy les grands navires qui vont aux Indes n'y entrent que rarement, & vont d'ordinaire à une petite ville nommée Tore, qui en est à trois journées, où le havre est plus grand & de facile entrée.

Le Grand Seigneur entretient deux galeres à Suës, qui servent autant pour nettoyer la coste des petites barques de Corsaires qui écument cette mer, que pour conduire les principaux d'entre les Turcs lors qu'ils desirent faire le voyage de la Mecque, cette commodité estant bien plus aisée & plus facile que d'aller par terre, car ces galeres avec peu d'incommodité les portent en dix ou douze jours jusques au port de Nide, qui est à une journée de la Mecque, là où par terre il faut quarante jours par des deserts tout à fait steriles, qui ne se peuvent passer qu'avec de grands travaux.

Nous ne demeurasmes à Suës que tant qu'il falut pour nous rafraischir & prendre quelques provisions. Pendant le chemin nous costoyasmes la mer Rouge de si prés que nous ne la perdismes point de veüe, à cause que ce sont tous rochers, & en plusieurs endroits des precipices contre lesquels bat la mer. L'on ne sçait pourquoy cette mer porte le nom de Rouge, si ce n'est par la coustume ordinaire des Levantins, qui donnent le nom aux places suivant les choses les plus remarquables qui y sont arrivées, de sorte qu'il est à presumer que ce nom luy a esté donné à raison de quelque sanglante bataille qui y est arrivée, car pour l'eau elle y est de la couleur ordinaire ; il est vray qu'il y a des rochers qui sont tellement bruslez du Soleil, qu'ils semblent estre rouges, & donnent avec leur reverberation une semblable couleur à l'eau en quelques endroits.

A une journée de Suës l'on void deux hauts rochers qui laissent au milieu une plaine, laquelle s'estend depuis la mer jusques bien avant dans le païs. L'on croit que ce fut en cet endroit que les enfans d'Israël estans menez hors de la captivité par Moyse, se trouverent à l'extremité par l'armée des Egyptiens laquelle ils avoient au dos, les montagnes au costé, & la mer au devant, lors que Moyse miraculeusement fit ouvrir les eaux & mena les Israëlites au travers.

La mer Rouge est un golfe de la mer Oceane, commençant au douziéme degré, & finissant en Egypte au vingt-huitiéme, sa largeur n'est au plus que de vingt ou vingt-cinq lieuës : elle est de tres dangereuse navigation pour ceux qui n'y sont accoustumez, à cause de la quantité de rochers & écueils que l'on trouve par tout, elle abonde en plusieurs sortes de poissons tous de bon goust, mais differents en forme & goust de ceux que nous avons dans nos mers : il s'y trouve quantité de monstres marins, & principalement des Sereines, desquelles il y en a une si grande quantité, que la pluspart de ceux qui demeurent le long de son rivage, ne portent d'autres souliers faits que de leur peau, mais ces Sereines ne sont point comme les peintres les peignent, ny comme les Poëtes les feignent, elles ont la teste assez semblable à celle d'un martico, & de la mesme couleur ; la moitié du corps est assez semblable à une femme, ayans des m'ammelles, & une peau grisastre, fort rude & époissë, & le reste est en queuë comme un poisson ordinaire, les bras ne sont que d'une jointure, ayant au lieu de mains des pattes assez semblables à celles d'un canart, qui luy servent pour nager.

Tore est une petite ville habitée par des Mores & par des Arabes, qui sont la pluspart des Mariniers : le havre y est grand & asseuré, l'on y void trois ou quatre grands Gallions qui vont une fois par an aux Indes : ces navires sont mal basties, mais tres-grandes, y en ayant de mille à douze cens tonneaux, leurs voiles ne sont que de natte, quand elles sont une fois déployées l'on n'a que faire d'y toucher pendant tout le voyage, car un mesme vent y regne six mois continuellement, ils partent ordinairement vers le printemps : la principale marchandise qu'ils portent sont satins, toiles, & du corail, qui se distribuë par toutes les Indes, & rapportent le plus souvent des drogues & épiceries : ils mettent ordinairement deux mois devant que d'arriver à Jambouc, lequel est le port de Zyhit, éloigné de là de deux journées, où arrivent la pluspart des Caravannes des Indes : ces Gallions y demeurent trois ou quatre mois, tant pour distribuer leurs marchandises, faire leurs emplettes, que pour y attendre le vent du midy qui commence à souffler vers l'Automne, & continuë les six mois de l'année, avec lequel ils retournent.

Prés de cette ville de Tore il y a des cisternes que ceux du païs appellent les puits de Moyse : ces eaux ont la proprieté de petrifier ou changer en pierre tout ce que l'on y jette, encore que ce fuſt du fer, nous en avons veu pluſieurs choſes par experience, mais rien de ſi curieux qu'un champignon, qui ayant conſervé ſa forme & tous les petits plis par deſſus, eſtoit changé en pierre blanche.

Partans de Tore & laiſſans la mer Rouge derriere nous, nous priſmes droit par les deſerts vers le mont de Sinaï, & arrivaſmes au Convent des Caloyers qui eſt ſur le penchant de cette montagne, le 10. jour d'Octobre, ſans avoir rencontré choſe qui fuſt digne de grande remarque.

Ces Religieux Grecs nous receurent avec toutes les courtoiſies du monde, nous logerent le mieux qu'il leur eſtoit poſſible, & nous traiterent ſelon que la pauvreté du lieu le pouvoit permettre. Il y a d'ordinaire vingt ou ving-cinq Religieux qui ſuivent l'Ordre de S. Baſile, & vivent en grande auſterité, ne mangeans jamais de chair, entretenans leur vie avec des herbes & du poiſſon ſalé & deſſeché.

Ils nous menerent dans leur Egliſe, laquelle eſt aſſez grande & aſſez bien ornée ſelon la pauvreté du lieu : derriere le grand Autel ils nous montrerent le ſaint lieu où Dieu parla à Moyſe dans le buiſſon ardant. Ils gardent ſoigneuſement en cette Egliſe une partie du corps de Sainte Catherine, lequel nous fut montré avec grande ceremonie ; l'on nous en fit baiſer une main, laquelle a encore de la chair & de la peau ſur les os, mais toute ſeche, & trois bagues d'or aux doigts.

Ayans fait nos devotions en ce lieu, & repoſé dans le Convent tout le long du jour, nous en sortismes vers le soir afin de monter la montagne d'Oreb, laquelle l'on commence à monter dés la sortie du Convent. Cette montagne est toute de pierre vive; elle est fort roide, & presque inaccessible, si ce n'estoit qu'il y a des degrez coupez dans la roche. Ayans monté environ une heure & demie, nous trouvasmes une petite Chapelle dediée à la Vierge, & assez prés de là une arcade en forme de porte composée du mesme roc, sous lequel l'on passe pour monter plus avant. Les Caloyers qui estoient à nostre compagnie, nous dirent avoir par tradition, que Moyse ayant receu les Commandemens de Dieu sur la montagne, & les portant écrits dans les deux tables de marbre, estant descendu jusqu'à ce lieu vid le peuple d'Israël qui adoroit le veau d'or, dequoy il se fascha beaucoup, & jetta ces deux tables par terre, & se briserent.

Continüant à monter nous arrivasmes à une petite plaine où il y a trois Chapelles, dont la premiere est dediée à Elisée, la seconde à Sainte Marine, & la troisiéme à Elie. Auprés de la derniere il y a une grotte dans laquelle ce Prophete se tint long-temps caché, pour éviter la colere & la persecution de Jezabel. L'on void encore dans le roc une certaine concavité que ces Grecs nous dirent estre demeurée miraculeusement imprimée de son corps. Nous prismes en ce lieu un peu de repos, estans grandement travaillez de cette penible & difficile montée.

Environ trois heures aprés minuit avec le clair de la Lune nous continuasmes à monter, & au commencement du jour nous arrivasmes au haut de la montagne. Nous y trouvasmes deux petites

Chapelles, l'une pour officier les Grecs, & l'autre pour les Catholiques. Derriere ces Chapelles l'on y void la figure des genoux & des mains imprimée dans le roc comme dans de la cire, que l'on tient estre de Moyse, lors que tout tremblant il parla à Dieu & receut les Commandemens. Comme les Mahometans tiennent Moyse pour un grand Prophete, ils portent une grande devotion à ce lieu, & y ont une petite Mosquée où ils viennent souvent faire leur prieres. L'on void en cet endroit la montagne noircie & comme brûlée; ce que les Caloyers nous dirent y estre demeuré depuis que Dieu y apparut à Moyse tout en feu & en flamme : Nous nous y arrestaîmes quelque temps, tant pour y reposer que pour y faire nos devotions, puis nous la descendiſmes par un autre chemin.

Eſtans dans la valée nous paſſaſmes la grande chaleur du jour dans les ruines d'un Convent appellé des Quarante Martyrs : il y a demeuré autrefois des Religieux, mais à present il n'y demeure que trois ou quatre Arabes, qui ont le soin d'entretenir un aſſez beau jardin, d'où les Religieux tirent toutes leurs provisions de legumes. Il y a auſſi quelques vignobles, mais le vin qu'ils en cueillent eſt mauvais, & en ſi petite quantité qu'il ne ſuffit pas pour dire la Meſſe tout le long de l'année.

Ayant paſſé en ce lieu la plus grande chaleur du jour, nous fuſmes pour monter au plus haut de la montagne de Sinaï, appellée de Sainte Catherine, à cauſe que ſon corps y ayant eſté apporté par les Anges, y a repoſé l'eſpace de trois cens ans, juſques au temps que le Convent a eſté basty, & porté par les Religieux dans leur Eglise nouvelle.

Ceux qui estoient venus pour nous conduire nous déconseillerent entierement la montée de cette montagne, comme estant presque inaccessible, ce qui fut cause que la pluspart de la compagnie demeurerent au bas, & à la verité nous la trouvasmes si difficile, que nous nous repentismes d'avoir commencé à la monter, mais y estant embarquez il falut achever : nous mismes souvent les genoux & les mains contre la roche pour grimper en haut, tant elle est roide : enfin avec une peine incroyable nous parvinsmes au haut, où nous trouvasmes une plaine d'environ vingt-deux pieds de long, & douze de large : il y a une petite Chapelle qui en contient presque la moitié, dans laquelle sont imprimées dans la roche trois differentes figures, celle du milieu a assez la ressemblance du corps d'une femme vestuë de son long, les deux autres ont à costé quelque forme d'aisles : les Caloyers nous dirent que la concavité du milieu estoit du corps de Sainte Catherine, & que les deux autres estoient des Anges qui l'y ont gardée jusques au temps qu'on l'a portée dans leur Eglise, & que ces figures y estoient restées imprimées miraculeusement, afin que la place où ce sacré Corps avoit reposé tant d'années, fust remarquée pour jamais. Nous retournasmes ce soir coucher au Convent, estant las & travaillez au possible de la montée & descente de cette fascheuse montagne.

Le lendemain au matin nous fusmes voir la pierre que Moyse toucha avec la verge, & dont il fit sortir de l'eau : elle est dans une petite valée

ET DU LEVANT. 451

de pierre unie, de la hauteur d'une pique, & grosse à l'advenant ; l'on y connoist encore dix trous d'un costé & deux de l'autre, par où l'on peut aisement voir que l'eau sortoit, mesme l'on y void le long de cette pierre comme des degousts d'eau putrifiée.

De là nous allasmes voir un petit rocher où l'on tient que le peuple d'Israël dressa & adora le veau d'or. Ils nous dirent aussi qu'ils ont par tradition que Moyse dressa en ce mesme endroit le serpent d'airain. A costé contre la roche l'on void un grand trou, où l'on nous dit qu'avoit esté jetté en moule le veau d'or.

En retournant vers le Convent, les Caloyers nous montrerent une pierre d'une prodigieuse grandeur, sous laquelle ils nous dirent que le Prophete Jeremie cacha l'Arche d'Alliance, lors qu'il se sauva avec les Juifs en Egypte de l'esclavage de Babylone, craignant la seconde venuë de Nabuchodonosor.

Nous retournasmes ce jour de bonne heure au Convent, & là passasmes en la compagnie des Religieux dudit lieu, lesquels nous compterent des merveilles des choses qui leur estoient arrivées dans ces deserts ; ils nous dirent de plusieurs esprits qui se voyent souvent en ces solitudes, & que souvent ils avoient oüy des musiques & le son des cloches, encore qu'il n'y en aye point dans tout ce pays : ils nous dirent plusieurs choses semblables que nous eusmes bien de la peine à croire : enfin y ayant veu ce qu'il y avoit de rare, nous en partismes prenans le chemin comme nous estions venus, & rencontrant les mesmes peines & difficultez, & encore davantage, à cause de nos provisions qui nous commencerent à manquer, & que bien souvent il falloit par trop mesnager.

Nous arrivasmes au Caire le dix-neufiéme d'Octobre, las & fatiguez d'avoir passé ces fascheux deserts, ce qui causa quelque maladie à quelques-uns de nos compagnons, jusques à garder le lict, ce qui ne leur estoit point encore arrivé. Nous avions grandement besoin de repos, mais la saison de l'hyver qui commençoit à s'approcher, & aussi la grande volonté & envie que nous avions de revoir la Chrestienté, nous firent songer à nostre depart : nous pensions prendre le chemin d'Alexandrie, pour nous y embarquer sur des barques Françoises qui y sont ordinairement, mais nos amis nous en détournerent, dautant que ces basteaux ne sont aucunement armez pour se deffendre des Corsaires, & sont si chargez qu'ils ne les peuvent éviter par vitesse ; c'est pourquoy nous reprismes le chemin de la Palestine, où nous sçavions qu'il y avoit de grands vaisseaux bien armez d'hommes & de canon, pour retourner en Chrestienté.

Nous partismes du Caire le vingt-deuxiesme d'Octobre, prenans un batteau exprés pour nous conduire à Damiette, où nous arrivasmes au bout de trois jours, ne cheminans que la nuict pendant le calme, lequel nous fit faire du moins deux lieuës par heure, tant cette riviere coule vistement & si doucement, qu'à peine void-on remuër les eaux.

Pendant le jour nous arrestasmes au bord de la riviere, trouvans quantité de campagnes, d'où l'eau du Nil s'estoit déja retirée : nous y passasmes le temps à tirer sur le gibier lequel y est en quantité, & pour n'estre batu il se laisse aisément approcher.

A Damiette, nous trouvasmes un sinibikier prest à partir pour Seyde, lequel s'obligea de nous porter à S. Jean d'Aquere, nous nous y embarquasmes sans autrement considerer le peril qu'il y avoit de courir en une saison d'hyver, tant de mer dans un si petit basteau : nous partismes le vingt-cinquiéme d'Octobre, & engoulfasmes droit vers la Palestine, le vent estoit si frais qu'en moins de cinq heures nous perdismes la terre d'Egypte de veuë : la riviere du Nil se décharge avec tant de vehemence, que l'eau garde sa couleur blanchastre & bourbeuse bien trois lieuës avant dans la mer, & qui plus est elle n'y est aucunement sale.

Le lendemain au soir, le vent du Ponant ayant toûjours continué à nostre avantage, nous aperceusmes une fregatte de Corsaires, laquelle nous donna la chasse bien deux lieuës, mais nos Mariniers ayans pris les rames, & allant à voile & à rames, nous n'en eusmes guere peur, & encore moins de peine pour les avancer & les perdre bien-tost de veuë.

A trois heures de nuict, nous entrasmes dans la porte de Jaffa, ayans fait en deux jours & une nuict prés de quatre-vingt lieuës, en y entrant nous eusmes une grande apprehension d'un esquif que nous vismes à la portée d'un mousquet de nostre basteau, nous le creusmes Corsaire, & n'attendions qu'une volée de mousquetades, mais nous n'eusmes que la peur, car c'estoit des Mariniers qui y peschoient.

Nous en partîsmes le matin, & ayant toûjours continué avec le vent tres-favorable, le soir nous arrivasmes devant Cesarea Palestina, qui est une ville abandonnée, & comme nous allions terre à terre, nous en pouvions aysement considerer les ruines, lesquelles paroissoient fort belles & entieres.

Le lendemain au matin, nous arrivasmes heureusement à S. Jean d'Aquere, où il n'y avoit pas une heure que nous estions débarquez, qu'il survint une telle tempeste que les grands vaisseaux avoient bien de la peine à se tenir sur le fer, & si nous eussions esté en mer dans nôtre petit bâteau, nous estions perdus.

Nous trouvasmes à saint Jean d'Aquere deux grands vaisseaux du grand Duc de Toscane, qui n'attendoient que le temps propre pour retourner en Chrestienté, qui nous donna autant de joye comme de nous voir à terre si à propos pour éviter la tempeste, car si elle fut arrivée deux heures plûtost, elle nous ostoit hors de peine de retourner en Chrestienté.

Nous y trouvasmes des marchands François avec lesquels nous avions fait connoissance en y passant, ils nous logerent, & comme nous avions besoin de repos, eux-mesmes prindrent la peine de faire les provisions necessaires pour nôtre embarquement : ils nous firent aussi parler aux Capitaines, qui avec grande courtoisie nous donnerent à choisir dans lequel un de leurs vaisseaux nous nous desirions embarquer, & nous donnerent pour nostre appartement la grande chambre de poupe, qui est la meilleure commodité de tout le navire.

Nous nous embarquafmes le deuxiéme de Novembre, & partifmes vers le foir, coftoyans la terre toute la nuict, pour aller à Seyde, qui en eft efloignée de quelques dix lieuës, où ces navires devoient embarquer un prefent de quelques balles de foye, & autres raretez, que Lemire Ficardin faifoit au grand Duc de Tofcane, lequel eftant embarqué & le vent s'eftant mis de Tramontane, nous fifmes voile vers la Chreftienté, eftans tres-contens & joyeux de quitter la Turquie, où nous avions tant pâty, & tant enduré.

Le vent nous continua fi favorable, que le lendemain nous découvrifmes l'Ifle de Cypre, éloignée cinquante lieuës de Seyde, le vent y commença à tourner de Ponant & maiftre, lequel nous eftoit du tout contraire, de façon que nous demeurafmes bien huict jours à la veuë de cette Ifle, fouffrans plufieurs bourafques & tempeftes: le dixiéme, le vent s'eftant mis de Tramontane, & allant toûjours fur les bords, nous perdifmes cette Ifle de veuë, mais comme le vent s'augmentoit toûjours meflé avec des bourafques, nous reftafmes toute la nuict fans voiles, le lendemain le vent fe calma & demeurafmes quatre jours en bonace, fans avancer une lieuë.

Le vingtiéme, le vent ayant efté toûjours de Greco Levante, nous découvrifmes l'Ifle de Candie, où de nouveau nous cufmes deux jours de calme, qui fut fuivy de force bourafques & vents differens : le vingt-quatriéme veille de Sainte Catherine, nous cufmes une furieufe tempefte, & fufmes contraints de ceder à la force du vent, & fans porter voile, ny fans fe pouvoir beaucoup servir du timon, laisser aller le vaisseau où les vagues le poussoient, lesquelles jetterent nostre navire vers la Barbarie, qui estoit nostre bon-heur, car autrement nous courions risque de nous briser contre les hauts rochers de la Candie, d'où nous n'estions pas éloignez de plus de cinq lieuës, & le lendemain nous y trouvasmes bien quinze lieuës : les Mariniers apprehendent grandement le jour de Sainte Catherine, & nous dirent qu'ordinairement trois jours devant ou trois jours aprés arrivent de grandes tempestes.

Nous demeurasmes le long de la Candie, jusques au deuxiéme de Decembre, que nous passasmes devant le Gosse, qui est une petite Isle à l'extremité de Candie, où demeurent quantité de bandits : nous endurasmes encore des bourasques & la nuict une aussi forte tempeste qu'avions encore euë, laquelle nous poussa bien treize lieuës vers le midy, ce que les Mariniers craignoient grandement de peur de la Barbarie, où il y a quantité de seiches, & de bancs de sable.

Le lendemain nous vismes deux navires assez prés du nostre, que d'abord nous creusmes Corsaires, mais nous en fusmes desabusez, car ils firent force de voillées pour éviter nostre rencontre.

Le treiziéme de Decembre nous découvrismes l'Isle de Malthe, où demeurasmes le jour & la nuict en calme ; le matin le vent s'estant mis du Levant, nous entrasmes dans le canal qui est entre la Cicile & Malthe, & le lendemain nous entrasmes dans le port.

L'Isle de Malthe appellée anciennement Melite.

est située dans la mer d'Afrique, au trente-troisiéme degré, & au commencement du cinquiéme climat, situation qui la rend grandement chaude & l'air ordinairement serain, ce qui y cause d'aussi beaux jours en hyver qu'en esté : elle est esloignée de la Barbarie qu'elle a du costé du midy de soixante & quatre lieuës, & de la Sicile qu'elle a du costé de Tramontane vingt-sept lieuës ; elle a vingt lieuës de tour & environ trois de large, le terroir en est sterile, mais ce qui y croist est grandement bon, & les fruits & legumes meilleurs qu'en aucun autre endroit : ils tirent toutes leurs provisions tant de grains que de bestiail de la Sicile ; auparavant que les Chevaliers y vinssent demeurer, elle estoit abandonnée.

Les Chevaliers de S. Jean de Hierusalem estant chassez par les Turcs de l'Isle de Rhodes, en l'année mil cinq cens vingt-deux, se retirerent çà & là en Italie, & la Religion estoit sur le point de se perdre, si ce n'eust esté la pieté de l'Empereur Charles V. qui leur donna cette Isle, afin d'y servir de boulevart à la Chrestienté contre le commun ennemy de la Foy, lesquels y ont basty deux villes entourées des plus belles fortifications du monde ; la pluspart des fossez sont taillez dans la roche à la pointe du ciseau ; nous n'y demeurasmes que tant qu'il fallut pour faire eau & acheter quelques rafraichissemens, car le vent estant à nostre avantage, nous ne voulusmes pas perdre de temps.

Le vent de Tramontane qui s'augmentoit toûjours, devint si frais, qu'en peu de temps nous perdismes cette Isle de veuë, & nous jetta jusques à la veuë de l'Ampadouse, qui est une petite Isle entre Malthe & la Barbarie; elle est deshabitée à cause des Corsaires tant Turcs que Chrestiens qui y viennent fort souvent; il y a une grotte dans laquelle il y a un tableau de la Vierge, auquel tous ceux qui y arrivent laissent quelque argent, les Turcs mesme y laissent des presens & y ont une devotion particuliere; les galeres de Malthe y vont une fois par an & emportent tout ce qu'on y laisse, & le donnent pour l'entretien d'une Chapelle à Trapano, où semblablement est reverée une Image de la Vierge qui fait quantité de miracles.

A la veuë de cette Isle le vent changea & se mit de Siroc, & nous fit passer devant Maritime qui n'est qu'un rocher au milieu de la mer, neantmoins il y a un chasteau où le Roy tient garnison, afin de descouvrir les vaisseaux qui sont en mer.

Le dix-septiéme de Decembre nous arrivasmes à Trapano qui est une des meilleures villes de la Sicile, & située à une des extremitez de cette Isle qui regarde le Ponant; le port est grand, & composé de trois petites Isles qui sont au devant appellées Favillane, Maritime, & Limasso: les deux dernieres ne sont que des rochers tous nuds, mais Favillane est habitée, ayant une assez belle planure, il y a un chasteau en haut où il y a tousiours sentinelle pour descouvrir s'il n'y a point de Corsaires en mer, & advertir ceux de Trapano.

Nous demeurasmes à Trapano à cause du vent contraire jusques à la veille de Noël, sans neantmoins pouvoir entrer dans la ville à cause que tous ceux qui viennent du Levant sont suspects de la peste, nous eusmes un lieu le long du quay où nous pouvions nous promener & acheter des rafraichissemens dont nous avions besoin.

Le vent s'estant mis du Levant nous en partismes la nuict du vingt-cinquiéme, que l'on celebre en l'honneur de la Nativité de nostre Seigneur, dont nous eusmes tout loisir de nous repentir, car le vent s'augmentant de plus en plus nous causa la plus furieuse tempeste que nous n'avions point encore euë jusques alors, & si ce n'eust esté que le lendemain au soir la tourmente cessa un peu, nous estions à l'extremité & contraints de couper les arbres, craignans qu'avec la grande & continuelle agitation, ils ne fissent ouvrir le vaisseau; enfin bien travaillez nous arrivasmes le dernier de Decembre à Ligorne, estans reduits à l'extremité tant par le travail de la mer que par d'autres incommoditez que nous avions reçeuës dans le boire & dans le manger, car n'en ayans fait provision que pour un mois, nous demeurasmes le reste du temps reduits au biscuit & à l'eau, laquelle estoit encore pleine de vers.

Nos Mariniers nous asseurerent que dans leur vie ils n'avoient point fait encore de voyage avec tant de mauvais temps, de calme, de tempestes, & de bourasques: nous demandasmes à un vieil patron de Marseille ce qui luy avoit semblé de la tempeste passée, lequel nous répondit en son langage Provençal, que Dieu ne pourroit pas envoyer un pire temps; les fortunes avoient esté generales le long de la coste d'Italie, car l'on nous asseura qu'il y avoit pery bien trente grands vaiſſeaux pour le moins.

Nous couchaſmes encore cette nuict dans noſtre navire à la rade, le lendemain ayans montré nos patentes, & qu'il n'y avoit point de ſoupçon de peſte d'où nous eſtions partis, nous eûmes l'entrée libre, dequoy eſtant tres-joyeux nous miſmes pied à terre, eſtant tellement fatiguez des travaux paſſez, qu'à peine pouvions-nous marcher.

DE LA NAVIGATION de la mer Mediterranée.

LA mer Mediterranée eſt comme un grand lac d'eau ſalée, environné de l'Europe, de l'Aſie, & de l'Afrique ; ſes eaux ne ſe communiquent point avec la grande mer, que par le détroit de Gibraltar ; le flux & le reflux qui agite la mer Oceane n'y eſt point connu, ſi ce n'eſt à ce détroit de Gibraltar, où pendant que la marée monte ſix heures, les eaux y peuvent entrer quarante ou cinquante lieuës avant, puis elles s'en retournent comme elles font dans toutes les rivieres.

La navigation de cette mer eſt fort differente de celle de l'Ocean, l'experience y eſt plus requiſe que la ſcience, la connoiſſance de la hauteur du pole y eſt preſque inutile, parce que ſon eſtendüe eſt de l'Occident à l'Orient, & au plus large elle ne contient pas cent quatre-vingt lieuës, qui font environ neuf degrez.

Trois choſes y ſont abſolument neceſſaires

pour y naviger asseurément : sçavoir de connoistre le cas, les courans, & l'estime de la course du vaisseau : quant au premier, il faut connoistre & discerner les costes, ce qui ne se peut apprendre qu'en les voyant souvent, car ceux qui le sçavent pour en avoir oüy parler, ou veu dans les cartes, les peuvent malaisément reconnoistre : elles ne sont pas comme celles de la mer Oceane qui quelquefois en cent licuës ne sont pas differentes, mais celles de la mer Mediterranée sont toutes dissemblables les unes des autres, & il n'y a point de plage ou de cap qui n'ait son nom particulier ; de sorte qu'arrivant à la veuë de quelque terrain, si le pilote n'en a la connoissance par une longue experience, il n'a aucun moyen pour sçavoir là où il est.

Pour ce qui est des courans, il y en a quantité & de fort differens, la connoissance desquels ne s'acquiert pareillement qu'avec une grande experience, parce qu'on ne découvre presque rien à la surface de l'eau, outre qu'ils sont fort sujets à changer & à varier. Ceux qui vennent de la Palestine en la Chrestienté, prennent ordinairement par le Ponant & mestre, encore que la droite route est par le Ponant, mais à cause du courant ils prennent un vent plus proche du Septentrion, le plus grand courant venant de costé, & tirant vers le Midy, à raison de la quantité des rivieres qui déchargent dans cette mer par le Septentrion, & du costé du Midy il n'y a presque que la seule riviere du Nil qui s'y engoulfe, car tout le terroir d'Afrique est fort sec & peu abondant en eau.

Quant à l'estime de la course du vaisseau, c'est

de sçavoir precisément en voyant aller un navire, combien il fait de chemin par heure, à quoy il faut reconnoître les courans dont nous venons de parler, car si un vaisseau chemine contre le courant, il fait beaucoup moins de chemin que s'il l'avoit en sa faveur.

Il faut aussi reconnoître le vaisseau, car s'il est nouvellement fait il va bien plus viste que quand il a servy quelques années, & aussi selon qu'il est plus chargé en proüe ou en poupe, il avance plus ou moins. Or l'estime de la course du vaisseau est absolument necessaire, car si l'on y manque il est fort sujet à se briser la nuict contre quelque rocher, dont il y en a une grande quantité, & principalement dans l'Archipel, où l'on compte bien trois cens tant Isles qu'écueils. C'est pourquoy les Mariniers ont un soin particulier à considerer la course du vaisseau, & ne se fient pas entierement aux pilotes, mais tous les principaux Mariniers ont des cartes où ils pointent d'heure en heure le chemin qu'ils font, & tous les soirs ils tiennent conseil pour sçavoir en quel endroit est le navire.

Les tempestes & les bourasques sont plus ordinaires dans la mer Mediterranée que dans la mer Oceane, mais ils ne continüent pas si long-temps, car les plus longues ne durent que quinze à vingt heures, ce qui procede de la quantité des golfes qui jettent tous de differens vents qui rompent les tempestes, si elles duroient trois ou quatre jours comme il arrive souvent dans la mer Oceane, plusieurs vaisseaux se briseroient contre le rivage, n'ayant pas beaucoup de mer à courir.

Lors qu'il y a plusieurs vaisseaux qui navigent ensemble, ils en choisissent un pour admiral, auquel tous les soirs les autres viennent demander la route qu'il veut tenir, car encore qu'il allume un fanal, pour donner moyen aux vaisseaux qui vont de conserve avec luy de le suivre, il arrive souvent que l'obscurité de la nuict & le mauvais temps les separent, mais se tenans à la route qui leur est donnée, quoy qu'ils s'essoignent pendant la nuict, ils se retrouvent souvent le matin, & les vaisseaux qui sont les plus avancez attendent ceux qui sont demeurez derriere.

CONTINUATION DU VOYAGE d'Italie.

NOUS entrasmes dans la ville de Ligorne le premier jour de l'année mil six cens trente-deux, & y demeurasmes un mois entier tant pour nous refaire des fatigues & des incommoditez qu'avions endurées sur la mer, que pour nous y faire faire des habits, y estant arrivez en pauvre équipage & habillez à la Turquesque : nous nous y trouvasmes en grande perplexité à cause de la maladie contagieuse qui n'estoit pas encore tout à fait cessée ; car nous eussions esté bien faschez de retourner en France aprés avoir tant veu de la Turquie, sans voir ce qui est estimé le plus beau de la Chrestienté.

Nous partismes de Ligorne le deuxiéme de Février, & vinsmes coucher à Pisa, où nous trouvasmes le grand Duc avec toute sa Cour, augmentée de quelques Princes estrangers, & entr'autres du Duc de Guyse, lequel s'y estoit refugié peu auparavant s'estant retiré de son gouvernement de Provence : or comme c'estoit le temps du Carnaval il y avoit journellement des bals, des courses de bague, & autres réjoüissances, à quoy cette saison convie plus que nulle autre, ce qui nous y fit arrester jusques au septiéme dudit mois, qui fut le partement de la Cour pour aller à Florence, laquelle nous suivismes, recevans beaucoup d'honneur & de faveur de la noblesse, laquelle comme curieuse des raretez nous entretint des choses de nostre voyage.

Nous demeurasmes à Florence jusques au treiziéme de Février : pendant ce temps nous visitasmes de nouveau le cabinet & les raretez du grand Duc, comme aussi la superbe Chapelle de Saint Laurent, de laquelle nous ne pouvions nous ennuyer de considerer la beauté, la richesse, & la magnificence.

Nous eussions bien desiré traverser la Toscane, & de là entrer dans la Romanie, mais sa Sainteté en tenoit encore les passages fermez, à cause de la peste qui estoit encore en quelques endroits de cet Estat, ce qui nous fit prendre le chemin de Venise.

A deux lieuës de Florence nous vismes la belle maison de plaisance du grand Duc nommé Pratolin, estimée une des plus agreables d'Italie ; il est incroyable combien il y a de fontaines ; il y a aussi plusieurs grottes remplies de personnages, de musiques & d'orgues, qui joüent dans la perfection par l'artifice de l'eau ; enfin rien n'y manque pour rendre un lieu tout à fait delicieux &

plaisant autant qu'on se le peut imaginer.

Nous fusmes encore ce soir coucher à Scharperie, qui est une petite ville située au pied des Apennins, esloignée de cinq lieuës de Florence, il s'y fait quantité de couteaux & de ciseaux, que les artisans portent aux estrangers dans les hôtelleries, ainsi qu'il se fait à Chastelleraut en France.

Le lendemain nous fusmes disner à Fiensole qui est une ville située dans les montagnes, & la derniere de l'Estat du grand Duc. A environ deux lieuës de là sont les confins, y ayant un grand torrent qui forme un creux dans les montagnes, qui fait la separation avec les terres de l'Eglise, au passage il y a deux petites Chapelles l'une portant les armes de sa Saincteté, & l'autre celle du grand Duc.

Ce passage estoit encore fermé à cause de la maladie, & personne n'y pouvoit passer sans passe-ports du Legat de Boulogne, mais deux reales de huict que nous donnasmes au Commissaire suppléerent au defaut de nostre passe-port, nous fusmes coucher cette nuict à un village nommé Scarga Lasino, le lendemain au faux-bourg de Boulogne sans pouvoir entrer dans la ville ; nous en partismes le matin & fusmes coucher à Ascente, & le lendemain disner à Final : à deux lieuës de là nous passasmes dans un païs fort marescageux, & remply de lacs & d'étangs, qui servent de frontieres aux païs & Estats de Boulogne, de Modene, de Mantouë, & de la Mirandole ; le Souverain du dernier est le Prince le moins terrien d'Italie, ne possédant qu'une petite ville & environ trois lieuës de pays.

V v

Nous vinſmes coucher à Sermen qui eſt un grand bourg appartenant au Duc de Mantouë, il eſtoit devant ces guerres bien habité, mais lors que nous y paſſaſmes il n'y avoit pas dix habitans, & ſi pauvres, qu'à peine y puſmes-nous trouver du pain.

Nous en partiſmes de grand matin, & ayans cheminé environ trois licuës le long du Poo, nous paſſaſmes cette riviere à Rovere & à Oſtia, qui ſont deux villes baſties vis à vis l'une de l'autre, leſquelles auſſi-bien que toutes les autres places du Mantoüan, avoient ſouffert l'extréme rigueur de la guerre : l'on nous comptoit que ces villes avoient eſté ſurpriſes par les Allemans, leſquels avoient tout paſſé au fil de l'épée : ceux du païs nous aſſurerent qu'il y eut plus de dix mille perſonnes tuées en moins de deux heures ; nous n'y trouvaſmes que trois Mariniers qui ſervoient pour paſſer la riviere, le reſte eſtoit encore abandonné.

A quatre milles de là nous paſſaſmes par de grands mareſts, au milieu deſquels il y a une fortereſſe qui appartient aux Venitiens, & eſt la plus frontiere des terres de cette Republique. Le ſoir nous fuſmes coucher à la ville de Lignago, qui eſt aſſez bien fortifiée à la moderne : les Venitiens y tiennent toûjours bonne garniſon.

Nous en partiſmes de grand matin, & paſſant par Montagnana & Eſte, nous fuſmes coucher à Arqua, en la maiſon d'un Gentilhomme Venitien, qui eſtoit venu en noſtre compagnie du Levant. C'eſt en ce lieu que l'on void le tombeau de ce grand Poëte Plutarque. Le lendemain au matin nous arrivaſmes à Padoüe.

La ville de Padoüe, située dans la marque Trevisiane, a esté de tout temps une des meilleures villes d'Italie, & a servy d'academie à toutes sortes de belles sciences; il y a deux rivieres qui la traversent, qui sont la Brente & la Bachiglione, lesquelles se divisans par plusieurs branches, donnent une grande commodité aux habitans; le païs d'alentour est plat, & si fertile, que les Italiens disent pour proverbe.

Bologna la grassa,
Padoüa la passa.

Nous partismes de Padoüe le vingtiéme de Fevrier, sur une barque ordinaire, laquelle va journellement par la Brente à Venise, où nous arrivasmes encore le soir. Le long de cette riviere il y a quantité de maisons de plaisance où la noblesse de Venise se retire en Esté, parce qu'alors il ne fait guere beau dans leur ville.

Nous arrivasmes à Venise le Samedy gras, & employasmes les trois autres journées à voir les masques, & la nuict les compagnies. Pendant le jour il y passe une si grande quantité de personnes déguisées qui viennent de la place de Saint Estienne vers celle de S. Marc, que l'on a de la peine à passer les ruës; la nuict les Gentilshommes s'assemblent dans les plus grandes salles de la ville, & y joüent aux cartes & aux dez, mais avec tant de modestie, qu'encore qu'il soient quelquefois cent & davantage de compagnie en y entrant, l'on diroit qu'il n'y a personne.

Les Dames y ont aussi leurs jeux & leurs assemblées à part: l'on y peut aller librement, & nous y vismes de si rares beautez, que nous fusmes contraints d'avoüer ce que nous avions oüy dire long-temps auparavant, que les Dames Venitiennes surpassoient en beauté & en bonne grace toutes celles d'Italie.

 Cette ville de Venise est autant admirable dans sa situation, qu'elle a esté heureuse dans son accroissement : elle est bastie dans la mer, & éloignée du plus prochain terroir d'environ deux mille. L'on attribuë sa fondation à des pescheurs qui vinrent habiter dans ces bas fonds environ l'an 490. au mesme temps que l'Italie estoit grandement travaillée par les tyrans. Plusieurs s'y retirerent & y bastirent une ville, laquelle s'est toûjours maintenüe à cause de sa situation, quelques ravages que l'Italie ait soufferts, & s'est toûjours agrandie par la ruine de ses voisins. Cette ville meriteroit un livre entier pour en faire la description, mais comme nostre dessein n'est point de nous arrester beaucoup à ce qui est d'Italie, laquelle d'ailleurs est assez amplement décrite par tant d'autres, nous passerons legerement, & dirons seulement que l'arsenal de Venise est la chose la plus curieuse à voir de toute l'Italie. Il est à l'extremité de la ville, ayant bien deux milles de circuit, & tout entouré de mer. C'est un plaisir de voir les armes qui y sont, tant elles sont bien entretenües, & en si grande quantité, qu'elles suffisent pour armer cent mille hommes: pour ce qui est de l'artillerie, l'on y compte plus de quatre cens canons de bronze, outre plusieurs petites piéces de campagne : il y a toutes sortes d'armemens de mer; il y a de grandes salles les unes pleines de voiles, les autres de cordages, anchres, antennes, & generalement tout ce qui est necessaire pour la marine. L'on y void plus de six-vingts corps de galeres & quantité de brigantins, fregates, & barques legeres, & trois galeaces d'une prodigieuse grandeur : il y a bien trois cens artisans qui travaillent journellement dans cet Arsenal, tant à entretenir les armes qu'à en faire de nouvelles.

Nous partismes de Venise le deuxiéme de Mars, & repassans par Padouë; nous arrivasmes le lendemain à Vicenze, laquelle avoit esté tellement travaillée de la peste, qu'à peine y estoit-il resté cent habitans, & si ce n'estoit la garnison que les Veniciens y entretiennent, elle seroit presque deserte. Le lendemain nous fusmes à Veronne qui en est à une journée.

De Veronne nous prismes le chemin de Mantouë qui en est aussi esloignée d'une bonne journée, & tant plus nous nous approchions de cette ville, tant plus nous trouvions le pays desert & abandonné, & par tout quantité de maisons ruinées, & toutes les terres en friche, quoy que plaines & des plus fertiles d'Italie : Nous trouvions par tout quantité d'ossemens tant d'hommes que de chevaux, & cela meslé avec la solitude du pays donnoit de l'horreur.

A une lieuë avant que d'arriver à la ville, nous passasmes devant une maison de plaisance des Duc de Mantouë, laquelle estoit estimée une des plus rares d'Italie, à cause de son beau jardin remply de toutes les plus rares plantes du Levant, mais à present toute ruinée, & le jardin si desert & si sauvage, que l'on n'y pouvoit aucunement marcher, tant il estoit remply de fenouil & de ronces. Depuis cet endroit jusques à la ville il y a un chemin fort large fait par allées, planté de beaux arbres, lequel servoit de cours auparavant la guerre.

Nous demeurasmes une journée à Mantouë, où nous ne vismes autre chose que l'horreur de la guerre, de la famine, & de la peste, desquelles cette ville avoit souffert l'extremité en ces années dernieres, car ayant souffert un long siege elle avoit esté surprise par les Allemans, qui la ruinerent entierement. Nous partismes de Mantouë le 7. de Mars, & fusmes par Bresse & Bergame à Milan, où nous arrivasmes deux jours aprés.

Nous ne demeurasmes à Milan que deux jours, quoy que cette ville merite bien un mois de demeure pour bien considerer les beaux bastimens & autres raretez qu'il y a, mais d'autres raisons nous obligerent de haster nostre voyage. Nous en partismes le 12 de Mars, & fusmes coucher à Lody, ayans laissé à main droite la ville de Pavie, & à costé un grand parc, dans lequel se donna la bataille d'entre François I. Roy de France, & l'Empereur Charles V. Roy d'Espagne.

Le lendemain nous passasmes la riviere du Pôo, & fusmes coucher à Plaisance premiere ville de l'Estat du Duc de Parme : elle est située dans un fort beau païs, & où il y a de si agreables campagnes, que l'on tient que de là le nom de Plaisance luy est donné. Il n'y a point d'endroit dans l'Italie où l'air soit plus doux & la demeure plus saine qu'en ce lieu, ce qu'on connoist par experience, car de tout temps les personnes y vivent long-temps, & encore à present l'on y trouve des personnes aagées jusques à cent dix ans. C'est en ce lieu que commence un certain chemin appellé par les Romains Via Emilia, lequel l'on suit pour aller à Parme, qui en est esloignée d'une petite journée.

La ville de Parme est située dans une belle plaine, & la riviere de Parme passe au milieu, laquelle donne son nom à cette ville. A cinq lieuës de là l'on arrive à Regio, premiere ville de l'Estat du Duc de Modene; la ville de Modene en est esloignée d'une petite journée, & l'on y arrive par la Via Emilia, laquelle continuant, nous arrivasmes le lendemain dix-septiéme de Mars à Boulogne.

La ville de Boulogne porte le surnom de Grassa, à cause du païs fertile où elle est assise: elle est une des plus grandes & des meilleures villes d'Italie; & la premiere de cet endroit des Terres de l'Eglise. Nous demeurasmes en cette ville jusques au 28 de Mars, sollicitant la permission pour pouvoir entrer dans la Romagne, où le passage estoit encore défendu, à cause que le païs d'alentour de la ville estoit encore tenu pour suspect de la maladie contagieuse: enfin avec bien de la peine, & par la faveur du Legat de Boulogne, nous fusmes admis à une quarantaine de quinze jours, laquelle nous fut ordonnée de faire dans un petit Convent hors des portes de Fayença, où nous entrasmes le 29 de Mars, & y demeurasmes jusques au 12 d'Avril, que nous fusmes coucher dans la ville de Fayença, où nous prismes la poste, & passant par Friuly, Cesena, Rimini, la Catholica, Pesaro, Fanno, Foligeo, Senegalla, & costoyant toûjours la mer Adriatique, nous arrivasmes le 16 à Ancone.

La ville d'Ancone si renommée à cause de son

beau port, a esté de tout temps une des meilleu‑
res & des plus riches villes d'Italie : les Romains
l'avoient embellie de plusieurs beaux Edifices,
desquels il paroist encore à present quelques rui‑
nes, & entr'autres il se void encore le long du
port un arc triomphal basty en l'honneur de Tra‑
jan. Nous ne demeurasmes qu'une demie jour‑
née à Ancone, & fusmes encore ce soir coucher
à Lorette, qui n'en est esloignée que de cinq
lieues.

Lorette situé au bord de la mer Adriatique,
n'est qu'un chasteau ou bourg entouré d'une
bonne fortification, afin de se défendre des cor‑
saires qui y peuvent facilement venir. Au milieu
de ce bourg il y a une belle & grande Eglise, qui
couvre la plus sainte & la plus glorieuse Relique
que nous ayons dans la Chrestienté, sçavoir la
maison de la Vierge où elle fut saluée de l'Ange,
& où fut accomply ce grand mystere de la sainte
Incarnation, laquelle a esté transportée de la
Palestine en ce lieu par les Anges, Dieu ne vou‑
lant pas que cette maison sacrée fust profanée
par les ennemis de sa Religion.

Cette sainte & petite maison est richement
revestuë par le dehors d'un tres-beau marbre
blanc, avec plusieurs statuës ; le dedans est tout à
nund, n'y ayant que les anciennes pierres du basti‑
ment qui semblent estre de briques, horsmis
quelque endroit qui est plastré, où il paroist quel‑
que peinture dessus : l'on y void encore la façon
d'une cheminée environ quatre pieds derriere
l'Autel : l'on y montre aux pelerins des petits
plats & écuelles de terre, que l'on tient avoir ser‑
vy à Nostre Seigneur & à la Vierge. Au haut de

l'Autel il y a une Image de Nostre-Dame que l'on diroit estre de bronze, neantmoins les Prestres nous dirent qu'elle estoit de bois de cedre, laquelle aussi-bien que les plats de terre y ont esté trouvez & transportez de Nazareth par les Anges, ensemble avec la petite maison.

Nous partismes de Lorette le 18. d'Avril, & passans par Ricanta, Massarata, Foligno, Spolette, Terni & Narni, qui sont toutes petites villes de peu d'importance, nous arrivasmes le 23. à Rome, où nous ne tardasmes qu'un jour, prenans aussi-tost le chemin de Naples, remettant à nostre retour de voir les raretez & les curiositez de cette unique ville de Rome. Nous passasmes par Veletre, Lucerne, & Terranica, laquelle est la derniere des Estats du Pape, éloignée de Rome environ de vingt lieuës. A deux lieuës de là l'on entre dans le Royaume de Naples, y ayant un passage gardé d'une tour, laquelle a d'un costé la montagne, & de l'autre de grands marets qui continuënt jusques à la marine. Deux lieuës plus avant l'on passe une tour semblable où il y a toûjours garde ; ils laissent entrer librement tous ceux qui y viennent, mais au sortir chacun y est exactement visité, tant pour voir si l'on n'emporte point de marchandises sans avoir payé les droits, que de l'argent monnoyé, duquel il est permis à chacun selon sa qualité de n'en emporter que bien peu. Nous allasmes disner ce jour-là à Fondi, premiere ville du Royaume de Naples, & le soir nous couchasmes à Mole ; le lendemain nous détournans du droit chemin nous fusmes à Gayette, qui en est éloignée de deux lieuës.

Cette ville est bastie sur une montagne qui

s'avance dans la mer faisant la forme d'une peninsule : le chasteau en est haut, lequel est estimé imprenable à cause de son assiette ; la roche y est en plusieurs endroits escarpée, & le reste est fortifié de grands bastions.

Sous la porte de l'entrée du chasteau l'on nous montra dans une longue caisse de bois, le corps de Charles de Bourbon de la maison Royale de France, lequel fut tué au sac de Rome. Ce corps est tout de son long, vestu d'un habit de velours vert, l'écharpe au col, l'épée au costé, botté & éperonné, & un baston de Mestre de camp à la main : l'on reconnoist encore le coup qu'il receut, lequel est au dessus du genouil droit, où l'os est encore tout brisé.

Nous partismes de Gayetta sur le midy, & passant par la Via Apia, nous arrivasmes le lendemain à Capouë, esloignée de Naples de trois lieuës & demie, où nous arrivasmes encore le soir, marchans par le chemin le plus beau & le mieux entretenu de toute l'Italie.

La ville de Naples entre toutes celles d'Italie porte le surnom de gentille, tant à cause de sa delectable situation, que pour la beauté de ses bastimens : Elle est baignée par la mer du costé du Midy & du Levant, le reste estant entouré de belles & agreables plaines. Nous ne nous arreterons point à décrire les raretez qui se voyent en cette ville, nous remettant à tant d'autres qui en ont fait des livres particulierement ; mais seulement parlerons-nous de la montagne de Somme, appellée anciennement Vesuve, esloignée d'une lieuë de Naples, laquelle donna lors que nous y estions autant de matiere d'estude aux Philosophes & Naturalistes, que de frayeur & de crainte aux habitans.

Le seiziéme de Decembre de l'an mil six cens trente & un, cette montagne aprés plusieurs horribles tremblemens de terre, s'ouvrit, & jetta tant de feu & de flamme qu'il paroist presqu'incroyable ; plusieurs Mathematiciens nous ont asseuré d'avoir fait leur possible pour mesurer jusques à quelle hauteur montoit la flamme, qu'ils ont trouvée monter de la hauteur de dix lieuës. Outre ce feu elle jetta des torrens d'eau meslez de souffre & de bitume, qui emporterent arbres, maisons, & tout ce qu'ils rencontroient. Il est incroyable la quantité & la grosseur des pierres que cette flamme jetta en l'air, mais nous en avons veu quelques-unes de sept à huit mille livres pesant estre portées à deux & trois lieuës de là : parmy ces pierres il y en avoit quantité qui avoient la façon fort minerale, ce qui donna occasion à plusieurs Alchimistes d'y chercher la pierre philosophale.

Il est aussi incroyable la quantité de cendres que cette montagne a jetté dehors, lesquelles estoient en telle abondance, qu'elles ont abysmé plusieurs villages, & entr'autres une petite ville nommée la Torre del Greco, laquelle fut entierement suffoquée, avec la perte de plus de trois mille personnes : la mer qui battoit auparavant ce desastre contre cette petite ville, & qui y étoit extrémement profonde, s'est remplie de plus de deux cens pas, outre que l'on y marche aussi la longueur de deux cens pas sans avoir de l'eau que jusques aux genoux, de sorte qu'on peut dire que cette montagne a jetté dehors deux fois autant de matiere qu'elle est grande.

Au reste ce n'est point la premiere fois que cette montagne a ainsi jetté des flammes, mais l'on ne trouve point qu'elle les aye jamais jettées dehors avec tant de vehemence, ny causé tant de ruines. Plusieurs qui ont cherché la cause de ces embrazemens, alleguent qu'il y a des veines de souffre sous cette montagne qui se communiquent avec les Isles de Lipary, Vulcan, & autres, lesquelles se remplissent peu à peu, puis quand elles sont échauffées de l'humidité & de l'ardeur du Soleil, elles s'allument tout d'un coup, poussans le feu dehors avec une telle vehemence, qu'il cause des tremblemens de terre & de grandes ruines.

Lors que nous y arrivasmes il y avoit quatre ou cinq mois que ce grand desastre estoit arrivé. Nous eusmes la curiosité de monter au haut de cette montagne, laquelle estoit par tout couverte de cendres & de grosses pierres, qui nous en rendirent l'accez tres-difficile. Le creux d'où estoit sorty tant de feu nous le jugeasmes contenir une lieuë de tour, & un abysme à perte de veuë; l'on y voyoit encore du feu au fond, & un bruit sourd qui nous fit avoir peur. Nous n'y demeurasmes pas long-temps, à cause de la quantité de fumée meslée de la puanteur du souffre, laquelle nous y pensa estouffer.

Ayans demeuré environ huit jours dans la ville de Naples, nous fusmes voir les raretez de Poussole, qui en est à trois lieuës: pour y aller nous passasmes sous la montagne de Pousclipo, au travers de laquelle il y a un chemin coupé qui a environ mille pas de long, & est si large, que deux carosses y peuvent aller de front ; ce chemin ne tire d'autre jour que de l'entrée & de la sortie de la montagne, de sorte qu'au milieu il y fait tres-obscur.

Au sortir de ce chemin nous fusmes voir le lac Daniano, lequel est entouré de collines comme un amphitheatre : l'eau en est fort noire & bourbeuse, pleine de serpens & de bestes venimeuses. L'on void proche de cet endroit les bains de Saint Germain, que l'on tient pour fort souverains contre plusieurs maladies : ces eaux sentent beaucoup le souffre, & il en sort une si grande chaleur, que ceux qui y entrent se trouvent aussi-tost en sueur.

Tout proche de ce lac se void une grotte coupée dans le roc de la profondeur de sept pieds, haute de six, & large de trois, laquelle on appelle ordinairement la grotte du chien : il en sort un si mauvais air, qu'il fait mourir tout ce qu'on y fait entrer ; l'on en fait ordinairement l'experience sur des chiens, lesquels estans liez à un baston l'on pousse au fonds de cette grotte, & aussi-tost l'on void la beste s'estendre comme si elle estoit assommée : si on la laisse dedans un petit espace de temps, elle y meurt, mais en la retirant aussi-tost & la jettant incontinent dans ce lac, quoy que le chien paroisse mort, il revient aussi-tost à soy, dont nous avons fait l'experience. Nous considerasmes long-temps cette merveille, & mesmes y entrasmes quelque peu, sentans aussi-tost un affoiblissement de cœur & un tournoyement de teste qui nous dura toute la journée. Au fond de cette grotte l'on y void comme de la bouë, d'où l'on nous dit que sortoient ces airs ainsi pestilentieux, qui au commencement offusquent, puis privent de la vie tout ce qui y entre : ces exhalaisons sont si subtiles, qu'on n'y peut connoistre aucune fumée ny chose semblable.

Ayans assez consideré & admiré cette grotte, nous fusmes voir la Sulfatara, qui est environ à un mille de là. C'estoit autrefois une fort haute montagne pleine de mines de souffre, qui l'ont tellement bruslée & consumée, qu'elle reste comme un fonds entouré de petites collines. Nous y entrasmes, & fusmes si prés du feu, que nous le pûmes toucher avec la main : en y marchans nous sentions la terre trembler dessous nos pieds : lors qu'on y frape dessus, elle resonne comme feroit un bassin de cuivre ; mettant le doigt dans la terre l'on y sent une telle chaleur, que l'on est contraint de le retirer incontinent, de plus y mettant un baston, & le laissant quelque temps il se convertit en charbon.

Assez prés de la Sulfatara il y a un Convent de Capucins basty au mesme endroit où S. Genaro Patron de la ville de Naples endura le martyre : l'on void encore du sang au mesme endroit où il eut la teste tranchée. Nous nous reposasmes quelque temps dans ce Convent, pendant lequel ces Religieux nous conterent des merveilles de ces lieux, & des choses estranges des mauvais esprits qui s'y voyent. De là nous fusmes disner à Pousolle.

Durant que la ville de Rome estoit dans sa plus grande splendeur, ses citoyens choisirent ce lieu de Pousolle pour le sejour de leurs delices, & à cause du bon air & de la fertilité du terroir, y firent quantité de belles maisons de plaisance, desquelles il reste encore quantité de ruines, & estiment que dans le reste de l'Italie, excepté à Rome, l'on auroit de la peine à trouver plus d'antiquitez & de raretez que dans ce lieu & à ses environs. L'on y void la grotte si remarquable à cause de la Sibille Cumée qui y a fait sa demeure. Il y a quantité de bains d'eaües naturellement chaudes dans des grottes coupées dans les roches à la pointe du ciseau, lesquelles sont tres-propres pour la santé. Nous fusmes aussi promener à Beja & à Cuma, qui sont de petites villes ruinées & abandonnées, où par tout l'on void tant d'antiquitez, qu'il faudroit un livre entier pour en faire la description.

Nous partismes de Naples le 7. de May, & retournant par le mesme chemin que nous estions venus, nous arrivasmes à Rome l'onziéme dudit mois: nous y demeurasmes environ six semaines. Pendant ce temps nous fusmes continuellement voir les raretez qui sont en cette ville, desquelles nostre dessein n'est point de faire le recit, pour ne repeter point ennuyeusement ce qui a esté si particulierement décrit par tant d'autres. Au reste le sejour de Rome est si plaisant & si agreable, qu'on ne le sçauroit assez loüer, n'y ayant point de demeure au monde où les estrangers trouvent plus de plaisir & de divertissement qu'en ce lieu-là, & à bon droit cette ville est appellée la patrie de tout le monde, & ceux qui y viennent en sortent avec autant de regret, que de volonté d'y pouvoir encore retourner.

Nous partismes de Rome le seiziéme de Juin, & fusmes à Civitavechia, duquel lieu devoient partir deux galeres pour conduire deux Nonces, l'une en Espagne, & l'autre en France : nous avions des lettres de recommandation pour le dernier, afin de nous pouvoir embarquer sur sa galere, mais comme il en fit quelque difficulté, nous nous mismes sur la galere du Nonce qui alloit en Espagne ; ce qui nous reussit heureusement, car la galere du Nonce de France venant aux Isles Diaires, donna à travers, & plusieurs y furent noyez, la personne mesme du Nonce eut de la peine à se sauver dans l'esquif. La galere dans laquelle nous estions arriva heureusement à Toulon le 27 de Juin, où nous estant débarquez nous fusmes le lendemain à Marseille, où nous reposasmes quelques jours, & y prismes resolution de faire un tour par la France.

Nous partismes de Marseille le premier de Juillet, & fusmes coucher à Aix, où est le Parlement de Provence ; le lendemain nous fusmes à Arles premiere ville du Languedoc ; nous y passasmes le Rhosne, où cette riviere se divisant en deux branches, forme la belle & fertile Isle de Camargo : Nous arrivasmes encore ce soir à Nismes, où nous demeurasmes un jour pour aller voir à trois lieuës de là le pont du Gast, lequel est un grand & vieil aqueduc de trois arcades les unes sur les autres d'une extraordinaire hauteur, basty de tres-grosses pierres.

De Nismes passans par Lunel, Montpellier, Besiers, Carcassone, nous arrivasmes le dixiéme de Juillet à Tholoze, principale ville du Languedoc, & où est le Parlement de cette Province. De là nous fusmes coucher à Montauban qui en est à six grandes lieuës. Cette ville porte encore les marques de la rebellion, car de trois villes

www.ingramcontent.com/pod-product-compliance
Lightning Source LLC
Chambersburg PA
CBHW050243230426
43664CB00012B/1805